Bulat Okudshawa

ex libris
Volk und Welt

Bulat
Okudshawa
Begegnung mit Bonaparte

Historischer Roman

Aus dem Russischen von
Thomas Reschke

Mit einem Nachwort von Ralf Schröder

ISBN 3-353-00716-4

2. Auflage 1990 (1. Auflage ex libris Volk und Welt)

L. N. 302, 410/208/90
Originalausgabe: *Svidanie s Bonapartom*;

Printed in the German Democratic Republic

Einbandentwurf: Horst Hussel
Gesamtherstellung: Offizin Andersen Nexö,
Graphischer Großbetrieb, Leipzig III/18/38
LSV 7201
Bestell-Nr. 649 212 7

01640

Dem lichten Andenken meines Vaters

„Au!“ sagte Dunja. „Erst sie uns, dann wir sie … So schlagen wir uns gegenseitig tot.“
Aus dem Roman

Die traurige Zeit geht vorüber –
Und wir umarmen uns wieder.
N. Kukolnik

Das Wetter aber war wunderschön.
Graf Fjodor Golowkin

Erster Teil

Notizen aus dem Privatleben des Generalmajors im Ruhestand N. Opotschinin, weiland Kommandeurs des Moskauer Musketierregiments

Wenn Bonaparte so geht, und so wird er gehen, erreicht er in drei, wenn's hochkommt, vier Wochen die Schwelle meines Hauses. Ist er erst hier (und an Lipenki kann er nicht vorbei), dann gebe ich ihm im großen Saal ein Mittagessen. Ich schmecke schon jetzt die Süße der Begegnung! Ich sehe das verwunderte Gesicht des Genies, wenn ich, angetan mit der Parademontur, den Schrecken Europas mit einer lässigen Handbewegung einlade, von den ländlichen Speisen zu kosten. Grabesstille. Kleiderrascheln. Metallklirren. Von der oberen Galerie klingt Musik.

Solange das kurzfristige üppige Mittagsmahl andauert, kann das ausblutende Vaterland tief Luft holen, die mächtigen Schwingen recken, sich besinnen; die Generäle werden ihre Verzweiflung bezwingen, die Krieger „Hurra!" schreien, und dann bewegt sich alles in umgekehrter Richtung.

Vielleicht bin ich ein Lästermaul. Wenn man sich die Fliehenden vorstellt, die sich in der Eile nicht mal bekreuzigen können und im Laufen über die Vorzüge rascher Flucht sinnieren – wie soll man da nicht lästern?

Nur bei Barbara bin ich sanft und dumm.

Ich bin fünfundfünfzig. Ist das ein Spaß? Ich könnte in mein altes Regiment zurückkehren und es gegen den Feind führen, aber hätte das einen

Sinn? Wenn ich an das kalte Biwak denke, und das bei meinen Hämorrhoiden, ohne warmes Klosett, ohne Dillwasser (dreimal täglich vor dem Essen einen Löffel), ohne heiße Umschläge ... In der Kriegsnacht die Wölfe in der Schlucht erschrekken? Ächzen und weinen? Oder unter der Regimentsstandarte schreiten, eine Wärmflasche um den Bauch geschnallt? Oder mit den wenigen Zähnen das Intendanzrindfleisch kauen, statt ein leichtes Süppchen mit Reis und weichgekochtem Hammelfleisch zu essen? Fürst Pjotr Bagration war einen Tag und eine Nacht bei mir zu Gast, er hörte sich das an und sagte:

„Welch ein Kommandeur geht Rußland verloren! Filimoschka wird doch mit dem Süppchen und dem heißen Samowar hinter dir herlaufen! Du kannst schließlich auch eine Fuhre Scharpie für Umschläge mitnehmen!"

„Nein", sagte ich dem Witzbold, „mir reicht's. Seit fünf Jahren denke ich daran, wie ich dem Gossudar meine Aufwartung machte und aus seinen Händen das Georgskreuz entgegennahm. Welche Blamage: ein Regimentskommandeur, den was peinigt? Eine Wunde? O nein – ein schmerzhafter Hämorrhoidenzustand! Nein nein, jetzt sollen die Miloradowitschs, sollt ihr Bagrations eure Pflicht tun. Ihr seid jung, nehmt ihr die Karten in die Hand."

Gottlob ist er ein kluger Mann. Er lachte, krauste die lange Nase, wollte aber keinen Streit.

Apropos, ich habe es mir gleichfalls zur Regel gemacht, nicht zu streiten. Mit einem Klugen zu streiten ist sinnlos, denn da Zweifel ihn zernagen, wird er die Blindheit des anderen unbedingt respektieren. Mit einem Dummkopf oder Ignoranten erst recht: Er ist so von sich überzeugt, daß er den andern für eine Null hält. Mit ihm zu streiten ist ein vergebliches Unterfangen, freilich kann man ihm einen Schreck einjagen. Nein, nicht mit einer Kugel, nicht mit dem Knüppel (Dummköpfe pflegen ausgesucht tapfer zu sein), sondern mit Paradoxen. Wenn er mich zum Beispiel angreift und mit Schaum vor dem Mund behauptet, ich müsse sämtliches Hofgesinde als Husaren herausputzen, dann werde Bonaparte umkehren, oder sonst irgendeinen Blödsinn, dann würde ich ihm sagen: „Schon möglich. Apropos, es gibt ein vorzügliches Mittel gegen Hämorrhoiden." Dann stünde er starr, der Schweiß bräche ihm aus, und er zöge sich nachdenklich zurück.

Eine erbauliche Beschäftigung.

Oder neulich war der dicke Lobanow bei mir. Ich fragte ihn, wie er über Napoleon denke und ob er ihn für ein militärisches Genie halte.

„Er ist ein Feind, Ihr lieber Napoleon", sagte Lobanow gereizt, „das ist alles."

„Aber es wird die Zeit kommen", sagte ich, um ihn zu ärgern, „wo man ihm ein Denkmal setzt, durchaus möglich."

„Sie", schrie er, „Sie geben sich leeren Erörterungen hin, während der Feind vor der Tür steht!"

„Aber Gott steh Ihnen bei, vor welcher Tür? Wo sehen Sie eine Tür? Witebsk ist auch schon gefallen. Meinen Sie etwa meine Tür?"

Ich weiß, Titus, ich habe den Dicken gekränkt. Dabei ist er Major im Ruhestand, vor kurzem noch Leibgrenadier, so groß wie ich. Und ich habe ihn gekränkt. Zum Teufel mit ihm. Kalter Patriotismus, ähnlich einer gemalten Fackel, widert mich an. Solche schlagen drauflos bis zum letzten Atemzug, aber sie werden das Rad nicht erfinden.

Apropos, ein Wahnsinniger hat eine Kutsche erfunden, die sich mit Hilfe von Dampf fortbewegt. Da, wo mein Vorreiter steht, auf dem hinteren Wagentritt also, ist ein eiserner Kessel angebracht mit einem eisernen Ofen darunter. Man füllt den Kessel mit Wasser, wirft Holzscheite in den Ofen. Das Wasser kocht, der Dampf sucht einen Ausweg. Zu diesem Zweck gibt es eine Öffnung, in die der Dampf kraftvoll hineindrängt und gegen etwas drückt, das wiederum etwas anderes in Bewegung setzt, die Räder fangen an, sich zu drehen, und die Kutsche fährt! Natürlich muß man von Zeit zu Zeit Wasser nachfüllen und Holz nachwerfen, aber schließlich will auch ein Pferd getränkt und gefüttert werden. Spaßig, das Ganze. Spaßig und über die Maßen blöd, wenn man sich vorstellt, die Pferde sind hinüber, und statt dessen werden solche ungefügen Karren zusammengebaut, und nun nehmen wir mal an, ich, der General, fahre mit solch einem Ungetüm vor dem Regiment her, ziehe den Säbel und ... „Mir nach, Brüder!" Oder, zum Beispiel, vor dem Winterpalais fahren die Gäste vor, überall stehen die Dampfkutschen herum, Rauch und Dampf hüllen alles ein, die Holzscheite prasseln, und die Kutscher sägen Holz, während sie auf ihre Herrschaft warten! Gleichwohl schimmert bei alldem Geistesschärfe durch.

Ich mag Scharlatane. Sie sind nicht alltäglich. Sie sind sogar Genies, wenngleich ihr Genie kein Schöpfertum zum Ziele hat.

Fürst Pjotr hat sich so leicht mit meiner Weigerung abgefunden! Er hat mich so liebevoll umarmt und ans Herz gedrückt, aber er hat nicht widersprochen, als ich mich weigerte, zum Regiment zurückzukehren. Beleidigend? Oder hat er an mein Holzbein gedacht? Vor drei Tagen bin ich siebzehn Werst marschiert. So ist das, ihr Petersburger Schönlinge!

Mein Leben ist vorüber, Fürst Pjotr. Ich bin nicht beleidigt. Was mir bleibt, ist, keine Bemühungen für das letzte Mittagsmahl zu scheuen. Solch ein Mittagsmahl hat Rußland noch nicht gesehen. Timoscha schmilzt hin wie ein Fräulein.

Schwarzäugig, unbeherrscht, spottlustig, aber gutmütig und seiner Mutti wie aus dem Gesicht geschnitten. Wen auf der Welt liebe ich noch so wie ihn? Ich habe auch seine Mutti geliebt, eine seltene Schönheit. Aber Charon hat mit dem Ruder ausgeholt und Timoscha zur Waise gemacht und mir die Nichte genommen. Ist das gerecht? Ein Jüngling von sechzehn Jahren, für große Aufgaben geboren, mein einziger Freund mit einem weisen Buch in den unschuldigen Händen. „Sage mir, Onkel", fragt er mich, „wie kann man ein schönes, nicht sehr gescheites Fräulein betören, kalt wie Stein, ein Fräulein, bei dessen Anblick ich die Sprache verliere?" – „Es ist gut, Titus, wenn du die Sprache verlierst", sage ich ihm. „Es wäre schlimmer, wenn sie den Kopf verlöre." – „Aber warum denn?" stellt er sich dumm. – „Ich denke besorgt an deine spätere Reue, Titus. Du bist ein ehrenhafter Jüngling." Und wir lachen.

Dieses verdammte Fräulein ist Arina aus der Mädchenkammer. Schön, zweiundzwanzigjährig, sitzengeblieben, hochnäsig. Und er ist erst sechzehn! Woher hat sie diese Hochnäsigkeit? Doch nicht von meiner Großzügigkeit und Duldsamkeit? Und sind sie nicht überhaupt alle aus den warmen Händen von Timoschas Mutti Sonetschka hervorgeflattert? Sie hat ihnen Bücher vorgelesen! Ja, aber erstens, Titus, ist sie für dich zu alt, mein Freund, und zu kalt, und zweitens, gar nicht davon zu reden, aus der Mädchenkammer. Eine Warnung von zweifelhaftem Wert. Als ob der Bengel die Absicht hätte, sein Leben mit ihr zu verbinden oder sonst etwas Höheres! Mal ehrlich, sie ist auch zu mir hochnäsig.

Ich habe alles durchdacht. Meine Leute sind als Späher in vier Landkreise entsandt. Ihre flüchtigen, unkenntlichen Schatten zeigen sich in den Wäldern des Gouvernements, unter Brücken, auf

Glockentürmen und in den Menschenmengen, die vor dem Einmarsch fliehen, wie auch in den Menschenmengen, die die große Armee mit Schweigen empfangen. Ich habe weder Pferde noch Geld gespart, und sie, im Gesindehaus von mir gedrillt, rekognoszieren jeden Schritt von Bonapartes Armada. Auch wir hier in Lipenki bemühen uns nach Kräften, uns von der besten Seite zu zeigen. Die Musikanten meines Orchesters, die Köche meiner Küche, die Lakaien, überhaupt alle putzen mit flinkem Schnabel ihr Gefieder und machen sich schön. Ich kenne meine Leute, sie sind treu und zuverlässig. Die Nachbarn laufen blau an vor Neugier. Ganz Rußland verurteilt mich!

Wo hast du diese unedlen Anwandlungen her? frage ich mich selbst, und ich antworte mir: Wieso eigentlich? Ist es nicht edel, müde Genies freundlich zu begrüßen, ihrer Kriegskunst zu huldigen, die Widersacher ins eigene Haus zu führen, in ihrer Muttersprache zu scherzen, nicht zu sparen mit Kerzen, in ihrem hellen Licht den ruhmreichen Feinden in die Augen zu blicken und zu sehen, wie sie staunen angesichts solch rätselhaften Aufwands? Ist es nicht edel, dem großen Lehrer den Ehrenplatz zuzuweisen und mit vornehmer Geste auch die übrigen einzuladen, die ihnen ihrem Ruhm nach gebührenden Plätze einzunehmen? Dazu die beste Musik, die besten Schüsseln und die letzten vierzig Flaschen Veuve Clicquot mit dem Beigeschmack ihres eigenen toll gewordenen Landes! Ist es nicht edel, das Zittern der Finger zu unterdrücken, um das göttliche Getränk nicht zu verschütten, um in der eingetretenen Stille Lobesworte für die hinreißenden Lektionen aus sich herauszuquetschen? Diese Ehre gebührt mir wie sonst niemandem, denn ich habe ein Holzbein statt des lebendigen und wirklichen Beins, das ich im ehrlichen Kampf beim Jagdschloß Sokolnitz auf dem Eise des Satschaner Teichs verlor, als wir flüchtend und begeistert alles uns einprägend durch die fremden Räume stampften. Was das übrige betrifft, so liegt das schon außerhalb meines Willens. Hier beherrschen mich höhere geheimnisvolle Kräfte und bestimmen meine Handlungen.

Arina wird sich herrschaftlich anziehen. Sie soll die Tafel zieren.

Als der erste Gedanke an dieses Mittagessen in meinem Kopf aufblitzte und ich ihn lachend und grimassierend aussprach, rief niemand ablehnend: „Was denn, der Kaiser von Frankreich soll an Ihrem ovalen Tisch sitzen?“ Warum eigentlich, verdammt noch mal, soll er nicht daran sitzen? Warum nicht, wenn unser russischer Kaiser, als wäre nichts weiter dabei, in einem einfachen Bauernhaus am Ufer des smaragdgrünen Goldbachs auf Stroh übernachtete?

Der Rückzug nach Austerlitz war nicht minder dramatisch verlaufen als die militärischen Fehlschläge davor. Obwohl wir, Gott ist mein Zeuge, keine schlechten Schüler waren. Imperator Alexander befand sich bei der vierten Kolonne bis zu ihrer Niederlage. Als das Heer die Flucht ergriff, setzte er mühsam über den versumpften Bach. Sein tödlich blasses Gesicht war geprägt von tiefer Trauer. In dichter Finsternis, bei strömendem Regen zog unsere Armee dahin. Gegen Mitternacht erreichte der Imperator die Siedlung Hodějitz. Sie war, wie nicht anders zu erwarten, überfüllt mit Verwundeten, Troßfahrzeugen und Landstreichern. Er suchte Kutusow, schickte jedmöglichen nach ihm aus, doch erst Tschernyschew gelang es, den Oberbefehlshaber ausfindig zu machen. Noch hatten der Imperator und Kutusow nicht miteinander gesprochen, als sich herausstellte, daß man Hodějitz eilig verlassen müsse. Wo war der Wagen?

Man suchte die kaiserliche Kutsche, fand sie jedoch nicht. Der Imperator mußte bis Čejč reiten. Er hatte noch keine sieben Werst zurückgelegt, da fühlte er sich miserabel. Die Krankheit, die er sich tags zuvor zugezogen, verschlimmerte sich. Nun kam eins zum andern: die Niederlage, das scheußliche Wetter, die Ungewißheit. Sie gelangten in das Dörfchen Auerschitz. Das leere Bauernhaus enthielt nichts als Strohschütten. Was sollte man tun? Man bettete den Imperator auf das Stroh, und er war beinahe glücklich, wären die Krankheit und die Verwirrung nicht gewesen. Man gab ihm Kamille und dreißig Tropfen Opium, und er schlief ein. Dann begannen die Phantasmagorien des Biwaks. Der Leibarzt Villiers verordnete eine Flasche guten Wein, die der Imperator, wenn er erwachte, trinken solle, um sich zu stärken. Was tun? Bis zu den Knien im Schlamm, suchten sie das ganze Dorf ab – kein Wein, kein Teufel, kein Satan. Als sie schon ganz verzweifelt waren, stießen sie auf das Haus des Dorfgeistlichen, polterten aus Leibeskräften gegen die Tür, Männer in österreichischer Montur sprangen heraus, und nun ergab sich, daß in diesem Hause Kaiser Franz abgestiegen war, ebenfalls als Flüchtling. Wenn's so ist, um so besser: Euer geschlagener Monarch gebe unserm geschlagenen Monarchen, der Bundesgenosse gebe dem Bundesgenossen ein Fläschchen zur Wiederherstellung der verlorenen Kräfte. Der verschlafene Oberhofmarschall Lamberti weigerte sich strikt, denn er selber habe kaum noch Wein zur Stärkung des österreichischen Kaisers. Gottlob war ein ungarischer Offizier zur Stelle, der von seiner Truppe versprengt war; als er von unserer Not erfuhr, verkaufte er uns bereitwillig eine Flasche kostbaren Wein. Tags darauf zog Alexander Pawlowitsch, dem es besser ging, in Čejč ein.

Er zog in Čejč ein. Heute wird er kaum Zeit haben, sich Erinnerungen hinzugeben. „Sag, Onkel", fragt Timoscha, „bist du sehr traurig, daß du nicht mit Bonaparte kämpfen kannst?" – „Wo denkst du hin, Titus, wo denkst du hin ... Ich habe Napoleon bei Dürnstein geschlagen, er hat mich bei Telnitz geschlagen, ich habe ihn bei Blasowitz verfolgt und bin dann in umgekehrter Richtung vor ihm geflohen. Irgendwo dort ist mein Bein geblieben, und die Frau, die ich liebte, hat sich von mir abgewandt, sie konnte keinen Helden mit Holzbein gebrauchen." Während ich dies zu Timoscha sage, wölbe ich komisch die Brust vor und marschiere über das alte knarrende Parkett. Alles ist vergänglich. „Hat sie sich nicht vielleicht von dir abgewandt, Onkel", sagt Timoscha erbarmungslos, „weil du von Blasowitz in umgekehrter Richtung geflohen bist?" – „Ich würde, mein Freund, auf das Bein und auf die Dame pfeifen", sage ich, „aber das Leben ist, wie ich während meiner Flucht festgestellt habe, zu kurz, als daß man Verluste leicht verschmerzen könnte." – „Gibst du mir deinen Segen, wenn ich zu dem Regiment gehe?" fragt er erwartungsvoll. – „Wenn das Mittagsmahl, das ich mir ausgedacht habe, ein Erfolg wird, entfällt für dich die Notwendigkeit zu dienen", lache ich, und er errötet. „Warum denn?" Er schreit fast, wieder einmal ohne Verständnis. „Frage nicht, mein Freund!" schreie ich. „Es gibt Dinge, über die man nicht spricht!" – „Ach, Onkel", sagt er leise, „bist du ein Bösewicht oder ein Spötter?"

Was hat er doch für große schwarze Augen, voll von opotschininscher Schwermut! Und was für spöttische Lippen! Ich erkenne mich selbst, als ich so jung war. In uns Opotschinins haben immer zwei Strömungen getobt, die letzten Endes wunderlich zusammenflossen: gesunder Menschenverstand und Narretei, oder wie soll man das nennen? Ausgerüstet mit gesundem Menschenverstand, haben wir mit Fleiß und Sittsamkeit den belastenden Launen der Natur nachgegeben, bis wir uns selber zum Ekel wurden und unsere schwarzen Augen sich mit Schwermut füllten, die unsere Umgebung erschreckte.

Sonetschka liebte den Major Ignatjew besinnungslos. Beide waren jung und schön. Auch ich liebte ihn. Er war ein schweigsamer, versonnener Riese. Sonetschka trug er auf den Händen. Sie vergötterte ihn. Gewiß, hämische Reden folgten ihnen auf dem Fuße. Die Männer lästerten, weil sie die bezaubernde junge Dame nicht bekommen konnten, und die Frauen lästerten, weil sie angesichts von Erfolgen ihrer Geschlechtsgenossinnen gewöhnlich in starke Gefühlsverwirrung geraten. Der kleine Timoscha schmückte das Paar. Das Wetter war herrlich. Sonetschka schrieb mir in jedem Brief, sie könne auch nicht einen Tag von ihrem Mann getrennt leben. Er sagte mir abgerissen flüsternd, Gott selbst habe sie zusammengefügt, und es gebe in der Geschichte keinen engeren Bund, na, vielleicht Romeo und Julia, aber das seien ja erfundene Gestalten. Eines schönen Tages kam sie mit dem achtjährigen Timoscha in mein Haus. Sie konnte nichts erklären. Ihre schwarzen Augen zeigten die wohlbekannte Schwermut. Ihre Lippen zitterten spöttisch. „Na, beruhige dich, Sonetschka", sagte ich, „wenn er vor dir sauber ist und du vor ihm sauber bist, wird alles gut. In dir brodelt die Jugend." – „Von wegen Jugend", sagte sie, „besinn dich, Onkel, ich bin sechsundzwanzig, eine alte Frau." Ignatjew drohte den Verstand zu verlieren. Sie welkte mählich, wollte es aber nicht wahrhaben. „Ich bin glücklich, glücklich", lachte sie, „laß mich in Ruhe, ich bin so glücklich, daß es mir Kraft gibt. Du kannst das nicht verstehen." Übers Jahr bescherte Napoleon mir das Holzbein und am selben Tag Ignatjew die ewige Ruhe. Sonetschka welkte, verwelkte, und ich blieb mit Timoscha allein.

Nun sagen Sie bitte, was ist das für eine rätselhafte Geschichte! Was brodelte so heftig in Sonetschka, daß es sie auszehrte, während sie mit dem schwarzäugigen Söhnchen durch die russischen Ebenen floh? Meinen liebenswürdigen Nachbarn läßt es keine Ruhe, sie fahnden nach den Gründen. Provinztölpel! Wer könnte ihnen die Gründe aufdecken, wenn es nicht mal mir gelang, das Feuer zu beleben, obwohl ich das erlöschende Kerzlein in den Händen preßte? Ich war bereit, auf ihren Spuren in die jüngere Vergangenheit zurückzueilen, in der Sonetschka noch stark und glücklich war und liebte, ich begann, den entgleitenden grauen Faden ihres Lebens zu entwirren. Ich entwirrte, entwirrte, hinkte, hinkte, hinkte hin bis zu dem Moment, als sie weglief von der Ruhe, der Geborgenheit, und da löste sich alles in Rauch auf. Nichts als Unklarheit. Ich erinnere nur die schwermütigen Augen ihres verlassenen Majors, und das ist wie ein Bild, das vor mir hängt: morgendlicher Nebel, er hoch zu Roß, das Gesicht starr, aschgrau (wir alle sind aus Asche), sein Bataillon verschwindet im Nebel, die österreichische Mühle reißt sich von der Erde los wie ein Kranich, Sonetschka ist unsichtbar zwischen uns. „Timoscha hat mir ein Bildchen geschickt", sagt Major Ignatjew resigniert, „ein Hase, der wie ein Hund aussieht." Und er sprengt dem Bataillon hinterher, vorbei an der davonfliegenden Mühle, mit stolz wehendem Federbusch, und ich weiß, daß er weint.

Es gelang mir nicht, das Knäuel zu entwirren, so wie ich auch jenes andere, uralte nicht entwirren konnte, das Sascha Opotschinin hinterlassen hatte, Sonetschkas Vater, mein älterer Bruder, denn er ist in die Lethe getaucht, hat sein wohlbestelltes Nest verlassen, so wie er war, in seinem obligaten seidenen Steppkittel, nicht von Schulden geplagt, nicht im Vorhof des Ruins, er schoß sich einfach eine Pistolenkugel in das lächelnde runde Gesicht.

Ich raste von Lipenki zu ihm, gönnte dem Pferd kaum eine Pause, ich konnte es nicht fassen.

Sonetschka kam aus ihrem jungen Hauswesen in der Gegend von Borowsk, um ihrem unglücklichen Vater die letzte Ehre zu erweisen. Sie stand neben mir, von der Reise erschöpft, und flüsterte verzerrten Angesichts mit rissigen Lippen Gebete. Timoscha reifte in ihrem Schoß, bald würde sie erlöst sein von der Bürde, und dann ein solches Unglück! Nach Saschas Vermächtnis ging das Gut auf sie über, aber das schien sie nicht zu berühren. Ich nahm die Dinge in die Hand.

Damals besaß ich noch beide Beine, mein Kopf war frischer, mein Herz härter. Ich schluchzte nicht, rang nicht die Hände. Ich wusch mich mit kaltem Wasser und trat auf die Vortreppe seines Hauses. Sein Gesinde lief zusammen, um den drohenden General zu begaffen (wirkte ich wirklich drohend?). „Ihr alle seid jetzt frei“, sagte ich, „mein verstorbener Bruder gibt euch in seinem Testament den Freibrief. Betet für ihn.“ Sie weinten. Saschas Seele, dessen bin ich sicher, schwebte über ihnen, außerstande, sich zu trennen. Ich machte kehrt und betrat das leere Haus, und ihr Weinen verfolgte mich. Ob sie Gott anriefen oder die Natur, ob sie meinen Bruder beweinten oder sich selbst, eine hilflose Menschenherde, aus dem Tor gejagt, ins Weite? Schon gingen sie auseinander, der Abend brach an, doch ihr Wehklagen verstummte nicht, hallte wider von den schwarzverhängten Spiegeln, plätscherte in die Bücherregale. Ja, die Bücher! Was geben sie uns außer unklarer Sehnsucht, außer Leiden, außer erbitterter Nichtübereinstimmung mit der Welt ringsum? Während er sie sammelte, ihre Rücken streichelte, sich hineinlas in die nebulosen Aufrufe, umspannten sie seine Seele mit Schwäche und Zweifel, flößten ihm fremden Schmerz und fremde Kränkungen ein, verfeinerten seine Hände und verzauberten sein Blut. In ihnen triumphierte das Gute über das Böse, Gott über den Teufel; von ihren Seiten gingen die Stimme der Wahrheit und süße Freundschaft aus, und Sascha vertiefte sich hinein, flatternd vor Leidenschaft, raschelte mit den Seiten wie eine Maus im Dörrbrot. „Oh!" rief er flüsternd. „Oh!"

Ich liebte die Trommel, den Regen beim Biwak, den Geruch der Soldatenherde, Wodka mit geweichten Erbsen und das Entsetzen im Gesicht des Feindes. „Wieso ist er ein Feind?" Sascha kniff träge die Augen ein. – „In jeder Beziehung", sagte ich, „schon wenn du sein wutverzerrtes Gesicht siehst und sein unverständliches Kauderwelsch hörst."

In seiner reichen Equipage, die nach seiner Phantasie gearbeitet war, reiste er nach Europa, die Fenstervorhänge dicht zugezogen, bis Warschau seinen Blicken entschwand. Ich marschierte über italienische Berghänge und schnauzte meine Soldaten an, während er langsam und liebevoll holländischen Käse aß, in Dinkelsbühl helles Bier trank und in Tirol Bergluft atmete; all das würzte er durch Gespräche mit Philosophen, und sein lächelndes rundes Gesicht zeigte sich da und dort in den europäischen Räumen und weckte begeistertes Staunen der frischgewaschenen Menge. Während er reiste, sehnte er sich nach Rußland, nach den Büchern auf seinem Besitz im Jaroslawlschen, und das alles, um nach seiner Rückkehr beim Gang über den Viehhof ein Spitzentüchlein vor die Nase zu halten. „Ein Viehhof ist eben ein Viehhof", belehrte ich den verlorenen Sohn. „Oder gibt's in

Holland keine Viehhöfe?" – „Aber sie stinken nicht, Nikolai." Als ob die holländischen Kühe keine Fladen würfen und die preußischen Lastpferde nicht, vor Eifer furzend, die Ställe mit ihren Äpfeln vollmachten. „Aber sie stinken nicht, Nikolai." Übrigens hatte ich, als ich durch Europa marschierte, nichts als Pulverqualm gerochen.

Das Rascheln der Buchseiten dünkte ihn das Rauschen von Engelsflügeln, aber die Engel entzündeten in ihm sehnsüchtige Leidenschaften und sinnlose Phantasien, die in dem riesigen Park Rosensträucher und chinesische Pavillons zeitigten, in denen keine menschlichen Stimmen erklangen; die verschnörkelten Brücklein über den Teich knarrten wehmütig, nutzlose Gondeln moderten in den Uferlilien, und auf den mit goldgelbem Kies bestreuten Wegen stapfte verängstigt das Gesinde, nach seiner Laune in saubere Hemdkittel gekleidet, und schneuzte sich verstohlen in die Spitzenärmel. Herrgott, und das bei seinem Verstand und seinem gütigen Herzen! Er aber las seine Bücher, sprach mit sich selbst und erschauerte einsam, als wäre jede Seite ein Vorwurf gegen ihn, er blickte zum Fenster hinaus, betrachtete die wohlbekannten Weiten und weinte.

Auch ich blickte durch diese Fenster in der Hoffnung, mich hineinzuleben in den Warägersproß, welcher traurig wird beim Anblick der trostlosen Visagen dieser wahren Wjatitschen, die über die goldgelben Wege stapften. Dann setzte ich mich an seinen Schreibtisch und las noch einmal sein mit gehorsamer Feder geschriebenes Testament.

„Alles, was mich in Rußland umgibt, weckt in mir Schmerz und Entsetzen. Der Schmerz hat mich zu diesem Entschluß gebracht. Nur die Bücher, meine treuen Freunde, haben das sinnlose Feuer in mir unterhalten, aber jetzt vermögen sie das auch nicht mehr.

Ich bitte meine Erben gehorsamst, meine Bauern freizulassen, meine Bücher aber den Flammen zu übergeben, denn in der hiesigen Gegend sind sie keinem Menschen vonnöten."

So hatte mein verstorbener Bruder geschrieben, und ich mußte ihm den Willen tun. Ich übergab seine tückischen Freunde dem Feuer, aber, Gott ist mein Zeuge, ich konnte ihr Stöhnen nicht ertragen. Bis heute weiß ich nicht, warum ich das eine Buch erbittert in die gierigen Flammen warf, das andere aber vor ihnen bewahrte. Vom Tode errettet, schwiegen sie. Und dann verließ ich endlich die traurige Stätte, hinter mir polterten die Fuhrwerke durch die Schlaglöcher, beladen mit den Schuldigen (so glaubte ich) am Tode des älteren Opotschinin. Die schweigsamen, zurückhaltenden, edel gekleideten Ruhestörer, stolz auf ihre Rechtlichkeit, gelangten in mein Haus und breiteten sich leise rundum aus, ihre Rücken blinkten lockend, bis Timoschas zartes, zupackendes, geheimnisvolles Händchen sich nach ihnen ausstreckte und sie berührte.

So starben die Opotschinins, sie weckten bei ihren Stammesbrüdern kein Mitleid, nur Argwohn und Entsetzen.

Aber was bedeutet das alles heute, verglichen mit dem blutigen Spaziergang Bonapartes?

Das korsische Genie marschiert durch das sommerliche Rußland, ohne je die Stiefel auszuziehen, ohne je den Dreispitz abzunehmen, in vergeblicher Erwartung der Schlacht. Vor dem Hintergrund des brennenden Smolensk, von weitem zu sehen, schwankt sein gewaltiger Schatten. Imperator Alexander sitzt nervös in Petersburg, den Mund beleidigt zusammengepreßt, böse auf seine Feldherren. Der hitzige Bagration intrigiert gegen den vorsichtigen Barclay, Timoscha backpfeift den Starosten von Lipenki, der angesichts des sterbenden Vaterlandes einen Bauern auspeitschen ließ. Ich bereite etwas vor in der Hoffnung, das verzerrte Antlitz der Geschichte mit einem Schlag zu veredeln. Die Hauptsache ist, daß keine Menschenseele von meinen wahren Absichten etwas ahnt. Die nebulösen opotschininchen Leidenschaften sind nichts für mich, aber wer weiß, wessen mächtige Hand mich führt und lenkt, wessen Stimme wie Musik mein Herz erregt?

Mein armer Bruder, der verzweifelte und rundum keinen einzigen Schuldigen sah außer sich selbst!

Wenn das Mittagsmahl die Apotheose erreicht und alle Worte gesagt sind, werde ich das Vorgesehene vollbringen, und ich selbst lasse mich in der Kutsche durch die Kalugaschen Schlaglöcher rütteln. Glückliches Schicksal ... Und wenn ich die Kutsche stehenlasse und bei den Gästen bleibe? Das tut ja nicht weh – weh tut's den Lebenden.

Und nun verbreiten blasse Lippen Gerüchte, wonach Bagrations Späher Rußland gerettet haben in demselben Moment, in dem der alte verrückte Opotschinin Bonaparte mit einem Essen traktierte und den Franzosen Lob spendete!

Fürst Pjotr meint, es hätte sich um Späher Barclays gehandelt, Barclay schreibt alles der Geschicklichkeit Dochturows zu, Bennigsen meldet dem Gossudar und ergänzt, das sehe aus wie eine Strafe Gottes, denn der alte verrückte Opotschinin habe in diesem Moment die Usurpatoren beköstigt und getränkt und ihnen Dithyramben gespendet.

Je länger man darüber nachsinnt, desto mehr Hintertüren tun sich auf. Man möchte doch leben ... Möchte man?

Fuhrwerke mit Bauernhabe fahren ab auf meinem Gut im Rjasanschen, und die Menschen folgen ihnen. Wenn das Mittagsmahl beendet sein wird, werden fast alle Hofleute in meinen Equipagen außerhalb der Gouvernementsgrenzen sein. Ich male mir aus, wie dann meine Dresdener Dormeusen aussehen werden, vollgeladen mit jungen Mädchen, und meine Kalugaer Kutschen, überfüllt mit Köchen und Küchenfrauen, meine weichgefederten Edinburgher Karossen, darauf Kutscher mit herrschaftlichem Zylinder! Die Lakaien sollen bei mir bleiben. Ich selbst werde ihnen das heilige Abendmahl geben und sie auf paradiesische Freuden vorbereiten, denn die Livreefräcke, die sie tragen, das ist ja nur so eine Hülle, ihr Kern aber ist soldatisch, opferbereit. Oh, wie ich mich fürchte, etwas zu tun, was der Ausführung meines Vorhabens hinderlich sein könnte. Ich zittere, ich bin entsetzt, mir wird kalt allein schon bei dem Gedanken, ein ungeschickter Schritt, ein zur Unzeit gesagtes Wort könnte alles wenden, und alles, alles, alles könnte zunichte werden.

Und ich? Ich bin siebzehn Werst gegangen, um einen Blick auf Barbara zu werfen und mich noch einmal an der kalten blauen Flamme ihrer Augen zu entzünden. „Wo gehst du immer hin, Onkel?" fragt Timoscha. – „Ja, weißt du, mein Freund ..." Und ich rede allen möglichen Unsinn. Man möchte leben, sich quälen ...

Der Tod ist böse – ist er etwa nicht die Rettung des Guten? Alles, was in diesem Hause ist, hat dieser Idee zu dienen. Musik, Licht, Worte, Klagen und Verwünschungen, begeisterte Lobpreisungen und Dankgebete und das jüngste Gericht – alles muß zusammenfließen zu einem einzigen leidenschaftlichen Sturm, der das Menschengeschlecht heilen wird von der glücklichen Blindheit, vom Genuß des Leidens, denn nicht das ist sein wahres Los. Nicht Mord, nicht stolze Rache, sondern Rettung – das sehe ich, dahin geht mein Streben. Hier hebe ich vielleicht die Hand gegen die höchsten Mächte, hole aus nach der Vorsehung selbst. Aber stellen Sie sich vor, was sich uns auftut, wenn die Asche abfällt und die Vögel wieder singen.

Ich habe in meinem Leben genug geschossen und genug Glück gefühlt, wenn ich die Siegesfanfaren hörte, und ich habe genug gekeucht, wenn ich mich Verfolgern durch die Flucht entzog, und ich habe genug geweint beim Anblick der kalten Leiber von Männern, die tags zuvor noch gelebt hatten, aber ich habe auch genug Weinende geschmäht. Und jedesmal habe ich mich im Recht gefühlt und als Gerechter und als Unglücklicher. Heute aber braucht nur ein durchdringender Aufschrei der göttlichen Chalumeau zu ertönen, und sogleich sehe ich im Spiegel vor mir ein lahmes Ungeheuer, lang bis unter die Decke, mit einem edlen runden Männergesicht, das in seinem Leben über so viele fremde Länder hinweggetrampelt ist! Oh, die fremden Länder, ich habe sie zertrampelt mit soldatischem Eifer, und die dunkelblauen Augen der Kaiserin Katharina und die hellblauen des Kaisers Paul Petrowitsch und die grauen des derzeit herrschenden Alexander haben meinen Eifer durch die Pulverschwaden wohlgefällig bemerkt. Das liebe Vaterland dankt mir.

„Weißt du was, Onkel", sagt Timoscha, „ich reite nach Moskau, ich warte nicht ab, bis Bonaparte dich für den gekochten Sterlet lobt." – „Hab's nicht so eilig, Titus, mich für meine Greisenlaunen zu verachten", sage ich, „ich bin noch nicht so alt, daß ich ein gutes Mittagsmahl und den Anblick zufriedener Gäste nicht mehr zu genießen vermöchte, aber auch nicht mehr so jung, daß ich keinen Schmerz empfände, wenn ich zurückblicke auf meine frühere Blindheit. Weißt du, Titus, in einem der fremden Länder, als ich gebückt ging unter dem Lorbeer des Siegers, habe ich mich in ein junges Frauenzimmer verliebt. Sie war die Tochter eines von uns gefangenen Brigadiers, aber deswegen hatten sie und ihre Umgebung nichts gegen mich einzuwenden. Es war Krieg, mein Freund. Ich wohnte in ihrem Hause und wurde täglich zu Tisch gebeten. Das Essen war vorzüglich. Die Atmosphäre im Hause wurde von Tag zu Tag wärmer. Ich erzählte von Rußland, von Lipenki, sie klatschten in die Hände, ihr preußisches Interesse für meine Erzählungen wärmte mich immer stärker, und eines schönen Tages endlich deutete ich ihr mit törichtem Lächeln an, daß sie in naher Zukunft die Herrin meines Hauses werden könnte. (Damals gab es Barbara noch nicht.) Stell dir vor, sie war so schön, daß sie sich nicht wunderte; offenbar war schon eine hinlängliche Anzahl durchtriebener Spitzbuben mit vergeblichem Sporenklirren an ihr vorbeigezogen, darunter sogar ein Dichter, soviel ich wußte. Nun, wir standen an dem stillen Teich, wo die Lilien stolz ihre weißen Köpfchen reckten, und da streckte ich, bebend in süßem Vorgefühl, meine jungen Generalshände nach ihr aus, und sie fragte mich, ohne den Blick zu senken, ganz jung noch, wohlerzogen, nach Rosinenbrötchen duftend: ‚In welcher Sprache', so fragte sie, ‚soll ich mich mit Ihren Sklaven verständigen, Herr Opotschinin?' Ich war perplex, Titus, bestürzt, so schlicht und sachlich war das gesagt. Ach, diese preußische Fühllosigkeit, dachte ich damals mit Wehmut. In welcher Sprache … in welcher Sprache … Zeige ihm die Faust, und er überschlägt sich vor Eifer. ‚Nun, in der ersten Zeit mit Gesten', stieß ich hervor, ‚die Gesten werden sie verstehen, und später …' Sie lächelte sehr freundlich und ein wenig herablassend und erlaubte mir wie einem kleinen Jungen, ihr das Händchen zu küssen. Später dann erinnerte ich mich an ihr Gesicht und an dieses ‚mit ihren *Sklaven* verständigen'! Das sind doch keine Sklaven, dumme Gans, das sind meine Leute, meine! Ich bin unter ihnen aufgewachsen, ich gehe oft ins Gesindehaus, ich kenne alles: ihre Gerüche, ihre Scherze, wie sie nach meiner Hand haschen, um sie zu küssen, wie sie Lieder singen, wie wir Pilze sammeln gehen und Beeren ... Eine Familie! Bei euch preußischen Dummköpfen ist jeder für sich, aber wir sind seit eh und je miteinander!

So tobte es damals in mir. Ich war gedemütigt.

Stell dir vor, Titus, als ich zurückkehrte und der holperige Begrüßungschor verklungen war, betrachtete ich die fremden Gesichter meiner Leute. Haben wir das gleiche Blut? dachte ich, und das von der Kugel durchschlagene Gesicht Sascha Opotschinins erstand vor mir. Da kam mir die preußische Schönheit nicht mehr so dumm vor."

Titus errötete dabei, so wie Sonetschka errötete, seine Mutter.

Musik, Licht, Worte, Aromen ...

Liste der wichtigsten Instrumente meines Orchesters, die aufs feierlichste meinen Schmerz, meine Begeisterung, mein Entsetzen und meinen Stolz anlässlich des Besuchs des Kriegsgenies in meinem Hause ausdrücken sollen.

1. Zwei Chalumeaus aus grobem Birnenholz, in denen eine zarte Kinderseele eingeschlossen ist. Nicht Meister haben sie blank poliert, sondern die rauhen Hände von Alpensennen. Diese altertümlichen Gäste habe ich in einem von unserer Artillerie zerschossenen Haus gefunden. In einem dunklen Winkel lagen sie da, mit Kalkstaub überpudert, schweigend aneinandergedrückt, schon ohne Hoffnung auf Rettung. Ich nahm sie mit nach Lipenki und gab sie Fedka, der erweckte sie zu neuem Leben, und sie erklangen wieder. Es ist schwer zu beschreiben, was in ihrem leisen Stöhnen mitklingt. Sie sind wie zwei Schwestern, aber die eine

hat ein etwas feineres Stimmchen; sanftmütig, versöhnlich, arglos wie die Stimmen unbekannter Vögel, die es nur im Traum gibt. Das an Schlachtenlärm gewohnte Ohr muß genau hinhören, die Seele wird weich, die groben Hände hängen willenlos am Körper herab. O Chalumeau, du machst mich froh!

2. Das Waldhorn, eine Messingschnecke, von unbekannten Meistern zur Vollendung gebracht. Von den ursprünglichen Formen ist nur die Silhouette übriggeblieben. Die Schnecke zog sich immer enger zusammen, aufgeregt im Vorgefühl der Treibjagd, und aus der Messingkehle kamen heisere Rufe und gute Wünsche für eine glückliche Jagd. Das stolze Wild zahlte und zahlt mit Blut für den Genuß dieser Musik, so wie auch wir zahlen, wenn wir gejagt werden, so wie wir Genuß empfinden, wenn wir den Feind jagen. Ich meine, dieses Instrument paßt besonders gut in das Orchester, das für die von mir erdachten Feierlichkeiten vorgesehen ist. O Jagd, Jagd aus reinem Herzen, aus großmütiger Seele, die gequält ist von Zweifel an der eigenen Rechtlichkeit!

3. Die Trommel – das allerälteste Instrument. Die Haut eines dreijährigen Stiers, besser eines Büffels, über einen Lindenklotz gespannt, gewinnt rätselhafte Eigenschaften. Unter dem Schlegel wird sie lebendig und spricht bald ein dumpfes „Ach!“ wie eine leidende Seele, bald ein hallendes „Bamm!“, welches einlädt, das offene Tor zu durchschreiten. Und wenn in den Händen des Trommlers die Ahornstöcke aufwachen, dann ertönt ein ratternder Wirbel, der den Beginn eines Angriffs oder einer Hinrichtung oder eines glücklichen Tanzes signalisiert. Das ist es ja gerade: Dieser Wirbel ist so beschaffen, daß wenn er zum Tanz ruft, der Tanz scheinbar nie endigt, wenn zum Angriff, der Angriff Erfolg verspricht, und wenn zum Richt-

block, dann unabwendbar. Die Kunst des Trommlers besteht eben darin, daß er weiß, *wie* er den Wirbel schlägt, *wozu* der jetzt am meisten gebraucht wird.

Arina nehme ich in meiner Kutsche mit. Ich werde ihr Sonetschkas Pelzmantel über die stolzen Schultern hängen, um das Fieber des Entsetzens zu mildern ... und dann fahren wir ... Also, ein nichtiger alter Mann humpelt zur Kutsche, ein schweißüberströmter Bösewicht, hinter ihm die stimmlose Arina wie der Schatten eines Mörders, den herrschaftlichen Pelz um die Schultern? Also, ich schleiche wie ein Dieb, in der Hoffnung, das großartige Feuerwerk noch zu hören ... Ach, General, welch absurden Humbug gebiert doch dein Kriegerschädel!

Einmal erschien in meinem Hause eine unbekannte Gestalt. Ich stellte den Mann. Fragte: „Wer bist du?" Er sagte ehrerbietig: „Andrej Lykow." Ich lachte schallend, als ich seine Lakaienrüstung sah. „Bist du ein Lakai?" – „Jawohl, Euer Exzellenz", sagte er, „ein Lakai." – „Und du hast einen Nachnamen, Lykow", lachte ich, um ihn nicht zu sehr einzuschüchtern, „ein Lakai, und Lykow." – „Jawohl, ein Lakai", sagte er und lachte auch. Lieber Titus, seit damals nenne ich ihn nur noch Lykow. Zu den anderen sage ich: „Wanka, gib mir dies, Senka, hol mir das." Zu ihm aber: „Lykow, komm her, bring mir das, mach Feuer, Lykow!" Und er macht Feuer, und er bewegt sich wie ein Lakai, und er guckt wie ein Lakai, und ich sehe in seinem Blick keine Sehnsucht nach Bonapartes Freiheitsversprechungen. Bonaparte ist freilich ein Genie. Ein Genie des Krieges und der Politik. Ob Lykow fest bleibt?

4. Die Pauken werden aus amerikanischem Kupfer gemacht. Das rote Metall mit dem bläulichen Schimmer eignet sich gut für Ausrufe. Aber er-

wähnt sei auch das Kalbs- oder besser Eselsleder, gut bearbeitet, straff über den Kupferkessel gespannt. Die Pauke ertönt nicht oft, doch unverhofft. Besonders in der Apotheose. Unser Leben verläuft langsam und unmerklich, bis sich in uns allmählich das feuergefährliche trockene Pulver der durchlebten Tage ansammelt, um plötzlich in blauen Flammen zu stehen und loszukrachen und zu verkünden, da, nun ist es endlich soweit, nun ist geschehen, wozu es sich angesammelt hat. In diesem Moment sind die Paukenschläge unersetzlich, wie übrigens auch dann, wenn unerklärlicher Graus lange vor dem heimatlichen Haus plötzlich anschwillt wie ein Fluß im April. Was soll bloß mit uns werden, Herrschaften?
5. Die Piccoloflöte. Wenn plötzlich das dichte und flüssige Strömen der Töne im Orchester abbricht, dann steigt in der Pause ihr Pfeifen auf, kalt, trotzig, verächtlich, scharf und so fordernd, daß die Menschen zueinander stürzen, aber nicht um Wärme zu suchen, nicht mit Liebe, sondern um in Reih und Glied zu marschieren, das Kinn räuberisch vorgereckt, mit kantigen harten Gesichtern, bemüht, einander ähnlich zu sein. Merkwürdig, ein kleines Stöckchen aus Kirschenholz, an die armen trockenen Lippen des Flötisten gepreßt, verwandelt uns warme, faule, sentimentale Männer in wohlausgerichtete Reihen gedankenloser Teufel, die mit ehernen Beinen hinmarschieren zum frühen Tod, zum eitlen Ruhm, zum späten Bedauern. Bei diesen Flötentönen kann man nicht tanzen, nicht den Nächsten beweinen, nicht der geliebten Frau zulächeln.

Lieber Titus, wenn du diese zusammenhanglosen Zeilen liest, werde ich nicht mehr bei dir sein. Denke aber an mich und verstehe mich. Das wird mich *dort* gewiß wärmen. Wenn ich zum Himmelstor hinke, wer weiß, wie sie mich dort aufnehmen. Ich persönlich würde das Tor keinem öffnen außer Sonetschka. Das ganze Leben lang sündigen und sündigen wir und wissen im voraus, daß die Stunde kommt, in der wir die Stirn auf den Boden schlagen, um Vergebung zu erlangen. Wie unschön! Alle sind sie Heuchler und Gleisner – meine lebendigen, zweibeinigen, geliebten Brüder. 6. Anders ist es mit der Flöte, dem Instrument des Orpheus. Sie ist ja auch aus gut abgelagertem Kirsch- oder Grenadillholz, mit Hirschhornleim geklebt, aber seht doch, welcher Genuß, welcher Rausch, welch dichtes reines Blut! Horch, Korse, höre dich hinein, laß den Kopf sinken. Wenn die Pauken dir zu Ehren erschallen, ruft dich der Flöte Stimme zu quälender Reue.

Apropos, Titus, deine Mammi hat nicht einfach auf das väterliche Erbe verzichtet, sie hat das verfluchte Gut im Jaroslawlschen mit sämtlichen Teichen unter erleichtertem Aufatmen – schnell, schnell, für billiges Geld – verkauft an einen Petersburger Parvenü in tief tailliertem grünem Frack und hellen Pantalons, wie wir sie nie getragen hatten und überhaupt zum ersten Mal sahen. Dieser Parvenü mit Namen Prjachin war ziemlich dick, lachte andauernd und hatte fahle nördliche Augen; händereibend ließ er an die Hofleute, die zu bleiben wünschten, ein Glas Schnaps ausgeben, er klopfte den Mädchen auf den Hintern, lachte, lachte und trank selbst mehr als genug. Prjachin …

Da ich mit alldem befaßt war, mußte ich ein letztes Mal in dem nunmehr fremden Hause übernachten, und als ich am nächsten Morgen schon in der Kutsche saß, kam der neue Eigner von der Vortreppe her auf mich zugeeilt. Er sah aus, als hätte er nicht getrunken, frisch und wohlduftend, aber traurig, ja, finster. Welche Veränderung!

Er sagte langsam, mit kurzen Pausen, ohne zu lächeln wie gestern:

„Ich verstehe Sie gut und fühle mit Ihnen. Der gestrige Rummel war ein unbewußter Tribut an den leichten Wahnsinn, dem die Umstände mich unterworfen haben. Ich bitte gehorsamst um Verzeihung."

Wir verabschiedeten uns freundschaftlich, zumal er mich in seine unglaublichen Umstände eingeweiht hatte, was in mir sogar Sympathie für ihn weckte.

Stell dir einen namenlosen verarmten Edelmann vor, der, wie das zu gehen pflegt, einen Haufen Kinder und eine kranke Frau hat. Keine Verbindungen. Nicht zu einem Dienstverhältnis gelangt. Das Herrenhaus – eine Hütte. Zwei Pferde, ein Kühlein und drei Leibeigene. Keine Verwandten außer einer kinderlosen Tante, der Schwester seiner Mutter aus der Sippe der Kisseljows. Die Tante war reich, lebte in ihrem eigenen Haus in Petersburg, wünschte den Neffen nicht zu kennen. Er aber hatte seinen Stolz. Er pflügte selbst, säte selbst, erntete selbst. Schon rückte das Alter heran, aber er hatte keine Mittel, und es wollte ihm nicht gelingen, den Kindern eine Stellung zu verschaffen. Eines schönen Tages starb die strenge Tante, und aus dem Testament ging hervor, daß er Besitzer von zweihunderttausend Rubeln geworden war! Warum, das konnte er nicht begreifen und drehte ein wenig durch. Gottlob war er kein Verschwender, wußte um den Wert des Geldes und vergeudete es nicht. Aus Gerüchten weiß ich, daß es ihm gut geht. Gott schenke ihm jedweden Erfolg. Prjachin …

7. Die Oboe ist aus der alten Chalumeau oder aus der östlichen Surna hervorgegangen. Von Jahrhunderten veredelt, aus Buchsbaumholz geleimt, ein Mundstück mit doppeltem Rohrblatt. Durch das konische Schallrohr geht die Luft, gewinnt Kraft und Ausdruck. Eine einzelne Oboe ist kein Krie-

ger, ihr Klang ist sogar unangenehm. Oboen sind gut in Gesellschaft ähnlicher Instrumente, im Chor der Mitbrüder. Dann durchdringt ihr Schrei das Herz wie ein glücklicher Schmerz, und es kommen einem Gedanken, einer süßer als der andere, obschon eine gewisse Hoffnungslosigkeit in dieser Süße traurig stimmt und die unerklärliche Unruhe vertieft.

8. Das Fagott ist lang wie ein Pilgerstab und gebogen wie eine Tabakspfeife. Der Klang ist tief, kategorisch, greisenhaft näselnd. Wovon es brummt, ist schwer zu sagen. Mißvergnügen, sogar Abscheu ist darin zu hören. Das Fagott hat alles erlebt, alles gesehen. Die Schreihälse, von denen es im Orchester umgeben ist, sind noch erfüllt von Selbstzufriedenheit, sie reizen und demütigen es. Es weiß, daß alles vergeht: Imperien sterben, edle Anwandlungen erlöschen, blendende Hoffnungen werden zur Farce, große Pläne zu Misthaufen; von Zaren bleiben Särge, den Sieger erwartet die Vergeltung. Mögen die Genies der Siege, die an meinem Tisch sitzen, diesen Klang hören, und möge Blässe ihre erhitzten Gesichter überziehen.

Der dicke Lobanow, mein Nachbar, kam gegen Abend mit rollenden Augen.

„Ich weiß, daß Sie sich vor Bonaparte verbeugen", sagte er keuchend, „für Sie ist er ein Genie und weiß der Teufel was noch. Für mich ist er ein Feind, ein Usurpator, ein Erschütterer unserer Stützpfeiler. Er zertrampelt unser heiliges Land, er sät den Tod ... und die Meuterei!"

„Erlauben Sie, mein Herr", sagte ich, denn ich hatte keine Lust zum Zweikampf, „der Krieg verläuft gemäß den Errungenschaften der Schlachtenkunst. Die Einnahme von Smolensk war eine perfekte Leistung."

„Was geht mich die militärische Perfektion an!" schrie er weinend und wischte mit der bräunlichen

Faust eine Träne weg. „Er hat meinen Leuten den Freibrief versprochen, sie reden ganz offen darüber. Was ist das? Wir reisen nach Kostroma, wozu? Ich habe im Gouvernement gebeten, mir wenigstens einen Zug Ulanen zu geben, zum Schutz, zur Verteidigung, da haben sie mich ausgelacht: Von einem Zug Ulanen kann keine Rede sein. Keine Rede!" schrie er. „Und wissen Sie, wie sie meiner Schwägerin in der Witebsker Gegend, kaum war sie abgereist, wie sie ihr da alles aus dem Hause getragen haben? Und wer? Ihre eigenen Leute. Alles haben sie weggeschleppt, alles. Auch unsere Soldaten kamen angerannt, vielleicht die Ulanen, und im Verein haben sie Löffel, Gabeln, Spiegel, Sessel, Porzellan und Fräcke weggeschleppt. Was wollen die mit Fräcken? Ist daran etwa nicht Ihr Genie schuld?" Er weinte wieder. „Und dann kamen die Franzosen, die haben in dem leeren schönen Empirehaus auf Stroh geschlafen, in die Ecken geschissen und sind weitergezogen nach allen Regeln der Schlachtenkunst, wie Sie sagen ..."

„Liebwerter Herr", sagte ich tröstend, „erinnern Sie sich, in der Lombardei, die paradiesische Au und das maihafte Blau auf den frischen Weinblättern?"

„Ach ja, ich kann mich erinnern", schluchzte er.

„Sie waren damals jung und stattlich, und Ihren Kopf schmückte der Nimbus der Leibgarde!" (Er errötete wie ein Kind, und sein Gesicht wurde beseelt und sogar schön.) „Und wie wir beide, benommen von der italienischen Sonne, rotgesichtig und unbeugsam, die Franzosen über die italienischen Weinberge jagten, um den Österreichern ihre Besitzungen zurückzugeben? Das war eine Jagd!" (Er hob den Kopf und lächelte bescheiden.) „Und jetzt, liebwerter Herr, warum nehmen wir nicht an, daß uns inmitten unserer Felder und Äkker die Vergeltung ereilt?"

Er sprang auf. Sein Gesicht glühte. Der frühere Nimbus umschwebte seine Stirn. Mit schwerem Grenadiersgang schritt er durchs Zimmer, und die Dielenbretter knarrten wie unter den Füßen eines Eroberers.

„Über die italienischen Weinberge, über die italienischen Weinberge", brabbelte er und verstummte plötzlich. Es war still. Durch die offenen Fenster war über dem schwarzen Park ein Auguststern zu sehen. Irgendwo in der Nähe schritt bereits der jetzige Bösewicht in Lackstiefeln daher und wies mit der kleinen pummeligen Hand nach Moskau. In diesem Moment wärst du, mein lieber Titus, zusammengezuckt, wenn du gehört hättest, wie der Major im Ruhestand Lobanow hochmütig flüsternd fragte: „Vergeltung? Sie meinen Verhängnis? Aber bitte, sollen sie doch kommen, sollen sie. Nur was haben die Fräcke damit zu tun? Sollen doch die feindlichen Truppen, von ihrem Verhängnis getrieben, die Felder der anderen zertrampeln, bis das Verhängnis der anderen über sie kommt. Aber was haben die Fräcke damit zu tun? Wozu bittschön brauchen Bauern Fräcke? Porzellan, das verstehe ich noch, aber Fräcke ... Oder Spiegel, damit sie ihre Visagen betrachten können, oder die Stores, oder der Kübel mit dem Zitronenbaum, aber Fräcke! Sie werden auch mich umbringen und meine Familie und den französischen Gouverneur, weil er ein Franzose ist und weil die Franzosen Protestanten sind. Ja, ja, und Sie lachen." (Ich dachte gar nicht daran zu lachen, im Gegenteil, ich sah ihn mit Entsetzen an, denn dieser gutmütige Dummbart war ganz außer sich von der eigenen Rede.) „Als erstes geben sie den Franzosen mein Brot und bringen mich an den Bettelstab, dann ziehen sie die Fräcke an und stoßen Bonaparte Mistgabeln in den Bauch ..."

(Ich hatte im Duell den Fähnrich Skopzow erschossen, aber die Welt hatte sich nicht verändert. Und obwohl mir einleuchtet, daß dies kein Mittel ist, um die Menschheit zu verbessern, darf man doch Beleidigern nicht vergeben, einen Beleidiger darf man nicht in Frieden ziehen lassen. Entweder trifft er mich in mein rundes Gesicht, oder ich treffe ihn in sein eckiges.)

9. Die Klarinette. Die Klarinette als Soloinstrument ist für Beerdigungen bestimmt. So war es. Ihr Korpus aus Grenadill- oder Ebenholz, schwarz, langgestreckt, streng, erinnert an die unvermeidliche Vollendung des irdischen Weges, ihre tiefe Stimme, die wie Weinen klingt, weckt den Gedanken, daß selbst wenn das Piedestal, auf das der Verstorbene zu Lebzeiten erhoben wurde, höher als seine Verdienste ist, sein Ableben alles wieder zurechtrückt und die Unstimmigkeiten ausgleicht. Die Tochter der alten Chalumeau, von dem Nürnberger Meister Denner in ihre heutige Form gebracht, veränderte, in die Menge der sonstigen Musikinstrumente geraten, jäh ihre Bestimmung. Wenn sie aus dem Orchester klingt, singt ihre tiefe einschmeichelnde Stimme nicht von ewiger Trennung, sondern von ewigem Verweilen in unserem Herzen, nicht von Abschied, sondern von Vergebung. Wird mir der Herrgott meinen frechen Plan vergeben? Aber ich schwöre, die Stimme der Klarinette im Chor gedenkt und lobpreist, beides gleichermaßen.

Ende Juli blies mein Fedka, den ich mitgenommen hatte, im Hause des Ossipows bei großem Andrang von Gästen, die fast zufällig kamen und einander nur entfernt kannten, auf dem Englischhorn das Werk eines alten Veronesen, das Fedka selbst für das Horn eingerichtet hatte; er spielte mit Klavierbegleitung, und die Gäste lauschten diesem Duett noch mit der Gelassenheit friedlicher Zeiten: zerstreut, gutmütig, ein wenig kühl, nicht sonderlich entflammt, Blicke wechselnd, in Gedanken versunken. In Sesseln aus kirschrotem Samt taten zwei Damen in altmodischen Toiletten, als wären sie in die Melodie vertieft, und bewegten ihre Fächer; am offenen Fenster stand ein Herr mit grüner Weste, versuchte sich hinter dem durchsichtigen Tüll zu verstecken und machte einem brünetten Fräulein in rosa Kleid windige Zeichen; drei Greisinnen mit Häubchen aus der Zeit Katharinas saßen auf dem Sofa und nickten im Takt des Horns; eine Gruppe blutjunger Armeeoffiziere drängte sich verschüchtert in einer Ecke und wußte nicht, wohin mit den langen Armen; ein Schwarm eckiger Jungfrauen stand verkrampft wie auf dem Sprung zu schneller Flucht. Ich stand an der Tür, auf meinen Nußholzstock gestützt, ich hatte auf den angebotenen Sessel verzichtet. Von der Höhe meines Wuchses konnte ich alles gut sehen. Alles war wie immer, gleichwohl schien etwas sonderbar, ich kam nicht dahinter, was es war.

Neben mir stand ein alter Herr, den ich nicht kannte, er flüsterte mir plötzlich zu:

„Alle tun so, als wären sie Musikfreunde. Sie tun so ..."

Die zahlreichen Runzeln seines Gesichts waren angewidert verzogen. Die fahlen Augen zeigten Wehmut. Er blickte mich an, als bedürfte er meiner Hilfe. Ich sah ihn zum erstenmal. Endlich beendete Fedka sein Opus und verließ bescheiden den Raum. Ich bekam Komplimente zu hören. Alle bewegten sich, die Fächer fächelten stärker, es wurde offen gelächelt, die Stimmen erwachten zu lautem Gewirr. Alles lebte auf, lief rosig an. Diener wechselten lautlos die Kerzen. Ich blickte den alten Herrn an. Er holte tief Luft, ging entschlossen zum Klavier, setzte sich und streckte die Hände aus. Kaum ertönten die ersten Akkorde, da erstarrten die Gäste in der gewohnten Lustlosigkeit. Der alte Herr spielte. Ich hatte schon nach Hause fahren wollen, aber ich hörte zu. Weiß der Teufel, was er da spielte, aber er war ein großer Künstler. Ich kannte die Piece nicht, und der alte Herr saß irgendwie ungewöhnlich da, das Gesicht von der Klaviatur abgewandt, als weckte auch die Musik Feindschaft in ihm. Allmählich erstarrten alle angespannt. Man fühlte sich beunruhigt. Die beseelten Finger des alten Herrn, das von Ekel verzerrte scharfe Gesicht, die Augen voller Verzweiflung – das war es, was ich sah, und ich dachte nicht mehr an die Heimfahrt. Das Klavier schluchzte, wahrhaftig, es schluchzte wie lebendig. Was beweinte es? Das Herz zog sich mir zusammen, die Kerzenflammen erschienen tot, die Gesichter der Gäste mager und grau. Worüber schluchzte es? Gleich würden alle weinen, die Hände ringen, einander rempelnd irgendwohin laufen. Ich hätte dem verdammten Alten meinen Stock an den Kopf werfen sollen! Die drei Greisinnen auf dem Sofa tauchten ihre Füße in die Lethe, das brünette Fräulein hielt den Kopf geneigt, der Herr mit der grünen Weste umklammerte das Fensterbrett, die jungen Offiziere drängten sich immer enger zusammen. Uch, verfluchter alter Mann, der die Freuden verachtete! Damals dachte ich zum ersten Mal, daß ich lange genug gelebt hatte, und es wäre an der Zeit ... Da fiel mir mein Bruder Sascha Opotschinin ein, und ich erschrak.

Ich fuhr allein nach Hause. Die Kutsche rollte lautlos. Es war eine warme Sommernacht, und mir wurde die Luft knapp, denn in mir kochte Unruhe, mürbte, würgte mich. Alles rundum war wie ein böses Vorzeichen. Na, zum Beispiel schnarchte das Pferd, ein Zweig knackte im Wald, ein weißer Hase überquerte die Straße, und ich zuckte immer wieder zusammen, obwohl es in unserm Wald von diesen Hasen wimmelt. Mein Inneres schmerzte von einem bitteren Vorgefühl. Ich trieb das Pferd an. Schneller, schneller ... Und plötzlich ging mir auf: Allmächtiger, wir haben Krieg! Und da dünkte mich: alles ist aus. Kein Zuhause, kein Garten, keine lebendige Seele, ringsum nur die kalten Ebenen. Verfluchter alter Herr! Ich weiß, *was* das bedeutet! Die gigantische Woge, die dazumal auch mich durch die italienischen Weinberge und über die Alpenfelsen trug, diese selbe Woge rollte unerbittlich heran. So wie damals ich, so jetzt sie, weiter nichts. Vielleicht hatte der Erfolg meines Regiments bei Unterloiben eine neue Schule gezeitigt, und eine ganze Menge von Nachahmern, die meinen Namen vergessen hatten, hoffte nun, Federbüsche an den Hüten, im fremden Land meinen Erfolg zu wiederholen, ohne Eisen und Blut zu sparen.

Ich fuhr bei meinem Hause vor. Die Diener kümmerten sich um den Wagen. Timoscha schlief. Ich ließ ihn schlafen, den morgigen Kornett, dicklippig und rotwangig.

Das Seltsamste bestand darin, daß, sooft ich später nach dem alten Herrn fragte, niemand seinen Namen kannte, niemand wußte, wer er war, woher er kam, wie er dorthin geraten und wohin er verschwunden war. Ist er denn verschwunden? denke ich kichernd. Ob er womöglich bald zu Besuch kommt? Jemand äußerte sogar die Mutmaßung, er wäre nachgerade ein Späher des Korsen gewesen oder Ähnliches in dieser Art.

10. Was mir fehlt, ist eine Baßklarinette. Fedka hat mir oft unter Tränen ihre Vorzüge suggeriert: Sie habe eine düstere Kraft und ein rätselhaftes Wesen – solcherart sei ihr Klang. Ich schrieb nach Dresden, Wien und Mailand. Niemand beantwortete die verrückten Briefe eines einbeinigen Generals.

„Großvater“, sagte Timoscha vor vielen Jahren zu mir, als er noch ganz klein war, acht Jahre alt, „erlauben Sie mir, Onkel zu Ihnen zu sagen und ‚du‘ wie zur Mammi?“ Sein Gouverneur Franz Mender legte entsetzt die Finger an die Lippen und machte dem Jungen strenge Zeichen. – „Von mir aus, mein Freund“, sagte ich, „sei so lieb und nenn mich, wie du willst.“ Herr Mender atmete erleichtert auf, lachte und strich Timoscha über den Lokkenkopf. „Sag, Onkel“, fragte Timoscha ernsthaft, „wenn ich die Mammi heirate, schenkst du mir dann ein richtiges Pfeeerd?“ Mender ächzte und sagte: „Timoscha, Timofej Michailowitsch, Sie fangen an Unsinn zu reden. Ich erröte von Ihren Worten!“

Franz Johann Mender genoß die italienische Sonne zusammen mit einer Halbkompanie seiner braven Tiroler. Er hatte dieses Land unterworfen, war sein Herr geworden, seine Macht reichte weit und schien ewig. Plötzlich aber fielen die Franzosen in die Lombardei ein und verjagten die Österreicher von ihren eingesessenen Plätzen. Der junge Bonaparte flößte dem österreichischen Lieutenant Mender solches Entsetzen ein, daß dieser seine Soldaten im Stich ließ, in seine Vaterstadt Linz floh und bald den Abschied nahm.

Wie es dazu gekommen war, daß der Lehrer für Geschichte und Naturwissenschaften Lieutenant wurde, war mir aus seinen Erzählungen nicht ganz klargeworden, denn ich bin im Deutschen nicht besonders stark, und Mender kann nicht Französisch wegen eines mystischen Entsetzens vor allem Französischen und Italienischen; Russisch hatte er erst kürzlich gelernt, und auch das nur wenig, so daß es komisch und peinigend war, ihm zuzuhören. Durchaus möglich, daß die Klänge eines Militärorchesters oder die Begeisterung der Damen oder die Leidenschaft für das Unerforschte oder patriotische Stürme – daß all das ihn dazu gebracht hatte, bei den mit Waffengewalt bezwungenen Italienern Wachdienst zu leisten. Jedenfalls zog der Österreicher, nach Linz zurückgekehrt, gerührt Zivilsachen an, in der Erkenntnis, daß die Geschichte zu studieren bedeutend angenehmer sei, als sie zu machen. Allein, er hatte sich noch nicht von der überstürzten Flucht erholt, als Bonapartes Marschälle bereits an den smaragdgrünen Ufern der Donau auftauchten. Wieder zog er die Montur an, fest überzeugt, daß Bonapartes Heer, aufgehetzt von den rachsüchtigen Italienern, seiner habhaft werden wollte, und beschloß, sich zu wehren. Bei Ebersbrunn verlor er wieder seine Soldaten, und ich gab ihm bei einem Biwak unserer Truppen zu trinken und brachte ihn zu sich. Wir selbst waren Marschall Mortier im Novemberschlamm in der Gegend von Krems mit knapper Not entwischt, und Franz Mender marschierte mit uns, da er nicht wußte, wo er seine Abteilung suchen sollte. Schlank, glattrasiert, spitznasig, blauäugig, schrie er Zitate von Plinius und Tacitus wie Verwünschungen an die Adresse der Franzosen, und wenn er sich wieder beruhigt hatte, gestand er mir errötend, daß die Italiener ihn genauso angeschrien hätten, als er eines Tages mit der österreichischen Armee bei ihnen einbrach. „Wir erinnern uns an nichts“, raunte er, „aber die Geschichte erinnert sich an alles.“ Und noch leiser: „Die Franzosen verfolgen *mich*, glauben Sie mir. Ich brauche nur zu verschwinden, und sie werden Sie in Ruhe lassen.“ Wahnsinn flackerte in seinen hellblauen Kinderaugen. – „Iß Kascha, Franz Iwanowitsch“, sagte ich munter zu dem Bundesgenossen, „und red keinen Unsinn.“

Wir schlugen uns wacker beim Krems, aber wir wurden geschlagen, und nun bestand unsere ganze Strategie im Rückzug. In finsterer Nacht eilten wir durch Schluchten und wegeloses Gelände nach Hollabrunn, bis eine Nachricht von Miloradowitsch uns tröstete: Er teilte Kutusow mit, daß ein Unwetter Mortier beim Übergang über die Donau aufgehalten habe, da atmeten wir erleichtert auf. Bagration, dessen Heer unsere Nachhut bildete, schloß sich uns an, nachdem er zweitausend Gefallene zurückgelassen hatte. Aus Petersburg Händeklatschen. Auf dem Weg nach Hollabrunn verschwand Franz Mender in der Eile und in der Finsternis, aber wir konnten den verrückten Österreicher nicht vergessen, denn die Franzosen ließen uns, wie er prophezeit hatte, tatsächlich eine Zeitlang in Ruhe.

Besessen von der Idee, daß die Vergeltung für die kleinen Gemeinheiten auf italienischem Boden ihm in Gestalt der Franzosen auf dem Fuß folgte, wurde Franz Mender stumm und verlor sich irgendwo in Mitteleuropa. Ich hinkte auf mein Gut im Kalugaschen, mein liebes Lipenki, wo Timoscha seine noch nicht gekräftigten Ärmchen um meinen Hals schlang, wo Sonetschka im rosa Kleid, bleich und abgezehrt, in Schluchzen ausbrach, als sie mich plump hinken sah, um den leichtsinnigen Krieger zu spielen, und ich begriff, daß wir jetzt allein waren auf der weiten Welt, allein, allein, wenn ich Barbara nicht zählte … wenn ich Barbara nicht zählte … Blödsinniges zweckloses Zählen, leere Erinnerung, sinnloses Wehklagen – mochte das alles mit mir sterben.

Ich habe heute an den Grafen Saint-Priest geschrieben und ihn gebeten, den auf den Militärdienst erpichten Timoscha in sein Jägerregiment zu nehmen. Immerhin wäre der Junge dann unter den Augen meines Kampfgefährten, eines hervorragenden Kommandeurs und guten Menschen. Graf Saint-Priest hatte sich bei dem verfluchten Austerlitz ausgezeichnet und sogar das Georgskreuz vierter Klasse erhalten. Dort hatten wir uns getrennt. Später besuchte er mich öfter, aber als französischer Emigrant widersprach er hitzig meiner Vorliebe für das Genie Bonapartes. Das hinderte uns jedoch nicht, gute Kameraden zu bleiben, ich mochte sein Ungestüm, seine Härte im Kampf und die fast mädchenhafte Weichheit seiner Seele. Er war hochgebildet und überhaupt gescheit und fand Vergnügen an meiner Neigung für Lästerreden.

Ach, Austerlitz, Austerlitz! Die Jünglingsjahre und die Kriegsjahre, all das kommt mir unsinnig vor, aber das Eis des Satschaner Teiches steht im Wachen und im Schlafe vor meinem Blick wie eine Strafe.

Ja, und plötzlich kam zu Weihnachten im Jahre sieben ein Brief aus Österreich, das Kuvert voller Flecke von betrunkenen Postknechten, ein Brief mit der flehentlichen Bitte um Hilfe von Franz Johann Mender.

„Glorreicher Herr General", schrieb der unglückselige Historiker, „ich würde es nie gewagt haben, Sie in Ihrer wohlverdienten Zurückgezogenheit zu behelligen, wenn nicht extreme Umstände mich dazu zwängen. Herr General, ich bin umstellt wie ein Wolf in seiner Höhle: Die Franzosen, aufgehetzt von den Lombarden, sind mir mit ihrer gesamten Kriegsmaschinerie auf den Fersen, richtiger gesagt, ihre ganze militärische Tätigkeit ist nichts anderes als das Bestreben, den Vergeltungsakt an mir zu vollziehen! Herr General, Jahre sind vergangen, und mir, einem Menschen von friedlicher und gutmütiger Natur, ist vieles klargeworden, dem ich in jungen Jahren keine Bedeutung beimaß. Ich besitze nicht mehr die jugendliche Selbstgefälligkeit, den früheren Leichtsinn und das blinde Vertrauen zu pseudopatriotischem Trara, die mich glauben machten, die Italiener wären beglückt über meine Anwesenheit in ihren Weingärten. Wiewohl ich nur ein kläglicher Span im Meer der österreichischen Waffen war, sehe ich ein, daß ich von Gott unter allen meinen Landsleuten auserwählt wurde, als der Herr beschloß, es sei an der Zeit, für das Angerichtete zu bezahlen. Herr General, ich will nicht murren. Ich habe auch eingesehen, daß die Kirche nur eine Stufe auf dem Wege zum Himmlischen Vater ist und daß man sein Leben hat, um Reuegebete zu sprechen. Ich fürchte den Tod nicht, Herr General, er ist unvermeidlich. Ich fürchte nur, wenn sie mich fassen und zum einzigen Verantwortlichen für die grausame Gedankenlosigkeit der Übrigen ausrufen, werde ich diesen gewaltigen Titel nicht ertragen. Zum Helden und zum Bösewicht muß man geboren sein. Wie sonderbar, daß ausgerechnet ich, als kleiner Mann geboren, von den höchsten Mächten ausersehen bin, die allgemeinen Leidenschaften zu sühnen. Als Sie sich damals bei Krems aus der Höhe Ihres Riesenwuchses über mich beugten, dünkte mich Ihr rundes Gesicht von Güte erfüllt, und ich las in Ihren Augen nicht nur soldatische Teilnahme, sondern auch Verständnis für meine Tragödie. Herr General, wir waren ja Kinder derselben NATUR, und wir lechzten beide mit unverhohlener Gier nach fremdem Spielzeug.

Herr General, ich bin ein redlicher und tätiger Mensch. Ich scheue keine Arbeit. Vielleicht gelingt es mir in Ihrem gesegneten Land, wenigstens für einige Zeit Ruhe zu finden, meine Gedanken zu sammeln und mit Würde meiner Bestimmung nachzukommen. Oh, welches Unglück, daß ausgerechnet ich zum Opfer der allgemeinen Sühne ausersehen bin! Welche Bürde, Herr General! Ich warte auf Ihre Entscheidung und hoffe auf Ihre Barmherzigkeit. Ich bin zuversichtlich, daß Sie bei guter Gesundheit und so großmütig wie ehedem sind und daß die Bitte des nichtigen Auserwählten der höchsten Mächte Sie nicht belastet.

Herr General, ich verbleibe in sehnlicher Erwartung Ihrer baldigen und gerechten Entscheidung, denn ich zweifle nicht, daß meine verworrenen Krakeln Ihnen möglichst genau und möglichst schnell übersetzt werden.

Ihr irdischer Bruder im Felde, im
Leiden und in der Liebe zum Leben
Franz Johann Mender.

PS. Für alles, alles muß man bezahlen, aber woher nehmen?"

Was sollte er tun, der arme, lahme General im Ruhestand, der wohl wußte, wie die Wonne im fremden Weingarten enden würde, wenn man eins auf den mageren, selbstgefälligen Hals bekam? Ich lud den unglücklichen Märtyrer nach Lipenki ein, obwohl ich sein Gesicht und seine Stimme schon vergessen hatte. Verdammt noch mal, mochte er seine Seele retten, der Historiker. Das war ja interessant. Schließlich verband uns vieles, wenn ich's recht bedachte: das Lagerfeuer des Soldaten, die Kascha, die Absurdität der Begegnung und der Trennung, die wohlbekannten Töne, die von Zeit zu Zeit im halbverrückten Gemurmel des Österreichers aufklangen, und natürlich die gemeinsame Novemberflucht durch die europäischen Dörfer.

Sonetschka war damals noch bei uns, und Franz Mender konnte in seiner Sprache schnattern und sich wundern, wie geschickt die junge Dame mit dem erloschenen Blick unsere Gespräche verständlich machte. „Frag ihn doch, Sonetschka", sagte ich, „wie's ihm gelungen ist, seine Munterkeit und Frische zu bewahren trotz des Entsetzens, von dem er mir schrieb." Mender ratterte eilig, doch würdevoll los, strahlte dabei und zeigte die scharfen weißen Zähnchen. „Liebwerter Herr, ein Wunder ist geschehen“, sagte Sonetschka leidenschaftslos, „ich bin zwei Wochen lang durch die russischen Weiten gefahren, die kein Ende nehmen wollten. Ich wußte meine Verfolger weit hinter mir, ohnmächtig, mir Verdruß zu bereiten, und ich dachte: Vorbestimmung hin, Vorbestimmung her, aber die Nichtigkeit des kleinen Mannes wird in diesen unendlichen Weiten allmählich zu einem Vorzug. Und ich fühlte, wie ich gesundete. Oh, was für Weiten!“

Verzaubert von den Weiten Rußlands, wurde er unter allgemeiner wohlgeneigter Anteilnahme in Lipenki heimisch. Ich übertrug ihm die Erziehung und Unterrichtung Timoschas, was ich bis heute nicht bereue, denn wenn Mender auch manche wissenschaftlichen Kenntnisse fehlten, wurde das doch ausgeglichen durch sein sanftes Wesen, durch Akkuratesse, Gutwilligkeit und Wissensdurst. Er machte Sonetschka Komplimente und brachte ihr Blumen, doch ohne jede Abgeschmacktheit, es wirkte freundschaftlich, brüderlich. Mit mir wollte er die früheren Schlachten durchsprechen, aber ich hatte zu dieser Zeit schon genug von solchen Gesprächen und reagierte gereizt, denn in meinen Jahren mußte ich schon die eigenen Erfahrungen überdenken und gelassener werden. Menschen werden geboren, sammeln Kräfte, lernen hoffen und sich freuen, betrachten sich im Spiegel, wundern sich über ihre Formen, ihre Augenfarbe, ihr strahlendes Lächeln, und das alles, um eines Tages übereinander herzufallen und krächzend und hustend einander das Blut abzuzapfen.

Franz Mender war klug genug, um, als er dies hörte, die Achseln zu zucken, zu lachen, abzuwinken. „Ich wollte Ihnen einen Gefallen tun, General“, übersetzte Sonetschka leidenschaftslos.

Mit Timoscha freundete sich der Österreicher sogleich an, legte ihm den Arm um die Schultern, führte ihn in die Felder und Wälder, hin zu den Geheimnissen der Natur. Oder sie spazierten durch die umliegenden Dörfer, und er zog jedesmal, wenn ihnen ein Mushik oder ein Weib entgegenkam, den Hut, verbeugte sich und sagte: „Gute Tag, Bauer. Gute Tag, Weib." Die Mushiks und die Weiber erschraken, und Timoscha lachte, und er lachte wieder, als er mir davon erzählte, doch seine Augen waren dabei verschleiert.

Mender studierte mit österreichischer Wißbegier die russische Sprache, und nach ein, zwei Jahren konnten wir schon miteinander streiten; bei jedem Unsinn aus seinem Munde lachten wir und klopften einander auf die Schultern, aber über dieses paradiesische Reich der Idylle, der Großmut und Liebe brach ein Gewitter herein, unsere Stimmen zitterten, unsere Reden versickerten. Es ist immer dasselbe: höchste Zeit, aus den Träumereien zu erwachen, irdische Freude ist nicht von Dauer, mein Freund, nicht von Dauer. Wie sah Franz Mender aus, als er mir mit weißen Lippen zukrächzte, Bonapartes Armee sei in Rußland eingefallen, habe wohlbehalten den Neman überschritten!

„Aber Franz Iwanowitsch, das haben wir doch vorausgesehen, vorausgefühlt, mein Bester. Macht nichts, macht nichts, das ist nicht neu, nicht neu, Gott läßt uns nicht im Stich, wir gehen nicht vor die Hunde, mein Lieber, bei diesen gewaltigen Räumen zwischen dem Neman und uns, und bei dieser Armee. Tschitschagow! Miloradowitsch! Begration! Die Husaren! Die Artillerie!"

Franz Mender nickte höflich, doch er weinte leise wie bei dem schon vergessenen Biwak damals und wischte die Tränen mit einem Batisttüchlein weg. „Oh, ich kein Feigling, gar kein Feigling, Sie mir verstehn? Ich sehn alte Urteil. Ich bringen Schaden arme österreichische Volk, und jetzt ich bringen Schaden russische Volk."

„Aber hören Sie doch auf, Franz Iwanowitsch", sagte ich übertrieben munter, „alles liegt in unseren Händen, verdammt noch mal! Und wenn Sie gleich ein Opfer sind, und wenn ich gleich ein Krüppel bin, aber wir beide ziehen Bonaparte entgegen, lauern ihm auf und knallen ihn ab ... ha-ha, dann ist mit einem Schlag alles erledigt."

„Sie nicht verstehn historische Prozeß", sagte Mender vorwurfsvoll. „Wir umbringen Bonaparte, aber ich bleiben Geisel. Warum Sie nicht verstehn? Es gibt Vorsehung, es gibt Sühne, verdammt noch mal!"

Der Korse kam zügig voran. Wir wichen zurück. Der Abstand bis Lipenki wurde kürzer.

Nach allem zu urteilen, sind meine Idee und mein Leben Gott wohlgefällig: Niemand warnte mich mit Wort oder Geste, niemand schluchzte, niemand zuckte, niemand staunte. Zwar bin ich der einzige Bewahrer dieses Geheimnisses, aber es konnte ja doch jemand was merken, na, an meinen Augen, an meinem Gesicht, an meinem nächtlichen Ausruf „eijeijei!", als ob ich bereits in den schwarzen Himmel aufflöge. Im übrigen, wie sollen die Narren dahinterkommen, wenn sie Tag und Nacht nur in sich selbst hineinschauen? „Sag, Onkel", fragt Timoscha, „wieso sieht es manchmal so aus, als wärst du von irgendwo angekommen, als Fremder, und du schaust alle an, als ob du nicht begreifst, wen du vor dir hast, und dann sieht es so aus, als müßtest du wieder gehen, dahin, wo du hergekommen bist?" – „Ist das so?" frage ich verwundert und streichle ihm den Lockenkopf. „Vielleicht will ich nach Gubino marschieren, Barbara besuchen?" – „Nein, weiter, weiter", sagt er. „Von wegen Gubino!" – „Vielleicht sind das meine Jahre, Titus, meine Jahre", sage ich, „da kommt einem das Eigene manchmal fremd vor, oder nein, nicht fremd, man denkt: Ist das meins? Brauche ich das? Ist es nicht an der Zeit?"

Herrgott, gib mir Kräfte! Merkst du, wie brandig es riecht? „He, Lykow, bring mir meine Rüstung!" – „Welche befehlen Sie?" fragt der Lakai angespannt. – „Welche, welche", antworte ich schwach werdend. „Geh!"

Ich nehme die Feder in die Hand, sie zittert, und die wunderlichen Krakeln verdecken die Unvollkommenheit des Stils. Die Gabel klirrt scheußlich gegen den Teller – ich tue so, als ob ich einen Wirbel schlage. Timoscha lacht. „Onkel, du trommelst immer in letzter Zeit. Was für Märsche sind das? Französische?" – „Bist ein Dummchen, kleiner Herr", lache ich und stelle die Teetasse hin, „keine französischen – der Marsch des Moskauer Musketierregiments." Er entfernt sich kichernd, ich trinke meinen Tee, bekleckere die Tischdecke.

Gleich mit dem ersten Treck schickte ich den armen Franz Mender nach Moskau, möglichst weit weg von seinen Peinigern. Nutzen bringt er jetzt wenig. Er ist ganz steif, spannt sich, steht auf dem Sprung. Beim Abschied kam mir der Gedanke, daß das vielleicht gar kein Wahnsinn sei, sondern eine höhere Stimme. „Gehen Sie nach Moskau, Franz Iwanowitsch", sagte ich, „nach Moskau kommt Ihr Verfolger nicht. Sehen Sie, was für Entfernungen er vor sich hat?" – „Doch", sagte Mender traurig und ergeben, „er kommen hin. Ich müssen bezahlen für Sünden von österreichische Volk, Sie verstehn?"

Wir umarmten uns, und er fuhr ab.

Ich gehe durchs Haus, von Zimmer zu Zimmer, blicke in die Spiegel, zu den Fenstern hinaus – alles leer, so leer wie meine Seele, als wäre ich ein Gespenst aus der Finsternis. Mein alter Kammerdiener Kusma springt ungeschickt, greisenhaft vor mir zurück. „Was ist, bist du erschrocken?" frage ich den Alten. „Fehlt dir was?" Er lächelt mühsam und scherzt liebedienerisch: „Sie sind doch sooo groß, und ich bin sooo klein." Mir hängen alle und alles zum Halse hinaus. Wahrhaftig eine fremde Welt. Sonetschka ist nicht mehr da, sie wirkte in letzter Zeit durchsichtig, ging hinter Timoscha her und sah ihn verständnislos an. Eine Trennung ist kein Fest, sage ich Ihnen; das Vorgefühl der Trennung aber ist schlimmer als der Tod. Allmächtiger, stärke meinen Geist und erhebe mich über die traurige Alltagshast!

„Die Franzosen fressen gern", sagt mein Koch Stepan, „aber nicht wegen dem Wanst, sondern wegen der Seele."

LISTE DER WICHTIGSTEN FESTGERICHTE FÜR DIE BEWIRTUNG DER GENIES DES KRIEGES UND DES TODES, DIE FREIWILLIG MEIN HAUS ZU BESUCHEN WÜNSCHEN, DAS SICH LEERT UND UNGEMÜTLICH UND MIR ZUWIDER GEWORDEN IST.

1. Der gekochte Sterlet soll innen orangefarben sein wie ein chinesischer Apfel. Das leichte Fett hat die Farbe des Fleisches. Dazu kein Grün, noch wichtiger, keinerlei Gewürze! Zwölf Minuten auf starkem Feuer gekocht. Sobald schwach bernsteingelbe Fettaugen im brodelnden Wasser tanzen, sofort herausnehmen. Heiß essen. Man darf mit den Fingern. Sobald die französischen Genies den Fisch berühren und den Geruch des Flusses, des Flußgrases, des abgestandenen Flußgrundes, der Ruhe dort drunten spüren, wird nicht der Gedanke an die Eitelkeit alles Irdischen, sondern schlicht Trauer sie heimsuchen, überdies wird

Nebel vom Fluß kommen und die Oboe in die Seele dringen.

Solchen Sterlet habe ich zum ersten Mal in Gubino bei Barbara gekostet. Was war ich damals mit zweiundvierzig noch für ein jugendlicher Draufgänger! Kein Fältchen, beide Beine heil, ich konnte ein Hufeisen verbiegen, der Kopf arbeitete lebhaft. Wie schnell sich das alles geändert hat! Aber die Hauptsache, der Geist war noch nicht so nachgiebig, so klapprig wie heute, er entsprach dem Wuchs und der Schulterbreite. Was hatte ich für ein Handgelenk – ich konnte den Degen bis zu fünfhundertmal wirbeln, ohne zu ermüden! Das war ein Genuß, das erhob mich in der eigenen Meinung, und Barbara war damals dreiundzwanzig. Schlank natürlich, na, dunkelbraunes Köpfchen, na, das Gesicht sehenswert, sparsames Lächeln, aber irgendwie tückisch, es lud nicht zu Ungezwungenheit ein. Ja, dafür zwei blaue Augen, die das halbe Gesicht einnahmen, ein unbeweglicher Blick, vor dem es kein Verstecken gab: wandte man sich nach links – sie sahen es, nach rechs – dasselbe; zwei kalte blaue Lichter. Eine Schönheit? Ich bitte Sie, lieben wir denn Schönheiten? Für Schönheiten begeistern wir uns, die denken wir uns aus, aber lieben tun wir Frauen, die etwas Unbegreifliches haben.

In Gubino war ich das erstemal nach dem Schweizer Feldzug. Ich hatte mich noch nicht gehörig gewaschen und gesäubert, noch nicht wieder an die gewachsten Dielen gewöhnt; noch empfand ich in der friedlichen Kalugaer Einöde alles als phantastisch, und ich war voller Gier – sämtliche Gläser wurden damals auf den Gossudar und auf Suworow geleert.

Den Provinzfräuleins lieb und teuer, versengt von vieler Schlachten Feuer, ließ er von ihnen sich verehren als Bote aus den Sternensphären.

Barbara war dreiundzwanzig. Sie lebte von klein auf nach ihrem eigenen Kopf. Die Eltern verneigten sich ehrfürchtig vor ihr. Sie starben auch in Ehrfurcht und Begeisterung. Sie war ein gebildetes Fräulein, äußerst selbständig in ihren Ansichten. Mit zwanzig heiratete sie einen fetten Hinterwäldler, der zu normalem Leben kaum befähigt war, heiratete ihn in der Hoffnung, dieses Wesen nach dem Beispiel aller russischen Fräuleins zu einem Menschen nach ihrem Ebenbild zu formen. Ja, Gott scheint dieses Opfer nicht angenommen zu haben, sie trennte sich schon ein halbes Jahr später von ihm, komplimentierte ihn zurück auf sein Stammgut unter der wohlbekannten Begleitmusik von Klatsch und Tratsch. Ich kannte ihn. Er war gutmütig, aber nicht neugierig auf das Leben, gleichgültig gegen seine Umgebung; er ist kürzlich von der Vielfresserei gestorben und dürfte sich kaum erinnert haben, daß er je verheiratet war.

Als wir uns kennenlernten, bekundete sie im Gegensatz zu unseren sonstigen Damen kein begeistertes Interesse an mir, sondern begann mit mir eine sachliche Erörterung der jüngsten europäischen Schlachten, und ich fühlte, wie mein heroischer Nimbus sich trübte und auflöste.

„Wie ist das“, fragte sie, „ist viel Blut geflossen?“

„Viel“, ich lachte auf. „Viel Blut und Asche gab's.“ Dabei dachte ich mir, daß es kaum für die junge Dame sprach, nicht einmal versucht zu haben, den General mit der Wärme ihrer Augen und ihrer Stimme zu entflammen, sondern ihn einfach auszufragen wie einen Bediensteten, der aus der Stadt zurückgekommen ist.

„Wie konnten sie das alles abwaschen?“ fragte sie achselzuckend.

„Ich bin nach Hause zurückgekehrt“, antwortete ich nachsichtig, „habe die Banja heizen und einen großen Kübel mit Seifenwasser füllen lassen. Da bin ich hineingestiegen und drei Monate später wieder herausgestiegen. Da war alles abgewaschen." Ich zeigte ihr meine Hände. „Außerdem, Barbara Stepanowna, ist die Vorstellung lächerlich, es ginge ohne Blut!"

Da lächelte sie, aber wie! Sie bewegte kaum die Lippen, aber die Riesenaugen waren kalt, und mir wurde kalt.

„Sie hätten sehen sollen, wie Suworow auf Händen getragen wurde", sagte ich eilig, „wie die Schweizer für ihn gebetet haben, und die Soldaten waren überhaupt in Ekstase von allem, was vorging."

„Was ging denn vor?" fragte sie achselzuckend. „Er ist vor den Franzosen weggelaufen, hat sein Heer verloren, ist über die Berge geklettert und schließlich geflohen, und ihn hat man zum Genie ernannt."

„Das ist ungerecht!" Ich verschluckte mich. „Warum sprechen Sie so von dem Generalissimus? Unsere Truppen, Barbara Stepanowna, haben solch einen Feldzug vollbracht!"

„Der Mushik hält alles aus, aber worin besteht die Genialität Ihres Lieblings?"

„Das ist ungerecht", stieß ich hervor. „Wie können Sie nur? Und die Ehre des Vaterlandes?"

„Der alte Mann hat Sie über fremde Straßen geführt, und das halten Sie für Patriotismus?"

Mir drehte sich alles vor den Augen. Das war im ersten Jahr unseres Jahrhunderts. Und da sagte sie und meinte die übrigen Gäste:

„Alle diese Herren sind ebenfalls überzeugt, daß es eine patriotische Beschäftigung ist, fremde Gärten zu zertrampeln."

„Wieso denn Gärten?" hauchte ich. „Fürchten Sie Gott! Und der Ruhm unserer Waffen? Und die Erfüllung der Verträge? Und der Stolz auf die eigene Kraft?"

„Ach, ich könnte Ihnen sagen, worauf man stolz

sein müßte." Sie starrte mich an. „Aber solange sie die Montur tragen, ist das sinnlos."

Ich verließ sie sogleich. Während der Heimfahrt spürte ich starke Hitze. Schöner General! Läßt sich von einem jungen Dummchen verwirren und stammelt Ungereimtes. Welche Schmach ... Zu Hause angekommen, kühlte ich ein wenig ab. Wir waren ja wirklich vor Masséna davongelaufen, und Bagration mit seiner Arrièregarde hatte zu tun, sich der Verfolger zu erwehren. Das tat er mit Erfolg, stimmt schon, aber es war eine Flucht. Fremde Gärten? Dumme Gans! Ich erinnere mich, daß wir überhaupt nicht zur Ruhe kamen – wegen dieser verdammten Bundesgenossen quer durch die Schweiz, von Berg zu Berg, von Schlucht zu Schlucht. Damals kam mir in einem verzweifelten Moment der Gedanke: Was machen wir eigentlich in der Schweiz? Trotzdem, Barbara ist hochnäsig, verwöhnt, selbstgefällig, dachte ich abkühlend und erinnerte mich plötzlich, welch herrlichen Sterlet es zum Essen gegeben hatte vor unserm Rededuell.

Heute früh ist Timoscha mit dem letzten Treck nach Moskau abgefahren. „Komm bald nach", sagte er mir, „führ deinen Plan aus und beeil dich, lieber Onkel. Mit dem Feind ist nicht gut Kirschen essen." Wir küßten uns. Der letzte Wagen war schon hinter der Anhöhe verschwunden, doch wir konnten uns noch immer nicht trennen. Die Troika wartete auf den künftigen Kornett, ein paar Leute vom Gesinde standen bei der Vortreppe, bereit, ihrem jungen Herrn zum Abschied nachzuwinken. Arina zeigte sich nicht. Ob zwischen ihnen wirklich etwas gewesen ist? Ich weiß es nicht. Ach, diese Schelmin, womöglich hat sie ihn doch noch verführt? Hab keine Angst vor Blut, mein Guter, lerne den Feind aus der Nähe kennen. Für das Regiment wirst du Timoscha sein, aber ich nenne dich Titus. Wie schön, ins erste Gefecht zu gehen, ohne zu wissen, was Schmerz ist, und erst recht, was Tod ist! Du wirst offen lächeln, deine Munterkeit und jugendliche Dreistigkeit auf die andern übertragen. Kenntnisreichtum ist gut, wenn man lange genug gelebt hat, wenn man sich in schweren Stunden zu beherrschen vermag, ein Jüngling hingegen, der schon früh Angst und Verzweiflung empfindet, bietet ein klägliches Bild.

„Schöne Grüße an Franz Iwanowitsch", sagte ich zu Timoscha, „gib ihm das Geld und tröste ihn." – „Ach, Onkel", der baldige Herr von Lipenki lachte, „Franz Iwanowitsch ist kein Kind mehr, er sieht alles selber." – „Sag ihm, Titus, jetzt, wo Gerüchten zufolge Kutusow Oberbefehlshaber wird, kann der Franzose nie bis Moskau kommen, und das arme österreichische Opfer hat nichts mehr zu befürchten, sag ihm das." Timoscha nickte zerstreut. Kutusow, dachte ich bitter, wie merkwürdig. Nun können wir nur noch hoffen. So wie wir längs der Donau und durch die Alpen flohen, so fliehen wir jetzt durch unsere eigenen Gärten. Allmächtiger, gib mir Mut, kräftige meinen Geist und meine Hand, die noch heiß und stark ist, aber zu Tücke und Streichen neigt …

Arina zeigte sich im Fenster und verschwand. Timoscha aber sah mich an. Wir küßten uns. Verwunderlich ist es nicht, dachte ich, wenn die verdammte Dirn den Jungen umgarnt hat. Ich tadele sie, und ich ertappe mich bei bitterem Selbstmitleid wegen des Holzbeins, wegen meines Alters. Verwunderlich ist es nicht: Krieg, Chaos, dazu Timoschas Geneigtheit, sein heißes Herz … Einmal hatte ich selbst, als ich spätnachts von meinen Nachbarn nach Hause fuhr, angeheizt von Wodka und einem Gespräch unter Männern, wie ein Narr gedacht: Was besagt das eigentlich, der verdammte

Adel und alles so was? Und stellen Sie sich vor, ich malte mir aus, wie Arina ins Schlafzimmer kommt, verschlafen, heiß, voller Furcht, ungehorsam zu sein ... Mit dieser Vorstellung fuhr ich zur Vortreppe. Es war schon die zweite Nachtstunde. Lykow nahm mir verdöst den Gehrock ab. „Weck Arina", sagte ich ihm flüsternd. „Sie soll kommen, aber sofort." Er stürzte davon wie ein Verrückter, dann drehte er sich um und fragte: „Befehlen Sie ins Arbeitszimmer?" – „Ins Schlafzimmer! Ins Schlafzimmer!" zischte ich. „Aber bißchen plötzlich!" Ich humpelte ins Schlafzimmer. Der Mond blickte zum Fenster herein. Es war ganz hell. Wie soll ich ihr in die Augen sehen? dachte ich. Barbara will mich nicht. Ob es gekränkte Eitelkeit ist, die aus mir herausdrängt? Ob es mein langes vergebliches Warten auf deine Großmut ist, Barbara, auf dein Entgegenkommen, was meinst du? Besinn dich! Ich dämpfe meinen ewigen Schmerz, dir zur Lehre! Wir beide sind alt geworden, doch die hier, siehst du, wie jung sie ist, wie frisch und hochmütig, aber sie gehört mir, siehst du? Besinn dich ... Ach, zum Teufel mit Barbara! dachte ich. Und diese hier, wozu lebt sie auf der Welt, diese junge Bettwärmerin?

Die Tür ging leise auf, und herein kam Arina in einem hausgewebten knöchellangen Hemd, die Hand vor den Augen. Ich stand da, auf den verfluchten Stock gestützt. Arina versteckte sich hinter ihrer Hand wie unter einem Klettenblatt. Geistesverwirrung ... Sie wird nicht mal mucksen, dachte ich. Aber ich rührte mich nicht. Und dann dachte ich: Wenn Lykow vor der Tür steht, bring ich ihn um! Und rührte mich nicht. Sie dürfte durch die Finger gelinst haben, sie sind ja alle durchtrieben, diese in Herrenhäusern aufgewachsenen Arinas! Ich stand da, rot, verschwitzt, widerlich. „Arina", sagte ich, so streng ich konnte, „vergiß morgen nicht, in der Küche Bescheid zu sagen, daß reichlich Butter da sein muß. Die Franzosen wollen alles mit Butter, verstehst du?“ Sie verbeugte sich und nahm die Hand weg. „Paß auf, vergiß es nicht. Geh jetzt.“

Sie ging hinaus. Butter? Wieso Butter? Ist so was denkbar? Hätte ich mir wenigstens was Vernünftigeres einfallen lassen. Na schön. Meinen Segen hat sie. Aber jetzt zum Abschied ist sie nicht herausgekommen. Ob er sie gehabt hat, mein Timofej Michailowitsch Ignatjew? „Leb wohl, Titus. Behalt mich in guter Erinnerung.“ Wir küßten uns.

2. Wer von der Heerstraße kommt und in ausgehungertem Zustand reichlich Zitronen- oder Wermutschnaps oder den tropfenweise aus reinem Weizen gezogenen Wodka zu sich genommen hat, sollte die verbrannten Eingeweide am besten mit der guten alten Sauerkohlsuppe spülen. Eßt, ihr Genies der glänzenden historischen Siege, ihr habt das kurze Behagen an meinem Feuer wohl verdient. Ja, Sauerkohlsuppe. Alles übrige ist Dilettantismus. Junges Rindfleisch, nicht zu fett. Fleisch von einem fröhlichen Kühlein, das den Geschmack am Leben noch nicht verloren hat, ein Rippenstück, liebevoll gekocht, garniert mit Mohrrübenscheibchen und Zwiebelringen, alles voneinander durchdrungen, und endlich der Kohl selbst – gesäuerter Weißkohl, der seine Frische schon verloren hat, angeschlafft, durchgegoren, aber noch ein wenig schnurpsig, vom vorigen Jahr, scharf ohne Verfeinerung, aber mit Preiselbeeren und Johannisbeerblättern, doch maßvoll, ohne angeberische Großzügigkeit, und vor allem naturell, nicht kreuz und quer gehackt, wie's grade kommt, nicht ohne Sinn und Verstand zerkleinert, nein, in dünne durchsichtige Fäden geschnitten, in beseelte Streifchen. Schließlich muß das Ganze am Vorabend ge-

kocht und im Ofen abgestanden sein und dann zum Mittag aufgetragen werden! Wohin hat es euch verschlagen, meine Lehrer? Was ist schuld: Wahnsinn oder grausame Kriegsfortüne? Ehrgeiz oder unerbittlicher Befehl? Uns allen ist im schwarzen Augusthimmel Glückseligkeit bereitet. Ja, Glückseligkeit – Zeit zum Ausruhen. Ich glaube nicht an die feurige Hölle. Schwarzer samtiger Augusthimmel – keine ewigen Qualen ...

Ein großer Franzose, galliger Spötter und weiser Mann hat gesagt, der Tod sei nicht schlimm – schlimm sei es, nicht zu leben. Ich füge hinzu: Schlimm ist das Sterben, dieser kurze Marsch durch den Korridor der Trennungen ist nicht leicht zu vollziehen, insonderheit mit einem Bein, insonderheit mit dem Wissen, daß alle übrigen sich ums Überleben bemühen. Wozu? frage ich. Für das Vaterland, sagen sie. Welchen Nutzen habe das Vaterland von einem Toten?

3. Im Kreis Mestscherski wurde ein Hirsch erlegt und hergebracht. Nach dem Geweih zu urteilen, hatte er sowohl den ersten Zweikampf mit einem Rivalen um eine Dame als auch alles übrige noch vor sich gehabt. Die Stirn klar und edel. Die Augen goldschimmernd. Gottlob kennen die Franzosen Hirschfleisch. Sie sind Jäger und Gourmands. Ich habe Hirschbraten nach ihren Rezepten gegessen. Was geschieht mit einem Menschen, der diese Speise kostet? Sein Herz erstirbt vom kräftig würzhaften Arom der Kräuter und Spezereien und Kastanien und vom Herdrauch, und er weiß nicht, ob das ein Hirsch ist oder eine unbekannte Schöpfung der Natur, die ihn verblüfft durch ihre Mischung von tausend göttlichen Düften. Und er sättigt sich, und der Schweiß tritt ihm auf die Stirn, und die Nüstern blähen sich, wenn sie diesen Ruch einatmen, und in seinem schläfri-

gen Blick ist nichts als satte Ruhe. Wundervoll! Ein preußischer Major, zeitweiliger Verbündeter, lud mich zu Hirschbraten ein. Sein Bursche, hochnäsig wie jeder Lakai, der den Herrn von sich abhängig weiß, mit Hängeschnauz und hungrigem Blick, hatte das Hirschkalb auf einen Holzspieß gesteckt, über Kohlenglut gebraten, mit Mixed pickles umlegt und aufgetragen. Göttlich!

Er hatte es so gemacht, die Franzosen machen es anders und wir noch anders. Ein gefangener Türke zeigte mir bei Ismail eine bequeme, einfache Methode, Hirschfleisch zuzubereiten. Er schnitt die besten Stücke heraus, spießte sie umschichtig mit Zwiebelringen auf einen Kampfdegen, drehte das Ganze über glühenden Kohlen und begoß es mit Traubenwein. Unter der braunen Kruste dampfte das weiche Fleisch, das seinen natürlichen Geschmack bewahrt hatte, Saft troff über die Finger, Hirschduft schwebte zwischen uns, das Auge war scharf, der Kopf klar, das Denken edel, und man hätte dem gestrigen Feind die Hand auf die Schulter legen und sagen mögen: „Verzeih, Bruder." Und wenn man dem Stück Fleisch auf dem Teller eine kleine Handvoll eingemachte Preiselbeeren beigäbe, die den wahren Geschmack des Hirschbratens nicht übertäuben, sondern ihm gleichsam eine natürliche Umgebung verleihen, dann, wer weiß, käme die Reue noch schneller.

Das Zittern der Finger kommt von Zeit zu Zeit wieder. Ich weiß, das ist das Alter, nur ihm kann ich die Schuld geben. Scheußlich! In Moshaisk, wo alles flüchtete, rief der Militärarzt mit den rötlichen Augenbrauen mit einem Blick auf meine grauen Zotteln, schon in der Droschke sitzend, um in unbekannte Richtung abzureisen, mir gleichgültig zu: „Das kommt vom gesteigerten Heldentum, Herr General; wenn patriotischer Wahnsinn einen zu sprengen droht und das Alter sich dem widersetzt, dann wallt das Blut, doch es kann nicht mehr vergossen werden, Herr General! Kurz und gut, das Alter, Herr General, dazu die Evakuierung ..." Die Droschke mit dem Idioten rollte davon, aber ich schrie drohend: „Also was?" – „Baldrian aufbrühen!" schrie der Spötter. „Einen Löffel vor dem Essen!" Rindvieh.

Ich befahl Lykow, das zu machen, aber vorderhand hat das Zittern aufgehört.

Weiter von Barbara. Wie hätte ich vorhersehen sollen, daß die junge Dame mit der bezaubernden Taille, mit den blauen Augen, die das halbe Gesicht einnahmen, in ihrem Kleid aus hellblauem Atlas mit kirschrotem Samtbesatz, die junge Dame, die das Glück hatte, nach ihrem eigenen Willen zu leben, die einen ganzen Schwarm von Kreis- und sogar Gouvernementsbewerbern um ihre Gunst verprellt hatte, wie hätte ich vorhersehen sollen, daß sie sich als Gardist im Frauenrock entpuppen würde, der mit männlicher Unabhängigkeit über Dinge urteilte, die durchaus nichts für Damen waren? In der Tat, im Gegensatz zu unseren sonstigen Frauen, die sich gegenseitig durchhecheln, verblödet vom Schlaf und von primitiven Begierden, Frauen, die früh altern von lauter Kränkungen und für die ein Gouvernementsball an Weihnachten ein weltbewegendes Ereignis ist, auf einmal dieses Wesen, das die Hand gegen die allgemeinen Heiligtümer hob! Damals war ich schockiert, doch heute lache ich und rufe aus: „Donnerwetter, Barbara Stepanowna! Tüchtig, Barbara!"

Eines Tages, ich glaube, es war im Jahre drei, im Winter (Ignatjew war noch heil und unversehrt, Sonetschka und er waren zu Gast in Lipenki), meldete Kusma plötzlich, Fräulein Wolkowa seien eingetroffen. Na, von mir aus. Ich zog den Kaftan an.

Was? Welche Wolkowa? „Aus Guuubino.“ Da fiel mir alles wieder ein.

Ich muß zugeben, sie war schön, als sie aus dem Frost ins Zimmer trat und sich leicht verbeugte. Dieselben Augen, dasselbe unzugängliche Gesicht, zum Teufel mit ihr. Und keinerlei Übereinstimmung: einerseits eine junge Frau mit rosa Wänglein, mit einem Mund, der süßesten Berührungen würdig, mit zarten Schultern, die einen ins Zittern brachten, andererseits ein kalter, unerbittlicher Richter, weiter nichts.

„Herzlich willkommen, Barbara Stepanowna“, sagte ich möglichst freundlich und stellte ihr Sonetschka vor. Von meiner Nichte floß sogleich eine herzliche Welle zu dem Gast aus Gubino, die ich durchsichtig, fast unspürbar, Barbara erreichen und unverrichteterdinge zurückfluten sah. Wir setzten uns zum Teetrinken. Ich freute mich, daß meine Sonetschka nicht weniger schön war als die berühmte Dame. Natürlich ein ganz anderer Typ: brünett, braunäugig, fähig zu lächeln und zu erröten und zurückzuweisen. Eine Opotschinin! Aber schön war sie, keine Rede. Ach, Barbara, Barbara, absurd ist unser Leben, absurd und ohne Großmut!

„Nikolai Petrowitsch“, sagte Barbara, als wäre Sonetschka nicht im Zimmer, „Sie erinnern sich hoffentlich an den Gegenstand unseres Streits damals bei mir in Gubino?“

Ich nickte. Sie setzte die Tasse ab, lehnte sich auf dem Stuhl zurück, lächelte nur mit den Lippen und sagte:

„Seien Sie mir nicht böse, ich habe meine Ansichten geändert. Damals habe ich Sie gekränkt, als ich über Ihre Flucht und über das Blut spottete. Ich war ein Dummchen, lieber General, ein gewöhnliches Dummchen. Als ich jetzt erfuhr, daß Sie von der Armee zurück sind, beschloß ich, die Gelegenheit zu nutzen und Ihnen das zu sagen. Tragen Sie es mir nicht nach! Sagen Sie, daß ich blöd war oder daß Sie mich verachteten. Sagen Sie's und vergeben Sie mir."

Sonetschka sah uns beide verständnislos an.

Ich konnte Barbara nicht verachten: Eine bedeutende junge Dame ist eine große Seltenheit, wissen Sie, nicht nur in unserer Gegend. Solch einer muß man die Händchen küssen, und man muß auf ihre Wohlgeneigtheit hoffen. Aber ich war nicht einmal zu freundlichem Wohlwollen fähig – sie war kalt, irgendwie verschlossen. Überhaupt brachte sie mich aus dem Gleis: Ihr Besuch mußte doch einen Zweck verfolgen, doch sie erwähnte irgendwelche Lappalien und guckte so, daß ich nicht wagte, das mit einem Scherz abzutun.

„Lohnt es denn, Barbara Stepanowna, über einen Unsinn zu reden, der zwei Jahre alt ist? Ich sehe, Sie tragen ein Kleid nach der letzten Pariser Mode. In unseren Wäldern!"

Ich mußte zugeben, daß sie ja doch schön war, zum Teufel mit ihr. Irgendeine Kraft ging von ihr aus im Unterschied zu unseren Damen, eine gewisse Freiheit des Urteils. Diese wunderschönen Schultern … Da verfiel ich in Hektik, das weiß ich noch, ich schnauzte Lykow an, weil die Milch abgekühlt war, entschuldigte mich bei ihr, bedauerte, daß Sonetschka zusah, es war richtig albern.

„Erlauben Sie mir, Sie manchmal zu besuchen?" fragte sie. Sonetschka ließ den Teelöffel aufs Tischtuch fallen. „Besuchen Sie mich auch, und auch Sie, Sofja Alexandrowna. Ich würde mich freuen." Sie erhob sich, ihr Blick hatte mich während des Gesprächs nicht losgelassen. Natürlich hatte ich mich bemüht, sie ebenso zu fixieren, aber es war irgendwie peinlich, schließlich waren wir keine Feinde und nicht verliebt, so was hemmt doch!

Die Winterdämmerung sank nieder. Draußen setzte Schneesturm ein. Da geschah das Seltsamste. Sonetschka blieb am Tisch sitzen, die Lippen zusammengepreßt. Ich begleitete die winterliche Besucherin hinaus. Lykow kam nicht dazu, ihr den Mantel zu reichen, sie hatte ihn schon an und ging. Ich sah von der Vortreppe, wie sie in den Schlitten stieg und der Kutscher sorglich die Bärenfelldecke über sie breitete. Schlagartig verschwand das Ganze in der schneedurchstöberten Dämmerung, nur die Schellen klingelten noch lange.

Sonetschka und ich saßen schweigend da. Im Kerzenschein. Eine halbe Stunde verging, vielleicht auch mehr, da wurde ich plötzlich inne, daß die Glöckchen noch immer klingelten. Was war das?

„Sonetschka, hörst du, die Glöckchen klingeln immer noch", sagte ich. „Was hat das zu bedeuten?"

„Onkel", sagte Sonetschka, „findest du nicht auch, daß sie nicht sehr angenehm ist?"

„Warum denn?" sagte ich munter. „Vor zwei Jahren hat sie aus jugendlicher Dummheit und weil's Mode war behauptet, wir wären Feiglinge, und an Suworow wäre nur gut, daß er so rasch vor den Franzosen flüchte." Ich lachte. „Daß er vor Angst sogar die Alpen überquert hätte, was außer Ziegen noch niemand ... Und du siehst, jetzt tut es ihr leid. Aber wie kommt es, daß die Glöckchen klingeln und klingeln, Sonetschka? He, Kusma!" rief ich und hieß ihn nachsehen.

„Und immer an derselben Stelle", flüsterte Sonetschka.

Wir warteten und horchten. Plötzlich hörte das Klingeln auf. Nur der Schneesturm fauchte. Sonetschka holte tief Luft und weinte, die Ärmste. Wie schwer war es, ihre Tränen zu sehen! Ich dachte oft an ihr Schicksal. Zum Weinen – sie hatte keine Erinnerung an die Mutter. Der Vater hatte bald Europa bereist, bald sich in seinem Zimmer eingeschlossen. Sie ging an der Hand ihrer

Gouvernante und sah ihren schweigsamen Erzeuger gedankenverloren durch die Zimmer huschen, wobei er bisweilen einen verwunderten Blick auf die Tochter warf und zu unpassender Zeit hohle Koseworte sprach. Zum Weinen. Seinen Segen zur Eheschließung schickte er aus Bayern, es war ein kurzer Brief, und sie reiste zu ihrem jungen Gatten mit dem Gefühl, verwaist zu sein, um schon nach Jahresfrist dem väterlichen Testament zu entnehmen, daß er ja doch gelebt und sie bedacht hatte. „Alle mir gehörenden Güter und Ländereien hinterlasse ich meiner unglücklichen Sonetschka und ihren Nachkommen als winzige Wiedergutmachung meiner bösen Zurückgezogenheit von den lebenden und mir verwandten Menschen, welche edel und großmütig meinen Egoismus und meine Grausamkeit übersahen ..."

Kusma kam zurück. In seinen Händen klimperte ein Bündel Glöckchen.

„Da, Herr", sagte er, „die hingen an einem Zweig der jungen Linde. Wer mag sie hingehängt haben? Ein dummer Streich. Wenn's einer von unsern Leuten war, ich krieg's raus und verprügle ihn."

Ich erriet damals sofort, wessen Werk das war. Aber was für ein Zeichen die Herrin von Gubino mir damit geben wollte, fand ich nicht heraus. Es peinigte mich bis zum Morgen. Sie war abgefahren, nachdem sie eine Menge Unsinn geredet, hatte die Schellen an die Linde gehängt und Sonetschka erschreckt. „Sie ist kein guter Mensch", sagte Sonetschka, „und sie hat eine böse Phantasie." Ich pflichtete ihr bei, aber meine Ruhe war dahin. Zwei Tage später wußte ich, daß ich in Flammen stand. Jawohl, in Flammen. Hinfahren, hinfahren, hinreiten, durch den Schneesturm sausen, die Zügel hinwerfen, ins Haus laufen ... Wozu die Glöckchen? Warum? Ich hielt es nicht mehr aus. Sonetschka umarmte mich, sah mir in

die Augen und sagte, als spräche sie mit Timoscha:
„Onkel, du willst hin zu ihr?“

„Ja, Sonetschka. Verdammt noch mal, ich will sie nach den Glöckchen fragen. Was mögen die bedeuten?“

„Nein, nein“, sie lächelte traurig, „die Glöckchen sind dir gleich. Sie willst du sehen.“

„Puh“, lachte ich, „Sonetschka, ich bitte dich! Wo denkst du hin, du Dummchen? Diese kalte Dame aus dem Wald von Gubino im antiken Gewand, was soll sie mir?“

„Laß wenigstens die Schlittenkutsche vorfahren, Onkel. Du wirst doch nicht allein durch diesen Schnee reiten!“

„Ach, Sonetschka, ich hab schon ganz andere Sachen erlebt, meine Beste!“ rief ich ungeduldig vom Sattel und peitschte das Pferd.

Wie das Pferd und ich diese siebzehn Werst hinter uns brachten, ist schwer wiederzugeben. Aber während wir uns durch den Schneesturm kämpften, lagen in mir zwei Götter im Streit, der Gott der Leidenschaft und der Gott des Zweifels. Ich wollte sie unbedingt sehen, verdammt noch mal, und ich wollte noch mehr – sie sehen, erfüllt von weichem Licht und von Wärme, darauf hoffte ich verstohlen. Doch kaum nahm meine Hoffnung harmonische Formen an, da tauchte vor meinem Blick die Gubinoer Dame mit ihren starren blauen Riesenaugen auf – was hatte ich von ihr zu gewärtigen?

Bei meinem ersten Besuch hatte ich, zerstreuter Hätschling der Kriegsfortüne, ihr Haus nicht in Augenschein genommen. Jetzt sah ich, es war größer als meins. Solche Häuser sind in unserm Gouvernement an den Fingern abzuzählen. Jetzt war es ihr Haus. Der Portikus ragte über acht Säulen, dazu halbrunde Seitenflügel, eine geharkte Lindenallee trotz des Schneesturms. Ein betreßter Lakai …

Sie zeigte sich im Zwischenstock, kaum daß ich eingetreten war und den Pelz abgeworfen hatte. Im weißen Kleid sah sie wie ein Engel aus, um die Schultern war ein goldfarbener Schal geschlungen, die Haare waren nach altgriechischer Manier zu einem großen Knoten gewunden. Ich hatte ein feierliches Herabsteigen erwartet, langsam, den zufälligen Pilger quälend und demütigend, wie es hätte sein müssen, doch nein, sie schlug kindlich die Hände zusammen und schrie laut, durchdringend, wie verzweifelt:

„Da ist ja mein General! Da ist er!"

Können Sie sich das vorstellen?

Schnell lief sie die Treppe herunter und hielt mir ihre hohe Stirn hin, die ich, die Augen zugekniffen, mit meinen frostklammen Lippen berührte. Nun begann ein nie erlebtes Fest, wie ich es mir nicht hätte träumen lassen. Sie hakte sich bei mir ein und führte mich durch die Gemächer.

„Wie geht es Ihnen?" brummte ich im Marschieren.

Sie gab keine Antwort. Überhaupt beantwortete sie Fragen nur, wenn sie wollte, oft genug nicht.

Aus einem der Räume kam uns ein kleines gebrechliches Weiblein entgegen, runzlig, ein elisabethanisches Häubchen auf dem Kopf, Beflissenheit um die dürren Lippen, nickte erschrocken, zitterte, versuchte gar sich zu verneigen.

„Eine Verwandte von mir, Apollinaria Tichonowna", schoß Barbara heraus. „Tantchen, da ist mein General!"

Ich wollte stehenbleiben, um mich vorzustellen, doch Barbara sagte lässig:

„Gehen Sie, Tantchen, gehen Sie. Das ist nichts für Sie."

Und sie führte mich in ihr Zimmer.

Es war ein großer Raum mit vielen Büchern, mit Sesseln, einem Sofa und einem Schreibtisch, den ein Leuchter mit vier Kerzen erhellte. Auf dem Schreibtisch lag ein beschriebenes Blatt Papier, darauf eine schwarzweiße Feder, deren Kiel in einem großen Tintenklecks mündete.

Wir nahmen in Sesseln einander gegenüber Platz.

Na, und wir schwiegen. Plötzlich begriff, fühlte, erriet ich, daß diese junge Frau durch eine Laune des Schicksals, durch irgendeine Macht oder sonstwas mir bestimmt war.

Sie sah mich starr, abwartend an.

„Barbara Stepanowna", fragte ich mit kleinem Lachen, als hätte ich's mit einem Kind zu tun, „warum haben Sie die Glöckchen an den Zweig gehängt?" Ich erwartete, daß Sie errötete, leugnete, mich abwehrte.

„Na und?" sagte sie leichthin. „Sind Sie erschrokken?"

„Sonetschka ist erschrocken", sagte ich. „Ihr Schlitten war längst weg, doch das Klingeln ging weiter, können Sie sich das vorstellen?"

„Hm, mein lieber General, vielleicht wollte ich, daß Sie fragen kommen, was sonst?"

Ach, dachte ich, Barbara, Barbara, junge Tyrannin, Egoistin aus Gubino. Gottlob geht's bald zum Regiment! So wird man ja verrückt.

„Nun, wir wollen das als einen bösen Scherz betrachten", sagte ich streng. „Aber wo liegt der eigentliche Sinn, Barbara Stepanowna? Warum mußten Sie auf so sonderbare Weise unsere unterbrochene Bekanntschaft erneuern?"

„Der eigentliche Sinn?" fragte sie verwundert. „Als ob Sie das nicht erraten, mein liebenswürdiger Nachbar." Sie wurde ein wenig blaß. „Ich nahm an, daß man Ihnen ohne überflüssiges Drumherum alles offen sagen kann und daß Sie es verstehen und vernünftig beurteilen, anders als manche unserer liebenswürdigen Landsleute." Sie zog den goldfarbenenen Schal fester und fester um sich, nur ihre Augen und ihre Lippen waren noch zu sehen, alles übrige war verborgen wie unter einem goldenen Schuppenkleid. „Ja, mein lieber General, ich wollte, daß Sie durch den Schneesturm zu mir kommen. Wenn andere sich nicht entschließen können, von mir aus, dachte ich, der tapfere General wird kommen. Ihm macht das nichts aus!“

So gingen die Prophezeiungen meines Herzens in Erfüllung: In der stillen verschneiten Einöde saßen wir plaudernd beieinander. Ihre Stimme dünkte mich süßes Gift. Und ich dachte: Das Leben ist kurz, beeil dich. Da zog mein langes fünfundvierzigjähriges Leben an mir vorüber. Ich sah, daß das Schicksal eine Glückskarte ausgeworfen hatte. Die Bücherrücken blinkten. Die Kerzen brannten rasch herab.

„Zugegeben, ich habe es erraten“, sagte ich, „und dieses Zeichen war mir angenehm. Darum bin ich hergeritten.“ Nun hätte ich mich ihr nähern, ihr das Köpfchen streicheln müssen, wie es sich für einen nicht mehr jungen, vielerfahrenen Mann gehört, der es mit einem wunderlichen, zauberhaften Wildfang zu tun hat, streicheln und sagen: „Ich bin zu Ihnen gekommen, Barbara, um Ihnen zu beteuern, wie lieb Sie mir sind. Ich bin froh, daß wir Nachbarn sind. Diese siebzehn Werst haben seit heute einen besonderen mystischen Sinn, und Ihr rascher Scherz mit den Glöckchen, das weiß ich jetzt, sogar er erscheint angebracht.“ Das hätte ich tun müssen, damit sie nicht auf falsche Gedanken käme, sich nicht gar als Herrin über mich und meine Umgebung fühlte, aber ich konnte es nicht. „Der Schneesturm wird immer heftiger“, sagte ich, „wie er tobt, der Verdammte.“

„Ich muß Ihnen etwas sehr Wichtiges mitteilen“, sagte sie. „Ich habe hier beim Heulen des Schneesturms lange nachgedacht, hm, und das kann ich nur Ihnen mitteilen. Hier im Umkreis sind doch keine Leute zu finden, denen man etwas sehr Wichtiges mitteilen möchte, niemand außer Ihnen, lieber General, das heißt, Leute gibt's viele, alle möglichen Herren verschiedenen Alters und verschiedener Denkweise, oh, viele, aber solche wie Sie nicht. Sie sind der einzige." Vielleicht, dachte ich, will sie nach Europa reisen? Solche reichen jungen Damen fahren in großer Zahl durch Europa, die Kutschen vollgestopft mit Modejournalen, ohne das Geld für Empfänge zu scheuen, um so die filzigen Europäer zu beeindrucken und sich damit mehr Glanz zu verleihen, vielleicht sogar einen Prinzen zu angeln. „Dort bei Ihnen, in Gegenwart von Sofja Alexandrowna, konnte ich mich nicht dazu entschließen", fuhr sie dumpf fort, „deshalb habe ich Sie hergebeten. Ich habe Sie hergebeten, und Sie sind herbeigeeilt. Hm", raunte sie aus ihrem goldenen Schuppenkleid hervor, wahrlich, eine Nymphe. „Eines Tages erinnerte ich mich an Sie: Da ist ein Mann, dem es nichts ausmacht, durch Europa zu marschieren und Feuer und Tod zu säen und eine Frau zu betören. Viele junge Damen wären Ihnen zugeströmt, wenn Sie ihnen gewinkt hätten ..."

„Barbara Stepanowna", sagte ich mit leichtem Vorwurf wie zu einem Kind, „was denn für junge Damen, ich bitte Sie ..."

„Ist es nicht so?"

„Ich bin ein alter Haudegen", sagte ich, gänzlich verwirrt von ihren Augen, „vielleicht wären sie mir aus eigennützigen Erwägungen zugeströmt. Was soll mir das?"

Die junge Preußin freilich hatte mir einen Korb gegeben. Aber da waren andere gewesen, die sich von meiner Sklavenhalterei sehr angezogen fühlten. Einmal hätte ich sogar fast geheiratet. Ich bildete mir ein, verliebt zu sein. Sie sich auch. Das kommt vor. Unser Regiment lag in Twer im Winterquartier. Die Umstände hätten gar nicht günstiger sein können: Ihre Eltern fuhren Verwandte besuchen, und ich besaß ein schönes Quartier. Wir waren entflammt. Alles ging leicht und elegant. Mit Hilfe ihres Stubenmädchens drang ich zu ihr vor, und endlich kam sie mich besuchen. Kusma, mein Bursche, führte sie zur festgesetzten Stunde bei ihrem heißen Händchen zu mir. Ich wohnte im Zwischenstock, von wo wir eine herrliche Aussicht auf die umliegenden Wälder hatten. Wir machten gute Fortschritte. Die Umstände, sage ich, denn wenn die Gelegenheit günstig ist, sind sie geeignet, die Phantasie zu erhitzen. Wir warteten auf ihre Eltern, um uns ihnen zu Füßen zu werfen, doch sie hatten es gottlob nicht eilig, denn je mehr es auf den Frühling ging, desto schwächer wurde das Feuer, es kam zu allerlei Verdrießlichkeiten, was in solchen Fällen üblich ist, na ja, ich fand ihre Stimme zu durchdringend, ihre Nase zu groß, und sie stampfte von Zeit zu Zeit mit dem Fuß auf. Die Rendezvous wurden seltener. Ich erhielt Briefe voller Unzufriedenheit. Eines schönen sonnigen Tages mußten wir die Winterquartiere räumen, und da erschien bei mir im Zwischenstock ihr Herr Vater. Ehrlich gesagt, ich war kein listiger Verführer, und hätte er sanft und hilflos vor mir gestanden mit resigniert gesenkten Armen, hätte er geweint, ohne Unmögliches von mir zu fordern, ich würde nachgegeben haben, wahrhaftig, aber er schrie, er drohte, seine Stimme war durchdringend, seine Nase riesengroß ... Ich ging schweigend die Treppe hinunter, er eilte hinter mir her. Ich saß auf. Vor meinem Pferd stehend, setzte er seine Drohungen fort. Kusma sagte zu ihm: „Euer Wohlgeboren, das Pferd könnte Sie schmerzhaft schlagen." Mein Schmäher sprang zur Seite, das Orchester schmetterte, wir verließen Twer. Zugegeben, ich hatte Gewissensbisse.

„Sie wissen nicht, was Sie wert sind", sagte sie lachend. Plötzlich stand sie auf, drohte mir mit dem Finger und ging hinaus.

Mir fiel auf, daß alle vier Kerzenflammen sich ihr hinterherneigten. „Feuer und Tod zu säen …" Jungen Damen steht es frei, beim Morgenkaffee ihren Abscheu vor den Arbeiten der Armee zu äußern und unsere erzwungene Unbeugsamkeit auf den Schlachtfeldern zu verurteilen. Aber sind Sie es nicht, meine liebenswürdigen Damen, die, sobald Flöte und Trommel erschallen, sogleich in die Hände klatschen, jubelnd und frohlockend zum Fenster eilen, sich auf den Bällen an die pulverqualmdurchtränkten Monturen pressen und das klare Urteil verlieren, Teufelinnen? Feuer und Tod zu säen … Als ob der Tod für uns eine Laune wäre und die Niederwerfung des Feindes eine barbarische Kaprice. Nein, meine liebenswürdigen Damen, das ist ein höheres Zeichen, für menschliches Verständnis unfaßlich, und Ihre Vorwürfe sind bittschön lächerlich.

Aber war ich nicht selber lächerlich gewesen in jenen fernen Jahren? Obwohl schon Zweifel mir zuzusetzen begannen, dröhnte die Soldatentrommel in meiner Seele, unaufhörlich, gleichbleibend, eigensinnig, lästerlich … Eine gute halbe Stunde saß ich da. Die Kerzenflamme strahlte steil aufwärts. Barbara zeigte sich nicht. Ich glaubte schon, sie werde, sich selbst überwindend, endlich erscheinen, den Finger geheimnisvoll an den lächelnden schmalen Mund gelegt, werde erscheinen, und alles wär im reinen. Eine weitere halbe Stunde verging, vielleicht mehr. Ich lief durch die Zimmer. Das Haus schien ausgestorben. Das Licht war trüb.

„Barbara Stepanowna!" rief ich, aber niemand antwortete, niemand regte sich. „Ist da wer?" schrie ich, und sofort stand das alte Frauchen von vorhin,

Apollinaria Tichonowna, vor mir. Ich fragte nach Barbara.

„Verzeihen Sie, General“, lispelte sie, das Händchen vor dem Mund, „wie soll ich das wissen? Elle se trouve là, ou elle trouve bon d'être*. Und Sie gehn hier rum und suchen sie? Vraiment**?“ Sie lächelte wie ein Kind. „Vielleicht hat sie sich im Schlafzimmer eingesperrt und weint, et qui sait, peut-être est-elle partie à Saint-Petersbourg***?“

„Wieso nach Petersburg?“ fragte ich gereizt.

„Ich weiß nicht“, raunte das alte Frauchen. „Verzeihen Sie, General, sind Sie gekommen, marier avec elle****?“

„Wen sollte ich denn heiraten, gnädige Frau? Es ist ja niemand da“, sagte ich.

Erinnerungen, Erinnerungen. Diese ist schon acht Jahre alt.

Bagration hat sich für immer von mir verabschiedet: einbeinige Generäle mit grauen Locken belasten das Schlachtfeld. Seine Heuchelei war überflüssig, nicht wahr? Vor Bonaparte davonlaufen hätten wir auch zusammen können, unter Schmähreden bald auf den langweiligen Barclay, bald auf den listigen Kutusow, bald auf die vornehme Welt, bald auf die unteren Ausführer, bald auf die hochgespannten Versprechungen, bald auf die niedrigen Begierden. Heute tun sie das ohne mich. Ohne mich flackern die Biwakfeuer in der Augustfinsternis, und jeder will die Schlägerei: Bauern, Dorfmädchen und Haudegen. Aber möglichst so: Bonaparte kriegt sein Teil, und man selber bleibt schön heil!

* Sie hält sich auf, wo sie es für richtig befindet. (frz.)
** Wirklich? (frz.)
*** Wer weiß, vielleicht ist sie abgereist nach Sankt Petersburg? (frz.)
**** um sie zu heiraten (frz.)

Augenzeuge möchte ich sein! Ich segne die glückliche Zufälligkeit mit dem neidischen Zittern gewöhnlicher Nichtigkeit: Ihr werdet alles sehen, und ich? Da, auf dem Höhepunkt meiner Qualen, Zweifel und Selbstvorwürfe brachten mir zwei meiner Späher aus der Gegend von Wjasma auf dem Wagen einen Regimentsintendanten, den sie gefangengenommen hatten, einen Herrn Pastoret!

„Ihr könnt gehen", sagte ich zu ihnen, „wir sprechen uns morgen." Dem Intendanten bot ich einen Sessel an. Der alte Mann weinte, als er sich in Sicherheit sah. Ich ließ ihm Essen bringen. Er aß und weinte. Zwei alte Männer. Er war kleiner als ich, und sein Gesicht hatte im Gegensatz zu meiner runden Visage regelmäßige Formen, nur daß die Nase vielleicht ein bißchen zu groß geraten war. Ein waschechter Franzose. Regimentsintendant – wie findet man das? Was hatte den hierhergetrieben?

„Oh, militärische Phantasien." Er wischte die Augen mit einem nicht ganz frischen Tüchlein. „Sie haben mir einen Lappen in den Mund gestopft, und ich begriff, daß ich einstweilen leben würde. Ich war still. Wer möchte schon sterben!" Er lächelte auf einmal, und ich sah, wie er sich freute, sich in seiner Muttersprache verständigen zu können. Im Zimmer roch es nach Kohlengas, Schaffell und nach irgendwelchem Kriegsdreck. „Sie sind sehr gütig, ich danke Ihnen. Oh, welche Wunder! Fünfzig und noch ein paar Jahre gelebt, plötzlich Regimentsintendant geworden, mit dem Kaiser selbst gesprochen, Rußland mit einem Lappen im Mund durchquert und plötzlich Ihr Gast!"

„Ich schicke Sie morgen zurück zu den Ihren", sagte ich (er machte große Augen). „Wenn Sie den Kaiser Bonaparte sehen, erzählen Sie ihm von Ihren Abenteuern und empfehlen Sie ihm, bei mir hereinzuschauen. Hier kann er ausspannen, nicht schlechter als in einem Militärzelt.“ (Er kicherte. Seine klugen Augen gefielen mir.) „Apropos, Sie werden einen Orden von ihm bekommen.“

„Sie scherzen“, sagte er, „ein Orden ist kein Gegenstand, der jetzt meine Phantasie beschäftigen könnte.“ Er lachte. „Ein Orden ... Verzeihen Sie, mein Herr, mir fällt da eine Episode ein, deren Zeuge ich war, wirklich komisch und so rührend, daß man weinen möchte.“ Plötzlich fragte er leise, verwirrt: „Sie wollen mich zu den Unseren schikken? Habe ich richtig gehört?“

„Aber ja!“ sagte ich. „Natürlich. Was ist mit dem Orden?“

Er weinte wieder.

Die Lakaien flatterten lautlos wie graue nächtliche Fledermäuse durchs Zimmer, um den lebendigen Franzosen in Augenschein zu nehmen.

Als ich Timoscha verabschiedete, sagte ich ihm, wie es einem Großvater geziemt, wobei ich mich an seine glatte leichtsinnige Wange schmiegte: „Titus, du solltest kleinen Kränkungen und Gemeinheiten deiner Umgebung keine Bedeutung beimessen. So etwas wird es in deinem Leben oft geben. Aber Beleidigungen darfst du nicht verzeihen. Beleidigungen nicht, Titus. Da hilft kein Reden, da greif zum Degen. Kleine Kränkungen werden aus Schwäche zugefügt, aus Nichtigkeit, Titus, Beleidigungen aber aus Niedertracht, mit Vorbedacht. Wer dich kränkt, will sich wenigstens ein Stückchen erhöhen; wer dich aber beleidigt, will dich erniedrigen. Laß dich nie erniedrigen, Titus.“

Mein Gast saß still, gebeugt. Vielleicht war er krank. Vielleicht hatte er Hämorrhoiden oder sonstiges Teufelszeug. Ist es etwa leicht, in unserm Alter ein Wanderleben zu führen?

„Ich habe Smolensk brennen sehen“, sagte er. „Ihre Großmut ist mir unbegreiflich. Haben Sie tatsächlich die Absicht, mich zurückzuschicken?“

„Das ist keine Großmut", ich lachte freundschaftlich, „das ist einfache Berechnung. Sind Sie krank? Brauchen Sie etwas? Ich zum Beispiel leide an Hämorrhoiden, darum sind wir uns nicht dort begegnet." Ich nickte zu den Fenstern hin. Er starrte auf mein Holzbein. „Nein, nein", lachte ich, „das Haupthindernis waren meine Hämorrhoiden."

„Ich bin gesund wie ein Bulle", sagte er, „aber ich habe böse Vorahnungen."

„Natürlich", sagte ich, „in unserm Alter können wir nicht mehr ausschließlich auf Festtage rechnen. Wir sind alte Leute."

Er weinte wieder.

„Was war mit dem Orden?" fragte ich.

„Mein Gott", seufzte er, „das war so. Eines Tages passierte folgendes. Ein alter Grenadier, der an vielen Feldzügen teilgenommen hatte, stellte sich ein, als Kreuze der Ehrenlegion verteilt wurden, und forderte eins für sich. ‚Aber was hast du getan?' fragte der Kaiser. ‚Womit hast du die Auszeichnung verdient?' – ‚Majestät, in der Wüste bei Jaffa habe ich Ihnen in der fürchterlichen Hitze eine Melone gegeben', antwortete der Soldat ganz ernsthaft. – ‚Ich danke dir, Freund', sagte der Kaiser, ‚nochmals danke. Ich erinnere mich an deine gute Tat. Aber das reicht nicht aus, um Ritter der Ehrenlegion zu werden.' Da brüllte der alte Soldat: ‚Potz Teufel! Sieben Wunden sind also nicht genug! Ich habe diese Wunden empfangen auf der Brücke von Arcole, bei Lodi, bei Castiglione, bei den Pyramiden, in Saint-Jean-d'Arc, bei Austerlitz, bei Friedland! Elf Feldzüge, verdammt noch mal, in Italien, in Ägypten, potz Teufel, in Österreich, Preußen, Polen!' – ‚Ta-ta-ta-ta', schrie der Kaiser und faßte sich an den Kopf. ‚Brülle nicht so, alter Freund! Lodi, Castiglione, die Pyramiden ... Warum hast du von der Melone angefangen? Hättest du das gleich gesagt ...' – ‚Weil', so erklärte der Soldat vollkommen ruhig, ‚weil es mir nicht ziemt, vor dem Kaiser mit meinen Verdiensten zu prahlen.‘ Der Kaiser lachte. ‚Ich mache dich zum Reichsritter‘, sagte er feierlich. ‚Tausend Francs Rente dazu. Zufrieden?‘ – ‚Nein, Majestät‘, sagte der Soldat, ‚das brauche ich nicht, geben Sie mir das Kreuz.‘ – ‚Aber du sollst doch beides haben‘, sagte der Kaiser, ‚was bist du für ein Holzkopf, alter Freund. Du bist doch jetzt Ritter, Reichsritter!‘ – ‚Nein nein, geben Sie mir nur das Kreuz‘, beharrte der Grenadier. Der Kaiser heftete ihm persönlich den Orden an die Montur, und der Soldat gab sich zufrieden.“

Großartig, dachte ich, das sind Sitten! Er ist nicht nur auf dem Schlachtfeld ein Genie. Entdekkungen auf dem Gebiet der Strategie, gesunder Menschenverstand, Flug der Phantasie, Schnelligkeit und genaue Berechnung, Vorausschau, Vorgefühl, Risikobereitschaft ... Gut, von mir aus. Aber ein alter Soldat brüllt ihn an, verlangt ein Kreuz für sein Blut, ein Kreuz, Gott verzeih, brüllt, heizt sein Ehrgefühl an, das kaiserliche Ehrgefühl, das er im Herzen trägt, brüllt, wie Marschall Augereau brüllte, der Sohn eines Lakaien und einer Händlerin, oder der große Ney, Sprößling von Handwerkern, oder der greise Marschall Lefebvre, ein Bauernkind. Er brüllte, der alte Grenadier, forderte seine Ehrung, und zwischen ihm und dem Kaiser, zwischen dem Untersten und dem Obersten entstanden unsichtbare Bande, geflochten aus ihrem gemeinsamen Ruhm.

Was beleidigt mich? Diese Bande zwischen ihnen?

Morgens kommen vereinzelte durchsichtige graue Flocken der Smolensker Asche geflogen und setzen sich auf alles Lebendige. Sie hinterlassen auf weißen Kleidern den Abdruck ihrer winzigen Silhouetten. Ich bin in meinem eigenen Hause erniedrigt! Jeden Moment können die Leiden Franz Menders in mir aufflammen. Ach, wüßtest du, mein Pessimist, wie rein die Urversuchung ist! Ich bin erniedrigt. Wenn bloß der Wahnsinn meines verstorbenen Sascha Opotschinin an mir vorübergeht! Ich werde weder mir in den Mund schießen noch an der Schwelle des festlichen Mahls verschmachten. Mit keiner Geste, keinem Wort werde ich mich verraten. Wir kommen alle dahin, der eine früher, der andere später. Und Sie, meine Herren, werden mit mir gehen, solange noch August und der Himmel schwarz ist, umschlungen, umschlungen, meine Herren, alle zusammen, Gerechte und Schuldige, verdammt sollen wir sein! Barmherziger, wenn du allmächtig bist, lasse uns durchprügeln, schlag uns mit Ladestöcken, und dann, wenn wir uns vor deinem Tor drängen, wehklagend und einander bezichtigend, nimm dich unser gnädig an ... Eine Herde, eine Herde! Wahrlich eine Herde, in Lumpen, gekrönt, eisenklirrend, aufgeblasen von Selbstzufriedenheit, von Stumpfheit ... Schlag uns mit Ladestöcken!

Mein Gast saß still da. Er beschaute mich mit großen klugen Abendaugen.

„In Frankreich“, sagte er, „werden die Soldaten nicht geschlagen. Das ist verboten.“

Ich nickte und dachte mir, daß es bei uns ohne Prügel nicht geht. Es muß sein. Man begegnet solchen Visagen, daß wenn man nicht hineinschlägt, sie einen nicht kapieren.

„Sklaverei stumpft ab“, fuhr der Intendant fort, „ich habe viele von Ihren Sklaven gesehen. Sie sind trübsinnig und hinterhältig. Sie haben ihre Herrschaft ermordet und uns Lebensmittel gebracht. Ich selbst habe von ihnen Brot und Fleisch entgegengenommen, sie haben sich tief vor mir verbeugt, und ich habe ihnen laut Instruktion des Kaisers gesagt: Ihr seid jetzt freie Bürger, geht und lebt auf eurem Land. Es gehört euch."

Ich sehe das runde Gesicht meines armen Sascha und darin seine beiden dunkelgoldenen Augen, voll von Schwermut und Verzweiflung, und auf ihrem Grunde ruht in schrecklicher Tiefe die kraftlos gewordene Vernunft. Herr Pastoret hüstelte, er konnte sich nicht vorstellen, wie sich sein Schicksal gestalten würde. Er war bereit, wie Scheherezade erbauliche französische Legenden zu erzählen, um das Herz des Kalugaer Sklavenhalters zu mildern.

„Das ist keine Sklaverei", sagte ich, „sondern ein jahrhundertealter Bund. Ihr seid alle einzeln, wir aber sind in einer Familie vereinigt." (Er lächelte achselzuckend.) „Ermordet werden unwürdige Herren, die Rache gilt der Willkür. Ich kann über mangelnde Harmonie nicht klagen." (Er sah mich zweifelnd an.) „Und ich verkaufe meine Bauern nicht." Mit fremder Stimme zitierte ich: „Bauern können ja auch lieben."

Herrscher sind dazu da, daß die Sklaven in ihnen die Schuldigen an ihrem Los sehen, und Sklaven sind dazu da, daß die Herrscher sich als ihre Wohltäter fühlen.

Er schwieg. Vielleicht verachtete er mich, vielleicht tat ich ihm leid, vielleicht wartete er auch darauf, daß ich ihn endlich in den Wagen setzte und bei Nacht und Nebel zu seinen heranrückenden Landsleuten schickte.

Mein ehemaliges Bein, wo jetzt das Holzbein war, das Nichts also, schmerzte. „Es wird regnen", sagte ich und hätte ihn am liebsten gefragt: Was empfinden Sie, alter Mann, wenn Sie durch fremde Gärten trampeln? Ich habe das auch getan, als ich noch jung war, na ja, noch nicht alt, und glückliche Vorgefühle haben mich bestürmt ...

„Meine alte Wunde tut weh", sagte er plötzlich,

„ob es regnen wird? Darüber ist der Kaiser immer sehr erbittert. Die Räder versinken im Schlamm."

„Sie empfinden Ehrfurcht vor ihm", sagte ich, „ich kenne das."

„Ich habe ihn vergöttert", sagte er flüsternd, „jetzt diene ich ihm treu. Früher hat er alles, was er tat, für Frankreich getan, heute tut er alles für sich selbst. Er ist auch jetzt noch der Abgott der Armee, aber früher! Damals sind die Männer für ein Lächeln von ihm in den Tod gegangen. Sein Befehl klang wie die Stimme des Schicksals, der Tod für ihn galt als Tugend, wir gierten nach Ruhm, hündische Ergebenheit ist nichts gegen das, was unsere Herzen sprengte. Von den Alten sind nicht viele übrig, aber ein paar von den ‚Brummbären' gibt es noch. Er faßte einen Soldaten am Ohrläppchen und sagte: ‚Ach, alter Freund, du warst großartig in der Attacke!' Das war wie ein Orden. Der Soldat zweifelte nicht, daß der Kaiser während des Gefechts ihn persönlich beobachtet hatte, und ihm schwindelte der Kopf. Und die Generäle? Mein Gott, einmal in Österreich, auf dem Höhepunkt eines Gefechts, kam General Mouton zu ihm gesprengt, um eine Meldung zu machen. Der Kaiser unterbrach ihn sogleich. ‚Apropos, Mouton, nehmen Sie diese Kolonne und werfen Sie den Gegner aus der Stadt Landshut, das wird das Gesamtbild der Schlacht verändern.' Der General machte sich sofort auf den Weg, und ich habe selbst gesehen, wie er an der Spitze der Grenadiere über die Brücke stürmte. Der Kampf war schwer, doch Landshut fiel. In zerrissener Montur kehrte der General zum Kaiser zurück und setzte, als wäre nichts gewesen, seine Meldung an der unterbrochenen Stelle fort. Apropos", fuhr Pastoret flüsternd fort, „die russische Armee ist bedeutend schwächer als die unsrige, selbst wie sie heute aussieht, denn sie ist ständisch aufgebaut nach preußischem Vorbild, und das Vorbild ist alt. Bei Ihnen können Unbegabte Kommandeure sein, wenn sie nur den Adelsnimbus haben, bei uns dagegen werden Talente zu Kommandeuren, selbst wenn sie der Sohn eines Krämers oder einer Hure sind." Er verstummte wieder, seine Augen trübten sich. Dann quetschte er mühsam hervor: „Aber den Feldzug haben wir verloren."

Auch Kusma konnte es sich nicht verkneifen: Mit kindlicher Einfalt, verblüfft und leicht angewidert beschnüffelte er den Herrn Pastoret, er war sichtlich bestürzt von meinem nicht generalshaften Benehmen; ich hätte doch wohl den Gegner mit dem Degen durchbohren oder erschießen oder aus dem Fenster werfen müssen, vielleicht auch der Gerechtigkeit halber ihn Kusma und seinen Brüdern und Schwestern überantworten, damit sie ihm eine Lehre für alle Zeiten erteilen könnten. Immer wieder schaute einer ins Zimmer. Ich hinderte sie nicht.

So kämpfen wir jahrhundertelang gegeneinander, und der Intendant Pastoret tritt vor mich bald als Mongole, bald als Waräger, bald als Türke. Wir haben keine lebendige Stelle mehr an unserem Körper, und an dem Anspruch auf Vorherrschaft könnte man ersticken. Unser Blut ist längst vermischt, es ist ja auf dieselben Schlachtfelder, in dieselben Flußbetten geströmt. Wir sind Brüder! Aber die Jahrhunderte vermögen uns nicht von der Tücke zu heilen: Kaum haben wir uns nach einem guten Gespräch ein Dutzend Schritte voneinander entfernt, schon sind wir wieder kampfbereit. Ich bin erniedrigt in meinem eigenen Hause! Erniedrigt seit dem Tag meiner Geburt! Meine Abgötter haben mich beleidigt!

Ich sah zur Uhr. Nach Mitternacht. Ich läutete. Niemand kam. Mein Gast durchbohrte mich mit argwöhnischem Blick. Ich nickte ihm tröstend zu.

„Wie sollte man sie nicht verprügeln!“ sagte ich.

„Ja, eine schwierige Arbeit“, sagte er, „Diener muß man lange ohrfeigen, und das ist eine schwierige Arbeit.“ Er fragte heiser flüsternd: „Haben Sie wirklich die Absicht, mich freizulassen?“

„O ja“, sagte ich. „Die Nacht ist schwarz, und Sie werden bald abfahren.“

Er blickte auf mein Holzbein, schüttelte den Kopf und lächelte traurig.

„Austerlitz“, sagte ich.

Er faltete die Hände vor der Brust.

„Ich war dort“, sagte er nur mit den Lippen. „Hinterher, als alles schon vorbei war und die schwarzen Fuhrwerke die Toten auflasen, ich war noch nicht imstande zu verallgemeinern und zu zweifeln, da sah ich beim Satschaner Teich …“

„Wo?“ schrie ich streng, als hätte ich einen Lügner vor mir. „Sie waren dort?“

„O mein Gott“, stieß er hastig hervor, „ich war dort, aber wenn Sie das betrübt …“

Ich blickte auf mein Holzbein, das mir die Ärzte im Lazarett angepaßt hatten, es war mir schon bequem und vertraut bis ans Ende meiner Tage, ich zog es über den Fußboden wie über das Eis des Satschaner Teichs, über das ich an der Spitze meines Regiments gelaufen war, bis es mich in den Himmel hob, so weich, so zauberhaft, daß ich nicht die Augen öffnen mochte.

„Ich folgte dem Kaiser in der Suite“, fuhr er fort, „das Eis auf dem Teich war zerschlagen, und stellen Sie sich vor, mitten auf dem Teich lag auf einer treibenden Scholle ein verwundeter russischer Offizier. Er stöhnte oder rief um Hilfe, ich weiß nicht mehr. Der Kaiser nickte leicht zu ihm hin, und sogleich warfen zwei junge Adjutanten die Sachen ab, gingen in das furchtbare Wasser, schwammen zu der Eisscholle und schoben sie ans Ufer. Der Verwundete hatte ein zerschmettertes Bein.“

„Was für kühne Burschen“, sagte ich, als wäre nichts weiter dabei, „und nur, weil er leicht genickt hat?“ Meine Finger begannen zu zittern.

„Einer der Adjutanten starb an Lungenentzündung“, sagte der Intendant und ließ kein Auge von meinem Holzbein. „Der Offizier, ein General, wurde unseren Ärzten übergeben. Wie ich hörte, haben die Russen ihn später abgeholt.“

Der Kaiser nickte, und mein Schicksal war entschieden! Eine Glückskarte ... Gleichwohl mußte sich jemand darum gekümmert, sämtliche Varianten durchdacht und diese gewählt haben. Die beiden jungen Adjutanten hatten sich mit glühenden Augen ins Eiswasser gestürzt, und ich war auf der Scholle geschwommen, ohne zu ahnen, was für eine Patience die Vorsehung gelegt hatte, ich war einfach geschwommen.

„Das waren doch nicht etwa Sie?“ flüsterte Herr Pastoret. „Oder vielleicht doch?“

„Nein“, sagte ich leichthin, „es wäre gar zu primitiv, Schuldner Ihres Kaisers zu werden, der mit einem Nicken ...“

„Aber warum?“ fragte er verwundert. „Das ist ja fast ein Vorzeichen!“

„Nein“, sagte ich, „ein anderer hat Glück gehabt, was soll man machen? Vergessen Sie nicht, mein Herr, daß ich Ihren Kaiser eingeladen habe. Er wird hier ein vorzügliches Mittagsmahl und gute Erholung finden. Ich bin sein begeisterter Schüler. Vergessen Sie es nicht.“

Barmherziger, ich war schon unterwegs zu dir auf dieser Eisscholle, aber jemand hat mich gerettet! Gerettet um den Preis des eigenen Todes. Der Kaiser hätte vorüberreiten können, dann wäre ich zu deinem Himmelstor geschwommen. Er hätte den Satschaner Teich meiden können, und ich wäre auf der kreisenden grünlichen Scholle weitergeschwommen zur Begegnung mit dir! Also bin ich sein Schuldner, und mein ganzes Unternehmen ist nichts als eine Niedertracht, die nicht mal mit dem eigenen Tod zu sühnen wäre? Warum hast du den Kaiser geheißen zu nicken? Ich wäre geschwommen und geschwommen, ohne noch an eine Endabrechnung zu denken, ein lebloser slawischer Krieger, nicht mehr gefährlich, nicht mehr fähig zu Rache noch zu edler Großmut. Warum hast du mich gerettet? Da du mich aber gerettet hast, bin ich folglich von dir auserwählt.

Während ich dies alles schreibe, hinkt meine Feder wie ich und biegt sich. Ich rufe Kusma, den verdammten Satan, damit man mir Baldrianschnaps bringt, und nicht einen Löffel voll, sondern ein Glas! Ich trinke und greife zu einer anderen Feder. Auch diese biegt sich. „Ein bißchen waaarten", belehrt mich Kusma. Worauf soll ich warten, Kusma? Auf irgendwelche Genüsse? Ich muß das alles für Timoscha aufschreiben, falls ihm nicht auch eine Eisscholle bestimmt ist. Nein, Herr Pastoret, das war nicht ich, nicht ich!

1. Napoleon Bonaparte agiert stets mit konzentrierten Kräften. Nach dem Beispiel der alten griechischen und römischen Armeen (Alexander, Cäsar).
2. Aktionsobjekt seiner Armee ist stets die lebendige Kraft des Gegners, nicht seine Festungen. Sind die Hauptkräfte geschlagen, so fallen die Festungen von selbst.
3. Er strebt stets die eine große Schlacht an, die mit einem Schlag den Krieg entscheidet.

„Iwaschkowo, unweit Gshatsk, 19. August.

Liebenswürdiger Nikolai Petrowitsch, soeben erhalte ich Ihren Brief vom 8. dieses Monats. Das Absendedatum liegt ein wenig später wegen unserer raschen Rückzüge. Ab heute beschäftige ich mich mit Timofej Ignatjew, was seine Aufnahme in mein Regiment betrifft. Wenn das alles erledigt ist, wird er hoffentlich eingetroffen sein. Ich kann Ihnen versichern, daß er sich nicht zu schämen haben wird, die Montur des 6. Jägerregiments zu tragen. Das Regiment hat gottlob eine makellose und wohlverdiente Reputation: Es wurde bekannt in Italien unter dem Oberbefehl des Fürsten Bagration, ich hatte die Ehre, es in Moldawien zu kommandieren, und war Zeuge seiner Aktionen, und jetzt hat es sich bei Mogiljow und Smolensk mit Ruhm bedeckt. Ich kann darüber um so offener reden, als ich es in letzter Zeit nicht befehligt habe und dies die Meinung der ganzen Armee ist. Im übrigen wird Ihr Neffe, wie Sie wohl wissen, bei mir sein, und alles übrige geht seinen Gang. Noch heute treffe ich in dieser Hinsicht die notwendigen Maßnahmen.

Bitte verzeihen Sie mir, liebenswürdiger Nikolai Petrowitsch, daß ich heute nur kurz schreibe, aber meine Pflichten lassen mir kaum Zeit, mit denen zu plaudern, die ich von Herzen schätze. Ich gestehe Ihnen aufrichtig, daß ich oft an Sie denke, denn Ihr Fehlen in der Armee macht sich sehr bemerkbar. Ich hoffe Sie bei guter Gesundheit und so spottlustig wie eh und je.

Ich verbleibe Ihr treuer Kamerad,
der Sie gern hat.

Graf de Saint-Priest.“

Da, Herr Pastoret, haben Sie die Fortsetzung unseres Streits. Da haben Sie den Grafen de Saint-Priest, einen russischen Edelmann, wenn auch nicht von Geburt, so doch von Herzen. Warum sollte er nicht Kommandeur sein, wenn er der Gipfel der Vollkommenheit ist? Nein, doch lieber Adlige als Kinder von Lakaien und Huren, wie Sie sich ausdrückten. Natürlich gibt es auch unter den

Adligen Exemplare, denen man weder sich selbst noch gar ein Kommando anvertrauen darf. Die übrigen aber haben Tapferkeit und Edelmut und Bildung und Ehrbegriffe. Die Lakaienkinder sollen erst mal Bücher lesen, aber so, daß sie sich hinterher nicht mit einer Pistole in den Mund schießen, wenn sie vom vielen Lesen verzweifeln.

Wie verhalte ich mich, wenn jemand mit kaltem Herzen und leerem Blick meine Würde beleidigt? Ich erschieße ihn im Duell, dafür gibt es in meinem Leben mehrfach Beweise.

Leb wohl, Titus! Sei ein vorzüglicher Kornett, sei tapfer und edelmütig. Wenn Kaiser nicken, springe nicht in einen gefrorenen Teich, um einen französischen General zu retten, laß ihn auf seiner grünlichen Eisscholle schwimmen, wohin es ihm bestimmt ist. Tue es nicht auf einen Wink des Kaisers, aus eigenem Herzensantrieb aber springe sogar ins Höllenfeuer, sogar in den schwarzen Augusthimmel!

4. Buchweizengrütze. Korn für Korn. Viele sind es, aromatisch, kantig! Wenn sie aus dem gußeisernen Topf etwa auf ein großes Blatt Papier geschüttet werden, fallen sie raschelnd auseinander, als wären sie trocken. Ach, sie sind es nicht, sie sind weich, heiß, voller Saft und Dampf, gesättigt mit den Düften der Wiesen, der mittäglichen Juliglut, der abendlichen einschlafenden Blüten, mit den Säften des Taus … Ein Beigeschmack von Walnüssen ist zu spüren. Buchweizengrütze! Eßt, meine Lehrer. Die schwarze Grütze macht eure Gesichter weiß und gepflegt und weckt in der Seele Barmherzigkeit.

Arina bohnert mit den anderen Mädchen die Fußböden, die Lakaien wechseln die Kerzen. Ich frage wie im Nebel: „Warum wechselt ihr sie im ganzen Hause? Die Gäste werden nur im Saal sein." Sie antworten, es wäre so befohlen, wenn eine Kerze tropfte, sie auszuwechseln, ich selbst hätte es so angeordnet, so wär's üblich, und sie wären ganz betropft.

Ich selbst habe das eingeführt. Als ich es einführte, konnte ich da etwa wissen, was uns alle erwartet mitsamt den Kerzen und Fußböden? Damals schien die Welt noch unerschütterlich auf den drei Walen zu ruhen, aber die Wale sind einfach losgeschwommen! Die Leute, wahrlich Sklaven, wissen es nicht und wechseln die Kerzen, während uns der Untergang beschieden ist. Sie reiben und reiben, bringen Glanz auf das Holz wie in früheren Jahren. Aber in früheren Jahren war ich jung und dreist und selbstsicher und verliebt in Barbara, ach, auch schon vor Barbara; nie hätte ich mir meine heutige Einsamkeit vorstellen können, diese Einsamkeit im Kreise schmeichelnder Knechte. „Kusma, alter Satan, wo ist meine Rüstung?" – „Hier doch, Herr, sofort, sofort ..." – „Was heißt sofort? Was quasselst du? Hast du überhaupt verstanden, was ich verlange?" – „Nein, Herr, Vergebung ..." – „Was zum Teufel bist du so fibbelich?" – „Ihr Befehl klingt so drooohend, da kapiert man's nicht gleich."

So ist das. Im übrigen werden wir alle uns bald auf den gleichen Weg machen, schweigend, ohne Ränge, ohne Erinnerungen, alle durcheinander. Bonaparte und Kusma, Lykow und Murat, ich und Fedka mit seiner Klarinette, im Gleichschritt, fortan nie mehr ermüdend, ohne Schmeicheleien, ohne nach dem Weg zu fragen, hin zur grundlosen Lethe, zum sprachlosen Charon ...

Ich hieß Arina, mir zu folgen. Sie kam, im Gehen die Hände am Sarafan abwischend. Still, gefügig. Wo war ihr Hochmut geblieben? Wir stiegen die erste Treppe hinauf. Sie schwieg. Auf der zweiten Treppe sagte ich: „Na, Arina, du sehnst dich wohl nach Timofej Michailowitsch?" – „Ja, ich sehne mich", sagte sie offen. – „Timoscha hatte seine Launen, nicht wahr?" – „Sie sagen es, Herr." Ich hätte gar zu gern erfahren, ob zwischen ihnen was gewesen war. „Er hat gewiß versucht, dich zu küssen, Arina, was?" – „Aber ja, geküßt hat er mich", sagte sie leise und einfach, als sprächen wir vom morgendlichen Kaffee. „Oft?" fragte ich, keuchend vom Treppensteigen. „Oft", sagte sie, „wo er mich sah, hat er mich gleich geküßt." Ich hätte sie früher danach fragen und dann Timoscha mit dem Finger drohen sollen. „Er hat dich wohl geliebt?" – „Aber ja", stimmte sie ruhig zu, „er war noch klein, hat immer Blindekuh mit mir gespielt, und Sofja Alexandrowna selig haben zu ihm gesagt: Hast du genug gespielt? Dann gib jetzt Arina einen Kuß zum Dank ... und dann zu mir: Sei bedankt, Herzblättchen, für das Spiel ..." – „Nein, nein", sagte ich hastig, „das meine ich nicht, Arina. Ich frage dich: Hat er dich jetzt geküßt, nicht, als er noch Kind war?" – „Aber ja", sagte sie, „er hat mich geküßt." – „Und, hat er dich als Mann geküßt, ja?" – „Als was denn sonst?" fragte sie verwundert.

Ich öffnete die Tür von Timoschas Zimmer, und wir gingen hinein. Alles war wie immer. Arina stand vor mir in ihrem weißen Leinenhemd und dem alten verblichenen Sarafan. Dieses Mädchen hatte sich mit Timoscha geküßt, als wäre das nichts weiter, hatte ihn bestimmt umarmt, diese Sklavin, hatte dem Jungen Verlockendes zugeflüstert, Verrücktes, und jetzt stand sie da mit hängenden Armen und wußte nicht, daß sie schön war.

„Arina", sagte ich, „wenn ich das Essen gebe, brauche ich eine Hausfrau. Du wirst herrschaftliche Sachen anziehen, wirst am Tisch sitzen, lächeln, anordnen wie eine wirkliche Herrin, verstehst du?" – „Wie Sie wollen", sagte sie und errötete und wurde davon noch schöner. Die vollbusige Sklavin mit dem hellblonden Zopf durfte nicht barfuß vor die Gäste hintreten, im einfachen Hemd, in diesem Arme-Leute-Fummel, den Kopf tief gesenkt. Sie sollte herrschaftlich angezogen sein und zu meiner Linken sitzen. Ich hieß sie, die Truhe zu öffnen, in der Sonetschkas Kleider ruhten. Verzeih mir, Herr! „Dieses Hellblaue ziehst du jetzt gleich an", sagte ich, „und in diesem Weißen zeigst du dich deinen Gästen." Sie nahm die Kleider und stand verständnislos da. „Ich sage dir doch", erklärte ich, „das Hellblaue ziehst du jetzt gleich an. Lege diesen dämlichen Sarafan ab!" Sie sah mich verzweifelt an und zog sich hastig aus. Ich wandte mich ab, betrachtete durchs Fenster Timoschas Landschaften und hörte Seide rascheln, Leinwand knistern, die junge Frau schwer atmen, ächzen, etwas flüstern, beten oder weinen ... „Dieses Kleid wirst du von morgens bis abends tragen", sagte ich, ohne mich umzudrehen, „und arbeiten wirst du nicht. Ich werde anordnen, daß die Leute dir zu gehorchen haben." – „Wie Sie wollen", sagte sie mit brüchiger Stimme. – „Du wirst ins Dampfbad gehen, Arina. Ich nehme dich mit zu den Damen der Nachbarn, die werden dir zeigen, wie man diese Kleider trägt, wie man sich frisiert, wie das mit den Schuhen ist und dem ganzen Zeug. Frühstücken, Mittag und Abendbrot essen wirst du mit mir. Na, fertig?" Sie gab keine Antwort; ich dachte schon, sie wäre vor Angst gestorben, und drehte mich um.

Was für ein Bild! Das hellblaue Seidenkleid paßte ihr genau, als wäre sie darin geboren. Zu ihren Füßen lagen hingeworfen das Leinenhemd und der verblichene Sarafan und bauschten sich wie schmutziger Meerschaum, dem dieses blasse Geschöpf soeben entstiegen war. Die Lippen waren zusammengepreßt, der schöne Kopf hoch erhoben, die Augen halbgeschlossen, die himmelfarbene Seide schmiegte sich strömig um ihre runden

Schultern, um die hohe Brust, und nur die Hände, die sich um die goldgestickte Saumgirlande krampften, zeigten, wie verstört sie war.

„Dreh dich mal um, Arina." Von hinten ganz und gar herrschaftliche Dame. „Geh ein paar Schritte, Arina, aber langsam, langsam." Der Gang fließend, bäurisch, nur guckten unter dem Saum die schmutzigen Fersen hervor. „Such dir Schuhe aus, Schuhe", sagte ich, „und alles, was du brauchst, hörst du? Und dann ins Dampfbad, sofort ins Dampfbad. Sag Lykow, er soll einheizen. Und such dir auch Hütchen aus." Sie drehte sich wieder zu mir um. Ach mein Gott, was war denn das? Ihre Hände fingerten die goldgestickte Saumgirlande, rote Sklavinnenhände mit breiten Handgelenken, mit rissiger Haut, kräftige verwitterte Hände, mit denen sie Timoscha gekost und sich der zudringlichen Lakaien erwehrt hatte. „Was ist das, deine Hände sind ja so rot?" – „Ich werde sie in Milch halten", sagte sie sachlich, „und ich ziehe Handschuhe an, die Sofja Alexandrowna getragen hat." Kluges Köpfchen. Der verdammte Intendant Pastoret, der vor Angst heisere kleine Franzose, hatte es gewagt, mich zu belehren und der Sklaverei zu zeihen, denn er wußte nicht, daß solche Sklaverei immer noch besser ist als ihre blutigen Unruhen und Guillotinen, ihre Pugatschowerei, ihre französische Anarchie. „Arina, lächle, gnädige Frau." Sie zeigte die weißen Zähnchen.

Bevor sich das Ganze abspielen soll, werde ich ihr sagen, sie soll unauffällig hinausgehen, in die bereitstehende Kutsche steigen, bis zur Straßengabelung fahren, von wo aus Lipenki nicht mehr zu sehen ist, und auf mich warten. „Wenn ich wegbleibe, komm nicht zurück. Fahre nach Moskau, was auch geschieht. Hier hast du Geld. Suche Timoscha oder Herrn Mender. Mit ihnen kommst du zurück, wenn es soweit ist." Ich werde ihr einen

Kuß geben, mich an sie drücken, ihr die Hände um den heißen Rücken legen. Im übrigen werde ich auch Kusma wegschicken. Meinen Segen hat er. Zur Belohnung. Hier brauche ich ihn nicht.

Am Morgen betrat ich das Eßzimmer. Der Tisch war gedeckt. Kusma wartete auf. „Wo ist denn Arina?" fragte ich. – „Arina Semjonowna lassen sagen, sie kommen gleich." – „Was gibt's Neues?" fragte ich. – „Na so, man sagt, in sieben Tagen werden die Gäste hier sein", sagte er. – „Und was ist im Hause los?" – „Na so, Arina Semjonowna hat Lykow mit dem Rohrstock geschlagen, hat weeeh getan", meldete er. In diesem Moment kam Arina herein, ich stand auf und gab ihr mit einer leichten Verbeugung zu verstehen, daß das Spiel ernst gemeint war. Sie sagte: „Bonjour, Msieur" und reichte mir die behandschuhte Rechte, und ich, stellen Sie sich vor, ich küßte sie! „Arina Semjonowna, was hat Lykow sich zuschulden kommen lassen?" fragte ich. „Sie sollen ihn mit dem Rohrstock gezüchtigt haben?" Sie trug das hellblaue Kleid, der Zopf war geschnatzt, obendrauf saß ein Spitzenhäubchen, das Gesicht war wunderschön, nur ein bißchen müde, graue Schatten unter den Augen. Sie strich Butter aufs Brot, faßte die Teetasse mit zwei Fingern, biß sittsam ab, trank langsam. „Er hat ins Badehäuschen gelinst, der Flegel", sagte sie, „da habe ich ihm mit dem Rohrstock eins versetzt." Ich lachte, aber ich hatte Angst. „Was denn", sagte ich, „wenn Sie ins Dampfbad gehen, nehmen Sie einen Rohrstock mit?" – „Nein", sagte sie und nahm einen Schluck aus der Tasse, „den hab ich mir erst hinterher geholt, dann hab ich Lykow geweckt, so war das." Sehr schön, dachte ich, großartig. So ist das, Herr Intendant, zieh deine Leute an wie zum Aufgebot, ihre Hände bleiben immer rot, und französisches Talent tut in einem russischen Bauernhaus nicht not. „Und er?" – „Er hat um Verzeihung gebeten", sagte sie ruhig. Kusma stand da wie versteinert. Das Haus war totenstill. „Warum hast du so ein müdes Gesicht? Vom Schlagen vielleicht?" – „Ich habe doch die ganze Nacht nicht geschlafen", sagte sie, „ich habe mich gewaschen, habe gebügelt, Schuhe ausgesucht, die Handschuhe hier, Strümpfe." Wir frühstückten friedlich. „Geh noch mal ein paar Schritte, ich will sehen", sagte ich. Sie drehte sich zu dem erstarrten Kusma um. „Geh, Kusma", sagte sie, „ich rufe dann." Und schritt um den Tisch herum. Verdammte Sklavin!

Sklaven existieren, damit man mit ihrer Faulheit und Nachlässigkeit das nicht vorhandene Wohlleben erklären kann, und Zaren existieren, um in den Augen der Sklaven als einzige Hoffnung auf Wohlleben zu dienen.

Irgendein anspruchsloser, nach Pulverqualm riechender wackerer Hauptmann würde angesichts dieser Eva aufgeächzt, sie in sein Stammgut mitgenommen, sie geehelicht und, in ihren Reizen keuchend, wohl kaum über ihren Stammbaum nachgesonnen haben. Unsere gütige, fröhliche, überaus weibliche ehemalige Kaiserin hatte ja auch Peter den Großen verführt, kaum daß sie (und nicht einmal vollständig) die Strohhalme von ihrem verwaschenen Rock abgeschüttelt hatte nach dem Vergnügen mit betrunkenen Soldaten. Böse Zungen behaupten ja, sie sei äußerst gütig und großmütig gewesen und habe nicht an Hochmut gelitten. Das ist mir heute egal. Ich habe in meinem Testament die Freilassung Arinas verfügt. Fliege hin, Vögelchen! Vielleicht findest du die ersehnten Körnchen und pickst dich satt, dann werde ich dort meine Freude haben und meinen Bruder Sascha auf dich hinweisen: Da, Sascha, dein Schmerz und deine Qualen haben auch Lipenki erreicht ...

„Na, Fedka", fragte ich, „sind deine Musikanten

bereit?“ Er warf die graue Mähne nach hinten, und seine Meister nahmen auf der Galerie Platz. Flöten und Chalumeaus pfiffen, Waldhörner brummten, Fagotte seufzten.

Ich ließ den großen ovalen Tisch decken. Alles sollte so sein, wie es bei dem schnellen, gehaltvollen letzten Mahl sein würde. Letzte Probe. Kusma kommandierte, Lykow kommandierte, Arina im weißen Gewand schritt die sonnenlichtübergossene Allee entlang, unter einem Schirm, in weißen Atlasschuhchen, weißen Handschuhen, ein Diadem auf dem Kopf. Auf dem ovalen Tisch lag ein gestärktes weißes Tuch. Zwölf Gedecke. An diesem Ende, den Rücken zu den Fenstern, werde ich sitzen. Links von mir Arina. Mir gegenüber Kaiser Bonaparte, das Gesicht von der untergehenden Augustsonne beschienen. Zwischen mir und ihm sechs Schritte Abstand, zuwenig für einen Zweikampf, doch nicht zuviel für einen Gedankenaustausch. Neben Arina setzen wir Murat, es soll ihr schmeicheln, den König von Neapel zum Tischherrn zu haben. Neben Murat sitzt Marschall MacDonald, dann Marschall Oudinot, und neben ihm soll als Nachbar des Kaisers Marschall Ney sitzen, Sohn eines unbekannten Handwerkers. Auf der anderen Seite, rechts von mir, soll mein Gegner bei Dürnstein sitzen, Marschall Mortier, neben ihm Vandamme, dann Montbrun und Bessières und endlich, links vom Kaiser, Marschall Berthier … Das Geschirr war verteilt. Kristall blitzte. Die einfachen Freuden des Lebens. Vor jedem Gast ein kleines Souvenir von mir persönlich, zur langen Erinnerung, auf die weite Reise – ein Tabaksbeutel aus Kalbsleder, gefüllt mit trockener, bitterer Kalugaer Erde. „Ruft Arina Semjonowna“, befahl ich. Sie erschien ohne Schirm, blaß und ernst. Und nahm Platz zu meiner Linken. Naive Absicht – sie zu Barbara zu bringen. Bei ihr und bei der Sklavin stimmte alles, war alles erhaben. Ich fürchte, Murat könnte mit leichter Freude seinen Polterabend in Neapel vergessen!

Ich nickte dem gespannt wartenden Fedka zu, und die feierliche Musik von Holborne füllte den Raum. Die livrierten Knechte umstanden stumm den Tisch. Kusma und Lykow, beide in schwarzem Frack, wie versteinert, bereit zu großen Taten. Ich trug meine Montur, strahlende Epauletten, sämtliche Regalien zur Schau gestellt, das Halstuch frisch und duftend. Arina sah mich mit unkindlichem Interesse, ja, schwärmerisch an. Ich hob das leere Glas.

Ansprache, gehalten zu Beginn des Mittagessens

„Meine Herren! Erlauben Sie mir, hier inmitten meiner Penaten Ihr kriegerisches Genie zu rühmen. Ich bin alt, meine Herren, und tauge nicht mehr besonders für militärische Übungen. In meinen jungen Jahren aber, als Sie, Majestät, die Welt mit Ihrer Schlachtenkunst zu verblüffen begannen, war ich Ihr eifriger und hingerissener Schüler! Während alle möglichen Schmähredner über Ihren baldigen Sturz orakelten, während Politikaster Ihre Taten durchs Netz siebten, dabei die Hauptsache außer acht ließen, eine Handvoll menschlicher Schwächen herausfilterten, wie selbst große Männer sie haben, und darüber höhnten, habe ich mir jeden Ihrer Erfolge, jeden Ihrer Siege eingeprägt, denn ich war geblendet durch diese Verbindung von Risikobereitschaft, Kühnheit und kalter Berechnung, ich prägte mir alles ein und dachte: Wartet nur ab, es kommt die Zeit, da werden wir nur den Mund aufsperren, wenn wir sie vor uns sehen, die lebendig gewordene und noch mehr vervollkommnete Kunst von Hannibal, Alexander und Cäsar.

Wie ein Schuljunge, mit vorgestreckter Zungenspitze, habe ich Ihre lebendigen Lektionen studiert, gepaukt, notiert, gebüffelt, und meine militärischen Qualitäten wurden reifer, mein Gehirn reicher, meine Hand stärker, und mein Geist gewann Kraft und Bedeutung. Endlich war der Tag, die Zeit gekommen, das Examen abzulegen, und der Herr Marschall Mortier, der ehrenwerte Herzog von Treviso, wenn er sich erinnert, wenn Sie sich erinnern, Durchlaucht, Sie blieben bei Dürnstein plötzlich stehen und wichen zurück, Sie waren sogar gezwungen, zurückzugehen, mit unerhörtem Können, aber zurück! Falls Sie sich an solch eine Lappalie erinnern – ich war's, ich habe Sie mit meinem Regiment angegriffen, nicht frontal, wie früher üblich, sondern an der fernsten, schwachgestützten Flanke, wo Sie keine Gefahr erwarteten, und ich habe Ihnen zwölf Kanonen abgenommen und Sie verfolgt! Ihre gefangenen Leute haben uns erzählt, Ihr Stab habe sogar gemutmaßt, ein ganzes Reservekorps hätte den Schlag geführt. Nein, Durchlaucht, wo zum Teufel hätte ein Reservekorps herkommen sollen? Kein Gedanke, es war mein Regiment! Unser Erfolg war nicht von Dauer, aber es war ein Erfolg, geboren aus Ihrem Unterricht, meine Herren. Wir lernten langsam, schwerfällig, aber mit Fleiß. Mein Freund Bagration, der in den Alpen den ihn bedrängenden Masséna abwehrte, hatte auch etwas dazugelernt. Apropos, wo ist der Marschall Masséna, Herzog von Rivoli, Fürst von Eßling? Ich hätte mich gefreut, ihn in meinem Hause zu sehen.

Euer Majestät, meine Herren, Kriege wird es immer geben, und jedesmal, wenn Heerführer sich über militärische Karten beugen, werden sie nicht umhinkönnen, sich an Ihre großen Schatten zu wenden, denn obschon GUT und BÖSE in die Kriegsfortüne eingeflochten sind, bleibt im Lauf der Zeit für Eingeweihte nur die reine Kunst. Nicht ich, wie ich heute bin, voreingenommen und im Ruhestand, nicht ich darf Urteile sprechen, ich darf nur Begeisterung äußern und Dankbarkeit für Ihre rauhen Lektionen!“

Arina herrschte. Meine Dummköpfe, die nichts begriffen, sahen mich mit Angst und Respekt an. Das leere Glas bebte in meiner Hand. Ich stellte es hin, aber meine Finger zitterten. Lykow, der einen Espenpfahl verschluckt zu haben schien, reichte mir feierlich ein Glas Baldrianschnaps. Durch die Tränen, die mir in die Augen stiegen, durch diesen offenen Schleier von Abschied und Entsetzen vor dem Bevorstehenden sah ich den dicken fetten Herrn Lobanow, der verblüfft in der Tür stand. Wie allgegenwärtig sind doch die Kalugaer Patrioten, die Wagentrecks zusammenstellen, um in die fernen östlichen Regionen abzureisen! Der hatte mir gerade noch gefehlt!

„Bonjour, Msieur“, sagte Arina.

Du hättest sehen sollen, Titus, was für eine Visage er schnitt! Der Mund halboffen, die dicken Backen bei jeder Bewegung wabbelnd, in den Augen Schwermut, Verständnislosigkeit und Feindschaft gegenüber dem Bild, das sich ihm bot. Ich nickte Fedka zu. Eine Ouvertüre von Lulli erklang.

„Ihre Einfälle sind ganz sinnlos“, krächzte der Dicke und ließ kein Auge von Arina. „Ihr lieber Bonaparte wird weiter nördlich durchziehen.“

„Den Teufel wird er tun“, sagte ich. „Er wird hier durchziehen und nirgendwo sonst. Hier ist die Straße offen, glauben Sie mir.“

Und so etwas sagte er vor dem Korsen, der meine Kohlsuppe löffelte, und vor dessen Marschällen, die sich eben über den Hirsch aus Mestscherski hermachten. Und so etwas sagte er mir, der bereit war, in den schwarzen Augusthimmel aufzufliegen. Laß uns in Ruh, geliebter Nachbar, mit deinen blöden Witzelein, wenn ich ein kleines Zeichen gebe, zerstiebt hier alles kurz und klein! Die Feinde sollten Sie vernichten, anstatt hier über mich zu richten. Und statt da in der Tür zu stehn, wär's besser, auf die Flucht zu gehn!

„Stören Sie nicht, mein Herr", sagte ich ihm, „wir haben eine weite Reise vor uns." Ich wies mit der Hand auf den Tisch. „Wir haben jetzt andere Sorgen als Ihre Mutmaßungen."

Er sah Arina wild an. Sie herrschte. Fedka fuchtelte mit den Armen auf der Galerie, und die kreischenden Töne der Piccoloflöte drangen dort droben nicht mehr durch. Ich kippte noch ein Glas Baldrianschnaps. Vor den Fenstern sank frühe Dämmerung nieder. Die letzten Lichtreflexe fielen auf den Tisch, der goldene Sterlet blitzte kurz auf und erlosch.

„Na, Arina", flüsterte ich ihr zu, „der Dicke ist total übergeschnappt."

„Sie müssen sich ausruhen", sagte die Sklavin, „Ihre Hände zittern ja so."

„Das ganze Gouvernement redet von Ihrer Wahnsinnsidee!" schrie Lobanow von der Tür. „Man wirft Ihnen Verrat vor." Er ließ kein Auge von Arina. „Ich war so stolz, Ihr Nachbar zu sein; zwar sind Sie General, zwar aus demselben Teig wie ich – bloß verwässert, wie sich zeigt, verwässert!" Er lachte angewidert.

Zu anderer Zeit hätte es nicht geschadet, diesen Grenadier zu backpfeifen, und tags darauf würden wir die Sache mit der Pistole in der Hand rasch aus der Welt geschafft haben, doch heute mochte er gehen, das Geheimnis war wichtiger. Ich konnte ja wirklich nicht spaßeshalber diesen harmlosen Mann beleidigen und die Hauptsache opfern. Wieder versuchte ich das Glas in die Hand zu nehmen.

Aber es wehrte sich wie ein Lebewesen gegen meine unzuverlässigen Finger. Die Piccoloflöte überschlug sich, erinnerte an Blut und Ruinen, und die Gesichter meiner Gäste überzogen sich mit Blässe. Woran mochten sie denken? Was hatten sie in ihrer Erinnerung, die es nicht gewöhnt war, Bilder des lebendig flatternden Lebens aufzubewahren? Sind Sie, meine Herren, bereit, Arm in Arm mit mir – dorthin ... Dorthin?

Lobanow war weg. Das Orchester schwieg. Nur das Klingen der Gläser, das Klappern der Bestecke, das nicht sehr feine Schmatzen der Militärs war zu hören. Arina legte die weiche heiße Hand im weißen Handschuh auf meine zitternde Rechte. Das war neu!

„Na, Arina Semjonowna", sagte ich, „es scheint doch alles gut zu laufen?"

Sie lächelte mich an und streichelte meine Hand.

Der Kaiser war ein wenig schläfrig. Er lehnte sich an die hohe Stuhllehne. Seine großen braunen Augen verschmolzen mit der Dämmerung.

„Kerzen!" befahl ich.

Die Kerzen wurden angezündet, aber so, daß das Kristall auf dem Tisch strahlte und in geheimnisvoller Flamme schillerte, die Flecke auf dem weißen Tischtuch aber verschattet wurden und wir alle mit blinkenden Orden und Epauletten, mit Gesichtern, die tot waren von Sattigkeit und Ruhm, uns bereit hielten für den langen Marsch durch die himmlischen Räume. Der Tisch schwankte wie die Eisscholle auf dem Satschaner Teich. Meine Hand war ruhig und kalt. Ich hob das Glas.

Ansprache, gehalten zum Abschluss des Mittagessens

„Euer Erlaucht, meine Herren! Da ich die beglükkende Möglichkeit habe, in meiner Mußezeit über mein geehrtes Holzbein nachzudenken, weiß ich längst, daß im Schoß der bittersten Niederlage auf dem Schlachtfeld der süßeste aller Siege geboren wird, in dessen Leib zum größten Leidwesen schon die Keime einer künftigen Niederlage reifen. Und so geht das immer weiter. Niederlagen sind nachtragend, Siege rachsüchtig. Was ist Großmut wert, wenn sie tausend Menschen in verbrannten Tempeln gilt? Die Selbstzufriedenheit der Sieger und die Verzweiflung der Besiegten sind zwei Bäche, die in denselben Fluß münden." Ich nickte Fedka zu.

Eine einsame Oboe durchdrang die Stille, dann schlossen sich ihr zwei weitere an, darauf endlich die herzzerreißenden Stimmen der Klarinetten und die schweren dumpfen Schläge der großen Trommel.

„Unser Leben, meine Herren, ist kürzer als die ehrgeizigen Hoffnungen, darum vergessen wir die Vergeltung. Die Zeit reicht aber aus, um in dem schmalen Raum zwischen dem Teufel und Gott die Spuren von unseren Stiefeln und von Pferdehufen und Kanonenrädern und Blut zu hinterlassen. Und was weiter? Was weiter? Als ich fremde Gärten zertrampelte, habe ich mich das nie gefragt. Ich mußte erst auf dem Eis des Satschaner Teichs hinfallen, um darüber nachzudenken."

Dem Kaiser war diese Lappalie von damals nicht erinnerlich, aber der weinende Chor der Oboen und die traurigen Schreie der Waldhörner verstärkten sich. Das Glas fiel mir aus den Fingern.

„Ach!" schrie Arina. „Was ist mit Ihnen, Nikolai Petrowitsch, Lieber?"

Ich hatte eigentlich alles gesagt. Das Glas war

zerbrochen. Die Sklavin weinte und küßte ihrem Herrn die Hand.

„Na?“ fragte ich Kusma.

„Schööön“, sagte mein morgiger Begleiter.

Danach werde ich wohl sagen, daß die Hausfrau Kopfschmerzen hat und ich sie begleiten muß, während den Gästen das Dessert aufgetragen wird. Ich komme gleich wieder, meine Herren, und wir trinken noch einen letzten Schluck, einen letzten Schluck.

Das übrige ist nicht weiter kompliziert.

Vielleicht wird meine Seele, wie die Hindus lehren, wirklich in irgendeiner neuen Hülle wieder lebendig? Aber wo ist die Bestätigung dafür? Ich glaube an das Weiterleben nach dem Tode, aber das bedeutet keineswegs, daß ich es attraktiv finde.

Weiter von Barbara.

„Sind Sie gekommen, marier avec elle?“ fragte das alte Frauchen.

„Wen sollte ich denn heiraten, gnädige Frau? Es ist ja niemand da“, sagte ich.

Sie zuckte die Achseln und trippelte wie ein Mäuslein von dannen. Ich wollte schon auf alles pfeifen und weglaufen aus diesem Nest, aber kann man vor etwas weglaufen, was neben einem ist, was im Herzen sitzt, was einen verbrennt? Ein Versuch noch, dachte ich verzweifelt, falls diese Frau geschaffen ist, meine Geduld auf die Probe zu stellen. O Barbara! Gefügige Weibchen gibt's wie Sand am Meer, aber diese – die Natur hat sie gemeißelt, mit Sorgfalt, die Zungenspitze vorschiebend, den Schweiß abwischend, keuchend vor Inspiration, und mit einer rätselhaften, launischen Seele ausgestattet. Sie ist keine müde Hündin mit tränenden Augen. So dachte ich und kehrte fast laufend in den Salon zurück. Er war leer. Aber da kam Barbara herein. Kam herein, setzte sich und starrte mich an.

„Sie sind in Eile?“ fragte sie ruhig. „Warum sind Sie aufgesprungen? Setzen Sie sich, mein General, und lassen Sie uns alles besprechen.“

„Was denn besprechen?“ sagte ich beleidigt. „Ich kapiere das nicht ganz: Sie verschwinden irgendwo, und ich muß mich mit Ihrer Frau Tante auseinandersetzen. Zwei Stunden sind vergangen. Ich warte auf Sie, ich weiß von nichts ...“

„Sind Sie etwa gekommen, um zu erfahren, warum die Glöckchen am Baum klingelten?“ fragte sie streng. „Ich wollte Ihnen gleich alles sagen, aber das ist mir nicht gelungen, und da bin ich gegangen, mein lieber General, um nachzudenken, wie ich Ihnen alles sage. Zuerst wollte ich, wie bei uns üblich, weit ausholen, also gut, dachte ich, holst weit aus, bis zu den Glöckchen“, sie lachte auf, „und dann weiter, immer weiter, Wort um Wort ... bis ich bei der Hauptsache bin.“ Sie schwieg einen Moment und fragte dann: „Lieben Sie mich?“

„Ich?“ fragte ich dümmlich.

Sie preßte die Hände um die Seitenlehnen, biß sich auf die Lippen, sah mich direkt an. Es war so still, daß ich die alte Apollinaria irgendwo im Hause wie ein graues Mäuslein kratzen und raspeln hörte.

„Alles ist so kompliziert“, klagte Barbara, „ich möchte Ihnen sagen, daß Sie mir gefallen, das heißt, Sie passen zu mir, es ist mir angenehm, Sie zu sehen, und ich bin des Alleinseins gründlich müde. Sie können das natürlich für die Laune oder Grille oder Phantasie einer unausgeglichenen jungen Dame halten, aber überlegen Sie mal, was soll ich machen? Moskauer Bälle besuchen oder, noch schlimmer, Kalugaer Bälle, um einen Partner zu finden? Das ist doch erniedrigend, nicht wahr? Mal angenommen, ich nehme die Dienste der Verwandtschaft in Anspruch, oder ich schicke Brautwerberinnen los, das wäre doch das allerletzte Mittel, wie der Tod, nicht wahr? Na schön, es besuchen mich Verehrer, wie das so geht, aber das sind entweder Ungeheuer oder berechnende Schmeichler, ich bin ja nicht ganz arm." Sie zeigte in den Raum. „Ein junges reiches Gänschen mit großen Augen und kleiner Erfahrung, was? Aber dann treffe ich Sie und sehe, daß Sie zu mir passen. Mehr noch, Sie lieben mich sogar!"

„Ja", sagte ich fröstelnd, „etwas ist geschehen ..."

„Aber das Wichtigste habe ich noch vor mir", unterbrach sie mich, „und das ist deprimierend, lieber General. Als wir damals den Zusammenstoß hatten wegen der ganzen Kriegsgeschichten, gedachte ich Sie ein wenig zu necken, nicht im Bösen, im Gegenteil, aus Gewogenheit, um Ihnen irgendwie näherzukommen. Das war nicht nur Koketterie, eher ein Signal: Der Kluge versteht, fühlt, prägt sich ein ... und kommt fragen, warum die Glöckchen am Baum hingen. Aber vielleicht auch Koketterie, das ist Frauensache, doch darum geht's nicht. Später habe ich begriffen, ich konnte nicht umhin, es zu begreifen, daß Sie in mich verliebt sind. Natürlich, dachte ich, das kommt vom Pulverqualm, von der Einsamkeit, von der Sehnsucht nach lebendigen Menschen, und warum sollte man sich auch nicht in mich verlieben? Ich bin kein häßliches Entlein." Sie sagte das alles ohne Lächeln, als hielte sie mir eine Strafpredigt. „Ich bin nicht dumm und noch jung und alles so was. Und wie ich so überlegte, daß Sie zu mir passen, daß nur Sie zu mir passen, war ich entsetzt. Natürlich könnten wir beide uns hervorragend arrangieren: Sie lieben mich ..."

„Ich vergöttere Sie", sagte ich laut.

„Sie lieben mich, und ich wähle Sie zu meinem Abgott, da brauchen wir keine Brautwerber, nicht wahr? Keine Kuppler, keine Heucheleien, ein

Bund? Ein dauerhafter ehrlicher Bund bis zum Ende, ein Bund von zwei klugen, edlen, hochsittlichen Menschen, nicht wahr? Und wenn Sie den haben, ziehen Sie die Montur an, gehen den Säbel schwenken, trinken Glühpunsch, vergießen eigenes und fremdes Blut, aber ich, mein lieber General, gehöre nicht zu denen, die beim Klang des Militärorchesters, bei Flöten und Trommeln in Erregung geraten, ich bin nicht irgendeine Marketenderin." Plötzlich sagte sie herrisch und deutlich: „Ich muß viele Kinder haben."

„Viele was?" fragte ich fassungslos.

Ich war erschlagen wie noch nie im Leben, aber sie triumphierte nicht. Ihr goldener Schal war, wie lebendig, die ganze Zeit über in Bewegung: rutschte bald von den Schultern, wurde bald um den Hals geschlungen, glitt bald schimmernd fast zu Boden. Meine Montur war kalt wie aus Eisen, das Halstuch würgte mich. Zum ersten Mal fand ich mein stolzes Kriegsgewand scheußlich, lächerlich, überflüssig und sogar böswillig; meine frühen edlen grauen Fäden kamen mir nichtig vor; ich saß im Sessel, klein, verschüchtert, mager, noch nicht ganz ohne Hoffnungen, doch der Verzweiflung nahe. Der Bund, den sie mir anbot, dünkte mich eine unerreichbare Glückseligkeit. Ich würde diese Königin von Gubino auf Händen tragen, und eine einzige Berührung von ihr würde mich auferstehen lassen! So dachte ich, halb im Fieber geneigt, vor ihr auf die Knie zu fallen und ihr die Hände zu küssen, bevor sie mir noch alles mögliche vorphantasierte ... In diesem Moment ging die Tür auf, Apollinaria Tichonowna glitt durchs Zimmer zum Tisch, wieder die Hand vor dem Mund, und nickte uns freundschaftlich und aufmunternd zu. Fieberhaft putzte sie die Schuppen von den Kerzendochten. Wieso eigentlich?

„Was machen Sie da?" fragte Barbara nicht sehr

liebenswürdig. „Gehen Sie, gehen Sie. Wer hat Sie gerufen? Gehen Sie schon!"

„Oui, oui, tout de suite*", haspelte das Mäuslein und lächelte festlich. „Notre général est si beau**! So stattlich, so wacker ... Ein Schritt wie Peter der Große, die Dielenbretter knarren richtig. Du hast dich ja so gefreut, als der Herr kamen." Die Lichtputzschere in ihrem durchsichtigen Händchen blitzte und klapperte. „Que vous êtes gentils à voir***: wie zwei Turteltauben ..."

„Gehen Sie schon", sagte Barbara drohend, „Nikolai Petrowitsch ist geschäftlich hier."

Das Mäuslein flitzte zur Tür und fragte, schon im Verschwinden, bekümmert:

„So jung und stattlich, er muß wohl aller à la guerre****?"

Die Tür schloß sich. Barbara lachte unfroh. Alles wurde irgendwie einfacher, weicher. Der Nebel zerstreute sich. Unser Bund würde fest und herzlich sein. Wenn sie es schon so beschlossen hatte, sollte es halt so sein, und, wie es so schön heißt, keine Macht würde ... O Barbara, wir sind frei, und wir brauchen einander, und die Montur ist nicht das einzige auf der Welt ... In meiner Verblendung war ich schon bereit, mir die Epauletten abzureißen und ihr zu Füßen zu werfen, um die Dauerhaftigkeit unseres Bundes zu bekräftigen, denn er war nicht von Menschenhand gemacht, er war von oben diktiert, er kam von Gott ... und wir sind ohnmächtig, etwas zu ändern ... von Gott kommt dieser Bund ... Und da dachte ich verwirrt: Welcher Bund? Wieso Bund?

„Ich liebe Sie", sagte ich, „ich nehme den Abschied. Sie werden sehen." Ich sprang auf und

* Ja, ja, sofort. (frz.)
** Unser General ist so schön. (frz.)
*** Ihr seid so lieb anzuschauen. (frz.)
**** in den Krieg ziehen (frz.)

machte einen Schritt auf sie zu. „Alles für Sie, Sie werden sehen …"

„Nein, nein!" schrie sie und hielt sich den Schal vor. „Warten Sie, setzen Sie sich. Ich habe das Wichtigste noch nicht gesagt. Ein alleinstehendes Dummchen von sechsundzwanzig müßte ja endlich zur Vernunft kommen und, wie es so schön heißt, sein Glück einrichten. Warum bringe ich alles durcheinander? Ich quäle Sie und mich selbst. Ich bin schon so weit, daß mir die Finger zittern, schauen Sie." Sie streckte mir die Hände entgegen.

Unter dem goldenen Schal flatterten zwei Hände hervor, weiß selbst im mattgelben Schein der blakenden Kerzen, zehn ruhige Finger, lang, aneinandergedrückt, hauptstädtisch gepflegt, nicht verunstaltet von provinzieller Anspruchslosigkeit, gewöhnt an die Schreibfeder, an Buchseiten und Klaviertasten. Die gewiegtesten und raffiniertesten Hexen vermöchten nicht, solche Vollkommenheit zu erreichen. Diese weißen Frauenfinger, von denen quälende Wärme ausging, erstarrten vor mir, und nicht das leiseste Zittern bewegte sie.

„Sehen Sie?" fragte sie verlegen. „Jetzt gerade nicht so sehr, aber manchmal ist es schlimm." Rasch und linkisch nahm sie die Hände weg und ließ nach wie vor kein Auge von mir. „Dies wollte ich Ihnen sagen: Ich gebe mir Mühe, extrem aufrichtig zu sein, damit Sie sich keine Vorwürfe machen oder, was noch schlimmer wäre, mir oder der ganzen Welt." Sie lachte müde auf. „Wie das manchmal so geht in später Verzweiflung. Was ich von unserm Bund gesagt habe, war selbstredend ernst gemeint, und ich habe mir viel den Kopf darüber zerbrochen, aber es gibt einen Mann auf dieser Welt, noch einsamer als Sie, der Welt entfremdet, mit verzerrter Phantasie, einen Einsiedler, vom Schicksal benachteiligt." Ihre Augen waren unwahrscheinlich riesig.

Nach Generalsmanier stand ich jäh auf, mit schwindendem Bewußtsein, und sagte deutlich akzentuiert irgend etwas, ich weiß es nicht mehr genau, etwa so, daß sie in ihren Neigungen frei sei, daß ich ihre Aufrichtigkeit zu schätzen wisse, obwohl diese langen Eröffnungen natürlich kürzer und verständlicher hätten sein können, und ob es überhaupt dafür gestanden habe, Glöckchen ins Gezweig zu hängen, denn ich müsse ja bald zum Regiment, und dann, wissen Sie ...

„Setzen Sie sich", befahl sie, „ich bin noch nicht fertig."

Und stellen Sie sich vor, ich setzte mich. Als sie dies sagte, statt mich hinauszubegleiten, regte sich in mir ein Anflug von Hoffnung. Die Kerzen brannten herunter. Sonetschka erwartete mich mit fieberhafter Unruhe. Die Welt war zusammengebrochen, doch ich saß wieder in dem verdammten Sessel, statt aus diesem Hause zu fliehen, weg von der kalten, berechnenden, zänkischen Egoistin. Ich glaubte rufende Trompetentöne zu hören ... Mein Regiment, bereit zum Feldzug, im Winterquartier noch vereint, rückt aus zu neuen Heldentaten, sobald die Sonne wärmer scheint. Sein Kommandeur hockt hier im Zimmer, von seinem Schicksal wie geknickt, liegt mit sich selber im Konflikt und hegt noch einen Hoffnungsschimmer ...

„Ich denke nicht so sehr an mich selbst", fuhr sie erbarmungslos und herrisch fort, „wie an Sie. Unser Bund (nennen wir es so) ist keine Phantasie. Ich sehe sogar voraus, daß er hinreißende Vorzüge haben wird, glauben Sie mir." Ich sah die Vorzüge schon in den niederbrennenden Kerzenflammen. „Zumal der bewußte Mann ein Born unzähliger Laster ist, der meine Aufmerksamkeit zurückweist und mich verschmäht." Die Hoffnung in mir entflammte stärker, ich erlaubte mir sogar, mich lustig zu machen über mich, darüber, wie ich aufgesprungen war und alles mögliche Salongerede von mir gegeben hatte, um über meine verlorene Mannhaftigkeit hinwegzutäuschen. „Was soll ich tun?“ hauchte sie. „Außerdem hat er mich einmal beleidigt. Aber das ist alles überflüssig.“

„Warum quälen Sie sich?“ sagte ich munter und gönnerhaft. „Trösten Sie sich, trösten Sie sich, Sie werden in Ihrem langen Leben noch viele Ungeheuer kennenlernen, schlimmer als Ihrs. Verschwenden Sie sich nicht, wir werden noch ...“

„Aber er braucht mich“, hauchte sie.

„Sinnlos ist alles, Barbara Stepanowna, sinnlos.“

„Sie sind so stark“, sagte sie flüsternd, „bei Ihnen ist man ruhig. Ich bin all der Stürme müde ...“

Ich begriff auf einmal, daß unser Bund Formen annahm, geboren wurde aus ihrem müden Flüstern, aus dem Wirrwarr ihres Alltags, aus dem Schneesturm dieser Nacht, der ein Vorbote des Frühlings war. Ich stürzte zu ihr und küßte ihre Hände. Sie dufteten nach Winterwald. Mit ihren Lippen berührte sie meine Stirn (daran erinnere ich mich!).

„Er liebt Sie doch nicht!“ schrie ich keuchend. „Er liebt Sie nicht!“

„Das stimmt“, antwortete sie, „das ist es ja eben.”

„Dann weisen Sie doch seine Ansprüche zurück!“ belehrte ich sie. „Zumal er Sie nicht liebt. Jagen Sie ihn davon! Erniedrigen Sie sich nicht ...“ Und ich fuhr fort, ihre Hände mit Küssen zu bedecken.

Plötzlich schob sie mich zurück, stand auf, trat ans Fenster, und von dort, fast unsichtbar, sprach sie langsam zu mir, der ich kniefällig geblieben war:

„Ja, aber ich liebe ihn.“

Irgendwie kam ich doch noch hoch, zog die verdammte Montur zurecht, dachte daran, daß Mitternacht längst vorüber, daß Barbara mir noch immer teuer war, daß ich ihre wie aus Stein gehauenen Worte nie vergessen würde ... bis zum Tode.

Bevor ich hinausging in den Schneesturm, berührte ich mit toten Lippen ihr fremdes Händchen und fragte doch noch:

„Sie lassen mir Hoffnung?"

„Versteht sich, mein Freund", sagte sie und sah mich mit ihren Riesenaugen unverwandt an, „aber ja! Ich wollte nur, daß Sie alles wissen, damit Sie nicht ... Er verachtet mich – wo soll da Liebe herkommen? Aber ich wollte Ihnen sagen ... wenn er eines Tages so macht, wendet sich alles." Sie machte mit ihren langen weißen Fingern eine Bewegung, als ob sie jemandem winkte.

Und da begriff ich, Titus, daß ihre Augen deshalb so riesengroß waren, weil sie entsetzliche Angst hatte vor den Rätseln des Lebens, die sie nicht zu lösen vermochte.

„Väterchen General, libwerter Nikolei Petrowitsch! Euer Exzellenz! Leicht fällt es mir nicht, daß ich nicht mehr haben das Glück Sie zu sehn, und ich möcht Ihnen danken für alle Ihre Freundlichkeiten. Gott schenke Ihn Gesundheit und Wohlergehn für Ihr ganz Familie. Mein historische Augenblick rückt näher, und kein Kutusoff noch sonst eine Macht kann mich retten vor dem, was Gott mir bestimmt hat. Aber ich weine nicht, sondern halt mich bereit, mein Pflicht in Ehren zu erfüllen. Ich hab 37 Jahre auf dem Buckel, und ich bin kein kleine Dummchen mehr. Ich verstehen alles.

Wir sind in Ihre Haus sehr gut untergekommen. Köchinnen, Lakai, Vorreiter und alle sonstigen Leute leben friedlich und tun ihr Arbeit. Aber eins ist nich gut: Alle Welt flieht von Moskau in verschieden Richtung, die Lebensmittel im Laden sind teuer, doch noch haben wir das Mitgebrachte. Timofej Michailowitsch hat Fieber, und unser Freund Doktor Bause versorgt ihn gut.

Ich hoffe zu Gott, wenn Timofej Michailowitsch wieder gut geht, er werden mit alle Leute auf Ihr Rjasaner Besitz fahren, weit weg von französische Feind. Wie es jetzt hier in Moskau aussieht, wagen ich nicht zu sagen, obwohl schon viel Zeit vergangen, ich schaue es jeden Tag an und kann nicht ohne Tränen.

Eine französische Schauspielerin Bigarre, ein hübsches und fröhliches junges Mädchen, besucht Timofej Michailowitsch jeden Tag und bringt ihm Apfel und Schokolatt. Timofej Michailowitsch liebt Frauenzärtlichkeit, und ich hoffe, er werden bald gesund.

Wenn mein großer Tag kommt, ich nehmen heilige Kreuz und gehe entgegen dem französischen Heer, soll sie mich umbringen, aber Rußland in Ruhe lassen, wie damals bei Hollabrunn. Erinnern Sie?

Voller Dankbarkeit für Ihre Güte,
bleibe ich
Franz Mender.

Ich bin mit Kusma durch Lipenki gegangen – traurig, verwahrlost sieht es aus. Keine lebende Seele. Alles Lebende ist wohl schon unterwegs zu den Rjasaner Besitzungen. Mein liebes Lipenki ist gänzlich tot. Vom Flüßchen Protwa düstres Schweigen droht. Kein Weib und kein Mushik ist mehr zu sehen, niemandes Gruß beantwort ich im Gehen. Man glaubt es nicht, bis Moskau ist's nicht weit. Ein Dörrbrotwürfel fault im alten Ranzen. Der baldige Abschied tut mir wirklich leid. Gespräche drehn sich nur noch um den Kaiser, diesen Scheißer!

Meine innere Manteltasche wird von der Pistole abwärts gezogen, wer weiß, wozu die gut ist. Kusma geht einen halben Schritt hinter mir. Er trägt einen Bauernrock, Stiefel und lederne Schirmmütze. „Warum hast du Bauernkleider angezogen?" frage ich. „Konntest du nicht die Hofsachen tragen?" – „Ach, Euer Exzellenz, das ist jetzt alles eins." Vielleicht …

Ich werde ihn mit Arina wegschicken. Für Timoscha wird das gut sein.

Wir sind Menschen alter Sinnesart und verstehen die neuen Strömungen nicht, richtiger gesagt, wir verstehen sie, aber mit dem Verstand, nicht mit der Seele. Ich kann mir nicht vorstellen, wie ich so etwas über die Zunge brächte: „Kusma, reichen Sie mir bitte den Baldrianschnaps …" Sonetschka, die hatte so gesprochen: „Kusma, bringen Sie mir bitte meinen Schal, er liegt im Salon auf dem Sessel", „Fedka, spielen Sie doch bitte dieses Stücklein, das Sie zu Ostern eingeübt hatten, erinnern Sie sich?", „Ach, Stepan, heute haben Sie sich selbst übertroffen mit dem Mittagessen! Danke, mein Lieber …" Ich war mit dir, Sonetschka, aber die Zunge ist ein eigensinniges Werkzeug, sie bewegt sich nach unerfindlichen Launen.

Ich stehe am Ufer der Protwa. Sie ist hier schmal. Ihre Quellen sind in der Nähe, und doch hat sie Barsche und Plötzen! Als Junge bin ich an heißen Julitagen in ihr durchsichtiges flaches Wasser gegangen, an der Hand des Gouverneurs, habe mir die Beine naß gemacht und bin wieder heraus, dabei wäre ich am liebsten getaucht und geschwommen, geschwommen wie ein Fisch, durch die Wasserpflanzen, mit wedelnden Flossen; ich hätte gern mit Glotzaugen aus dem Wasser geguckt, hinauf zu der erschrockenen Silhouette des Gouverneurs: Hier bin ich, du Ekel! Und hätte sein gedämpftes Geheul gehört: „Koko ist ertrunken!" Unter dem Blatt einer Wasserpflanze hervor, die Kiemen gespreizt, hätte ich glücklich das soeben Gelernte ihm zugeschrien: „Du kannst mich mal!" Ach nein, er war ja doch der Beste, wenn er mit purpurroter Weste und blauem Gehrock voll Verdruß hinunterging mit mir zum Fluß. Und doch, nach allen den Gefechten nicht er war's, der mir mit der Rechten das Leben schenkte, als ich bleich lag auf dem Eise von dem Teich.

Hier sind die Quellen der Protwa. Die Protwa ist die Quelle meines Lebens. Der Gouverneur erzog mich für das Gute und warnte mich eifrig vor dem Bösen. „Kusma, wohin mündet die Protwa?" – „In die Okaaa, Euer Exzellenz." Esel. Woher soll er wissen, daß sie hier anfängt, dann die Smolensker Landstraße entlangfließt, quer durch die europäischen Räume, sich fremd stellend, die Namen wechselnd, sauber und tückisch, und daß sie endet unterm Eis des Satschaner Teichs bei dem österreichischen Städtchen Krems?

Wie schnell bin ich gealtert, wie plötzlich! Ich werde sehend. Ich sehe jeden Stengel, jeden Grashalm. Ich möchte den jungen Bäumen die rauhe Rinde streicheln, meine Wange daran schmiegen und reiben, ich möchte an den Blumen schnuppern – welcher Duft! Was für Wesen sitzen zwischen den Blütenblättern mit gereckten bunten Flügeln! Früher habe ich von alldem nichts bemerkt, das Leben war ja noch ewig. Heute humple ich am Ufer entlang und sehe alles, und alles ist vor mir ausgebreitet – raschelnd, singend, und alles blüht, plätschert, duftet für mich.

Mein Gott, wenn es wenigstens Spätherbst wäre, Schnee und Regen durcheinander, kahle Bäume, alles scheußlich, Trübsinn und Trostlosigkeit, dann könnte ich diese Natur hassen, könnte angewidert durchs Fenster schauen, sie entsetzt berühren! Kehrte sie mir doch eine vertrocknete, verfaulte Fratze zu, gleichgültig, fremd! Dann wär's leichter ... Leichter wär's! Doch nein, sie zeigt ihr sonniges Antlitz, sie duftet, sie umhüllt mich mit ihrem Liebreiz, sie weht mir süße Erinnerungen zu, bindet mich an sich, läßt mich nicht gehen, hält mich fest! „Lebst du gern, Kusma?“ – „Aber ja, Euer Exzellenz, bei dieser Herrlichkeit!“ – „Herrlichkeit?“ frage ich drohend. „Und Bonaparte?“ – „Gottes Wille“, sagt er. Listiger Sklave! „Kusma, könntest du zum Beispiel eine Pistole nehmen und Napoleon erschießen?“ – „Aber wie soll ich zu ihm durchkommen? Er gehen doch nicht alleiiin.“ – „Du kannst es ja schlau anfangen, dich durchwinden …“ – „Euer Exzellenz, schauen Sie, Regenwolken ziehen auf.“ – „Antworte mir, könntest du das tun?“ – „Aber dann erschiiießen sie mich doch.“ – „Rußland würdest du retten, du Esel!“ – „Ich hab gehört“, sagt Kusma, „Kutusow soll an die Stelle von unserm Deutschen kommen.“

Listiger Sklave! Ich strecke die Hand aus, damit er mir Schnaps gibt. Er holt das Fläschchen hervor, entkorkt es, reicht es mir burschenhaft exakt, flink, schaut mir dabei in die Augen und verzieht das Gesicht vom Baldriangeruch, mitschmeckend. Aber meine Finger zittern weiter. Wie sagte doch Äschylos: Öl und Essig sind zwei Flüssigkeiten, die sich nicht miteinander verbinden. Nicht verbindet sich auch mit dem Siegesschrei das Geheul der Besiegten.

Zum Hause kehrten wir auf dem wohlbekannten Pfad zurück, auf dem die Spuren des kleinen Koko noch nicht gänzlich vergangen waren. Beim Hause trafen wir auf ein Feldlager, mindestens ein Zug Dragoner. Der blutjunge Offizier lächelte breit, während er Arinas Reden lauschte. Er drehte sich um und kam mir entgegen. Noch immer lächelnd, stellte er sich vor:

„Oberlieutenant Prjachin.“

Fahle nördliche Augen. Rote Lippen. Ein müdes gelbes Gesicht. Schlammbespritzte Stiefel. Auf der Montur Strohhalme. Jung und vielerfahren.

„Euer Exzellenz, mein Vater hat mir von Ihnen

erzählt, wir sind hier auf dem Rückweg von einem Streifzug, und ich entschloß mich, bei Ihnen vorbeizuschauen, meine Dragoner und ich haben die gewöhnlichen Soldatenbedürfnisse, wenn Sie gestatten. Wir sind schon da und dort eingekehrt, aber man mochte uns nicht, und überhaupt ist es überall leer."

„Kusma", sagte ich, „Dampfbad und Mittagessen für alle und pro Dragoner einen Schnaps. Kommen Sie, Oberlieutenant. An Ihren Herrn Vater kann ich mich erinnern."

„Meine Falken", rief der Oberlieutenant seinen Dragonern voller Freude zu, „seht ihr? Ein wenig Geduld noch!" Und er schritt wacker zur Freitreppe.

Nach dem Dampfbad speisten wir selbdritt: Ich, Prjachin und Arina. Die schweigsame junge Schöne beeindruckte den Oberlieutenant sehr. Ich müßte die beiden verheiraten, dachte ich, ich gebe ihr fünftausend, soll er sie mitnehmen.

„Nach dem Wunder damals, nach dem phantastischen Geld, das auf uns herabrieselte", sagte Prjachin, „hat sich alles aufs beste gewendet. Der Vater konnte auch mir, seinem Ältesten, ein Dörfchen im Pensaschen kaufen. Hundert Seelen." Er ließ den Blick durchs Eßzimmer gleiten. „Ein hübsches gemütliches Herrenhaus, auch mit Arbeitszimmer."

„Sind Sie verheiratet?" fragte ich.

„Bin ich, bin ich", sagte er und warf Arina einen Blick zu.

Sie war königlich wie noch nie.

„Jetzt müßten wir nur noch aus dieser Geschichte herauskommen", sprach er weiter, „denn dieser ewige Rückzug zieht einem die Seele heraus, man hat keine Geduld mehr, die ganze Armee ist gedemütigt. Wir sind tüchtig verschlissen. Gottlob tragen uns noch die Füße. Aber du mein Gott, wir fassen und fassen uns nicht das Herz, die entscheidende Schlacht zu liefern, warum, weiß ich nicht, vielleicht weil der Franzose so stark ist, daß entschieden niemand eine Ahnung hat, wie diese Schlacht entschieden werden kann. Aber was bedeutet stark? In einzelnen kleinen Scharmützeln halten wir stand. Aber was die Entscheidungsschlacht betrifft ... Erst sollte sie bei Smolensk sein, doch das war lächerlich, aus der Bewegung, unüberlegt, und es wurde auch nichts, wir gingen weiter zurück. Dann standen wir bei Zarewo Saimistsche, gute Position, der Franzose hätte wie auf der flachen Hand vor uns gelegen, aber leider kein Wasser, und ohne Wasser wären wir verloren gewesen. Sie sind doch meiner Meinung, Exzellenz? Allein für meine Pferde brauchte ich im Schnitt bis zu zwanzig Eimer in vierundzwanzig Stunden, und auch die sind wie für mich ein Gläschen." Er lachte und blickte Arina an. „Vom ganzen Heer nicht zu reden. Also wieder zurück. Es muß wohl sein. Einstweilen geht alles durcheinander: Wir schanzen, befestigen uns ..."

„Also soll Moskau aufgegeben werden?" fragte ich, obwohl ich das, Gott ist mein Zeuge, vorausgesehen hatte: dort eine einheitliche Faust, hier nur zersplitterte Verbände, dort ein einheitlicher Wille, hier kleine Intrigen und persönliche Abrechnungen.

„Du mein Gott, das darf nicht geschehen", sagte er leise, „und wenn wir alle unsere Knochen hinlegen! (Wer braucht unsere Knochen?) Was denn, also die Armee verraten? Und überhaupt alles? Moskau ... Alle Hoffnungen zerstören ... Jetzt mit Kutusow soll doch alles anders werden. Alle brennen natürlich vor Ungeduld: immerhin Kutusow, vielleicht kommt der Rückzug zum Stehen, denn wenn man's recht bedenkt, Exzellenz", er sagte es zu mir, sah aber dabei Arina an, „wenn man's recht bedenkt, der Franzose hat doch schon über die Hälfte seines Bestandes unterwegs verloren, und uns strömen ständig neue Verstärkungen zu, General Miloradowitsch zum Beispiel mit seinem Korps ist schon ganz nahe, und überhaupt gehört das Land ringsum uns, das ist doch ein Vorteil oder? Was meinen Sie? Von Kaluga und Tula zum Beispiel rückt Landwehr an, das haben wir selbst gesehen, meine Leute und ich, als wir den Streifzug unternahmen, um zu rekognoszieren. Und aus Kaluga und Orjol kommen Lebensmitteltransporte", er lachte, „zwar sind die Proviantmeister samt und sonders Diebe, warum bloß in solch einem Moment?"

Am Morgen hatte ich um schlechtes Wetter gebetet. Von der Protwa her zogen Regenwolken herauf, die schon als geschlossene Decke den Himmel verhängten. Von Zarewo Saimistsche würden die Truppen zurückgehen müssen, wenn sie nicht gänzlich den Verstand verloren hatten, zurück nach Gshatsk, und da war auch schon Lipenki. Was würde dieser rotlippige Dragoner für ein Gesicht machen, wenn über Lipenki schwarzer Rauch aufstiege und geheimnisvolle Gerüchte durch die nächtlichen Biwaks im milchigen Nebel kröchen?

„Es ergibt sich ein seltsames Bild", sagte Prjachin und stellte den Teller hin, den er mit Brot auswischte, „einerseits lauter gewonnene Scharmützel, andererseits pausenloser Rückzug. Plötzlich stellt sich heraus, daß die Franzosen einen treubrüchigen Überfall verübt haben: Natürlich wissen Sie, daß sie treubrüchig angegriffen haben und so. Ich bin mir natürlich bewußt, daß das ihrerseits taktlos ist." Er lachte. „Aber es ist doch Krieg! Und nun stellen Sie sich vor, wir gehen zurück, wir manövrieren, wir verbrennen die Magazine, damit sie nicht dem Feind in die Hände fallen, gewaltige Vorräte, schwer zu beschreiben! Du mein Gott, wir haben doch Petersburg mit der Hoffnung verlassen, daß wir dem Gegner beim Zusammenstoß kräftig einheizen, und dann wäre Schluß, na ja, was heißt einheizen, wir wollten einfach unsere Pflicht tun, aber seit Witebsk gehen wir immer nur zurück, und dann ergeben sich solche Bilder: Am Abend beim Biwak kommt die frohe Nachricht, daß Platow irgendwo vor uns Feindberührung hatte, eine Division aufrieb und tausend Gefangene machte. Wir schreien hurra. Am Morgen wachen wir auf. ‚Meine Herren, halten Sie sich bereit, bald rücken wir ab.' Wir sind bereit. Und rücken ab ... aber nicht gegen den Franzosen, um ihm den Rest zu geben, sondern von ihm weg! Und wie schnell! An manchen Tagen fünfzig Werst. Und wieder das gleiche Bild: ‚Meine Herren, eine frohe Nachricht. Kulnjow hat die Avantgarde geworfen, dreitausend Gefangene gemacht und zehn Geschütze erbeutet. Hurra ...' Am nächsten Morgen alles aufgesessen ... und Abmarsch. Merken Sie was? Sämtliche Zahlen rund wie reife Äpfelchen. So sind wir triumphierend zurück bis Smolensk, dann bis Wjasma, und jetzt werden wir wohl auch von Zarewo Saimistsche weg müssen. Ich hatte gehofft, mit meinen Dragonern auf eine kleine französische Avantgarde zu stoßen, es juckt einem in den Fingern, überdies nicht auf allgemeinen Befehl, sondern auf eigene Faust. Das Blut kocht, keine Geduld mehr!" Er wandte sich Arina zu. „Können Sie sich vorstellen, Arina Semjonowna, was das bedeutet, wenn einem Dragoner das Blut kocht?" Sie würdigte ihn eines wohlgeneigten Nikkens. „Aber von wegen kleine Avantgarde! In einem Wald hier ganz in der Nähe sind wir auf Erdhütten gestoßen. Ein Gutsbesitzer Lubenstschikow mit seinen Leuten, Weiber und Kinder und Alte, die hatten Erdhütten gegraben, Posten aufgestellt. Und ihr Vieh hatten sie dabei! Du mein Gott! Hühner, Gänse, Schafe ... Lubenstschikow, der Vater und Kommandeur, befehligte selbst, ahndete alle möglichen Verstöße mit Stockschlägen, vergab Sünden, eine Komödie. Ich sag zu ihm: ‚Fürchten Sie Gott.' Und er: ‚Ich bin selber Oberlieutenant im Ruhestand und weiß Bescheid. Wenn ich sie nicht in Angst halte, bringen sie mich und meine Familie um.' Ich zu ihm: ‚Mein Herr, besinnen Sie sich, wir haben Krieg.' Da meint er, ich soll mich nicht in fremde Angelegenheiten einmischen, und er hätte ja sooo viele Leute. Nicht mal zu essen hat er uns gegeben, der Holzkopf. Was sind das für Menschen!"

Es regnete! Ein feiner, anhaltender Nieselregen. Meine Gebete waren erhört. Was fehlt jetzt noch, mein General? Trotzdem suche ich wie eine Schabe nach einer Ritze, halte Ausschau, hoffe!

„Kusma", sagte Arina, „laß das Dessert auftragen."

„Ich habe mich so vollgegessen", sagte Prjachin lachend. „Kaum hatte ich erfahren, wem dieser Besitz gehört, da dachte ich mir gleich, hier wird man uns nicht abweisen, hier wird's nicht nur Kascha geben. Als wir auf Smolensk zurückgingen und eine halbe Werst davor haltmachten, begaben sich viele von unsern Offizieren in die Stadt, um gut zu essen. Ich Holzkopf lehnte ab, wenn auch aus einem triftigen seelischen Grund, denn es war so traurig, daß wir diese schöne Stadt nicht verteidigen würden und daß sie dem Feind in die Hände fallen sollte. Ich blieb also im Lager, schrieb an meinen Vater, und da kamen meine Kameraden zurück, warfen mir Trägheit vor, und es sei kein Patriotismus, wenn man auf gutes Essen verzichte und so weiter, sie verlangten geradezu, daß ich hinginge und mir die Stadt anschaute, und sie lobten das Essen in Smolensk, besonders Konfekt und Eis, und da konnte ich's natürlich nicht aushalten und zog am nächsten Morgen los, und gleich als erstes in die Konditorei von Sawwa Jemeljanow." Er holte tief Luft. „Aber ich hatte kein Glück, denn ich hatte noch nicht einmal von allem Bestellten gekostet, da wurde Generalmarsch geschlagen, ich mußte laufen, und eine halbe Stunde später rückten wir schon ab. Leb wohl, Smolensk! Hunger ist schlimm, aber ist Sattheit besser? Ich bin jetzt zu faul, die Hand zu bewegen, wie sollte ich da mit dem Franzosen fechten? Du mein Gott, nach dem Dampfbad und all den Speisen möchte man nur noch irgendwo in Wärme und Gemütlichkeit schlafen." Er wandte sich Arina zu, und sie, diese Teufelin, wandte sich ihm zu. Er war hübsch, jung und fröhlich.

„Man wird Ihnen ein Bett richten", sagte ich, „wozu die Sorge?"

„Soll ich dem Herrn Offizier das Bett richten lassen?" fragte mich Arina.

„Und was wird mit meinen Falken?" lachte er. „Findet sich auch für sie ein Unterkommen?"

Da geruhte sie zu lächeln und sah mich wieder an.

„Auch die Leute sollen sich ausruhen, Arina Semjonowna", sagte ich.

Da fuchtelte er mit den Händen.

„Ach, nein, Exzellenz", sagte er betrübt, „gehorsamsten Dank, aber wir sind vom langen Sitzen schon ganz benommen. Wir müssen weg. Von Ihnen weiß ich, daß Sie genug durchgemacht haben und durch ganz Europa gezogen sind, davon habe ich gehört, aber ich fange erst an."

Er fing an, mich zu reizen. Ich weiß nicht warum, aber je länger, desto stärker, und als wir von der Freitreppe in den feinen Nieselregen traten, begann er, nachdem er sich schon verabschiedet hatte, wieder zu schwatzen, wie glücklich ihm alles von der Hand ginge und welch ein Erfolg unsere Begegnung für ihn und seine Falken sei, dabei verschmierte er die Regentropfen auf den Wangen wie jeder normale junge Mann, und ich dachte mir, wenn er von meinem morgigen Mittagessen erführe, würden diese Falken uns attackieren.

Lange und schmachtend küßte er Arina die Hand. Mir salutierte er kurz. Seine Dragoner waren bereits aufgesessen.

„Ich wünsche Ihnen ein Gefecht“, sagte ich, „aber ein erfolgreiches, das Ihrem Herrn Vater keinen Kummer macht.“

„Bei Wjasma“, sagte er, „sind wir dreimal zur Attacke vorgegangen, Gott hat uns gerettet. Bei uns sagt man: An seinem Los kommt keiner vorbei.“

Sie sprengten davon.

Prjachin.

Weiter von Barbara.

Damals trieb ich mein Pferd durch den nächtlichen Schneesturm und machte mir heftige Vorwürfe wegen meiner Schwäche. Was sollte mir ein Bund, selbst wenn er mir von ihren königlichen Händen angetragen wurde? Selbstredend läßt sich Liebe nicht erzwingen, aber die Grausamkeit der Gubinoer Einsiedlerin im modisch geschnittenen Kleid war stärker als meine Generalsstandhaftigkeit. Wer war er, der mir unbekannte Glückspilz, der sich ihres Herzens bemächtigt hatte? Meine fieberhafte Phantasie malte mir die halbbekannten Gesichter meiner möglichen Rivalen, aber mein Blick blieb auf keinem von ihnen haften. Barbaras geheimnisvoller Peiniger war für meine Phantasie unerreichbar, er hockte irgendwo wie ein Hund im Heu und wies ihre Zuneigung ab, ohne sie jedoch für einen anderen freizugeben. Warum hatte ich nicht nach seinem Namen gefragt, nicht verzweifelt geschrien: „Wer ist er denn?“ Ich begreife es nicht, aber vielleicht aus derselben leichten mitternächtlichen Übergeschnapptheit, die mich dazu brachte, nur Dummheiten zu reden und mich unnatürlich zu bewegen. Die Zunge klebte am Gaumen, das Halstuch würgte. Ich erreichte Lipenki gegen Morgen, alles weitere geschah gleichsam nicht mir, und ich erwachte beim Regiment, das bereits die Winterquartiere verlassen hatte, wie stets in Begleitung von Kusma und dem Koch Stepan. Ich erfuhr, daß wir verlegt wurden. Irgendwelche Städte und Dörfer schwebten vorüber, die Kirschbäume blühten, unter den Hufen der Pferde stiebten Blütenblätter, dann reifte das Obst, durchschimmernde Birnen fielen dumpf ins Gras, es regnete dauernd, alles erstarb, hüllte sich in Weiß, blieb stehen. Auch wir blieben stehen im mürrischen Polozk.

Ich war fast genesen. An Barbara erinnerte ich mich deutlich und zurückhaltend. Ich liebte sie, doch ohne Wahnsinn, und schrieb ihr sogar einen Brief, meiner Meinung nach durchaus würdig und vernünftig, sogar ein bißchen lustig, mit leiser Selbstironie. Die Antwort blieb aus. Sonetschka ließ Barbara in ihren häufigen Briefen unerwähnt. Es war das friedliche, gewöhnliche Winterleben der Militärs mit dem unvermeidlichen abendlichen Bostonspiel, mit trübsinnigen Provinzbällen ab und zu, die von den Gutsbesitzern der Umgebung und meinen verwilderten jungen Offizieren gern besucht wurden. Wie immer war ein Kavalier weniger vorhanden, als für das Gleichgewicht erforderlich gewesen wäre; glücklicherweise verwöhnte uns der Kreis nicht mit Schönheiten, demzufolge gab es keine Streitereien und Mißverständnisse und erst recht keine Duelle, kurzum, keinerlei außergewöhnliche Scherereien. Stepan gab sich alle Mühe, damit ich einen guten Tisch hatte, Kusma bediente mich zuverlässig. Gleichwohl schien etwas mit mir geschehen, wenn ich mich in meiner wie gewohnt eingerichteten Welt nicht mehr eingerichtet fühlte.

Eines schönen Tages begriff ich plötzlich, daß ich keineswegs genesen war, woher zum Teufel! Alle meine Hoffnungen auf Genesung waren Selbstbetrug, und die mir gesandte Prüfung fing erst an. Und wirklich verlor der Dienst wieder seinen Glanz, und das Bild der Gubinoer Herrscherin leuchtete mit früherer Kraft in mir auf. Gott hatte mir nur eine Atempause geschenkt, um mir nicht vollends den Garaus zu machen. Was sollte er mit mir, blind und verrückt, wie ich war? Wer braucht uns überhaupt, uns, die wir die Fähigkeit verloren haben, deutlich zu fühlen, uns Gleichgültige, Erdrückte? Wer braucht uns, die wir unfähig sind, vor Schmerz zu schreien, vor Leid zu weinen, vor Erniedrigung zu stöhnen? Wir brauchen uns ja selber nicht, wie sollen uns da andere brauchen. Selbstredend ließ ich keinen merken, daß in mir wieder etwas brannte und einstürzte, daß die Montur mich belastete, daß die Schreie der mit der Rute bestraften Soldaten mein Gehör beleidigten.

„Geht sparsamer mit den Ruten um“, sagte ich meinen Offizieren wie beiläufig, doch ich wußte im voraus, daß es wenig helfen würde. Die Kommandeure verordneten die Prügelstrafe und taten, als zweifelten sie nicht an deren Nutzen, die Soldaten zogen die Hosen hoch und taten, als fühlten sie sich zu Recht beglückt, Timoscha ohrfeigte den Starosten, weil der einen Mushik hatte auspeitschen lassen, Herr Mender drohte den unterworfenen Italienern mit der Faust und wähnte darin höchste historische Gerechtigkeit. Gott hat es riskiert, uns ein Quentchen Freiheit zu schenken, und wir benutzten sie sogleich, um einander zu ertränken und zu erniedrigen, und wir wurden so zügellos, daß Gott uns von Zeit zu Zeit Pest, Seuchen und sonstige Weltkatastrophen schicken mußte, damit wir uns besannen, denn nur angesichts gemeinsamen Unglücks, so hat sich gezeigt, sind wir zu Eintracht fähig. Wie traurig!

Da faßte ich mir ein Herz und schrieb Barbara einen zweiten Brief.

„Gnädigste Frau Barbara Stepanowna!

Ich schmeichle mir zu hoffen, daß es Ihnen nicht am Willen fehlte, meinen Brief zu beantworten, sondern an der Möglichkeit. Nachdem ich mich von Ihnen getrennt und mir alle Mühe gegeben hatte, Sie aus meinem Leben zu streichen, finde ich gleichwohl nicht die Kraft, Ihren Ausruf im Januar zu vergessen, mit dem Sie mich in Gubino empfingen: ‚Da ist ja mein General!' Der war ja wohl nicht nur aus kindlicher Begeisterung geboren? Gewiß verbarg sich noch etwas dahinter, so sehr kam er von Herzen. Ohne irgendwelche Ansprüche zu stellen, insonderheit auf Ihre Gewogenheit, möchte ich wissen: Wenn das nicht Übermut war, was war es dann? Es kann nicht sein, daß ich Ihnen gar nichts bedeutete! Ich würde das gerne glauben, gäbe es nicht so viele Anzeichen für Ihre Freundschaft zu mir, ich kann mich unmöglich täuschen. Sie sehen, ich gehe mit Leichtigkeit über mein Alter und mein verfluchtes General-Sein hinweg, indem ich Ihnen offen meine Schwäche ausmale, ja, ich bin froh darüber und zweifle nicht, daß es Ihnen angenehm sein wird, sich ein übriges Mal von meinem absoluten Vertrauen zu Ihnen zu überzeugen.

Ein einziger Brief, ein paar Zeilen von Ihrer Hand mit beliebiger Erklärung!

In geduldiger Erwartung verbleibe ich
Ihr gehorsamer Diener

Nikolai Opotschinin."

Ich wußte, daß keine Antwort kommen würde, und doch malte mir meine erregte Phantasie in schlaflosen Stunden anmutige Bilder aus Barbaras und meinem glücklichen Leben in der Zukunft. Es waren vermischte Landschaften, Lipenki und Gubino, lange gemeinsame Reisen irgendwohin, zu irgendwelchen Zwecken, Spaziergänge an der Protwa, Teestündchen, Umarmungen, vielsagendes Schweigen, und bei alldem keinerlei Kümmernisse und erst recht kein Vorgefühl von baldigen Katastrophen, vom zugefrorenen Satschaner Teich, vom derzeitigen Einmarsch und von allem andern.

Ich wußte, daß keine Antwort kommen würde, doch sie kam und ließ mich erbeben.

„Mein lieber General!

Ich hatte mich offensichtlich geirrt, als ich annahm, meine Offenheit könnte Ihnen keinen Schmerz zufügen. Das war falsch. Ich empfinde mehr als Freundschaft für Sie, wie Sie es bescheiden nennen, und ich hätte, ohne mich Ihnen zu eröffnen, Ihre Gefühle mit Zustimmung beantworten können, wie das so geht in dieser Welt. Stellen Sie sich vor, wir beide hätten sicherlich nicht schlechter als andere zusammen gelebt, und Sie würden vielleicht niemals erfahren haben, daß ich irgendwen liebe, der davon nicht einmal etwas ahnt – man denke, welch ein Unsinn – und der mir mehr als einmal seine Verachtung zu verstehen gab. Aber, mein General, es gehört nicht zu meinen Regeln, mit etwas hinterm Berge zu halten, besonders wenn es Sie betrifft. Darum habe ich Ihnen alles erzählt in der Hoffnung, daß uns das nicht berührt, daß wir es einfach vergessen, zumal ‚von dort' keinerlei reale Signale kommen können. Später begriff ich, daß ich grausam gehandelt, nicht die richtigen Worte gefunden hatte, und es quälte mich. Sie wurden mir noch teurer, als Sie all die wirren Abgeschmacktheiten zurückwiesen, mit denen ich Sie zu unterwerfen versuchte, den von mir vorgeschlagenen Bund. Anfangs hatte ich die Hoffnung, daß Sie nach Anhörung dieser Fieberphantasien abwinken und sagen würden, das ginge Sie nichts an. Aber ich irrte mich. Sie wußten genau, daß er (der andere) mich niemals rufen würde, daß er mehr in meiner Phantasie lebte, ein Trugbild, eine kurze Krankheit, Sie begriffen das, ich sah es, aber es war nun einmal geschehen. Meine Zunge ist mein Feind, aber mein Gewissen ist rein.

Ihre Barbara Wolkowa.

P. S. Ihr erster Brief war zu schmerzhaft, um ernst genommen zu werden."

Na endlich! Meine Leute haben einen französischen Streiftrupp gesehen, einen Offizier und zwei Kürassiere. Sie kamen die Schneise entlang, die nach Chwastschowka führt, zeigten sich kurz am Waldrand und verschwanden wieder. Die Straße nach Lipenki ist frei, meine Herren, hier erwartet Sie ein verrückter und verschlagener Invalide mit zitternden Händen, der sich schon halb von der Welt verabschiedet hat und gleichermaßen bereit ist, zusammen mit Ihnen in den Augusthimmel aufzufliegen wie schweigend zu entschlüpfen, zu verschwinden, sich zu bergen, zu überleben, sich nicht von kurzlebigen Emotionen täuschen zu lassen und Sie der paradiesischen Glückseligkeit hier auf dem Hinterhof Ihres Europas zu berauben. Meinen Sie, es wäre leicht für mich, in plötzlicher Erschlaffung auf das Pulverfaß zu fallen, einen Feuerbrand in der Hand, und alles in der Vergangenheit zurückzulassen, alles mit einem Schlag zunichte zu machen, woraus mein Leben besteht? Die werden nachher schon die Ehre dieser glücklichen, geheimnisvollen Errettung Rußlands von der französischen Pest sich selber zuschreiben, neue Regimenter aufstellen und in umgekehrter Richtung durch fremde Gärten trampeln! Was kann ich erreichen? Jedoch das Vaterland verblutet und verarmt, und sinnen müssen wir, die wir noch leben, wie wir's mit unsrer Liebe wohl bewahren und welche Antwort wir den Feinden geben. Ich trinke Schnaps aus der verfluchten Baldrianwurzel, mehrmals am Tag, eine schwache Arznei. Herr Mender hat geschworen, Gott hätte ihn unter vielen auserwählt, aber ich bin doch noch bei Verstand. Oder sollte etwa der Allmächtige auch mich in der Einöde von Lipenki ausgespäht und ausgezeichnet haben? Warum hat er dann meine Seele nicht gestählt und mich nicht frei gemacht von Tücke, Zweifel, Angst?

Weiter von Barbara.

Ihr Brief war mir eine große Freude. Ich las ihn viele Male und wußte ihn auswendig. Ich stand in hellen Flammen, verging vor Sehnsucht, setzte mich hin, um zu antworten, aber der Jubelbraus ergoß sich wirr aufs Papier; ich schickte das Geschreibsel ab, doch wieder kam keine Antwort. Dann nahm ich mir vor, durch den Schnee nach Gubino vorzudringen, allein, das Schicksal schickte mich in Armeeangelegenheiten nach Petersburg, ich kam zurück, wieder nichts, nur ein paar Briefe von Sonetschka, denen ich entnahm, daß Barbara Wolkowa schon ein paar Monate in Moskau im Hause ihres neuen Gatten lebe, eines unbekannten Dichters oder Schauspielers, nicht reich, eher arm, nicht mehr jung, sogar schon kahl, der Teufel sollte ihn holen! Mir zum Trost schrieb Sonetschka scheinbar beiläufig, es werde erzählt, er habe während der Trauung an eine abgekämpfte Schindmähre erinnert, und sie habe sich auf die Lippen gebissen und bleich ausgesehen. Schöner Trost! Vielleicht würde eine andere Dame, die nach mir seufzte, die Achseln gezuckt haben, wenn sie von meiner Leidenschaft erfahren hätte: Der muß ja wohl verrückt geworden sein, wenn er für dieses fade, in sich selbst verliebte, unnatürliche Fräulein glüht, das nichts weiter hat als weit aufgerissene Augen. Das soll die wahre Würde einer Dame sein, einer Gattin, einer Weggefährtin fürs Leben? Man soll keinen weiblichen Querkopf lieben, selbst wenn er einen sanftmütigen Blick hat. Gibt es in unseren Tagen etwa wenig engelsgleiche Frauen? Warum stehen sie im Schatten? Sie haben recht, meine lieben Damen, aber Gespreiztheit widert mich an, feierliche Beschwörungen und tragische Gesten lassen mich kalt. Wir sind alle gehorsame Schüler der Natur, eher sogar ihre stimmlosen Knechte. Sie gebietet, und wir zerschlagen Köpfe, wir alle, auch Sie, meine lieben Damen. Wenn wir endlich einmal erreichen, was wir uns wünschen, werden wir sehen, daß es keineswegs das ist, was wir uns gewünscht haben. Seien wir offen. Ich war offen vor mir selber, ich schwör's, und ich wußte, daß mein Lied gesungen, meine Seele aber ausgeliefert und damit alles sinnlos war.

Im August des Jahres fünf kam der Befehl zum Feldzug. Unmittelbar vor dem Abrücken erfuhr ich aus einem Brief von Sonetschka, die Herrin von Gubino sei zurückgekehrt mit ihrer kleinen Tochter Lisaweta. Gerüchte sprachen von einer aufsehenerregenden Scheidung. Ich hatte Barbara Wolkowa geliebt, doch diese war eine andere, fremd, geisterhaft; um jene hatte ich gelitten, doch diese konnte ich mir nicht vorstellen, bis ich in dem Brief an die Zeilen gelangte, die Gubinoerin „macht Besuche mit ihrer Tochter und deren Amme, erkundigt sich, wie es bei uns so gehe und stehe, fragt, ob wir etwas benötigten, jammert, daß der Krieg wieder vor der Tür stehe und daß jeden Moment die Kanonen donnern würden, beklagt dich und wundert sich, daß du noch immer nicht daran denkst, den Abschied zu nehmen". Und ich schwaches Tier verlor wieder den Verstand, wartete nicht einmal das nächste Biwak ab, sondern malte buchstäblich auf dem Marsch, buchstäblich auf der Regimentstrommel mit hastiger Feder meine leidenschaftlichen Liebeskrakeln. Gewiß, heute kann all das lächerlich und nichtig anmuten vor dem Hintergrund des Brandes, der Rußland erfaßt hat. Was ist mein kleines Leben, meine kleine unerwiderte Liebe von gestern vor der allgemeinen Katastrophe von heute, vor den Leiden und Erniedrigungen? Aber wie man's nimmt! Nochmals in der Montur durch Europa zu schreiten, hatte ich keine Lust mehr, auf Wunder durfte ich nicht hoffen, doch auch Gubino rückte in die Ferne. Ich hatte jetzt anderes im Sinn.

„Gnädige Frau Barbara Stepanowna!

Nach allem zu urteilen, haben Sie es nicht leicht. Die weite Entfernung zwischen uns macht es mir unmöglich, Ihnen mit dem Recht des alten Freundes meine Schulter anzubieten. Aber vielleicht gereicht Ihnen allein der Gedanke, daß Sie einen Freund haben, der für Sie zu allem bereit ist, zum Trost bei den Betrübnissen und Unersprießlichkeiten Ihres Alltags. Ich hoffe, Ihnen nach meiner Rückkehr wieder nützlich sein zu können, und wenn Sie mich nicht gänzlich vergessen haben und nicht endgültig abgekühlt sind, höre ich vielleicht noch einmal Ihren Ruf: ‚Da ist ja mein General!'

Bei mir ist alles beim alten, und ich lebe in der Hoffnung auf ein Wunder.

Immer Ihr N. Opotschinin."

Nach einiger Zeit, schon in Österreich, erreichte mich ihre Antwort:

„Liebwerter Herr!

Ich danke Ihnen für die alte unwandelbare Gewogenheit, doch wozu es verhehlen? Ich wurde nicht geliebt, aber ich habe eine Tochter von dem Mann, den ich auf höheres Geheiß liebte. Das macht mich glücklich und vollkommen ruhig, daher bedarf ich keines Trostes. Ihre Schulter ist ein sehr rührendes Detail; ich fürchte nur, durch die harten Epauletten hindurch die Wärme des menschlichen Körpers nicht zu spüren. Sie schreiben von einem möglichen Wunder. Leider gibt es keine Wunder. Ich flehe zu Gott, er möge Sie beschützen.

Ihre B. Wolkowa."

Ich hatte das Gefühl, daß über mir eine Mauer einstürzte. Der letzte Faden war gerissen. Von dem Blatt ging Kälte aus. Nunmehr gänzlich frei, stürmte ich drauflos, bis es unter mir erbebte und schwankte, das schwache grüne Eis des Satschaner Teichs.

Ein Kerzenleuchter, Schlüsselklirrn, ein Buch. Der Tod im eignen Bett – Geborgenheit, von altvertrauten Dingen nett umgeben, mit dir zu gehen scheinen sie bereit. Sie sind ja dein, doch wirst du nicht mehr leben. Ein Kerzenleuchter, Schlüsselklirrn, ein Buch, von Suppe und von Kerzen ein Geruch und Stimmen in der Diele – Wirklichkeit! Ich hielt mich bereit, den Körper zu biegen, die Hand mit dem Feuerbrand auszustrecken, mich hinzuwerfen zu dem Pulverfaß und mit unbändigem Gebrüll meine Pflicht zu tun, die ich mir im Fieberwahn ausgedacht hatte, in gesegneter behaglicher Abgeschiedenheit, heimlich wie ein Dieb! Ich amüsierte mich, ich stichelte die Nachbarn, ich spielte Komödie – frei jetzt zu erdenken und zu verwerfen, zu entflammen und abzukühlen.

„Kusma, haben Sie Angst vor dem Sterben?“ Er blickt mich verblüfft an. „Ich habe Sie doch wohl etwas gefragt. Antworten Sie mir, seien Sie so freundlich.“ Auf seinem Gesicht ein erschrockenes Lächeln. – „Herr, Sie wollen wohl spotten oder was?“ murmelt er leise. – „Ich meine es ernst“, sage ich, „Sie möchten doch leben?“ – „Ich möchte schon“, sagt er. – „Deshalb frage ich Sie: Haben Sie Angst vor dem Sterben?“ Er schweigt. „Dann hau ab!“ sage ich.

Ein französischer Streiftrupp hat sich am Waldrand gezeigt! Was für gewaltige Räume haben die Horden der europäischen Nomaden durchtrampelt (sie sind ja wirklich Nomaden – wieviel Jahre ziehen sie schon umher!), um der Laune des kleingewachsenen Genies mit der Stirnlocke zu dienen! Bestimmt werden ihn die Nachfahren aus Dummheit und Faulheit eines Tages feierlich aufs Piedestal heben wie schon vor langem Hannibal, den Mörder im Lederrock, und Alexander, der das Blut der halben Welt vergoß. „Und du selbst?“ frage ich mich erschauernd. „Was denn?“ antworte ich. „Ich war Schüler, solange es mich selbst nicht betraf. Heute bin ich ein hilfloser Einwohner Rußlands mit Holzbein, so etwas wie ein verrückt gewordener Hausgeist.“

„Heute früh“, meldet Lykow flüsternd, „haben wir schon wieder französische Dragoner gesehen. In der Protwa bittschön haben sie ihre Pferde getränkt.“ – „Na großartig“, sage ich forsch und frage: „Wieso ist Arina nicht zu sehen?“ – „Sie geht bittschön im Garten spazieren mit dem Schirm“, antwortet er. „Sie ist sehr streng: Geh da nicht hin, schau hier nicht her, mit einem Wort bittschön, eine Herrin.“ – „Ja, eine Herrin“, bekräftige ich streng, „euch Halunken darf man nicht aus dem Herrenauge lassen.“ Er lacht. „Man darf nicht? Nein, man darf bittschön nicht.“

Vor dem Tod hatte ich Angst bis dreißig. Dann wurde die Angst milder, stiller, erlosch gänzlich. Das, was mit mir geschehen wird, wird gleichsam nicht mehr mit mir geschehen.

Die Nächte sind jetzt schwül, die Mittage dagegen rein, klar, heiß! Die Kutsche steht bereit für die weite Reise. Das ganze Haus riecht nach Baldrianwurzel und sonstigem Teufelszeug: alles für mich, für mich, für mich! Für die Ruhe, die Befriedigung, die Tröstung und Beschwichtigung, damit die Flamme nicht am Pulverfäßchen vorbeifährt, damit ich im letzten Moment nicht schwach werde; die Sklaven sollen leben in der Hoffnung, daß ich sie nicht gegen Hunde vertausche, ich werde zum Augusthimmel aufflattern, und dann wird alles verschwinden: mein einsames Leben und meine späte Gewissenhaftigkeit, Barbaras verderbliche Augen und alles, alles ... Allmächtiger, gib mir die Kraft, durchzuhalten, mich nicht zu drücken, nicht zu verzweifeln!

Kusma soll den Freibrief haben.

Weiter von Barbara.

Es wird erzählt, der Korse soll mich mit einem Wink seiner Hand von der Reise zu den Laubhütten des Paradieses zurückgeholt haben, worauf ich, mit einem Holzbein belohnt, in mein Vaterhaus zurückkehrte. Ich wurde empfangen wie ein richtiger Held, und viele Tränen flossen. Aber alles rückte auf seinen Platz, auch bei uns beruhigten sich nach und nach die Gemüter, besonders als ich zum ersten Mal zu einem Spaziergang aufbrach, in Wirklichkeit aber nach Gubino ging.

Der Wagen folgte mir langsam. Mein Gott, diese Schmerzen! Aber ich ging und ging, hinkte und hinkte, stützte mich auf meinen Stock und ging, blut- und schweißüberströmt. Da hast du die Bilanz meiner Irrfahrten durch fremde Länder, Herrin von Gubino, da hast du das Ende meiner ehrgeizigen Hoffnungen, meiner Offizierseitelkeit, meines Auslandspatriotismus. Weide dich daran, wie recht du hattest, über die Heiligtümer von Idioten in malerischer Montur zu spotten! Ich ging eigensinnig wie ein Stier und machte mir gewiß Vorwürfe dabei, und zu den Klängen des Spätfrühlings gesellten sich mein lautes Stöhnen und das vorwurfsvolle Knarren meines Holzbeins.

Auf halbem Weg mußte ich mich in die Kutsche setzen, und endlich lag Gubino vor mir. Alles war wie früher: der Park, der Teich, die Seitenflügel, die Laube, die Freitreppe zwischen den Säulen, die ich noch vor kurzem so leichtfüßig hinaufgeeilt war. Alles war wie früher, nur ich war ein anderer, als wäre das frühere Leben abgerissen, und ein neues hätte noch nicht begonnen. Ich ließ die Kutsche in einem Birkenhain zurück und humpelte, von den Stämmen gedeckt, bis zu einem Fliedergebüsch, hinter dem ich mich duckte. Durch das Laub war die Freitreppe bestens zu sehen. Barbara, Gott hat mich nicht behütet, trotz deiner Gebete (ich hoffe, sie waren aufrichtig gemeint), er ließ mich wie alle anderen das Vergnügen auskosten, die Montur zu tragen, zur Attacke vorzugehen und auf das erste Zeichen hin dreinzuschlagen, er ließ mich an Eigendünkel erkranken, machte mich glauben, daß die Welt ohne mich einstürzen würde, und ließ mich dann am zerschlagenen Trog zurück. Und wenn du am Spaziergang im Schatten des Parks mich plötzlich in meiner Fliederhöhle entdeckst, wirst du kaum jubeln „Da ist ja mein General!“, sondern entsetzt die Hände zusammenschlagen und deine Leute anweisen, mir aufzuhelfen. Das wäre alles …

Nach dem Lazarett in Moskau wurde ich in allen Häusern, wo ich nur hineinschaute, wie ein Held empfangen. Überall die gleiche liebe Herzlichkeit, das gleiche resignierte Mitgefühl, die gleichen Verwünschungen an die Adresse des tückischen Feindes: „Diese Ungeheuer! Diese Ungeheuer!“ Herrlich, wie ein Held auszusehen, wenn man aus dem Krieg kommt – nicht vor dem Kampf. Herrlich, den Feind zu verfluchen, der immer und an allem schuldig ist. Aber das Holzbein ... Fortan wird es stets bei mir sein, ein teures Andenken!

„Napoleon ist ein Genie“, sagte ich zu ihnen, „doch was geht uns das an? Wir hatten Order, hart gegen ihn vorzugehen, und so haben wir uns eisenklirrend verbündet, und mit wem? Mit den Österreichern! Und wer hat uns losgeschickt?“ – „Sie urteilen wie eine Privatperson“, wurde mir immer geduldig und herablassend entgegengehalten, „es gibt aber auch die hohe Politik, die Ihr und unser Einsichtsvermögen übersteigt. Napoleon ist natürlich ein Genie.“ Damals war alles Französische noch in Mode, die Gesellschaft, die nach Austerlitz schon die Flügel hängenlassen wollte, grämte sich nicht lange, Rußlands Weiten waren unermeßlich, Sklaven gab es genug ...

An die drei Stunden saß ich hinter dem Gebüsch. Ich wollte dich wenigstens mit dem Augenwinkel anschauen, Barbara, deine harten Gesichtszüge und deine Augen, ich wollte deine Lisaweta anschauen und aus ihrem Aussehen Schlüsse ziehen, wie er ausgesehen hat, dein böser Genius, während Staub und Asche auf mich niederschneiten und der Tod reiche Ernte hielt. Ein noch nicht sehr altes Tier mit hölzerner Tatze weinte im Fliederschatten – alles war Vergangenheit. Ich würde in mir noch die Kraft gefunden haben, dich zu umarmen und dir hinterherzuhumpeln mit klapperndem Stock und Holzbein und tief hineinzublicken in deine riesengroßen Augen, um darin Mitgefühl und Barmherzigkeit zu finden. Ein uraltes, vergessenes Knechtstum regte sich für einen

Moment in mir, aber ich erstickte es. Ich stieg in die Kutsche und fuhr heim.

Wenn ich schon als Zweibeiner nicht für sie getaugt hatte, was sollte sie jetzt mit mir anfangen, wo ich das primitive Gerät aus frischer Linde trug? Ich taugte nur noch für saubere weiße Papierblätter, um darauf alles festzuhalten, vom frühen jubelnden Höhenflug in der Gestalt des glücklichen von Gott Auserwählten bis zum schweren Sturz und erbärmlichen Invalidentum. Ich mußte das alles festhalten, aussprechen, mein Inneres nach außen kehren mit Kummer, mit Blut, ohne etwas zu verheimlichen, und es den Jungen übergeben ... Wozu? Welche Mutmaßungen dünkten mich zutreffend? Glaubte ich denn, daß die Jungen, nachdem sie von meinen Irrungen gelesen, die Tiefe meiner Enttäuschungen erkannt hatten, plötzlich ihr Leben, ihre Handlungen ändern, bescheidene Kleidung erwerben, an andere Hoffnungen glauben, einander nicht mehr zugrunde richten und so mit einem Schlag alles um sich herum verändern würden? Feder, Tinte und ein Stück Papier! Man glaubt ja so an seinen Schreibtischmut, man findet seine späte Einsicht gut und wähnt, sie ändere das junge Blut!

Was aber werden die Jungen tun, nachdem sie diesen verspäteten Humbug gelesen haben? Sie werden den Küraß anlegen, das Gewehr laden, Säbel und Pallasch schärfen, sich im Spiegel bewundern – ha, wie sind sie schön, furchtlos, unentbehrlich, ungeduldig, siegreich und gerecht – und sich in glückliche Schlachten stürzen, ein jeglicher in die seine! Sie werden sich nicht in den Mund schießen, nicht vom Zweifel zusammenzucken, mich für einen zufälligen Pechvogel ansehen. Wer brauchte schon die hohlen Opotschininschen Einsichten, während das Imperium des Heroismus bedurfte, die Damen vor Begierde ächzten, die Piccoloflöte Ohren und Herz durchdrang? Ich will nicht ihr Richter sein, sie tun mir einfach leid. Mit welcher Leidenschaft bereitete ich mich in meiner Jugend auf Bälle vor! Ich brannte vor Ungeduld, ich kostete das geräuschvolle glanzvolle Fest und meine eigenen Erfolge schon vorher aus. Daran, daß sie bald zu Ende sein würden, vermochte ich nicht zu denken. Jeder Ball schien ewig zu dauern. Gott mochte verhüten, daß ich damals einer mitleidlosen Krankheit in die Klauen gefallen wäre! Ein Fest zu versäumen würde das Lebensende bedeutet haben! In reifen Jahren wußte ich schon im voraus, wie solch ein Ball ablaufen und daß gegen Morgen das Fest unweigerlich enden und ich in einer rüttelnden Kutsche oder einem kalten Schlitten heimfahren würde. Alles würde vergehen, so wie alles vergeht. Die Jungen kennen den Anfang; die gelebt haben, wissen um das Ende. Ja, aber das sind nur Bälle, hier geht's um vergossenes Blut, um weltweites Blutvergießen; alle wähnen sich Ausrotter des Bösen, mächtige Ärzte, die mit Hilfe der Waffe zur Ader lassen, um dumpfiges Blut zu zapfen. Sie kurieren die Menschheit, dabei sind sie selber krank.

Ich stieg also in die Kutsche und fuhr heim, denn ich hatte keine Lust, mir Barbaras Mitleidsgerede anzuhören. Eines Tages aber, zu Beginn des Sommers, kam Kusma in mein Arbeitszimmer und meldete, Fräulein Wolkowa seien eingetroffen. Von mir aus. Ich betrachtete mich im Spiegel, richtete dies und das. Was? Welche Wolkowa? „Von Guuubino." Ich war total perplex. „Sag, ich bin nicht da." – „Sofja Alexandrowna lassen Sie herunterbitten." Ich ging, und das Pochen meines Holzbeins schallte weit durchs Haus.

Die beiden Damen saßen auf der Veranda. Die eine in Schwarz, die andere in Hellblau. Die Dame in Schwarz war Sonetschka, aber schon fast fremd, gleichsam von der Ewigkeit berührt, in tiefer Trauer um den gefallenen Gatten und um sich selbst und um mich; pergamentenes Gesicht, pergamentene Hände, entrückter Blick, im Gesicht angedeuteter Mißmut darüber, daß sie nun plaudern mußte, zustimmen, die Achseln zucken. Die Dame in Hellblau war frisch wie eh und je, die Zeit war nur für sie stehengeblieben, in ihrem Königreich herrschten Frieden und Stille, der General, der sie liebte, war nicht vom Schlachtfeld zurückgekehrt, sondern durch irgendwessen bösen Willen in der fremden Erde geblieben, ihre Augen zeigten weder Kummer noch Qual, nur das Gepräge ewigen Rätsels lag auf ihrer Stirn. Ja, bei ihr war keine Falte, kein Leid hinzugekommen. Weshalb war ich zurückgekehrt? Damals wußte ich noch nichts von der geheimen Absprache zwischen Gott und Bonaparte, mir das Leben zu erhalten und mich wieder zu verderben, doch diesmal in Gesellschaft großer Irrer, die unfähig waren, von selbst innezuhalten.

Als ich vor sie hintrat, stand die hellblaue Dame auf (welche Ehre!).

„Da ist ja mein General!" sagte sie einfach und deutlich.

Ich gab mir Mühe, wie ein kühner Held auszusehen und Sonetschka nicht allzusehr zu verletzen, obwohl mich das schreckliche Anstrengungen kostete.

„Wo sollte er sonst sein?" fragte ich lässig, nach Gardemanier, und beugte mich über ihre Hand, und da berührten ihre heißen Lippen meine Stirn.

„So mancherorts", sie lachte nur mit den Lippen, „was geschieht nicht alles in einer Schlacht?"

„Lappalien, Gnädigste", lachte ich. „Sie sehen, es ist gut gegangen, abgesehen von dem da." Ich stieß das Holzbein demonstrativ gegen den Fußboden.

Sonetschka entschuldigte sich und verließ uns. Ich blieb mit Barbara allein.

„Eine großartige Erfindung", sagte ich, „zwei Stöcke, einer als Bein und einer in der Hand, und der Mensch wandelt sich, ist wie neugeboren!"

Ihre Augen sahen mich unverwandt an wie früher. Wir nahmen einander gegenüber in Sesseln Platz.

„Stellen Sie sich vor", sagte sie leichthin, als träfen wir uns täglich, „meine Moskauer Freundin, Sie kennen sie nicht, hat doch noch den Mann bekommen, den sie liebte (er ist Gardekavallerist und hat auch ein Bein verloren, vielleicht auch einen Arm, unwichtig), und sich mit ihm trauen lassen. Ich war auf ihrer Hochzeit. Es ging sehr feierlich und herzlich zu."

„Schon möglich", sagte ich und starrte auf mein Holzbein, „ein deutscher Meister, er soll ein großer Könner sein, eigentlich sogar Geigenbauer – können Sie sich das vorstellen? –, hat mir dieses Ding aus reiner deutscher Linde gefertigt, klingend und ewig haltend, so daß es mir nichts ausmacht, nach Gubino zu marschieren, dabei muß ich mich natürlich auf den Stock stützen, aber ich kann selber gehen, ohne fremde Hilfe."

„Ich habe Ihrem letzten Brief entnommen", sagte sie plötzlich ohne Lächeln, in verändertem Ton, „daß Sie mir meine damalige unbeabsichtigte Grausamkeit sozusagen verziehen haben. Was ist heute los? Freuen Sie sich nicht, mich zu sehen? Reize ich Sie?"

„Habe ich Sie denn jemals verurteilt?" brüllte ich wie ein Feldwebel, aber sie verzog keine Miene. „Aber es ist doch so gekommen, Gnädigste, daß meine Reise über den Satschaner Teich mit diesem Holzbein aus reiner deutscher Linde geendet hat! Ich mußte mir aus diesem glücklichen Anlaß so viel Beileidsgerede anhören, daß ich es nicht mehr hören kann!"

„Wie heißt der Teich?" fragte sie zerstreut.

„Wie heißt der Teich, wie heißt der Teich“, sagte ich, „ein Teich bei Krems. Sie brauchen das nicht zu wissen, das ist nichts für Frauennerven.“

„Weshalb fragen Sie nicht, wie sich mein Leben gestaltet hat?“

„Es interessiert mich nicht“, sagte ich mühsam, „ich liebe Sie unter beliebigen Umständen.“ Ich weinte.

Vor mir saß eine lebendige Frau, fast ganz die alte, nicht eine ehemalige Madame Tschuprykina, die zu Besuch gekommen war, sondern die Herrin von Gubino, die den Blick nicht abwandte, die angesichts meiner Tränen nicht die Hände zusammenschlug, die Frau, deren Angebot ich stolz abgelehnt hatte, warum, konnte ich niemanden fragen; saß vor mir ohne Mitleid noch Tadel; irgendwelche mir unbekannten Leidenschaften brodelten in ihr, doch an die Oberfläche drang nichts, eine saubere, friedliche, ein wenig kalte Natur.

„Ich möchte wissen“, sagte sie, „ob wir zu unserem früheren Thema zurückkehren können, wenn Sie sich ein wenig beruhigt haben und die Lust verlieren, mich so widernatürlich mit Ihrer Wunde zu erschrecken.“

Ich wischte mir die Tränen von den Wangen, damit die Herrin der Gubinoer Wälder auch nicht für einen Augenblick argwöhnen könnte, ich wollte sie rühren. Ist es leicht, der geliebten Frau einen wackeren Generalsanblick zu bieten, wenn man ein Holzbein hat? Aber wenn man ein Holzbein hat, kann man, wie sich jetzt zeigt, die Schwächen des Verliebten und die früheren Wallungen in sich niederkämpfen, sich über sich selbst erheben, ohne sich für Nachsicht zu verkaufen, aber wozu eigentlich? Weshalb, Barbara, neigen wir dazu, unser kurzes Leben so kompliziert zu machen? Welcher Dämon zwingt mich, mit dem Holzbein auf dem Fußboden zu klopfen, während du alltägliche, nüchterne Frauenworte sprichst?

„Ich hoffe“, fuhr sie fort, „Sie haben sich überzeugen können, daß das Leben schöner ist als selbst der glänzendste Sieg, ganz zu schweigen von der Niederlage. So fern vom eigenen Zuhause sehen Siege wie Verbrechen aus.“

„Schauen Sie, Barbara Stepanowna“, sagte ich trocken wie am Stabstisch, „es gibt den Standpunkt, gegen Bonaparte müßten Präventivkräfte geführt werden. Er hat gezeigt, daß er es versteht, über die Stränge zu schlagen.“

„Dummes Zeug“, sagte sie gereizt, „Sie haben sich alle zusammengetan und ihn in die Enge getrieben wie einen Wolf, weil Sie es nicht ertragen können, daß einer von Ihnen das Piedestal besteigt, Sie versuchen, ihn wieder herunterzuziehen, und in der Vorstellung, daß Sie damit wie Weltwohltäter aussehen, müssen Sie Ihre Vorzüge beweisen.“

„Nun, das Glück war dagegen“, sagte ich mit dümmlichem Kichern, „die Kriegsfortüne ist launenhaft.“

Es war Juni. Die Düfte des frischen Grases und der Blumen waren allgegenwärtig. Die geliebte Frau in Hellblau saß vor mir, und die Wärme, die Hitze, die unsichtbare Flamme, die von ihr ausgingen, verbrannten mich, der ich geschworen hatte, fremd und unzugänglich zu sein. So fern vom eigenen Zuhause ... So fern vom eigenen Zuhause, auf einem zugefrornen Teich – Spuren herbstlicher Niederlage, Früchten fremder Siege gleich. Die Vorsehung hat uns gegeben nicht einfach Normen für das Leben, nein, auch des Sturzes bittere Lehren. Wem willst du nach den blutigen Lehren vergeblich nur das Herz beschweren?

Wahrlich, niemandem. Ich war wie alle, und kaum daß es dort irgendwo rief, gab ich sogleich Antwort. Jetzt saß sie vor mir wie ein Richter, die

Schönste von allen, berechnend, zurückhaltend, ohne die blauen Riesenaugen von mir abzuwenden, fordernd, lockend und unfähig, meinen feierlichen Schwur niederzukämpfen!

„Sie meinen jetzt, Ihr Leben würde von niemandem mehr gebraucht", sagte sie drohend, „es wäre zu Ende, und ich wäre Ihre Vergangenheit, nicht wahr? Ich hab's doch erraten? Und Sie wissen, daß ich nicht leerer Worte wegen gekommen bin, daß ich nicht zu denen gehöre, die aus Faulheit und Nachlässigkeit mit Wechseln um sich werfen, und Sie sind mir sogar böse, sind gekränkt wie ein Kind, weil ich Ihrer Wunde nicht die Bedeutung beimesse, die Sie ihr zugestehen, und das, nachdem Sie über drei Stunden im Fliedergebüsch gehockt haben, ächzend und stöhnend. Was soll ich davon halten?" (Ich errötete wie ein junger Page, und mein Gesicht muß wohl sehr dumm ausgesehen haben, denn sie lachte auf.)

Am Abend sagte Sonetschka traurig zu mir:

„Sie liebt dich. Ich hatte sie für einen Querkopf gehalten, aber sie liebt dich. Natürlich ist sie ein Querkopf, aber sehr schön."

„Das ist kein Gesprächsthema, Sonetschka", sagte ich, „ein General im Ruhestand legt sich eine Mätresse zu! Das war nicht und wird nicht sein. Du bedauerst mich, Sonetschka, wie eine Mutter ihr einziges Töchterchen bedauert, ein Dummchen, das die Werbung eines Prinzen ausgeschlagen hat."

Barbara reiste überraschend nach Petersburg. Nach Jahresfrist kehrte sie zurück und besuchte mich wieder, es war kurz nach Sonetschkas Tod. Die bezaubernde Lisaweta lief auf den Gartenwegen hinter Timoscha her, ihre Spitzenhöschen blitzten da und dort, ihr glückliches Lachen schallte durch den Park, während ihre Mutter und ich einander gegenübersaßen und sie mich für irgend etwas rügte und ich wohl einen Scherz über mein Bein machte: Wenn ich lange auf feuchter Erde stünde, könnte die deutsche Linde Wurzeln schlagen, und dann …

In ihrem Gesicht, richtiger, in ihrem Blick hatte sich etwas verändert, sie sah mich nicht mehr so unerbittlich an wie früher. Ach, Gnädigste, dachte ich, indes ich mein Gesicht der Sonne aussetzte, sollte etwa doch noch … Das Leben erteilt noch ganz andere Lehren. Ihre Augen waren wie früher auf mich gerichtet, aber sie schienen heller, ihr Blau lichter geworden.

Ich fragte sie nicht nach der letzten Vergangenheit und wie sie geheißen hatte, Frau Tschuprykina oder Kulomsina, vielleicht sogar Madame Lambier. Ich fragte nicht, weil ich, nachdem ich auf die schöne Möglichkeit, sie mit meinem Invalidentum zu belasten, verzichtet hatte, nicht das Recht besaß, ihre Geschichte zu hören. Ich war nicht das Ufer, von dem sich ihr unerschütterliches Schiff immer wieder entfernen konnte, sie und ich waren zwei Schiffe, die im Lebensozean langsam auseinandertrieben. Weshalb? Weshalb? „Weshalb?“ fragte sie. „Das ist doch absurd.“ Ich zuckte die Achseln.

Im Jahre neun ging sie, wie ich mich entsinne, neuerlich auf Reisen. Mit Lisaweta und der Gouvernante bereiste sie das Ausland. Sie ließ sich wieder sehen und verreiste abermals. Und jetzt, kaum hatten die Gerüchte von Bonapartes Einfall uns erreicht, erschien sie in Gubino. In all den Jahren hatte ich wie ein Verurteilter von Zeit zu Zeit Wallfahrten zu ihrem Haus unternommen und angesichts der Gubinoer Mauern geglaubt, es sei noch nicht alles verloren, ihr schönes Antlitz blickte durchs Laub, es lockerte sich der Sorgen Joch, und schließlich lebte ich ja noch.

In diesem Juni unternahm ich nochmals meinen traurigen Marsch, stand eine Weile vor ihren Fenstern und konnte mich nicht entschließen hineinzugehen, da ich nicht eingeladen war. Damals, Titus, haben meine Hände noch nicht gezittert, aber es schnürte mir den Hals zu, kaum daß ich sie sah. Wie einfach sie mich küßte, wie leicht! Wie eine freundliche Nachbarin oder Verwandte. „Wo haben Sie denn Ihr gepriesenes Heer?“ sagte sie, als hätten wir uns keinen Moment getrennt. „Kaum war es ohne Sie, als es auch schon die Flucht ergriff!“ (Ich lachte, so plötzlich kam das. Sie sah mich kritisch und zugleich zärtlich an wie eine Mutter, die den Sohn auf seinen ersten Ball schickt.) „Im übrigen wäre mit Ihnen ebenso geflohen worden, nicht wahr? Jetzt bleibt nur noch die Hoffnung auf die Mauern und die weiten Räume, wie üblich.“

Die bejahrte fünfunddreißigjährige Dame sprach mit mir, als wäre ich der Alleinschuldige an unserm Unglück. Ihre Stimme zeigte Intonationen, die ich an ihr nicht kannte, irgendwie spitze, schreiende, wirre Halbtöne, worauf ich meine Zunge verschluckte und das ganze Haus gleichsam erstarb, obwohl ihre heftigen Vorwürfe nur die höchsten Kreise betrafen und nicht irgend jemanden insbesondere. Sie trug eine nicht eben kleidsame Weste, wie überalterte Provinzlerinnen sie tragen, wenn sie Anspruch machen allenfalls auf den Titel einer Kreisstadtkönigin. Oh, wo bist du, junge Madonna im antiken Gewand, der sich die Flammenzungen zuwandten wie Schlangen? Und doch, sie war schön, denn hinter der angewelkten Maske sah ich, ja, ich, niemand sonst, ihre teuren, von der Zeit unberührten Züge. So begegneten wir uns.

Dann krochen Gerüchte durch den Kreis über mein irrsinniges Unterfangen, nämlich das Mittagessen zu Ehren des Usurpators und seiner Spießgesellen, und eines Tages, als meine Sehnsucht unerträglich wurde und ich drauf und dran war, meinen obligaten Marsch nach Gubino anzutreten, erschien sie selbst, allein, verjüngt, stark, rasch wie eh und je, das Schicksal in Person. Während ich in meinem Kabinett mit ungehorsamen Kleidungsstücken kämpfte, spielte sich in meinem Hause eine Umgruppierung ab: Lykow sprang hinaus in den Park und verlor sich zwischen den Bäumen, Kusma verkroch sich im Gesindehaus. Von all dem bösartigen Gerede über mich, das ich zu hören bekam, ist mir nichts in Erinnerung geblieben, aber den Vorwurf des treulosen Verrats nahm ich stoisch hin wie etwas, was mir gebührte, wunderte mich nicht im geringsten und versuchte nicht, ihr zu widersprechen, obwohl das sie noch mehr in Harnisch brachte: meine Unbeweglichkeit, mein sanftmütiger Blick, die schuldbewußt eingekniffenen Lippen. Das war die ganze Liebe ... Ich wollte ihr sagen, daß mein Leben vollendet sei, daß statt den Korsen mit Verwünschungen zu überschütten (wir hatten ja selber Dreck am Stecken!), es an der Zeit sei, sich zur Selbstaufopferung bereitzumachen.

Wenn der Handschuh hingeworfen war und alle liefen, würde ich ihn aufheben, ich allein, lahm und alt, ohne die geringste Hoffnung auf euern Dank, auf Piedestale und postume Ehrungen. Ich wollte ihr all das sagen, doch ich sagte nur: „Erlauben Sie mir, mich zu entfernen“, und humpelte davon, das Verrätermal auf der Stirn.

Lykow soll den Freibrief haben.

„An Seine Wohlgeboren, Herrn Timofej Ignatjew, Powarskaja-Straße, im eigenen Hause.

Mein geliebter Titus!

Endlich raffe ich mich auf und schreibe Dir in der Hoffnung, daß Du gesund bist und auf dem Wege ...“

Zweiter Teil

Die traurigen Erinnerungen der Louise Bigarre an Vergangenes

Ich trug einen Kaschmirschal und ein prachtvolles italienisches Strohhütchen, als ich der Equipage entstieg. Wer hätte wohl angesichts dieser bezaubernden jungen Person gedacht, daß das Beutelchen an ihrem Handgelenk nur klägliche Groschen enthielt und daß ihre Aussichten mehr als verschwommen waren? Für die Reise hatte mich Fürst Dolgoruki ausgestattet, der mir auch einen Begleiter mitgab, ohne den ich nicht bis Moskau gelangt wäre. Leb wohl, kaiserliches Theater, leb wohl, Petersburg. Was erwartet mich in Moskau? Ich hatte mich zu dem Umzug entschließen müssen, weil die Rollen meines Repertoires besetzt waren und meine Stimme nicht ausreichte, um weiter auf der Petersburger Bühne zu singen, wo alle Partien einen Viertelton höher geschrieben sind als in der Opéra Comique. Ich dachte mir, mit vierundzwanzig ist das keine Tragödie, und hatte um Anstellung an einer Moskauer Bühne gebeten. Sorglos und lachlustig, machte ich mir keine großen Sorgen um den morgigen Tag. Zugegeben, ich hatte gutes Geld verdient, aber die Notwendigkeit, Empfänge für hochgestellte Verehrer und zahlreiche Freunde zu veranstalten, hatte meine Börse ausgezehrt, was mich übrigens nicht weiter bekümmerte.

Ich mietete einen hübschen Seitenflügel zwischen Hof und Garten im Hause eines russischen Popen in der Powarskaja-Straße. Der Raum war natürlich zu knapp für meine Ideen, aber das wurde dadurch wettgemacht, daß zwischen den Durchgangszimmern keine Türen waren, sondern Vorhänge. Diese wurden vor der Ankunft der Gäste entfernt, und so entstand ein recht bequemer Raum, der meinen Gästen ausnehmend gefiel. Im Salon gab es nach den Regeln des guten Tons einen Tisch für die Alben (jeder brachte seins mit), für erstklassiges Papier, Federn und Bleistifte. Wer selbst nicht spielte, hörte Musik, wobei er zeichnete, oder schrieb scherzhafte Zeilen in ein Album.

Besonders glänzte der italienische Historienmaler Tonci, hochbegabt, liebenswürdig, fröhlich und witzig. In mein Album zeichnete er zum Beispiel eines Tages einen Teufel, der durchs Fenster flieht, mit einem Porträt unseres gemeinsamen Freundes, des Hofarchitekten Quarenghi, auf einem Körperteil, den nur die Teufel und die Liebe nackt zeigen können.

Ich hatte den Ehrgeiz, meine Gesellschaft mit Abendbrot zu bewirten, obschon mein Haushalt in schlechter Verfassung war. Die Damen plazierte ich rund um den ovalen Tisch, und die Männer konnten essen, wo sie wollten: auf dem Klavier, auf dem Toilettentisch, auf der Blumenkrippe, so daß meine Blumen erbarmungslos zerknautscht wurden. Wenn das Gespräch auf ein musikalisches Thema kam, ließ Ducray, ein großer Melomane, seinen Hühnerflügel liegen, scheuchte die Esser vom Klavier weg, nahm daran Platz und sang:

Du bist's, Frontin, den ich verachte!

Vom Tisch her antworteten ihm die Damen:

Du glaubst, wie Kinder, an Verführung,
bist stolz auf deiner Schönheit Glanz …

Danach verjagten die Besitzer des Klaviers den

Schauspieler und nahmen ihre früheren Plätze ein. Besondere Schwierigkeiten gab es mit den Messern, ich hatte nur vier Stück, darum hieß es andauernd: „Leihen Sie mir Ihr Messer. Seien Sie so freundlich, das Messer. Ein halbes Leben für ein Messer!"

Nach dem Abendessen sang ich, und dann trat Stille ein. Seit ich einen Teil meines Stimmumfangs eingebüßt hatte, arbeitete ich an den mittleren Noten und gab mir besondere Mühe, mich in der Romanze zu vervollkommnen. Die Romanze verlangt ausdrucksstarke Wörter und eine einfache Musik, die zu ihnen paßt. Sie verlangt ferner besondere, einschmeichelnde Intonationen, die, wie die Russen sagen, „die Seele ergreifen". Das ist es, was hauptsächlich auf die Menge wirkt, und man braucht kein Kenner zu sein, um sich für die Romanze zu begeistern. Salontalente werden in fremden Gegenden besonders geschätzt. Ich hatte aus Paris eine neue Art Musik mitgebracht, die in den Petersburger Salons in Mode kam, damit war ihr auch in Moskau der Erfolg sicher. Meine Chansons machten Furore, und ihre Sujets wurden in den Alben gezeichnet: Ritter, junge Mädchen, vornehme Damen, Troubadoure. Ich hatte ein leichtes Talent, das mir Erfolg gewann und mich viele treue Freunde finden ließ.

Ich lebte nun schon sechs Jahre in Rußland. Zugegeben, von Zeit zu Zeit dachte ich an meine liebe stürmische Heimat und empfand Stolz, wenn ich von den glänzenden Siegen meiner Landsleute hörte, und den Ruf „Freiheit, Gleichheit, Brüderlichkeit!" nahm ich als etwas Ganzes auf, ohne mich sonderlich in das Wesen, in jedes Wort hineinzudenken, ich genoß einfach die stolze Verbindung, die in der Seele zu einer Jubelmusik erklang. Die zahlreichen französischen Emigranten in Rußland teilten meine Begeisterung freilich nicht, verurteilten sie jedoch auch nicht, sie erfreuten sich an meiner Kunst, nicht an meinen politischen Verirrungen. Gleichwohl konnte ich, wenn ich mit diesen Leuten umging, nicht begreifen, warum sie, die ihre Heimat vergötterten, Vertriebene sein sollten und warum sie, die sich einen Platz im russischen Reich gesucht hatten, keinen im französischen Reich hatten finden können. Sie versuchten mir zu erklären, daß die rechtliche Gleichstellung der Stände die Gefahr des Untergangs der Nation in sich trage, daß etwas, was Gott und die Natur eingerichtet hätten, vom Menschen nicht ungestraft abgeschafft werden könne und dergleichen mehr. Für mich war das alles zu nebelhaft, und ich antwortete gewöhnlich: „Ach, meine Herren, quälen Sie mich nicht. Ich bin kein Philosoph, ich bin Künstlerin."

Ich liebte Rußland, so wie eine Ausländerin, die für lange Zeit gekommen ist und Schönes zu schätzen weiß, es lieben kann. Alles im Leben hat natürlich seine Schattenseiten, aber die Fähigkeit, Vorzüge wahrzunehmen, ist eine Besonderheit von mir, die ich keineswegs beklage. Von Anfang an war ich in diesem Land von Aufmerksamkeit und Obsorge umgeben, doch obwohl ich mir, was meine Person betrifft, nichts vormache und weiß, daß alles Französische in diesem Land geschätzt wird, waren es nicht nur die Vorliebe für die Mode und das Siegel der Französin auf meiner Stirn, die diese Leute bewogen, mich so freundschaftlich und großzügig zu behandeln, sondern auch meine persönlichen Eigenschaften: meine Fähigkeit zu gefallen, zu lieben ohne Hochmut und Wichtigtuerei, meine Güte und Empfänglichkeit und meine seelische Leichtigkeit, die den Russen so gar nicht eignet und darum von ihnen so hoch angesehen wird. Kurz und gut, ich lebte in vollen Zügen und trauerte nicht allzusehr um die Trennung von der

Heimat, obwohl man mir fehlenden Patriotismus gewiß nicht vorwerfen konnte.

Ich erinnere mich, wie ich in dem herrlichen Petersburg, wo alles von Reichtum zeugt, wo es alle erdenklichen Vergnügungen gibt und die neuesten Moden binnen zehn Tagen zu finden sind, wie ich dort, von meinen russischen Freunden umgeben, eine Zeit der Freiheit verbrachte, die mir Genuß und Nutzen schenkte. Für mich war alles neu, und man zeigte mir bereitwillig alles, was mich interessieren konnte. Die Spazierfahrten in venezianischen Gondeln auf der Newa während der weißen Juninächte sind schwer zu beschreiben. Wie sollte man das alles wiedergeben, die reine Luft, die Stille, die Landschaft, vom Dämmerdunst leicht verschleiert, die Töne des Blasorchesters, wie sie nur Rußland kennt und deren Harmonie, über das Wasser gleitend, vom Himmel zu strömen scheint!

Im Juli gibt es das Fest von Peterhof, Gegenstand der Begeisterung für alle Ausländer, eine ganze Feerie, bei der die Natur der Kunst zu Hilfe kommt. Der Hof ist bei dem Fest, das die ganze Nacht dauert, stets zugegen. Alle sind kostümiert wie zu einem Ball, doch niemand trägt Maske. Die nationalen Kostüme sind sehr üppig und elegant. Die Reichen mieten Häuser für eine Woche, denn anders ist es schwer, Unterkunft zu finden. Die Damen, die mich zu diesem Fest mitnahmen, hatten es stets so gehalten. In der Erntezeit fuhr ich übers Land mit der Fürstin Kurakina, deren Geplauder so angenehm, deren Wissen so groß und deren Verstand so voller Poesie ist. Sie lenkte meine Aufmerksamkeit auf die Trachten der Bauern, die uns in die ruhmreichen Tage des alten Griechenland versetzten. Wenn man auf einem Roggenfeld Schnitterinnen in kurzer Leinentunika sieht, oberhalb der Taille gegürtet, die Haare in zwei Zöpfe geflochten, und Bauern, gleichfalls in der Tunika, mit Lederriemen gegürtet, mit nackten Beinen, die Füße in Sandalen aus Birkenrinde mit Lederriemchen, die Haare rund geschnitten, dann glaubt man in den Gefilden Arkadiens zu weilen.

In Rußland wechseln die Jahreszeiten sehr rasch, wenn man vom Winter absieht. Der Winter ist die Königin, die Russen nennen ihn Mütterchen. Manche Ausländer versuchen, die hier üblichen Bräuche zu mißachten, und kleiden sich wie in gemäßigtem Klima, doch sie werden häufig Opfer der eigenen Eitelkeit und müssen die Lehre teuer bezahlen. Winter ist Winter, aber der Frost ist ungefährlich, wenn man sich nur vor seiner Wirkung schützt.

Eines Tages nahmen mich die Dolgorukis auf ihr Gut mit, sechzig Werst von Petersburg gelegen. Meine Kibitka war mit sibirischen Wolfsfellen ausgeschlagen. Die Decke war ein Bärenpelz. Der Oberjägermeister bot mir einen lebendigen Jungwolf zum Füßewärmen an, doch ich lehnte ab. Ich fuhr wie ein Gepäckstück, nichts wissend, nichts verstehend, ich schlief in der Kibitka wie in meinem Bett und verließ sie nur, um etwas zu essen und mir die steifgewordenen Beine zu vertreten.

Das ist der Winter. Aber die Sonne scheint gewöhnlich hell, der Himmel ist klar, die Luft rein. In leichter warmer Pelzkleidung spazierenzugehen ist sehr angenehm. Üblich sind zauberhafte Spazierfahrten bei Mondschein oder morgens vor einem erlesenen Frühstück. Zwanzig oder dreißig Schlitten sausen dahin, wirbeln den Schnee auf. Im vordersten Schlitten sitzen Musiker. Bis jetzt staune ich, daß sie sich nicht die Finger erfrieren. Ich habe oft darüber nachgedacht, wie sich die armen Leute vor der Kälte schützen. Aber sie gehören ja alle Herrschaften, die verpflichtet sind, für ihre Notdurft zu sorgen, und Bettler sind fast überhaupt nicht zu sehen. Alle haben Land, für das sie ihrem Herrn bezahlen. In den Bauernhäusern stehen Ziegelöfen, so groß wie Kachelöfen, und sie werden beständig geheizt, darum bekommt man darin schwer Luft, aber darum auch macht es den Russen nichts aus, von einer Temperatur in die andere zu kommen. Ich habe Hausmeister gesehen, die im Hemd den Schnee wegräumten. Wenn sie mit der Arbeit fertig waren, hüllten sie sich in ihren Schafpelz, kletterten auf den heißen Ofen und ließen sich auftauen.

Mein Leben in Moskau mündete allmählich in das normale Flußbett, die Petersburger Empfehlungen taten ihr Werk, und ich merkte nicht mehr, daß mir die bisherigen Freunde fehlten, denn die neuen Moskauer Freunde standen ihnen an Vollkommenheit nicht nach. Die Gräfin Stroganowa schloß mich in ihr Herz, eine kranke alte Dame, doch fröhlich und liebenswürdig. Sie veranstaltete im Sommer bezaubernde Feste, und wenn sie in ihrem Sessel inmitten der glänzenden Gesellschaft rasch durch die Gärten, Haine und Labyrinthe rollte, hätte man die gütige kleine Frau für eine Fee halten mögen, so miniaturisch und eigenartig war sie. Zu ihrem Moskauer Hauswesen gehörte ein chinesischer Pavillon, dessen Möbel, Tapeten und Gemälde von chinesischen Kaufleuten zum alljährlichen Makarjewer Jahrmarkt mitgebracht worden waren.

Neben dem Pavillon war eine prachtvolle Orangerie, in der die Winterfeste stattfanden. Sie war riesengroß und enthielt Apfelsinenbäume in Kübeln und zahlreiche überseeische Blumen. All das glitzerte und duftete. Ein kleines Geheimnis: An manchen Bäumen waren künstlich Früchte befestigt und schufen den Eindruck des wirklichen Südens. Die dicken Glasscheiben ließen trübes Licht ein wie in der Junidämmerung. Weder Öfen noch Rohre waren zu sehen, doch die Luft war frühlingshaft mild und frisch. Durchs Gezweig flatterten Vögel, die von Zeit zu Zeit ihren Gesang hören ließen. Dabei war draußen Winter, auf den Dächern lag Schnee, man hörte Schlittenkufen knirschen und sah bereifte Kutscherbärte vorüberschweben. Märchenhaft!

Natürlich war Moskau in seinen Belustigungen großzügiger und üppiger als das glanzvolle und strenge Petersburg. Allein schon die Moskauer Adelsversammlung, mit der sich kaum eine andere vergleichen konnte. Überhaupt erinnerten mich die Moskauer Würdenträger an orientalische Satrapen. Sie waren märchenhaft reich, und die Fesseln der hauptstädtischen Etikette muteten hier bedeutend lockerer an. Viele der Würdenträger besaßen eigene Theater, in denen Opern und Ballette gegeben wurden. Die Akteure waren Leibeigene, und die Rollen wurden ihnen von der Herrschaft zugeteilt. Nach dem Willen des Herrn wurde der eine Schauspieler, der andere Musiker, der dritte Sänger und noch ein anderer Tänzer. Einen Leibeigenen konnte man verkaufen, und das schockierte mich ein wenig. Der Wille eines Herrn darf nicht so weit reichen – in der Kunst kann es keine Zuteilung geben! Aber ich will mich über diese traurigen und für mich unannehmbaren Seiten des russischen Lebens nicht weiter auslassen, schließlich bin ich Ausländerin und kann nicht Richter sein in einem so heiklen Problem. Jedenfalls bin ich glücklich, daß meine Erfolge nur meinem eigenen Talent zu danken sind, nicht aber der Laune Höherstehender, darum schätze ich meine Unabhängigkeit und die Möglichkeit, sie zu wahren.

Die Gräfin L., die mich gut aufgenommen hatte, schrieb mir eines Tages, sie wolle für mich eine Begegnung mit Landsleuten arrangieren, die sich auf der Durchreise in Moskau aufhielten, und werde dieserhalb gegen sechs nach mir schicken. Diese

Art der Einladung mutete mich seltsam an. Wenn man in einem russischen Hause aufgenommen ist, bedarf es keiner Einladung, und die Gastgeber wären unzufrieden, wenn man sie seltener besuchte, als es der gute Ton verlangt. So will es die alte Sitte der Gastfreundschaft. Als ich eintrat, sagte mir die Gräfin: „Ich habe Herrn Lajard so viel von Ihnen erzählt, Ihre liebenswürdige Bereitschaft zu singen und Ihre reizenden Romanzen so sehr gerühmt, daß er den lebhaften Wunsch hegt, Sie zu hören."

Das klang nicht sehr liebenswürdig. Ich wollte nicht den Eindruck erwecken, für die Zerstreuung des Grafen Lajard eingeladen zu sein, und da die Einladung in einer für mich ungewohnten Form erfolgt war, durfte ich nicht singen. Bei Tisch kam ich neben Lajard zu sitzen, der sich übrigens als höchst liebenswürdiger Mann erwies, und wir plauderten während des ganzen Essens. Gleich nach dem Essen ließ die Gräfin eine Gitarre bringen und überreichte sie mir eigenhändig. „Oh, Gräfin", sagte ich mit betrübter Stimme, „ich bin untröstlich, Ihren Erwartungen nicht entsprechen zu können, denn ich habe Kopfschmerzen und kann nicht singen." – „Sie werden es überstehen, meine Liebe, singen Sie mit halber Stimme und was Sie wollen", sagte die Gräfin. – „Wenn ich das tue", antwortete ich, „strafe ich die glänzende Empfehlung Lügen, die mir zu geben Sie so gütig waren, darum kann ich heute keinen Ton singen." Alle Bitten blieben fruchtlos. Die Gräfin biß sich auf die Lippen. Ich erwartete Sticheleien und war entschlossen, sie zwar höflich, doch auch so zu beantworten, daß ich nicht erniedrigt wurde. Wenn ein Sänger zu einem Konzert eingeladen ist, darf er sich nicht bitten lassen, aber wenn er als Freund des Hauses aufgenommen wird, muß er in angemessener Weise um die Gefälligkeit gebeten werden. Endlich sagte die Gräfin: „Wer das Interesse der Gesellschaft auf sich ziehen möchte, muß etwas dafür tun." – „Ich glaube, Gräfin", sagte ich, „ich habe es bis jetzt daran nicht fehlen lassen, und die Bereitschaft zur Gefälligkeit sollte doch wohl meiner Gesundheit nicht abträglich sein."

Die Gräfin war klug genug, mir binnen kürzestem zu verzeihen und den nichtigen Konflikt nicht zur Tragödie aufzubauschen, dafür war ich ihr sehr verbunden. Zum Beweis ihrer Gewogenheit lud sie mich und den Grafen Lajard ein, den Kreml zu besuchen und seine Sehenswürdigkeiten anzuschauen. Unser Ausflug war wunderschön und höchst ersprießlich, denn ich sah mit eigenen Augen die Geschichte Rußlands und seine unermeßlichen Schätze. Allerdings kam es hier wieder zu einem kleinen Konflikt, den Herr Lajard elegant überspielte. Das war, als wir den Zarenpalast besichtigten. Er enthält viele Vasen, Schalen und Kandelaber aus reinem Gold und einen ebensolchen Thronsessel, Geschenk des persischen Schahs anläßlich der Krönung Katharinas II., ferner die Kronen von Sibirien, Astrachan, Kasan und vieles, vieles andere. Als die Gräfin ausführlich von der Unterwerfung des Kasaner Chanats durch Iwan den Schrecklichen erzählte, welches nunmehr auf ewig zum Besitz des russischen Staates gehöre, rief ich in meiner Einfalt aus: „Na bitte, die Zeit ist vergangen, alles hat sich beruhigt, die Chanate existieren nicht mehr, wie schön. Wenn also jemand Rußland unterwerfen sollte, wird seine Krone zweihundert Jahre später wohl auch ein Museumsstück sein!" – „Dazu muß es erst mal unterworfen werden", lachte der Graf und machte mir Zeichen. Aber die Gräfin lachte auch, und wir gingen weiter zu einem Schrank, in dem die Krönungsornate vieler russischer Zaren aufbewahrt wurden. Zum Glück war die Gräfin L. nicht nachtragend, und wir pflegten weiter Umgang.

Und dann kam endlich das unglückliche Jahr zwölf. Am letzten Abend des alten Jahres fand der langerwartete Kostümball im Hause der Gräfin statt. Laut Einladungsbillett sollte der Ball um acht Uhr abends beginnen und die Demaskierung um Mitternacht sein. Ich verkleidete mich als Straßensängerin. Meine grüne Schürze mit den großen Taschen fand allgemeinen Beifall. Alle amüsierten sich, doch mich quälte Traurigkeit. Böse Vorahnungen wollten mich nicht verlassen, und als ich mit der Gitarre auf einen Tisch stieg und ein Scherzliedchen sang, strömten mir unaufhaltsam Tränen aus den Augen. Man suchte mich zu trösten, aber ich konnte mich nicht beruhigen. Ich mußte mich entfernen, um den allgemeinen Frohsinn nicht zu beeinträchtigen. Andrej Stroganow, der Enkel meiner guten Bekannten, ein schöner Obrist der Gardekavallerie von dreißig Jahren, machte sich erbötig, mich zu begleiten. Wir waren seit langem gute Bekannte, und wenn er gelegentlich von Petersburg herüberkam, sahen wir uns regelmäßig. Er mochte meinen Gesang, und mir war er einfach sympathisch, dieser vornehme, recht wortkarge Riese mit dem gutmütigen männlichen Gesicht. Zwischen uns war es niemals auch nur zum Schatten einer Zweideutigkeit, zur leisesten Andeutung irgendwelcher Gefühle über freundschaftliche Gewogenheit hinaus gekommen. Nasser Schnee fiel. Der Wind ging durch und durch. Es war mitten in der Nacht. Ich hatte auf einmal Angst, allein zu bleiben, und lud ihn ein, sich bei mir zu trocknen und aufzuwärmen. Er willigte ein.

Wir saßen in meinem kleinen Salon. Ich beruhigte mich allmählich, die Natur verlangte ihr Recht, und meine trübsinnigen Vorahnungen muteten mich jetzt wie alberne Phantasien an. Ich ertappte mich bei dem Gedanken, daß ich mich sehr über seine Anwesenheit freute, und sah ihn an. Er lächelte seltsam zurück und sagte: „Madame Bigarre ..." Ich fuchtelte mit den Händen. „Ich bitte Sie, nennen Sie mich doch einfach beim Vornamen." – „Louise", sagte er, „ich war schon immer Ihr Verehrer, ja, Ihr Anbeter." Er holte tief Luft und fuhr fort: „Heute habe ich begriffen, daß ich Sie liebe." Ich zuckte zusammen und versuchte zu lachen. „Haben Sie vielleicht ein wenig zuviel Champagner getrunken, lieber Andrej?" – „Sehe ich etwa aus wie einer, der zuviel getrunken hat?" fragte er erbleichend.

Die vergangene Unruhe brach erneut über mich herein. Ich wußte nicht, was ich ihm antworten sollte, und hatte Angst, ihn anzusehen, aber ich bedauerte keineswegs, daß er hier war und so aufgeregt mit mir sprach. „Ich liebe Sie, Louise", fuhr er fort. „Der Champagner hat allenfalls meine Offenheit befördert." Ja, ich war froh, daß er hier war und nur eine Kerze brannte und er nicht sehen konnte, wie ich zitterte. Aber ich raffte meine Willenskraft zusammen und sagte zurückhaltend, doch wohlwollend: „Ich fürchte, zwischen uns beginnt ein gefährliches Spiel." Als ich das sagte, hatte ich noch nicht endgültig den Kopf verloren, denn mir war noch bewußt, wie sehr Nacht, Schummerlicht und sogar eine winzige gegenseitige Sympathie solche Erklärungen begünstigen.

Ich wünschte mir sehr, daß dies nicht der banale Versuch war, eine nette, doch arme Sängerin zu verführen, andererseits entsetzte mich der Gedanke, ich könnte in den Verdacht geraten, eigennützigerweise sein Vertrauen gewinnen und, schlimmer, von seinem Reichtum profitieren zu wollen. Ich faßte mir ein Herz und sagte ihm das. Er umarmte mich und flüsterte heiß: „Meine Teure, hast du mich denn verführt? Ich bin's doch, der dir zu Füßen fällt, ich, und ich habe es zu verantworten!" Der Morgen graute bereits, als ich ihn zur Tür begleitete. Dann standen wir in der Diele und konnten uns nicht trennen. In die Trauer und Verzweiflung mischte sich Freude. Andrej kehrte nach Petersburg zurück, er hatte versprochen, sehr bald wiederzukommen. „Koste es, was es wolle", sagte er zum Abschied. Wieder fiel Schnee, der Schnee des Jahres zwölf, als mein Gardekavallerist im übergeworfenen Militärmantel vom Seitenflügel zum Tor schritt.

Ja, böse Vorahnungen sind wohl etwas, was zunächst wie reiner Humbug aussieht, später aber Wirklichkeit wird und Fleisch und Namen gewinnt. Heute weiß ich, wie eins zum andern kam und für die nahe Zukunft Unglück verhieß. Die religiösen Russen haben einen Volksglauben oder eher ein Omen, wonach es Unannehmlichkeiten bedeutet, wenn man auf der Straße einem Popen begegnet. Ich war mehr als einmal Zeugin solch absurder Vorstellungen und habe mich jedesmal zutiefst darüber gewundert, obschon ich nicht mit aller Strenge darüber zu urteilen wagte, da ich einsah, daß jedes Volk auf seine Weise die geheimen mystischen Kräfte, von denen es gelenkt wird, zum Ausdruck bringt. Sicherlich war es nicht von ungefähr, daß wir an jenem Tag im Kreml über Kronen und unterworfene Länder sprachen und ich die freilich scherzhaft gemeinte Mutmaßung über einen möglichen Einmarsch äußerte; und sicherlich war es nicht von ungefähr, daß mein lieber Andrej Stroganow mit solch fieberhafter Hast mir sein Herz öffnete, als spürte er das Nahen einer Katastrophe. Heute erinnere ich viele große und kleine Ereignisse, die bald hernach zu unserem großen Leiden zusammenflossen. Ich glaube an Vorahnungen und zolle ihnen die gebührende Angst, den gebührenden Respekt. Mich dünkt, jeder von uns besitzt ein unbekanntes Organ, welches die Bestimmung hat, unser weiteres Leben vorauszusehen, und uns von Zeit zu Zeit geheimnisvolle Signale und Andeutungen gibt, um uns zu warnen oder Freuden zu prophezeien. Was sind denn Träume, wenn nicht Signale? Warum kam mir denn in der Neujahrsnacht auf das Zwölferjahr mitten in Lachen und Jubel plötzlich der Gedanke, dies verheiße nichts Gutes? Warum fand ich denn den Grafen Rostoptschin, als er seine belehrenden, bissigen und witzigen Späße machte, die allgemeine Heiterkeit weckten, so wenig sympathisch, ja, furchteinflößend? Heute weiß ich, was seine scherzhafte Antwort an den Grafen Rasumowski, die ich damals nur extravagant fand, zu bedeuten hatte. Graf Rasumowski hatte sich beklagt, er könne eine Familie, der er einen Flügel seines Peter-Palais überlassen hatte, nicht loswerden, solange deren eigenes Haus nicht frei sei. „Ich habe alles mögliche versucht, um sie zu der Einsicht zu bringen, daß ich den Flügel selber brauche", sagte er mit nettem Lächeln, „aber ich habe keinen anständigen Vorwand gefunden, sie von dort auszuquartieren." – „Nun", sagte Rostoptschin, „ich sehe nur einen Ausweg, und ich würde ihn benutzen." Alle sahen ihn fragend an. „Ich würde den Flügel in Brand setzen!" Und er lachte, zufrieden mit seinem Scherz, und alle anderen fielen in sein Lachen ein, nur ich zuckte zusammen. Womöglich fing Moskau in diesem Moment Feuer und brannte mit unsichtbaren Flammen, bis es dem verderbenbringenden Element bestimmt war, sichtbar zu werden?

Nachdem ich meinen Liebsten hinausbegleitet hatte, schrieb ich mit zerstreuter Hand in mein Album den scheinbar nichts weiter bedeutenden Satz: „Warum beschäftigt mich dieses Jahr 1812 mehr als das vorhergehende? Man darf nicht an die Dauerhaftigkeit des Glücks glauben. Wir werden sehen."

Also, ich war in das Zwölferjahr eingetreten. Äußerlich blieb alles beim alten, aber die Vorahnung des Unglücks verstärkte sich und lag mir schwer auf dem Herzen. Von Stroganow kam ein flammender Brief, der mich ein wenig aufmunterte, doch dann trat Schweigen ein, und als Höhepunkt des Ganzen kursierten Gerüchte von einem möglichen baldigen Krieg! Schon war das kurzzeitige Frühlingsschlechtwetter zu Ende, Moskau hüllte sich in Blattgrün und Blumen, das Gärtchen, in dem mein Seitenflügel stand, duftete herrlich, und dann war es Mitte Juni, die Nächte wurden schwül, und da kam die Nachricht, die französischen Truppen hätten die russische Grenze überschritten.

Ich kann nicht den Abscheu beschreiben, den ich allein bei dem Gedanken empfand, meine ehemaligen Landsleute könnten es wagen, eine so gesegnete Stille und Friedlichkeit zu zerstören. Was wollten sie denn? Welcher böse Genius lenkte ihre Taten? Freilich gab es unter meinen französischen Bekannten, die in Moskau lebten, auch solche, die sich begeistert die Neuigkeiten von Bonapartes raschem Vormarsch zuraunten. Aber es waren wenige. Die meisten waren ganz verzagt.

Die französische Armee rückte auf Moskau vor, und ich wollte vorsichtshalber nach Petersburg fahren. Doch leider, niemand hatte das Recht, ohne die persönliche Genehmigung des Kammerherrn zu verreisen, man bekam nicht einmal Postpferde. Ich bat die Direktion des Moskauer Theaters um Urlaub, aber auch das wurde mir verweigert, weil ich schon Urlaub gehabt hatte. Die Salons wurden still. Ich kann nicht sagen, daß sich am Wohlwollen meiner russischen Freunde für mich auch nur das Geringste geändert hätte, gleichwohl hing zwischen uns ein leichter Vorhang, ein halbdurchsichtiger Rauchschleier, neu und unerklärlich. Nebel … Die Einnahme von Smolensk trug nicht dazu bei, die Gemüter zu beruhigen. Der ganze Adel reiste ab. Aus dem Kreml und dem Erziehungshaus wurden die Schätze und Kostbarkeiten abtransportiert. Eine ununterbrochene Kette von Fuhrwerken und Equipagen, beladen mit Möbeln, Bildern und allen möglichen Einrichtungsgegenständen, zog sich aus der Stadt, die sich immer mehr leerte, und je näher die französische Armee kam, desto stärker wurde die Fluchtbewegung.

Krieg ... Aus Furcht vor Lebensmittelverknappung legte alle Welt Vorräte an. Alle wurden von Unruhe erfaßt, denn es hieß, Moskau solle in Schutt und Asche gelegt werden. Die Gerüchte von einer gigantischen Feuersbrunst wollten nicht verstummen, und die verbliebenen Einwohner zogen sich in entlegene Bezirke zurück, um dem Feuer zu entgehen. Man hoffte, sie werde hauptsächlich den Stadtteil betreffen, durch den die Armee ziehen würde. Und da Moskau eine große Stadt ist, konnte angenommen werden, daß die Flammen die entlegenen Winkel verschonen würden. Die aus Holzhäusern bestehenden Viertel wurden menschenleer. Nur die mit Blech gedeckten steinernen Paläste schienen den Opferflammen trotzen zu können.

Die Powarskaja-Straße war nicht der günstigste Platz, um auf Rettung zu hoffen, und ich begann wehmütig an Umzug zu denken, doch da fiel mein Blick auf das einstöckige Steinhaus meines Nachbarn, General Opotschinin, der ein großer Sonderling sein sollte und ständig in seinem Dorf lebte. Sein Garten grenzte an den unsrigen. Eines Tages sah ich Fuhrwerke und eine Kutsche auf das Haus zufahren, Menschen liefen herum, schleppten Gegenstände ins Haus, gegen Abend war Licht in den Fenstern, und davon ging eine solche Beruhigung aus, daß ich vorübergehend das drohende Unglück vergaß.

Das Licht verblüffte mich. Mir schien, diese ruhigen Menschen, die kurz vor dem feindlichen Einmarsch in die menschenleere Stadt zogen, müßten etwas wissen, was ich nicht einmal ahnte, und hätten Trost für mich. Wie ein Schmetterling flog ich auf das Licht zu. Ein Stubenmädchen von dörflichem Aussehen, barfuß und schweigsam, führte mich in den Salon. Nichts mehr deutete darauf hin, daß die Bewohner eben erst eingetroffen waren. Alles ruhte auf seinem Platz, es roch nach bewohntem Haus. Kerzen strahlten im Überfluß. Im Salon begrüßte mich ein mittelgroßer Herr mit einem überaus gütigen zerstreuten Lächeln im rosigen Gesicht. Ich stürzte auf ihn zu, als wäre er ein Verwandter.

„Mein Herr“, sagte ich, „ich bin Ihre Nachbarin und habe Ihre Ankunft beobachtet, die mich sehr verblüfft, denn Unzählige reisen ab, und ich halte es für meine Pflicht, Sie zu warnen ...“

„Gnädige Frau“, sagte er auf deutsch, „ich verstehe nicht Französisch. Wer sind Sie?“

Ich wiederholte das Gesagte auf deutsch.

„Moskau ist menschenleer“, fügte ich hinzu, „alle fliehen. Wissen Sie nichts davon?“

Er seufzte tief. Es war ein Seufzer der Verzweiflung.

„Der junge Mensch, den ich begleite“, sagte er, „der Neffe des Generals Opotschinin, ist unterwegs erkrankt, und ich sehe keine Möglichkeit, unsere Reise fortzusetzen. Ich habe nach einem Arzt geschickt, aber vergeblich, niemand kommt.“

„Was hat denn der junge Mensch?“ fragte ich.

Er stand auf und winkte mir. Wir durchschritten mehrere wohlgepflegte Zimmer. Der Gouverneur hieß Franz Mender und war Österreicher. Vor einer der Türen bat er mich zu warten. Mein Herz klopfte heftig, ich wußte nicht, warum. Nach einer Weile bat er mich hinein.

„Schauen Sie, Timoscha“, rief Herr Mender, „was für eine lebendige Schönheit uns das Schicksal im toten Moskau schickt!“

Im Bett lag unter einer prächtigen Seidendecke ein junger Mann von sehr angenehmem Äußerem. Schwarze Locken umrahmten sein schmales Gesicht, und seine ausdrucksvollen schwarzen Augen sahen mich mit Interesse und Entzücken an. Die schönen vollen Lippen zuckten zu einem leichten Lächeln. Ich sah, daß dies ihn Mühe kostete.

„Was haben Sie?“ fragte ich. „Sind Sie krank?“

„Nein, nein“, sagte er. „Ich tue nur so auf Reisen.“

„Ich besorge Ihnen einen Arzt“, sagte ich eilig, „hoffen wir, daß es nichts Ernstes ist.“ Ich machte einen Schritt und legte ihm die Hand auf die hohe Stirn. Sie war heiß und feucht.

Armer Junge, dachte ich verstört, wenn er wüßte, wie sehr zur Unzeit er krank ist!

„Was meinen Sie?“ fragte Timoscha. „Wird Bonaparte Moskau nehmen?“

„Natürlich nicht“, sagte ich möglichst munter, „unsere Truppen werden ihm entgegentreten und ihn zum Stehen bringen.“

Herr Mender holte tief Luft.

„Franz Iwanowitsch hat keine Hoffnung“, sagte Timoscha. „Mein Onkel gibt zu Ehren Napoleons ein Essen.“ Er schloß die Augen und fuhr fort: „Von diesem Essen, sagt er, wird viel abhängen.“

Ich sah, daß er phantasierte. Der Gouverneur und ich wechselten einen Blick.

Noch am selben Abend konnte ich meinen guten Bekannten Doktor Bause überreden, Timoscha zu untersuchen. Er befand ein gewöhnliches Fieber, verordnete Fleischbouillon, Tee mit getrockneten Himbeeren und Bettruhe. Der tapfere junge Mann bezauberte mich, und da ich an Angst und Einsamkeit litt, war mein Platz an seiner Seite. Wie fand ich mich belohnt am nächsten Morgen, als ich von Herrn Mender hörte, daß es Timoscha besser ging und er mich ungeduldig erwartete! Bei Tageslicht fand ich ihn gradezu schön. Seine Auserwählte mußte glücklich sein. Ich erkundigte mich nach seinem Befinden.

„Großartig", sagte er, „Ihr Erscheinen hat bewirkt, daß ich mich völlig genesen fühle."

Aber seine Augen sagten das Gegenteil. Ich schwieg.

„Madame Bigarre", sagte er, „wie schön, daß Sie mich besuchen, sicherlich davon geht es mir schon besser."

„Ach, Sie junger Schmeichler", lachte ich, „Sie dürfen mich beim Vornamen nennen. Offen gestanden, vor Ihrer Ankunft war ich ganz verzweifelt, und Ihr Erscheinen dürfte auch mich kuriert haben."

Er konnte erröten. Ich erfuhr, daß er erst sechzehn war. Ein richtiges Kind! Aber seine Manieren, seine Ironie, sein gesunder Menschenverstand, all das, dazu die samtige Tiefe seiner schwarzen Augen, verlieh ihm ein reiferes Aussehen, und ich war manchmal verwirrt, wenn ich, von gleich zu gleich mit ihm plaudernd, mich darauf besann, wie jung er noch war. Der Ärmste war Vollwaise, was konnte ich für ihn sein? Eine Mutter? Ich fürchte, das würde mehr als komisch ausgesehen haben. Eine Schwester? Aber er sprach mit mir nicht wie mit einer Schwester, und ich ertappte von Zeit zu Zeit seinen aufmerksam forschenden Blick.

Wie oft ich mich im Leben auch verstellt haben mag, eine Eigenschaft, die für Frauen typisch ist und sie oft sogar verschönt, mir selber brauche ich nichts vorzumachen, und so behaupte ich ohne Furcht, in den Ruf der Überheblichkeit zu geraten, daß ich nicht die erste Vertreterin des weiblichen

Geschlechts war, die sein unkindliches Interesse erregte. Ich erinnerte mich, Schokolade mitgebracht zu haben, und hielt sie ihm hin. Er strahlte, teilte sie in zwei Hälften und berührte, als ich ablehnen wollte, aufmunternd meinen Arm. Wir aßen die Schokolade, schwatzten, lachten und vergaßen ganz und gar, daß wir uns im fast menschenleeren Moskau befanden, das sich auf das Schlimmste gefaßt machte.

Am Abend schickte Herr Mender jemanden zu mir und ließ sagen, Timoscha habe wieder Fieber, phantasiere und rufe nach mir. Ich saß fast die ganze Nacht an seinem Bett, litt mit ihm, vertiefte mich in die Betrachtung seiner rührenden Gesichtszüge und spürte einen Zustrom von Kraft, Entschlossenheit und Zuversicht. Das Ganze nahm eine sonderbare Entwicklung. Er warf sich im Fieber hin und her, schrie unzusammenhängende Worte und küßte meine Hand, wenn ich sie ihm auf die Stirn legte. Wieder kam Doktor Bause und sagte, man müsse die Krise abwarten. Er sagte auch, zu Herrn Mender gewandt, man müsse Moskau verlassen, und er selber reise bedauerlicherweise ebenfalls ab, da er Familie habe. Gegen Morgen schlief Timoscha ein, wachte nach einer halben Stunde auf und sagte mir ruhig und vernünftig:

„Liebe Louise, möchten Sie nicht in unser Haus ziehen? Moskau brennt womöglich ab. Wir haben ein Steinhaus.“ Und er schlief wieder ein.

Herr Mender nickte wohlwollend. Ich dachte, dies sei der beste Ausweg aus der Situation, und zog gegen Mittag wohlbehalten in mein neues Heim. Da alle meine Freunde die Stadt verlassen hatten, der mir teure Stroganow in irgendwelchen Schlachten verschollen und das Theater geschlossen war, kümmerte sich niemand mehr um mich außer Timoscha und seinem Erzieher, die beide auf so seltsame Weise in mein einsames Leben getreten waren.

Da vom Lande mitgebrachte Lebensmittel im Überfluß vorrätig waren, beschlossen wir, das Haus nicht mehr zu verlassen, um Mißhelligkeiten zu vermeiden, und unsere einzige Verbindung mit der Außenwelt war ein Fernrohr, durch das wir vom Dach aus den Moskauer Stadtrand beobachteten, in der Hoffnung, an kaum erkennbaren Merkmalen den Beginn des bösen Spuks ausmachen zu können.

Durch Moskau zogen Truppen. Es war die zurückweichende russische Armee. Die Kolonnen bewegten sich Tag und Nacht und nahmen die Reste der Moskauer Einwohner, die nach Osten wollten, in sich auf wie Tauwasserbächlein. Es waren stille, endlose, finstere Kolonnen, an deren Spitze müde Offiziere ritten, viele von ihnen mit Wundverbänden. Endlich beschlossen Soldaten den Zug, und nun folgten zahlreiche Kanonen und Tausende von Fuhrwerken mit Kriegsgut. Stroganow war nicht zu sehen. Passanten erzählten uns von einer grandiosen Schlacht irgendwo vor Moskau.

Am selben Tag stiegen wir gegen Abend auf den Dachboden und richteten das Rohr nach Westen. Hinter der Stadtgrenze, wo die spärlichen Lichter aufhörten und die Finsternis begann, sahen wir plötzlich einen Schimmer, einen endlosen Ozean von Lichtern, als wäre dort vor Moskau eine neue, noch grandiosere Stadt entstanden. Wir errieten, daß es die Biwakfeuer des französischen Lagers waren. Timoscha schlief, als wir sein Zimmer betraten. Ich ließ mich erschöpft in einen Sessel fallen. Herr Mender stand am dunklen Fenster, doch ich sah, daß er lautlos weinte. Wie bedrückend ist es, einen weinenden Mann zu sehen, der nicht aus Wut und nicht aus Angst weint, ohne laute Schluchzer und erbitterte Rufe, einen Mann, der aus großem Kummer weint, still, für sich selbst, um sich selbst.

Ich schämte mich, daß ich Französin war, daß meine Landsleute unser liebes, fast sorgloses Leben unterbrochen hatten, daß Herr Mender, den geheime Ängste quälten, am Fenster weinte, daß Stroganow nicht zu mir zurückgekehrt war. Und da reifte in mir der unbezähmbare Wunsch, zum Stadtrand zu gehen, mit eigenen Augen die ungebetenen Ankömmlinge zu sehen, vielleicht sogar den Kaiser selbst, und ihnen in ihrer Muttersprache etwas Beleidigendes zuzurufen. Ich stellte mir vor, wie sie aussehen würden mit ihren Federbüschen, voller Triumph und Selbstzufriedenheit, wie ihre dummen Verzierungen glänzen würden, mit denen sie gleichwohl nicht ihre Nichtigkeit zu verbergen vermochten. Ich wollte sie in dem feierlichen Moment, wo die Klänge der Militärorchester ihre Kulmination erreichten, demütigen, obwohl ich einsah, daß dies lächerlich war bei Männern, die sich an fremdem Blut sattgetrunken hatten.

Am nächsten Tag erschienen bei uns Moskauer Polizisten, von denen wir erfuhren, daß der Gegner sich darauf vorbereitete, in Moskau einzumarschieren; sie empfahlen uns wegzufahren, denn man werde die Stadt anzünden! „Fahren Sie weg", sagte sie, „die Feuerwehren sind aus der Stadt abtransportiert, und es ist nichts da, um Brände zu löschen. Alles wird verbrennen." – „Und Sie?" fragte Herr Mender. – „Wir ziehen ab", antworteten die Polizisten.

Da mußte ich an Rostoptschin und seinen prophetischen Satz denken.

Ich war äußerst verwirrt, denn mir schien, ich hätte gar zu leichtsinnig über mein eigenes Schicksal verfügt, als ich in Moskau blieb. Ich wollte Herrn Mender fragen, wie er uns die unverzeihliche Nachlässigkeit erklären könne, aber dann dachte ich an den fiebergeschüttelten Timoscha, dessen Zustand sich wieder verschlechtert hatte, und schwieg. Von den Dienern erfuhren wir, tags zuvor seien die Gefängnisse geöffnet worden. Darüber sprachen wir nur flüsternd, denn wir konnten uns gut vorstellen, was geschehen würde, wenn die Menge dieser greulichen Geschöpfe auf die Idee käme, in unser Haus einzudringen und es zu plündern!

Wie zur Bestätigung ertönte von der Straße her Geschrei, und wir sahen hinter den herabgelassenen Vorhängen eine Menge betrunkener, schmutziger, abgerissener Strolche die Powarskaja entlangziehen und die Hausfenster mustern. Plötzlich bogen sie von der Straße ab und liefen in den Garten, wo ich noch vor kurzem gewohnt hatte. Wir hörten Schreie, Pfiffe, Poltern, Scheibenklirren. Herr Mender befahl den Dienern, die Türen fest zu verschließen.

Der Gedanke, ich könnte dem Kaiser begegnen und ihm meinen Abscheu entgegenschleudern, entbrannte noch stärker in mir. Am nächsten Morgen schlich ich, ohne jemandem Bescheid zu sagen, aus dem Hause und machte mich, immer wieder Umschau haltend und vor Angst erschauernd, auf den Weg zum Dorogomilowskaja-Stadttor, um meinen verrückten Plan auszuführen. In der Powarskaja-Straße war kein Mensch zu sehen. Kaum war ich um die Ecke gebogen, sah ich vor mir einen Soldaten auf einem grauen Pferd.

„Gnädige Frau“, fragte er, „wo ist denn dieser verdammte Kreml?“

Ich zeigte ihm den Weg, da wurde mir kalt – der Soldat hatte französisch gesprochen.

„Herr Soldat, sind Sie Franzose?“

„Ja, gnädige Frau.“

„Die Franzosen sind also hier?“

„Die Armee ist gestern um drei Uhr in die Vorstädte eingerückt."

„Die ganze Armee?"

„Natürlich die ganze", lachte er und sprengte davon.

Mir wurde schwindlig. Mühsam die Beine schleppend, kehrte ich zurück ins Haus, wo man mich schon suchte. Timoscha ging es seit dem Morgen besser. Bleich, abgezehrt lag er im Bett, aber er lächelte, als er mich sah. In seinen mageren Händen hielt er ein Buch (ein gutes Zeichen!), und neben ihm auf dem Stuhl lagen noch ein paar. Was für Widersprüchlichkeiten schenkt uns das Leben: die allgemeine Not und diese friedlichen Bücher, geschrieben von Leuten, die weit weg waren von unseren heutigen Sorgen! Außer den Büchern sah ich ein kleines Album mit Leineneinband, eine Feder und ein Tintenfaß. Oh, dachte ich, wie schön müssen Gedichte sein, die ein reiner Jüngling in so traurigen Tagen schreibt!

„Die Franzosen sind in der Stadt", sagte ich resigniert.

„Mir ist, als ob ich Sie schon ewig kenne", antwortete er, „haben Sie nicht bei uns in Lipenki gewohnt? Ich erinnere mich, daß Sie auf Arina eifersüchtig waren."

Ein Kranker darf alles, ihm wird alles verziehen. Der liebe Junge, wenn er gewußt hätte, wie teuer er mir war! Er küßte mir die Hand mit kindlichem Eifer und männlichem Entzücken. Oh, wenn doch dieser abscheuliche Einmarsch nicht wäre, dachte ich, während ich die Berührung seiner heißen Lippen genoß. Womit haben wir Gott erzürnt, daß er uns solche Prüfungen sendet?

„Wer ist Arina?" fragte ich mit scherzhafter Strenge.

„Ein Mädchen von meinem Hofgesinde", sagte er. „Sie ist sehr schön." Er lachte.

Gegen Abend drang unheildrohender Brandgeruch durchs offene Fenster.

„Da haben wir's", sagte Herr Mender. „Es brennt. Wahrscheinlich der angekündigte Brand. Gut, daß wir in einem Steinhaus sind."

Wieder mußte ich an Rostoptschin und seinen prophetischen Scherz denken.

Als es dunkel wurde, sahen wir einen ziemlich hellen Feuerschein, weit weg noch, aber von der Moskwa her wehte ein steifer Wind, mit dessen Hilfe die Flammen rasch durch die hölzernen Straßen vordringen würden.

„Sie meinen, das Steinhaus rettet uns, wenn alles ringsum brennt?" fragte Timoscha.

Wir beschlossen, bis zum Morgen zu warten und uns, wenn der Brand sich tatsächlich ausbreitete, eine neue Zuflucht zu suchen. In der Nacht wurde an die Tür geklopft, was alle in Panik versetzte. Lange wußten wir nicht, was tun. Das Klopfen wiederholte sich. Vor der Tür war es still. Die Menge der betrunkenen Räuber würde nicht so leise vorgegangen sein. Herr Mender bewaffnete sich mit einer Pistole, hieß die Diener, Knüppel zu nehmen und die Tür zu öffnen. Als sie offenstand, wankte, auf einen Stock gestützt, ein erschöpfter Offizier in die Diele.

„Meine Herrschaften", sagte er auf russisch, „bitte geben Sie mir Obdach."

Es war ein verwundeter russischer Offizier, der seine Leute verloren und zwei Tage und Nächte in einem verlassenen Wagenschuppen bei Wasser und Brot zugebracht hatte. Heute nacht hatte er es riskiert, bei edlen Leuten sein Glück zu versuchen, obwohl, wie er sagte, Bonaparte persönlich Kutusow versprochen und dann Anweisung gegeben hatte, alle verwundeten und kranken Soldaten zu versorgen, die es nicht geschafft hatten, die Stadt zu verlassen. Mit Schmerz und Entsetzen betrachteten wir den Offizier. Von einem Offizier hatte er freilich kaum noch etwas, wohl nur die zerrissene Montur und die Stiefel, die ihren Glanz längst verloren hatten und mit getrocknetem Schlamm überkrustet waren. Konnten wir ihm das Obdach verweigern?

Ich wusch und verband ihm die schreckliche Wunde, wir gaben ihm zu essen und legten ihn zu Timoscha ins Zimmer. Ich war dagegen, aber Timoscha bestand erregt darauf, da gaben Herr Mender und ich aus Furcht vor Folgen nach. Erschöpft schliefen wir alle ein. Als der Offizier am nächsten Morgen hörte, daß er im Hause des Generals Opotschinin sei, kannte seine Verblüffung keine Grenzen. Nach und nach erfuhr ich von der langen mystischen Verbindung zwischen diesen Leuten, der Offizier erzählte, er sei erst unlängst, als er mit seiner Abteilung in widrige Umstände geriet, von dem alten General in Lipenki aufgenommen worden, und jetzt, nach der erstaunlichen Geschichte, die er erlebt, habe er abermals Rettung im Hause desselben Generals gefunden! Unwahrscheinlich ... Sein Name war Prjachin.

„Was ist das für eine Geschichte?“ fragte Timoscha mit weitgeöffneten schwarzen Augen.

„Du mein Gott“, lachte der Offizier, „sagen Sie mir lieber, ob ich noch lebe oder ob das alles schon jenseitig ist. Vielleicht fliege ich, meine Seele fliegt und träumt? Meine Herrschaften, ich habe nämlich Bonaparte gesehen!“

Wir ächzten erstaunt und forderten unverzügliche Befriedigung unserer Neugier.

„Buchstäblich gestern, meine Herrschaften“, sagte Prjachin, „schwer zu glauben.“

Erzählung des Oberlieutenants Prjachin

„Wissen Sie, was bei einem Rückzug die Arrièregarde ist?“ begann der Oberlieutenant seine Erzählung. „Sie ist der aktivste Truppenteil, der die Hauptlast der ständigen Feindberührung auf den Schultern trägt. Ob Sie's glauben oder nicht, aber die Vorsehung hat es so eingerichtet, daß Kutusow kurz vor Moskau Miloradowitsch zum Chef der Arrièregarde ernannte. Miloradowitsch ging auf die Vorsehung ein und wählte für einen wichtigen Sonderauftrag unter vielen anderen mich aus. Weiß Gott, es war eine glückliche Chance für mich, und es tut mir nicht leid um meine Verwundung, lächerlicher Preis für einen großartigen Erfolg!

Kurz und gut, wir ziehen uns unter Abwehrgefechten auf Moskau zurück, und da bekommt Kutusow die Meldung, daß die zurückweichende Armee es nicht schafft, Moskau zu verlassen, und daß sie genötigt sein wird, ihre Artillerie und ihren Troß und sonstiges in der Stadt zurückzulassen. Was tun? Kutusow schickt Miloradowitsch einen Brief, adressiert an Napoleons Stabschef Marschall Berthier. Darin empfiehlt er nach militärischem Brauch unsere in Moskau zurückgebliebenen Verwundeten der gegnerischen Obhut. Miloradowitsch sollte diesen Brief dem Chef der französischen Avantgarde Murat schicken.

Er wandte sich an unser unweit stehendes Regiment und fragte die Offiziere: ‚Wer von Ihnen weiß sich gut französisch auszudrücken?‘ Da bin ich vorgeritten. Weiß Gott, die übrigen zögerten oder konnten sich nicht entschließen, und ich war zur Stelle. Der General übergab mir den Brief und befahl mir, ihn Murat persönlich auszuhändigen und dem Marschall auszurichten, daß die Franzosen, wenn sie Moskau heil einzunehmen wünschten, nicht so stark nachdrängen und uns in Ruhe mit Artillerie und Troß aus der Hauptstadt abziehen lassen sollten. Widrigenfalls werde General Miloradowitsch vor Moskau und in Moskau bis zum letzten Mann kämpfen und den Franzosen statt Moskau ein Ruinenfeld überlassen."

„Es hätte gekämpft werden müssen", sagte Timoscha.

„Warten Sie ab", sagte Prjachin. „Der Kriegsrat hatte es so beschlossen, und ich hatte mich mit Murat zu treffen, weiter nichts. Der General trug mir überdies auf, möglichst lange beim Marschall zu verweilen, denn während ich mit ihm verhandelte, gewann die Armee Zeit zum Abrücken. Ich holte mir aus der Generalseskorte einen Trompeter, und wir ritten los. Als wir vor der vordersten Kette der Franzosen waren, berittenen Jägern, ließ ich blasen. Sogleich kam der Kommandeur des Jägerregiments auf mich zugeritten. Nachdem er erfahren, worum es ging, ließ er mich zum Chef der Avantposten, General Sebastiani, bringen, damit ich ihm den Brief übergeben konnte.

Von wegen! Der Brief war für Murat bestimmt, also her mit Murat! Er stritt nicht mit mir, sondern ließ mich zum Marschall persönlich geleiten. Wir passierten fünf berittene Regimenter, die in entfalteter Gefechtsordnung vor den Infanteriekolonnen standen. Unbeschreiblich schön! Ich sah sogleich den Marschall, der goldgestickte Kleider trug und von einer vielköpfigen Suite umgeben war. Ich ritt hin. Man machte ihm Meldung. Er zog seinen Federhut voller Goldstickerei, um mich zu grüßen, wahrhaftig! ‚Was haben Sie mir zu sagen, Oberleutenant?' fragte er, ritt auf mich zu und legte meinem Pferd die Hand an den Hals. Ich überreichte ihm den Brief und richtete Miloradowitschs mündlichen Auftrag aus. Murat las den Brief und sagte: ‚Was die Kranken und Verwundeten betrifft, so ist es überflüssig, sie der Großmut der französischen Truppen zu empfehlen, da die Franzosen Gefangene nicht als Feinde betrachten. Was den Vorschlag von General Miloradowitsch angeht, muß ich die Meinung des Kaisers einholen!'

Sofort schickte er mich mit seinem Adjutanten zu Bonaparte. Du mein Gott, mir schlotterten die Knie vor Überraschung, doch wir waren noch keine hundert Schritt geritten, da holte man uns zurück. ‚Da ich Moskau zu erhalten wünsche', sagte Murat, ‚nehme ich auf eigene Verantwortung General Miloradowitschs Vorschlag an. Ich werde also so langsam vorrücken, wie Sie es möchten, allerdings müssen wir bis zum Abend die Stadt einnehmen.' Das war großartig, und ich sagte ihm, der General werde diese Bedingungen akzeptieren, worauf er unverzüglich Befehl gab, die vordersten Ketten hätten das Feuer einzustellen und abzuwarten. Ich atmete erleichtert auf." (Wir atmeten auch erleichtert auf, denn wir nahmen lebhaftesten Anteil an der Geschichte des Oberlieutenants.) „Dann fragte er mich: ‚Kennen Sie Moskau gut?' – ‚Aber ja!' antwortete ich. – ‚Dann übermitteln Sie den Einwohnern, sie sollen sich vollkommen ruhig verhalten, ihnen werde nicht nur kein Schaden getan, sondern auch keine Kontribution abverlangt, und es werde auf jegliche Weise für ihre Sicherheit gesorgt.'

Er überlegte, denn ihm war sicherlich eingefallen, wie menschenleer das brennende Smolensk gewesen war, wie Läden, Schenken und sogar Konditoreien geschlossen hatten, so daß es fast unmöglich war, dort Winterquartiere zu beschaffen. Darum wohl fragte er mich: ‚Ist Moskau von seinen Einwohnern verlassen worden? Wo befindet sich der Hausherr, Graf Rostoptschin?' Ich antwortete ihm, daß ich es nicht wüßte, da ich mich ständig in der Arrièregarde aufgehalten hätte. Während wir plauderten, verging die Zeit, die französischen Truppen standen am Fleck, was uns natürlich in die Hand arbeitete. Dann sagte der

Marschall versonnen: ‚Ich habe große Achtung vor Ihrem Kaiser, und mit seinem Bruder bin ich sogar eng befreundet, darum kann ich nicht umhin zu bedauern, daß die Umstände uns zwingen, uns gegenseitig zu bekriegen. Hat Ihr Regiment viele Leute verloren?' – ‚Majestät, wie sollte es keine Verluste haben, wenn es täglich im Kampf steht!' – ‚Ein schwerer Krieg', bemerkte Murat. Ich faßte mir ein Herz und sagte: ‚Wir kämpfen für das Vaterland und bemerken die Belastungen gar nicht.' Der Marschall fragte mit plötzlicher Gereiztheit: ‚Warum wird kein Frieden geschlossen?' und ließ einen Soldatenfluch folgen" (der Oberlieutenant wandte sich lächelnd mir zu), „nichts für Ihre Ohren, liebe gnädige Frau. Ich antwortete ihm, das müsse er besser wissen. Er sagte lächelnd: ‚Höchste Zeit zur Versöhnung.' Endlich ließ er mich ziehen, und ich kehrte heim, stolz und glücklich, und ritt gleich zu General Miloradowitsch."

„Sie sind ein Glückspilz, Prjachin", rief Timoscha. „Aber um Moskau ist es ein Jammer."

„Du mein Gott, ich bin noch nicht fertig", lachte Prjachin. „Wenn Sie erlauben: so ging es weiter. Ich holte Miloradowitsch in der Nähe des Kreml ein und erzählte ihm von meiner Begegnung mit Murat und von der Zustimmung der Franzosen zu seinen Vorschlägen. ‚Natürlich', sagte Miloradowitsch, ‚sie brauchen Moskau unzerstört, um sich zu trocknen, zu wärmen und zu erholen, darum gehen sie auf alle Bedingungen ein.' Er hatte den Satz noch nicht beendet, da schmetterte Musik, ein Militärorchester spielte. Wir sahen die Bataillone des Moskauer Garnisonsregiments in voller Ausrüstung, mit wehenden Fahnen und Orchestermusik aus den Kremltoren ausrücken. Die Soldaten der Arrièregarde murrten und riefen, da, die Verräter freuen sich über unsern Kummer, sie marschieren mit Musik! Vor dem Regiment ritt der Kommandeur Obrist Brosin.

Miloradowitsch lief puterrot an, sprengte zu dem Obristen und schrie: ‚Welche Kanaille hat Ihnen befohlen, mit Musik abzurücken?' Der Obrist sagte treuherzig, wenn eine Garnison bei der Übergabe einer Festung freien Abzug erhalte, rücke sie mit Musik ab, so stehe es im Reglement Peters des Großen. ‚Ist denn im Reglement Peters des Großen von der Übergabe Moskaus die Rede?' schrie Miloradowitsch. ‚Lassen Sie sofort die Musik einstellen!' Die Musik verstummte. Die wenigen Moskauer, die in einiger Entfernung standen, weinten, wahrhaftig. Schließlich sagte der General zu mir: ‚Sie müssen noch einmal zu Murat reiten, um eine zusätzliche Bedingung vorzutragen und den Waffenstillstand bis sieben Uhr morgens zu verlängern. Falls die französische Seite ablehnt, richten Sie aus, daß ich bei meinem früheren Entschluß bleibe und kämpfen werde.'

Wieder sprengte ich dem Feind entgegen. Diesmal fand ich Murat bereits in Dorogomilowo, unweit des Schlagbaums. Er ritt hinter seiner vordersten Kette, und diese Kette vermischte sich schon mit den zurückgehenden Kosaken der Arrieregarde. Ein schönes Bild. Alle ritten zusammen wie bei einem Ausflug, du mein Gott, man mochte nicht glauben, daß sie Feinde waren! Solche Metamorphosen geschehen im Krieg. Murat nahm mich freundlich auf und ging sofort auf alle Vorschläge ein. Dann fragte er, ob ich den Einwohnern der Hauptstadt ausgerichtet hätte, daß sie in völliger Sicherheit seien. Offen gestanden, ich hatte mein Versprechen an den Marschall vergessen, und mit wem hätte ich auch reden sollen? Aber da war nichts zu machen, ich mußte lügen, daß ich es ihnen gesagt hätte und daß sie an den Edelmut der Franzosen glaubten. Meine Antwort gefiel Murat.

Er war überhaupt in großmütiger Stimmung. Wir ritten nebeneinander und unterhielten uns wie zwei Freunde. Murat ritt zu einem Kosakenobristen und fragte ihn: ‚Herr Obrist, sind Sie nicht der Chef dieser Arrièregarde?' Der Obrist hätte sich fast verschluckt, als er sah, wer da mit ihm sprach, bejahte aber würdevoll. ‚Kennen Sie mich?' fragte Murat lächelnd. – ‚Ich kenne Sie, Majestät, und habe Sie ständig im Feuer gesehen', antwortete der Obrist.

Jetzt ritten wir zu dritt Sattel an Sattel und plauderten friedlich. Der Obrist trug eine Burka um die Schultern, und Murat bemerkte, solch ein Kleidungsstück sei gewiß beim Biwak unentbehrlich. Sofort nahm der Obrist wortlos die Burka ab und überreichte sie dem König von Neapel. Murat hatte das Geschenk nicht erwartet, er wurde unruhig und beriet sich mit seinem Adjutanten, wie er darauf antworten solle, hatte aber nichts Geeignetes zur Hand, nahm darum die Uhr seines Adjutanten und überreichte sie dem Obristen. Nie werde ich diesen Ritt vergessen. Ich dachte noch: Ob wir wirklich wieder aufeinander schießen werden?"

„Ein schöner Spazierritt", sagte Timoscha finster und starrte in einen leeren Winkel.

„Hatten Sie angenommen", sagte ich, „ein französischer Marschall sähe aus wie Tschinggis-Chan und hätte ein blutiges Messer in der Hand?"

„Nein, das nicht", sagte Prjachin, „es ist bloß seltsam, weiter nichts."

„Und Bonaparte?" fragte Timoscha.

„Der kommt auch noch an die Reihe. Meine Abenteuer waren noch nicht zu Ende. Ich gab meinem Pferd die Sporen und sprengte zurück. Diesmal mußte ich, um zu dem General zu gelangen, ganz Moskau durchqueren. Am Anfang des Arbat sah ich eine riesige Menge einfacher Leute – Männer, Frauen, Kinder, die etwas Herzzerreißendes sangen. Sie zogen den Arbat entlang, vornweg

Geistliche im Ornat und mit Ikone. Alle diese Menschen verließen die Stadt, und ich wurde den Gedanken nicht los, daß ich daran schuld sei. Ich ritt an ihnen vorüber, sie beachteten mich nicht.

Und dann, am Ende des Arbat, zwang mich die gemeine Natur, in den nächsten Hof einzubiegen, um einen stillen Winkel zu suchen. Ich verfluchter Idiot lasse mein Pferd draußen am Tor, gehe in den Hof, da ist ein Haus mit zugenagelten Fensterläden, rechts ein Wagenschuppen mit Zwischenstock und offener Tür, das prägte sich mir ein, ich bog um die Ecke, und da", Prjachin verdrehte die Augen, „kam unter wildem Gebrüll ein besoffener Kerl mit roten Augen auf mich zugestürmt, holte mit einem rostigen Fischspeer aus und stieß ihn mir ..." (Als ich das hörte, wurde mir schlecht.) „Als ich wieder zu mir kam, war niemand zu sehen. Ich hatte wohl einen halben Eimer Blut verloren, wahrhaftig. Woher ich die Kraft nahm, weiß ich nicht, aber ich kroch an dem Schuppen entlang, bis ich die Tür erreicht hatte. Drinnen war kein Mensch, aber Heu und Stroh massenhaft, und ein dreibeiniger Tisch an der Wand, darauf wahrhaftig ein halber Laib Brot, eine Flasche Wasser und ein Becher, alles frisch, die Hausherren mochten grade erst gegangen sein und alles so liegengelassen haben. Ich verband mir schlecht und recht die Wunde, wühlte mich ins Heu und schlief ein oder verlor das Bewußtsein, Gott sei Dank, denn die Wunde fing heftig zu brennen an.

Wie lange ich so gelegen habe, weiß ich nicht, aber ich erwachte vor Hunger und aß mit Genuß von dem Brot. Es war so still, als wäre ich schon begraben. Unter großer Mühe stieg ich hinauf zum Zwischenstock, Umschau halten, und sah durchs halbrunde Fenster unter mir den menschenleeren Arbat. Ich dachte an die Leute, die ihre heimischen Penaten verlassen hatten, und Tränen traten mir in die Augen, zumal die Kränkung stärker an mir nagte: Soviel durchgemacht, in so vielen Affären gewesen, und dann verletzt mich ein besoffener Kerl mit dem Fischspeer, und ich bin gefangen! Vor Kummer und Ohnmacht weinte ich lange, und gegen Abend schlief ich wieder ein, ich habe wohl die ganze Nacht geschlafen.

Die Morgensonne weckte mich. Die Wunde brannte. Der Arbat war wieder menschenleer, aber etwas hatte sich verändert seit gestern. Da hörte ich das Trappeln von vielen Hufen. Langsames Trappeln ... Und dann sah ich ein Bild, als wäre nichts geschehen, das alte Moskau, früher Morgen, die Leute schliefen noch, nur ein altes Männlein mit Nachtmütze trat vor die Tür, hinter ihm eine Frau, nicht mehr jung, rundgesichtig, da kam das Hufetrappeln näher, und ich sah französische Gardekavalleristen langsam über den Arbat reiten. Ich zuckte zusammen. Es waren viele, zwei Schwadronen wohl. Sie ritten schweigend und feierlich, und ihnen folgte auf einem kleinen arabischen Pferd ein Mann in grauem Gehrock mit gesenktem Kopf, gefolgt von einer großen Menge prächtiger Reiter.

Ich erkannte den Mann sofort, es war Bonaparte. Sie ritten zum Borowizkije-Tor. Ich staunte über die Plötzlichkeit des Geschehens, keine Orchester, kein Freudengeschrei, nichts deutete darauf hin, daß die Stadt übergeben war. Können Sie sich das vorstellen? Die Einwohner schliefen noch, ein stiller, gewöhnlicher Morgen, aber über den Arbat reitet Napoleon! Ich weinte und dachte wieder an meine schmähliche Wunde, überdies war mir scheußlich zumute, weil ich mich nicht erschießen konnte. Du mein Gott, ich hätte es tun müssen, aber es fehlte mir an Entschlußkraft.

Tagsüber sah ich viel aus meinem Versteck: französische Soldaten und irgendwelche Saufbolde; ich spürte Brandgeruch, die Nacht brach herein. Da dachte ich, ich könnte in meinem dürren Holzschuppen verbrennen oder Hungers sterben oder verbluten. Wozu? Ich bin noch jung. Wozu sollte ich sterben? Ich kroch aus dem Schuppen, bewaffnete mich mit einem Knüppel, mein Pferd war längst verschwunden, und ging Rettung suchen."

Wir saßen schweigend. Ich hatte gleichsam den Kaiser über den menschenleeren Arbat reiten sehen. Es war ja mein Kaiser, dessen Siege mich in Frankreich so manches Mal begeistert hatten. Jetzt wollte mich ein Schuldgefühl nicht verlassen, und als ich versuchte, mir diesen Mann vorzustellen, der im Kreml wohnte, erstand vor mir nicht der wohlbekannte junge Bonaparte, sondern ein alter Mann mit ausgemergeltem Gesicht und irrsinnigen Augen. Armer Oberlieutenant Prjachin, den ein besoffener Landsmann gedemütigt hatte; armer Herr Mender, gepeinigte Seele, von irgendeiner Sorge zernagt, der ewig den Satz wiederholt: „Mir ist alles egal, meine Tage sind gezählt." Armer Timoscha, begeistert und hilflos! Und ich? Wenn sie gewußt hätten, was in mir tobte!

Wir saßen schweigend. Es war die Dämmerung des frühen September. Der Brand hatte sich inzwischen stark ausgeweitet, und unsere kleine Familie mußte ernsthaft an einen zeitweiligen Wohnungswechsel denken. Unser Steinhaus hatte freilich den Funkenflug nicht zu fürchten, aber hierzubleiben, inmitten von Holzgebäuden, die mit Sicherheit Feuer fangen würden, inmitten von tobenden Flammen und erstickendem Rauch, und das mit einem Kranken und einem Verwundeten, das schien nicht ratsam. Wir mußten eine zuverlässige Unterkunft finden, und ich wollte mich schon auf die Suche machen, doch da vertrat mir Herr Mender den Weg.

„Erstens, liebe Louise, Sie werden bei dem Kranken notwendiger gebraucht, und zweitens", er senkte errötend den Blick, „meine Tage sind ohnedies gezählt, und keinerlei Obdach vermag mich vor dem Bevorstehenden zu bewahren."

Das war geflüstert, aber feierlich geflüstert und daher lächerlich.

„Gott soll Sie schützen, Herr Mender!" rief ich. „Sie sind doch noch jung. Alles Unsinn, was Sie reden!"

Timoscha schwenkte sein kleines Album und machte mir wilde Zeichen, ich solle nicht streiten. Herr Mender setzte den Hut auf und ging hinaus in das abendliche Moskau.

„Streiten Sie nicht mit ihm", sagte Timoscha, „er hat sich in den Kopf gesetzt, die Franzosen verfolgten ihn und wären eigens nach Moskau gekommen, um seiner habhaft zu werden. Er fühlt sich ihnen gegenüber schuldig. Er ist klug, aber auch verrückt."

Ich hätte nie gedacht, daß Brandgeruch so klebrig und quälend sein kann. Wie wir auch die Fenster schlossen, er drang überall hin, selbst unser Essen war von ihm durchtränkt. Die Nachrichten wurden immer düsterer. Zufällige Augenzeugen erzählten, daß die Franzosen auf der Suche nach Brandstiftern die Stadt durchstreiften. Nun wir Oberlieutenant Prjachin bei uns hatten, brauchten wir nicht mehr so sehr zu zittern, wenn es klopfte, dabei war mir klar, daß er gegen eine Bande besoffener Räuber nichts ausrichten konnte.

Endlich, schon sehr spät, kehrte Herr Mender zurück. Er strahlte, und seine Verzagtheit war wie weggeblasen. Erstaunlich, wie rasch Menschen sich ändern je nach den Umständen!

„Meine Damen und Herren!" schrie er. „Moskau brennt! Aber es ist mir gelungen, eine für das Feuer gänzlich unangreifbare Festung zu entdekken, und wir müssen dorthin übersiedeln."

Ein Glücksfall: Herr Mender hatte auf phantastische Weise den Architekten Wurs kennengelernt, der sich durch pfiffige Protektion im leeren Palast des Fürsten Golizyn in der Basmannaja-Straße, genauer gesagt, in einem Seitenflügel des Palastes, wohnlich eingerichtet hatte.

„Ist der Flügel aus Stein?“ erkundigte sich Timoscha.

„Es ist eigentlich kein Flügel“, sagte Herr Mender, „es ist die Orangerie des Palastes, der Wintergarten, meine Damen und Herren, aber die Hauptsache, dieser Bezirk von Moskau ist vom Feuer gänzlich unberührt. Dort werden keine Brände gelegt. Er ist so heil wie ein Osterei!“

Der Architekt Wurs hatte sich sogar gefreut, einen Landsmann kennenzulernen, und ihm angeboten, sofort zu ihm zu ziehen. Er meinte, es bestünden alle Chancen, daß die Basmannaja-Straße vom Feuer unberührt bliebe. Ich wollte anspannen lassen, aber Herr Mender fuchtelte mit den Händen.

„Meine Teure“, sagte er, „auf keinen Fall. Es heißt, die Franzosen requirieren alle Pferde für die Armee. Glauben Sie mir, die sind hier im Pferdestall besser untergebracht als in den feindlichen Boxen.“

„Zumal unsere Pferde nur russisch verstehen“, sagte Timoscha.

„Man müßte eine Droschke auftreiben“, fuhr Herr Mender fort, „irgendein Fuhrwerk, für beliebiges Geld.“

Wo sollte im sterbenden Moskau eine Droschke herkommen? Gleichwohl schickten wir Diener aus, und kaum zu glauben, sie fanden einen nicht sehr nüchternen Mushik, der sich bereit erklärte, uns zu fahren, wofür ich ihm einen alten Schal schenkte. Wir nahmen nur das Notwendigste mit, betteten unsere Kranken in das Fuhrwerk und machten uns auf den Weg zur fürstlichen Orangerie. Es war Mitternacht, als wir durch die Powarskaja fuhren. Die Feuersbrunst war schon dicht herangerückt, in der Powarskaja brannten ein paar Gebäude, der Wind führte Funken und Feuerbrände mit sich. Ich will nicht sagen, daß diese Reise zu den angenehmen zählte. Der Oberlieutenant preßte eine geladene Pistole in der Hand. „Den ersten schieße ich nieder", sagte er mir, „den zweiten traktiere ich mit dem Säbel, dann laufen die übrigen weg." Wir hatten jedoch Glück: Ein paarmal begegneten uns betrunkene französische Soldaten, aber sie beachteten uns nicht. Schwer zu beschreiben, was ich durchmachte, bis wir endlich die Basmannaja erreichten. Tatsächlich, hier war kein Feuer. Sie lag still da wie jede mitternächtliche Straße. Links erhob sich der mächtige Palast des Fürsten Golizyn mit furchteinflößenden schwarzen Fenstern. Gegenüber erstreckte sich nicht minder gewaltig der Palast des Fürsten Alexander Kurakin, in welchem ich noch vor kurzem zu angenehmsten Zwecken gewesen war. Beide Paläste schienen verlassen. Von ihren Mauern wehte Kälte.

Der Architekt Wurs und seine Gemahlin empfingen uns mit großer Freude, und in ihren Mienen konnte ich lesen, welche Angst sie in der Einsamkeit ausgestanden hatten. Vor uns tat sich die Orangerie auf, noch luxuriöser als bei den Stroganows. Chinesische Laternen mit Drachen, Affen und geschwänzten Fischen verströmten geheimnisvolles Licht. Die Marmorspringbrunnen lagen zwar still, doch sie fügten sich prächtig in das üppige Grün. Schnurgerade Alleen führten in die Finsternis und schienen endlos. Schwer zu glauben, daß das brennende Moskau ganz nahe war, daß im Kreml Bonaparte saß, daß die glückliche Zeit unwiderbringlich dahin war. Ich mußte die

Pflichten einer Hausfrau übernehmen. Ich teilte alle ein, Herren und Diener, gab jedem seinen Platz, hieß die Diener Heu herbeischaffen. Wir brauchten Schlaf, denn wer wußte, was der morgige Tag bringen würde. Gottlob gab es in der Orangerie genug Platz.

Herr Mender suchte sich ein Fliedergebüsch neben dem Eingang aus, Timoscha wies ich eine schöne grüne Lichtung hinter einem Springbrunnen zu, wo er es sich mit seinen Büchern bequem machte, hinter einen weiteren Springbrunnen betteten wir den Oberlieutenant, und ich als die einzige Dame und Hausfrau bekam eine anmutige efeuumrankte Laube. Über das Heu breiteten wir Teppiche und Vorhänge, türmten darauf die Betten, und so hatte jeder eine üppige Lagerstatt. Mir blieb, jedem eine geruhsame Nacht zu wünschen. Ich trat zum Oberlieutenant und fragte, ob er es bequem habe.

„Ich kann gewöhnlich auch auf der kahlen Erde schlafen", sagte er wacker, „aber jetzt flieht mich der Schlaf."

„Möchten Sie Wasser?" fragte ich.

„Nur aus Ihren Händen", sagte er übertrieben feierlich. „Ich sage Ihnen ehrlich, meine elende Wunde hat mich sehr bedrückt, aber jetzt, an Ihrer Seite, du mein Gott ... Ich möchte gar nicht gesund werden." Er lachte. „Doch nein, im Gegenteil, ich möchte gesund sein und mich Ihnen irgendwie nützlich erweisen."

„Sehr löblich", sagte ich scherzhaft belehrend, „aber jetzt wird erst mal geschlafen."

„Ach", sagte er, „der Schlaf will nicht kommen. Haben Sie es gut in der Laube?"

Seine Hände ruhten auf der Decke, den Kopf hatte er leicht angehoben. Der Garten duftete, Vögel piepsten schläfrig im Gezweig. Mir preßte es das Herz ab vor Mitleid, als ich diesen starken jungen Mann an seiner Untätigkeit in solcher Zeit leiden sah. Zugegeben, er war mir sympathisch, und ich ertappte mich bei dem Gedanken, daß ich immer seltener an meinen lieben Stroganow dachte.

Hier ist eine kleine Abschweifung am Platze. Vom ersten Moment seines Erscheinens in unserer Familie fiel mir auf, daß Prjachins forscher Offizierston in meiner Gegenwart sanfter und schmeichelnder wurde. Das wunderte mich nicht, denn ich hatte solche spontanen Sympathiekundgebungen schon von vielen Seiten erlebt. Daran war nichts Sonderbares, geschweige denn Anstößiges, denn jeder normale Mann, der einer schönen jungen Frau begegnet, muß unweigerlich seine Sympathie durch Blicke, Gesten, Intonationen zeigen, all das geschieht unwillkürlich, nach einer Laune der Natur. Manche Damen, die zur Scheinheiligkeit neigen, erklären solche Zeichen der Aufmerksamkeit, obschon sie ihnen Vergnügen bereiten, mit der üblichen Lasterhaftigkeit der Männer. Humbug. Niemand hat mir Böses getan, und ich erinnere mich noch heute mit heimlicher Freude meiner einstigen Verehrer und Anbeter. Natürlich habe ich einige von ihnen fast vergessen, so flüchtig waren ihre Bemühungen. Was tut's, das Schicksal hat für uns entschieden, und es zu beklagen ist nutzlos. Für mich war das Wichtigste immer der Anfang, diese zaghaften oder im Gegenteil stürmischen Begeisterungsäußerungen der Männer mir gegenüber, denn dann schwirrte mir der Kopf, und mir klopfte das Herz, wenn ich mich aufs Piedestal erhoben fand. Dies nahm ich nun bei Prjachin wahr, übrigens auch bei Timoscha, und es weckte in mir ähnliche Empfindungen, heimliche Phantasien, die ich meiner Stellung entsprechend zurückhalten und nicht zeigen durfte.

„Der Springbrunnen, bei dem Sie unsern jungen Freund untergebracht haben", raunte er mit scherzhaftem Vorwurf, „ist schöner als der meine.“ Er lachte.

„Fürchten Sie Gott“, sagte ich kaum hörbar, „wir stehen vor dem Weltuntergang, und wovon reden Sie? Es ist Krieg, es brennt, es gibt Räuber, und wir sitzen in dieser Orangerie! Er ist doch noch ein kleiner Junge.“ Er küßte mir die Hand. „Ihre Wünsche gehen zu weit.“ Dies sagte ich in eisigem Ton, aber ich sah ihn lächeln.

Ich verließ ihn, obwohl er meine Hand nicht loslassen wollte. Timoscha schlief fest. Die letzten beiden Tage hatte sich seine Gesundheit trotz des Umzugs und der widrigen Umstände gebessert, die vom Arzt verordnete Fleischbouillon hatte ihm offenbar gutgetan. Ich richtete ihm die Decke und beschloß, noch bei Herrn Mender vorbeizuschauen. Sein Bett war leer, er saß in einem weißen Gartensessel, die Beine ausgestreckt, die Hände hinterm Kopf verschränkt. Sein schwarzer Gehrock verschmolz mit dem Halbdunkel.

„Herr Mender“, sagte ich, „ich möchte Ihnen eine gute Nacht wünschen. Warum schlafen Sie nicht?“

„Ach, meine Teure“, rief er flüsternd, „stellen Sie sich vor, ich habe an Sie gedacht! Seit Sie in unserm Hause sind, hat mein Leben, so seltsam dies klingen mag, wieder einen Sinn. Wer hat Sie darauf gebracht, in unser Haus zu kommen? Sind Sie vielleicht ein vom Himmel herabgesandter Engel? Ich schwöre, wäre nicht diese ungeheuerliche Situation, ich würde nicht verfehlen, mich Ihnen zu Füßen zu werfen. Mich hält die Furcht ab, dies könnte jetzt unnatürlich wirken. Ich habe gerade daran gedacht, daß ich, wenn ich überlebe, nach Linz zurückkehre und Ihnen von dort einen Brief voller Schwärmereien schreibe!“

Das sah schon nach Wahnsinn aus. Sie hatten sämtlich den Verstand verloren. Der stickige Brandgeruch, das heranrückende Feuer, der bevorstehende Untergang hatten ihnen allen die Phantasie erhitzt. In solcher Situation werden wir nachgiebig, willfährig, verlieren den Widerstandswillen. Wir fliegen zum rettenden Licht, dabei erweist es sich als ewige Finsternis. So dachte ich, und über mich neigten sich die schweren Zweige von Zypressen und Feigenbäumen, und die nächtlichen Blumen dufteten, und etwas Heißes und Lebendiges regte sich im grünen Dickicht. Waren wir womöglich allein auf der weiten Welt?

Ich bat ihn, sich hinzulegen und zu schlafen. Er ging gehorsam zu Bett, und ich begab mich in meine Laube in der Hoffnung, der Morgen werde unser Leben erleuchten. Angezogen fiel ich aufs Bett und war sogleich eingeschlafen. Wie lange mein Schlaf gedauert hatte, weiß ich nicht. Irgend etwas zwang mich, die Augen zu öffnen. Direkt vor mir, im Eingang der Laube, sah ich die dunkle Silhouette eines Mannes.

„Louise, erschrecken Sie nicht, ich bin's", sagte der Oberlieutenant, „ich kann nicht schlafen, nichts hilft. Erschrecken Sie nur nicht." Er strich mit heißer Hand über meinen Arm. „Gott hat uns in diesem paradiesischen Garten zusammengeführt", flüsterte er und beugte sich tiefer, „ich bin ohnmächtig gegen das Schicksal."

„Was machen Sie?" sagte ich leise und schob ihn von mir. „Sie wecken alle auf. Gehen Sie in Ihr Bett!"

Er ließ sich auf die Knie sinken. Ich hörte ihn schwer atmen und begriff, daß er unzurechnungsfähig war. Darum hielt ich mich bereit, mich zu wehren, denn ob er wahnsinnig war oder nicht, mein Ruf mußte in den Augen meiner Freunde makellos sauber sein.

„Mein Onkel", sagte Timoscha ganz deutlich, „ist bei all seiner Güte ein großer Phantast. Dieser Einfall mit dem Mittagessen ist ein aus Hilflosigkeit und Verzweiflung geborenes Spiel."

Der Oberlieutenant und ich hielten den Atem an wie Diebe auf der Lauer.

„Mag sein", antwortete Herr Mender, „aber das hat ihm in diesem Krieg eine nicht sehr schmeichelhafte Reputation eingetragen. Er hätte sich etwas ausdenken sollen, was besser zu dem Moment paßt."

Ich stieß den Oberlieutenant zurück, was mich nicht wenig Anstrengung kostete, und machte ihm Zeichen, sich zu entfernen. Er ging zu seinem Lager. Dann ertönte wieder Timoschas Stimme:

„Sie können auch nicht schlafen?"

„Nein", sagte der Oberlieutenant, „ich habe mir diesen paradiesischen Garten angesehen."

„Nun, wenn Sie durch den Garten gehen können", sagte Timoscha, „dann werden Sie sich ja wohl auch auf ein Pferd setzen können."

In diesem Moment knirschte etwas, die Tür der Orangerie wurde aufgerissen, was daran gemahnte, daß dieser Garten nicht endlos war, und im trüben Licht der chinesischen Laternen stand vor uns ein französischer Soldat mit einem Gewehr in der einen und einem Korb in der anderen Hand.

„Ist da wer?" fragte er heiser.

Herr Mender trat zu ihm und sagte auf französisch, mühsam nach Worten suchend: „Ich bin hier, Franz Mender. Sie wollen mich holen?"

Der Soldat sah ihn verwundert an.

„Was zum Teufel hab ich mit dir zu schaffen?" sagte er gutmütig. „Ich suche Stiefel. Du siehst ja, von meinen ist nichts mehr übrig, und ein Sieger darf nicht barfuß gehen."

„Ich habe keine Stiefel", sagte Herr Mender.

„Was hast du da an den Füßen?" fragte der Soldat.

„Meine Stiefel", sagte der Österreicher.

„Zieh sie aus", antwortete der Franzose. „Hoffentlich passen sie mir. Was meinst du?"

„Schämen Sie sich was!“ sagte ich vortretend. „Sie blamieren die Armee, Sie Räuber!“

Er wunderte sich nicht, als er mich sah, winkte ab und sagte: „Schämen, nicht schämen. Worte ... Was kann ich dafür, daß mir in Moskau warmes Quartier, Verpflegung und Erholung versprochen wurden? Sie sind von hier, Sie können sich was besorgen, aber ich?“

„Sie brauchten ja nicht hierher zu kommen!“ bemerkte Timoscha.

„Ach, hier sind noch mehr!“ sagte der Soldat ruhig. „Du Kind, wenn du einen Befehl bekommst, versuch mal, dich zu drücken. Ich würde diese verdammten Stiefel ja kaufen“, knurrte er, „aber ich habe euer verdammtes Geld nicht, und eure verdammten Läden sind alle ausgeplündert.“

Herr Mender zog schweigend die Stiefel aus. Der Soldat fuhr hinein und stampfte auf.

„Sie passen genau“, sagte er. „Das ist doch gleich was ganz anderes.“

Er klopfte dem Gouverneur auf die Schulter und wandte sich zur Tür. Schon im Gehen sagte er:

„Sie meinen, das Feuer kommt nicht hierher? Sie irren sich. Die Brandstifter sind sehr viele, und wie viele auch erschossen werden, die Flammen sind stärker.“ Er ging.

Herr Mender stand barfuß im grünen Gras. Neben ihm lagen die zerrissenen Stiefel des Franzosen.

„Sieh an“, lachte er, „auch die Gärten des Paradieses werden von Räubern aufgesucht.“

„Wissen Sie, Herr Mender“, sagte der Oberlieutenant, „ich an Ihrer Stelle hätte den Soldaten erschossen.“

„Es ist nicht edel“, sagte Timoscha spöttisch, „einen Menschen zu töten, der das Schuhwerk wechseln will.“

Der liebe Junge, er begann gegen den Oberlieutenant zu sticheln, das fiel mir auf. War er womöglich unfreiwilliger Zeuge der nächtlichen Szene in der Laube gewesen? Nichtsdestoweniger mußte ich an den nächsten Tag denken. Ich wartete den Morgen ab, wickelte mich in den Schal und machte mich, da es ganz unmöglich war, eine Droschke zu finden, zu Fuß auf den Weg zu unserer früheren Wohnstatt, um Stiefel für Herrn Mender und noch ein paar notwendige Dinge zu holen. Es war ein sonniger Morgen, aber ein scharfer kalter Wind wehte. Als ich aus dem Hause trat, spürte ich sofort Brandgeruch. Der aufdringliche, klebrige, scheußliche Geruch des Untergangs wurde mein Begleiter. Die Basmannaja war unversehrt, doch als ich sie verließ, bot sich mir ein grauenhafter Anblick: Das brennende Moskau. Unter den Sonnenstrahlen knisterten weißlich die Flammen, schwarze Ruinen rauchten, ein magerer alter Gaul galoppierte wie wahnsinnig durch die Boulevards. Madame Wurs hatte mich gebeten, die Sonne abzuwarten, denn bei Licht verringere sich die Gefahr, beraubt zu werden.

Schwer wiederzugeben, was mich dieser Spaziergang zwischen Feuer und Trümmern kostete. Die Glut versengte mir das Gesicht, Ruß bedeckte meine Kleider, niemand da, den ich um Hilfe bitten konnte. Erst gegen Mittag erreichte ich die Powarskaja. Sie entlangzugehen war noch schwerer, denn sie war schmal, und die Flammenzungen von beiden Seiten vereinigten sich über meinem Kopf zu einem brausenden Feuerdach. Ein paarmal verließen mich die Kräfte, und ich wollte schon umkehren, denn die Vergeblichkeit meines Unterfangens wurde mit jedem Schritt deutlicher. Barmherziger Gott, was für eine unerträglich schwere Last hast du mir in so kurzer Zeit auf meine zarten Schultern gelegt! So dachte ich, von Zweifeln gequält, den letzten Mut verlierend.

Und da, als meine Füße mir schon den Dienst versagen wollten, sah ich zu meiner größten Freude endlich unser Haus, heil und unversehrt, obwohl drum herum nichts wiederzuerkennen war. Ich sah mein Gebet erhört, und sicherlich war es dies, was mir half, nicht aufs Pflaster zu stürzen. Ich öffnete die Tür und trat ein. Ach, es war nicht mehr die frühere, wohlbekannte, bergende Wohnstatt – drinnen war das Unterste zuoberst gekehrt, und eine Anzahl französische Offiziere hatte sich einquartiert. Unsere verbliebenen Diener bedienten sie und verpflegten sie reichlich aus unseren Vorräten. Sie erzählten mir, betrunkene Soldaten hätten versucht, das Haus zu plündern, doch die Offiziere hätten ihnen Einhalt geboten.

Die Offiziere waren angenehm überrascht, als sie mich sahen, sie achteten nicht auf mein verrußtes Aussehen, sondern waren liebenswürdig, redeten mir im Chor zu, zu bleiben, und versprachen mir ihre Gönnerschaft. Ich lehnte jedoch entschieden ab. So gern ich großmütig und nachsichtig war, sosehr sie mir die Vorzüge des Lebens unter ihrem Schutz auszumalen trachteten, sie blieben für mich feindliche Offiziere. Überdies sagte mir der gesunde Menschenverstand, daß auch dieses Steinhaus im Reich des Feuers nicht ewig leben würde. Die Diener gaben mir einen Brief für Timoscha, der wie durch ein Wunder aus dem Dorf hierhergelangt war.

„Verfluchte Brandstifter“, sagte einer der Offiziere, „sie haben diese schöne Stadt in Schutt und Asche gelegt.“

„Warum bekämpfen Sie nicht den Brand?“ fragte ich.

„Wissen Sie, gnädige Frau“, antwortete ein anderer, „sie haben sämtliches Feuerwehrgerät aus der Stadt geschafft. Wir können nichts machen.“

Ich rief die Diener und hieß sie, die Kutsche bereitzumachen, aber damit war's nichts. Sie erklärten mir, alle unsere Pferde seien für die Armee requiriert worden mit Ausnahme einer hilflosen alten Mähre. Daraufhin befahl ich, dieses einzige Tier einzuspannen, um wenigstens einiges mitnehmen zu können. Doch alsbald stellte sich heraus, daß auch dieses letzte Pferd mir nicht zu nützen vermochte, da es in miserabler Verfassung war und sich nicht bewegen, geschweige denn eine Kutsche ziehen konnte. Was tun? Ich hatte nicht das Recht, über die Diener zu verfügen. Einer der Offiziere machte sich erbötig, mich zu begleiten, doch ich lehnte stolz ab, was ich hernach zu bedauern hatte. Ich packte das Notwendigste zu einem Bündel, fand ein Paar Stiefel für Herrn Mender und eilte zurück, um noch am selben Tag mit Hilfe meiner Männer einen Wagen aufzutreiben und mehr Eßvorräte und Gebrauchsgegenstände zu holen. Es war schon gegen Abend, als ich, zerschlagen und hungrig (im Hause hatte ich nicht an Essen denken können), das Haus verlassen wollte.

Da sah ich auf einmal meinen wunderschönen Pelzmantel, genäht aus den leichten warmen Fellchen eines berühmten sibirischen Tierchens. Schwer zu erklären, warum ich im letzten Moment beschloß, ihn mitzunehmen, vielleicht hatte der Gedanke, daß er sehr leicht war, mein fieberhaftes Bewußtsein beherrscht, vielleicht war es auch etwas anderes gewesen, jedenfalls nahm ich ihn über den Arm, als hätte ich nur bis zur Kutsche zu gehen, und machte mich, ohne an die Folgen zu denken, auf den Rückweg.

Der Brand breitete sich immer weiter aus. Es war fast taghell. Mir begegneten eine Menge französischer Soldaten und schmutzige Vagabunden, die geraubte Sachen schleppten. Ich hatte den Eindruck, Moskau sei der Plünderung ausgeliefert. Die Kerle, mit ihren Angelegenheiten beschäftigt, beachteten mich gar nicht. Ich sah sie ganze Tuch- und Seidenballen aus einem brennenden Laden tragen und mächtige Weinballons aus einem anderen zerren, über deren Inhalt sie sich sogleich gierig hermachten. Franzosen und Vagabunden handelten vereint, das war das Schlimmste.

Ich hatte eine Menge auszustehen auf meiner Wanderung durch das brennende Moskau. Ein besoffener Kerl verfolgte mich und versuchte unter wüsten Flüchen, mir das Bündel mit unseren Sachen zu entreißen. Da mußte ich an den Offizier denken, der mir seine Begleitung angeboten hatte. Der Räuber stand kurz vor dem Erfolg seiner Gemeinheit, wie ich auch schrie und mich wehrte, doch da kam zu meinem Glück von irgendwo eine Meute schmutziger Hunde angestürmt und warf sich auf ihn. Das war meine Rettung. Viele herrenlose Hunde streiften damals durch Moskau, dies war eine der Meuten, doch ihr Grimm richtete sich zum Glück nicht gegen mich.

Schon war der Anfang der Basmannaja in Sicht, doch meine Leiden gingen weiter. Zwei Räuber mit kahlrasiertem Kopf standen plötzlich vor mir, und daß es welche waren, daran gab es keinen Zweifel angesichts der Kaltblütigkeit, mit der sie mich stellten. Ich begriff, daß Widerstand keinen Zweck hatte, daß das Leben kostbarer ist als sämtliche irdischen Güter, zumal als ein Pelzmantel und ein nichtiges Bündel, und ich gab ihnen beides, bereit, die Flucht zu ergreifen, falls ihre Belästigungen weitergehen sollten. Aber auch diesmal war mir die Vorsehung gnädig, denn wie eine Vision aus einem orientalischen Märchen stand plötzlich ein schöner französischer Offizier zwischen uns, dessen kühnes Aussehen genügte, die Räuber in die Flucht zu schlagen. Er bot mir so liebenswürdig seine Begleitung an, und ich war so erschöpft, daß ich nicht nur einwilligte, sondern ihm überschwenglich dankte. Er ging neben mir her, in den Händen den unglückseligen Pelzmantel und das Bündel. Endlich erreichten wir die Basmannaja, und ich sah zu meiner Freude, daß der Brand sie nicht berührt hatte und unser jetziges Heim unversehrt war.

„Leben Sie schon lange hier?“ fragte er. „Schön, in dieser Hölle einer Landsmännin zu begegnen.“

„Ja, schon sechs Jahre“, antwortete ich, „ich habe mich an dieses Land gewöhnt, und es kommt mich bitter an, daß meine Landsleute Urheber dieses Alptraums sind.“

„O nein, Madame“, sagte er, „nicht wir haben Moskau angezündet.“

Wir erreichten das Palais Golizyn, und ich wollte mich verabschieden und ihm danken.

„Eine Minute, Madame“, sagte mein Retter und entfernte sich. „Eine Minute ...“

„Wo wollen Sie hin“, schrie ich, doch da war er schon weg mit dem Pelz und dem Bündel.

Ich weinte eine geraume Zeit, an die kalte Mauer des Palastes gelehnt, und flehte zu Gott, daß wenigstens der Brief, der mir geblieben war, kein Unglücksbote sein möge. Dann trocknete ich meine Tränen und sagte mir: Beruhige dich, Louise, Teuerste, das ist nur ein Schauspiel, du hast eine Rolle darin, alles wird gut, Hauptsache, du vergißt nicht den Text und spielst natürlich, du stirbst nicht etwa im Ernst.

Meine Freunde empfingen mich mit Freudengeschrei. In meiner Abwesenheit hatten sie sich Vorwürfe gemacht, auf mich gehört und mich allein gehen gelassen zu haben. Ich hatte selber das Gefühl, in einer anderen, fremden Welt gewesen zu sein, wo Kälte und Grausamkeit herrschten, wo entsetzliche Leute lebten, Menschen ohne Gutherzigkeit, ohne Moral und gänzlich blind. Aus dieser niederschmetternden Hölle war ich auf eine wundersame Insel geraten, die mit dichtem Grün bewachsen und von Vogelgezwitscher erfüllt war, eine Insel, die wohltuende Wärme und schönste Hoffnungen spendete. Ich brauchte nur Timoschas schwarze Augen zu sehen, die freudestrahlend auf mich gerichtet waren, sowie das Gesicht des Herrn Mender, noch nicht ganz frei von den kürzlichen Sorgen, und das zurückhaltende Lächeln meines nächtlichen Versuchers. Ach, ich hatte ihm längst verziehen! Ich wollte, daß meine Tat ihm imponierte. An Böses erinnerte ich mich nicht – man soll seinen Leidenschaften nicht erlauben, sich an solchen Tagen in Feindseligkeit zu verwandeln. Wie angenehm, wieder auf festem Boden zu stehen und den Duft der märchenhaften mitternächtlichen Blumen einzuatmen!

„Haben Sie nicht den Eindruck, daß ich aus dem Fegefeuer komme?" fragte ich, indem ich mich in Ordnung brachte.

„Du mein Gott", sagte Oberlieutenant Prjachin, „selbst wenn Sie aus der Asche kommen, sind Sie schön."

„Schwierige Umstände", bemerkte Herr Mender vielsagend, „erheben die Menschen. Durch die Asche, die Sie bedeckt, dringt Glanz."

Ich lachte und erinnerte mich voll Bitterkeit an meine Wanderschaft, denn die Bilder, die ich gesehen hatte, entsprachen nicht gänzlich den hohen Vorstellungen des gelehrten Österreichers.

Während wir plauderten und die Wiedersehensfreude genossen, zog Timoscha eine Kerze zu sich heran und las den Brief. Plötzlich ließ er den Kopf sinken und brach in Schluchzen aus. Wir stürzten zu ihm. Es war ein Brief aus dem Dorf, geschrieben von einem Stubenmädchen, und nachdem wir ihn gelesen hatten, verfinsterte sich der paradiesische Garten, und der scheußliche Brandgeruch übertäubte den Blumenduft.

„Seiner Wohlgeboren Timofej Michailowitsch Ignatjew, Powarskaja-Straße, im Hause des Generals Opotschinin.

Liebenswürdiger Timoscha, wir haben solchen Kummer in Lipenki, denn Ihr Herr Onkel wurde vor drei Tagen von Franzosen getötet.

Ich ging im Park bei der Laube spazieren und hatte in der Hand den roten Schirm Ihrer verstorbenen Frau Mutter Sofja Alexandrowna. Plötzlich hörte ich Pferde die Straße entlanggaloppieren, sie kamen direkt auf unser Tor zu. Ein Offizier von denen und zwei Dragoner. Sie ritten auf mich zu. Ich war ganz starr vor Schreck, dachte, sie würden mich erschießen. Der Offizier fragte mich in seiner Sprache, wer ich bin. Ich hab ihm in seiner Sprache, die ich der verstorbenen Sofja Alexandrowna verdanke, geantwortet, wer ich bin, ginge sie nichts an, und was sie wollten? Er ärgerte sich über meine Antwort, lenkte das Pferd gegen mich und sagte zu seinen Dragonern, ob sie schon mal solch eine dumme Gans gesehen hätten, die nicht kapiert, daß Krieg ist, und ich hätte seine Fragen genau zu beantworten. Ich hab das Pferd mit dem Schirm von mir ferngehalten, und die Dragoner lachten. Plötzlich seh ich den Herrn persönlich die Allee entlangeilen, den Stock in der Hand und bekleidet wie immer mit seinem einfachen Mäntelchen; hinter ihm ging unser Kusma. Der Offizier sah den Herrn und sagte zu seinen Dragonern, er möchte wohl wissen, was dieser lahme Affe antworten würde. Der Herr hörte es und sagte: Wer ist ein lahmer Affe, ich? Er schwoll an vor Zorn, zitterte, holte eine Pistole hervor und feuerte auf den Offizier. Der französische Flegel fiel vom Pferd. Ich habe fürchterlich geschrien, und ein Dragoner hat Ihren Herrn Onkel mit dem Säbel geschlagen, dann hat er den Offizier am Sattel festgebunden, und sie sind weggeritten. Ich habe Kusma zugerufen, was machst du, Kusma, bist du nicht Soldat? Hol das Gewehr! Aber die Napoleons waren schon verschwunden. Wir sind zum Herrn gestürzt, aber er waren schon kalt. Timoscha, er muß es vorher gespürt haben, denn er haben mir den Freibrief gegeben, und jetzt steh ich da mit dem Freibrief wie mit einem leeren Sack. Wo soll ich damit hin? Ihr seliger Herr Onkel, Gott schenke ihm das Himmelreich, haben mich geliebt und ausgezeichnet und verwöhnt. Wer braucht mich jetzt noch mit meinem dummen Freibrief? Wir haben den Herrn begraben. Die Herrin von Gubino, Madame Barbara Wolkowa, kamen und blieben noch einen ganzen Tag nach der Beerdigung, lasen immerzu im dicken Heft des Herrn und weinten sehr heftig, fuhren dann weg und sagten zu mir, Arina, dies Heft nehm ich mit, das heb ich auf für Timoscha, da steht viel über mich drin. Ja, Timofej Michailowitsch, wir sind jetzt verwaist, geb's Gott, daß Du wenigstens heil bleibst. Ich werde auf Dich warten, Du unser lichter Falke, ich werde Dein Nest behüten, und wenn Du dem Dragoner begegnest oder anderen, dann denk an Deinen armen Onkel.

Ich küß Dich auf beide Wänglein und bleibe Euer Wohlgeboren treue Dienerin

Arina Bataschowa."

Timoscha weinte, und Herr Mender saß totenbleich, schweigend, unbeweglich und mit geschlossenen Augen im weißen Gartensessel. Der Garten duftete nach wie vor, aber der Brandgeruch wurde immer spürbarer. Die Diener jammerten in ihrer Hälfte, Oberlieutenant Prjachin begab sich zu ihnen, und ich dachte mir, daß er sie beruhigen wollte, denn er blieb ziemlich lange weg, und als er wiederkam, entfuhr mir ein Schrei, denn vor mir stand ein fast unbekannter Mushik mit einem kleinen Bündel in der einen Hand und einem Stock in der anderen.

„Ich gehe", sagte er gereizt, „das ist nicht zu ertragen! Moskau ist abgebrannt, und ich bin Waise! Ich habe meine Mutter verloren. Dieser Garten hängt mir zum Halse heraus. Der Schatten General Opotschinins steht vor mir. Ich werde versuchen, aus Moskau herauszukommen. Die Franzosen", sagte er zu mir, „haben genug von unserm Blut gesoffen, und die Deutschen sind mit ihnen im Einverständnis", dies sagte er zu Herrn Mender, „von jetzt an lasse ich keinen Dragoner mehr aus, du mein Gott. Jeder Dragoner ist ein Mörder!" Er hielt seine Rede immer in demselben Ton, als wäre er nicht auch Dragoner, und sah dabei sehr schön aus, und ich hätte ihn zum Abschied gern umarmt, so wie man Helden umarmt. „Ihr Kaiser", fuhr er fort und sah mich durchdringend an, „der ist wahnsinnig, der räudige Korse, und Ihr Onkel", dies zu Timoscha, „hat sich als jämmerlicher Provinzwaschlappen entpuppt und als Handlanger eines Usurpators ... während das Vaterland verblutet ... Mittagessen mit Champagner ... du mein Gott, Gespräche mit einem Dragoner!" Tränen rannen ihm übers Gesicht, er rang nach Luft.

„Besinnen Sie sich, mein Herr", sagte Timoscha ruhig, „aber ich werde das nicht vergessen, seien auch Sie eingedenk, was Ihre Pflicht ist."

Ich machte einen Schritt zum Oberlieutenant, um seine beleidigende Rede zu unterbrechen, deren er nicht mehr Herr war, aber er wandte sich jäh um und lief aus der Orangerie. Alle schwiegen.

Am Morgen erschien verängstigt Madame Wurs und erzählte uns, daß der Brand die Basmannaja erreicht habe. Zwar brennten vorerst nur ein paar Holzschuppen am Anfang der Straße, doch der Herbstwind werfe die Funkengarben nach allen Seiten, und man müsse auf das Schlimmste gefaßt sein. Wir frühstückten eilig in ihrem Flügel, und unsere Mahlzeit verlief in sorgenvollem Schweigen. Je verzweifelter meine Lage wurde, desto mehr Kraft und Entschlossenheit fand ich in mir. Ich begriff, daß es jetzt zu handeln galt und nicht mit den Händen im Schoß dazusitzen. Es tat mir bitter leid, daß ich neulich keine Kutsche beschafft hatte, um notwendige Dinge herbringen zu können, auch hatte ich wohl zuviel Skrupel gehabt, da ich den Dienern nicht befahl, mich zu begleiten, wir hätten vieles aus dem Hause mitnehmen können und stünden jetzt nicht am Rande des Abgrunds, denn unsere Proviantvorräte gingen zur Neige, und dort wurden sie von feindlichen Offizieren verbraucht, und ob unser Haus überhaupt noch stand, wußten wir nicht. Ich sagte zu Mender, ich wolle nochmals dorthin, um sämtliche Diener auf die Beine zu bringen, und unser Leichtsinn könne uns teuer zu stehen kommen.

„Ich gehe mit!" sagte Timoscha und stand vom Tisch auf. „Ich bin gesund. Sie dürfen nicht allein los."

Unwillkürlich warf ich einen Blick auf seine Hände, sie waren keineswegs mager, sondern stark, mit breiten Gelenken, und er selbst war groß, wenn auch ein wenig gebückt.

„Nein, nein", sagte Herr Mender entschlossen, „ich gehe allein. Streiten Sie nicht mit mir, liebe Louise. Ich kenne die Diener. Auf mich werden sie hören. Sie meinen, ich bin ein hilfloser und jämmerlicher österreichischer Gouverneur? Nein, gnädige Frau, ich bin Offizier und weiß für mich einzustehen, zumal ...", er senkte den Kopf, „zumal ich schon entdeckt bin und mich nicht mehr zu verstecken brauche."

„Wieso entdeckt?" rief ich.

„Sie meinen, der französische Soldat wäre wegen der Stiefel gekommen?" sagte Mender traurig. „O nein, er wollte sich vergewissern, daß ich hier bin. Offenbar ist es noch nicht an der Zeit, mich zur Verantwortung zu ziehen, und ich kann gänzlich ohne Bedenken durch Moskau gehen." Er stand entschlossen auf.

„Warten Sie", sagte ich verzweifelt, „sind Sie sicher? Vielleicht täuschen Sie sich?"

„Meine Teure", antwortete er, „mit Ihrer liebenswerten Naivität ist es leicht, einen Spion für einen gewöhnlichen Marodeur zu halten, aber ich habe scharfe Augen."

Er war so entschlossen und sprach mit so strenger Trauer, daß ich nachgab wie ein Schulmädchen.

Er ging, Timoscha und ich kehrten zurück ins Paradies, das, wie wir nun wußten, auch den Stürmen ausgesetzt war. Unterwegs legte er mir den Arm um die Schultern, seine starke Hand wärmte und beruhigte mich, und als ich mich in den weißen Gartensessel setzte, hielt er mich noch immer umarmt. Ich war so klein, so hilflos neben ihm! Am liebsten hätte ich mich an ihn geschmiegt und mich ausgeweint. Er tröstete mich, der liebe Junge, und ich stellte ihn mir plötzlich in Militärmontur vor. Sie würde ihm zweifellos stehen, aber was weiter? Die schwarzsamtenen Augen im bleichen Gesicht, die starke Hand, die die Zügel hält, das Gold der Epauletten, die Schlange der Achselschnur – all das, wovor wir uns beständig verneigen, aber wozu brauchen die Männer diese üppige, schnörkelreiche und vielsagende Gewandung? Um unser Herz zu gewinnen? Naive Annahme. Also um durch das eigene Aussehen zum lautstarken Sieg beizutragen? Und wenn es zur Niederlage kommt? Dann würden sie sich von selbst in Lumpen verwandeln. Des ruhmreichen Endes wegen? Um auf dem Schlachtfeld zu liegen in Kleidern, die zum Auserwähltsein passen, und nicht einem schmutzigen Räuber zu gleichen, den die Menge zerfleischt hat?

Er gab mir einen sachten Kuß auf die Wange. Ich hätte mit einem unfrohen Scherz reagieren sollen, aber ich hatte keine Kraft.

„Ach, Timoscha, Timoscha“, sagte ich und schluckte Tränen herunter, „wie soll diese blutige Geschichte enden? Ob es uns nicht beschieden ist, uns künftig wieder mit gewöhnlichen Dingen zu beschäftigen?“

„Ich bin so glücklich, daß Sie bei uns sind“, rief er mit seiner üblichen Überschwenglichkeit. „Wissen Sie, Louise, ich habe in einem ironischen Buch gelesen, der Krieg werde denen herabgesandt, die sich sorgfältig auf die Verteidigung vorbereiten.“

„Sie glauben an Aphorismen?“ fragte ich.

„Natürlich nicht“, sagte er, „läßt sich das etwa auf unglückliche amerikanische Wilde beziehen, die von bewaffneten Europäern überfallen werden?“

„Gewiß“, sagte ich. „Aber sie schmücken sich ja auch mit Farben und Federn. Ach, Timoscha!“

Herr Mender kehrte erst gegen Abend mit leeren Händen zurück. Er sah völlig verstört aus. Schwerfällig ließ er sich in seinen weißen Sessel fallen, und ich begriff, daß das Schlimmste geschehen war.

„Stellen Sie sich vor“, sagte er resigniert, „Ihre Vermutungen haben sich bewahrheitet – unser Haus ist abgebrannt.“

„Ganz und gar?“ rief Timoscha verwundert.

„Oh, die Wände stehen noch.“ Herr Mender lachte sonderbar. „Aber alles andere ist weg: die feindlichen Offiziere, vor denen ich solche Angst hatte, die Dienerschaft, unsere Sachen.“ Er wakkelte greisenhaft mit dem Kopf. „Ich hatte solche Angst vor einer Begegnung mit Franzosen, und ich habe auf dem Hin- und Rückweg viele getroffen, aber keiner hat sich für mich interessiert. Da muß etwas Ernstes geschehen sein. Ja, der Kreml brennt, und Kaiser Bonaparte hat ihn verlassen. Vor meinen Augen haben Räuber einen Menschen umgebracht. Die Franzosen werden mich doch nicht etwa vergessen haben?"

Seine nebelhaften Anspielungen, die Rätselhaftigkeit, mit der er sich von Zeit zu Zeit umgab, all das schien mir nicht sehr passend, gleichwohl fand ich die Kraft, ihm möglichst munter zu sagen:

„Nun gut, nehmen wir das Leben, wie es ist. Wehklagen können nichts ändern." Mir schien, daß nicht ich so sprach, sondern eine unbekannte, starke, geduldige Frau, die im Leben genug gesehen hat.

Sicherlich, mit vierundzwanzig ist man längst nicht mehr jung, aber auch noch nicht so alt, daß man von überzeugender Lebenserfahrung gelenkt würde. Was vermochte ich schon, behaftet mit zwei schutzlosen Menschen, von denen der eine fast noch ein Knabe und der andere am Rande des Wahnsinns war? Wir lebten in einer gänzlich fremden Welt. Das Moskau, wo es mir an nichts gefehlt hatte, wo ich von zahlreichen Verehrern vergöttert wurde oder zumindest auf ihre Dankbarkeit und Wärme zählen durfte, es existierte nicht mehr. Ich fühlte mich stark und fähig, mich harten Bedingungen anzupassen, und das stützte mich. In unserm Märchengarten sangen die Vögel jetzt auch in der Nacht, weil der scheußliche Brandgeruch sie nicht schlafen ließ. Ich wußte schon, was außerhalb unserer Glaswände vorging. Selbst ein so gewaltiges Bauwerk wie der Palast des Fürsten Golizyn schien nicht mehr unangreifbar. Die Flammen drangen überall hin und die Räuber erst recht. Eßvorräte hatten wir fast gar keine mehr.

Eines schönen Morgens (wenn man das Grauen ringsum so nennen kann) entdeckten wir, daß unsere Diener verschwunden waren. Das war zu erwarten gewesen. Herr und Frau Wurs verpflegten uns mit, so gut sie konnten. Endlich teilte uns der gut unterrichtete Architekt mit, Herr Mender könne Mitglied der von der französischen Administration eingerichteten Munizipalität werden, dann werde er Lebensmittel erhalten. Herr Mender zuckte die Achseln und machte sich sofort auf den Weg. Er war merkwürdig aufgelebt, und sein Gesicht zeigte statt der üblichen Blässe der letzten Tage Röte. Er hatte es sogar eilig. Er ging mit dem Architekten, der auch auf eine Stelle in der Munizipalität hoffte.

„Es muß sich etwas verändert haben", sagte Herr Mender im Gehen, „ich weiß nicht, was, aber die Franzosen meiden mich mit Bedacht!" Er lachte. „Ich fürchte, Fortuna ist gegen mich. Sicherlich ist mein Platz schon besetzt. Wenn sie mich nicht als Opfer brauchen, warum sollen sie mich dann verpflegen?"

„Ich muß Sie begleiten", sagte ich, „ich kann Sie nicht allein lassen. Auf jeden Fall muß ich wissen, wo diese verdammte Institution sich befindet."

„Franz Iwanowitsch", rief Timoscha, „Sie dürfen ihnen nicht dienen, nein! Was für ein Amt werden Sie dort haben? Sollten wir wirklich kein Brot für uns finden? Tun Sie das nicht, mein Bester!"

„Franz Iwanowitsch wird in der städtischen Munizipalität dienen", sagte der Architekt, „das ist ein Beraterposten. Er wird ein Band über der Schulter tragen. Haben Sie nicht den Wunsch, daß in Moskau Ordnung herrscht?"

Herr Mender zuckte wieder die Achseln, ich warf den Schal um (alles, was mir an warmen Sachen geblieben war), und wir gingen los. Die Basmannaja brannte. Die Flammen, vom Wind angefacht, schlugen zum Himmel. Das Palais Kurakin brannte lichterloh, aus den Parterrefenstern warfen Soldaten und Mushiks Gegenstände heraus.

„Louise“, sagte Herr Mender und blieb plötzlich stehen, „ich habe ein ungutes Gefühl. Ich will nicht, daß Sie mitgehen. Dort ist Timoscha. Ich bitte Sie …“

Ich sträubte mich nicht lange und kehrte zurück. Unser wunderschöner Garten qualmte, und Madame Wurs schrie, der Brand habe auf unsere Zuflucht übergegriffen. Konnten wir, durch die Verluste und die tagelange Unruhe zermürbt, um unsere Behausung kämpfen? Und wie hätten wir das tun sollen? Ich versuchte, das Kommando in die Hand zu nehmen, und hieß Timoscha die Betten auf die Straße zu tragen; er hastete durch den Qualm, bemüht, meine Bitte zu erfüllen, und auf Jünglingsart darauf bedacht, seine Würde zu wahren; ich preßte irgendwelche Gegenstände an die Brust, die Vögel schrien gellend, flehten um Hilfe, hinter der dünnen Tür der Orangerie knirschte etwas, ein Stöhnen oder Schrei ertönte hinter den Wänden. Klirrend platzten Scheiben über uns, die Vogelstimmen verstummten.

Wir stürzten davon. Durch einen Feuerkorridor liefen wir auf die Straße, fanden eine flammengeschützte Stelle und blieben schwer atmend stehen. Madame Wurs war bei uns, sie schluchzte und rief nach ihrem Mann. Das unerträgliche Poltern des sterbenden Gebäudes zerriß uns das Herz. Wir hätten mit geschlossenen Augen fliehen sollen, aber wir konnten es nicht, weil unsere Männer jeden Moment auftauchen mußten. Das Feuer vernichtete alles entsetzlich schnell und böse. Es war heiß und hell, als ob es Mittag wäre, dabei hing über uns längst ein unguter schwarzer Himmel.

Wir hatten eine vergleichsweise sichere Stelle gefunden und richteten uns ein, ohne noch auf etwas zu hoffen. Unsere Kräfte waren am Ende. Nur ein Augenblick schien vergangen, und vom Palast des Fürsten Golizyn standen nur noch rauchende

Wände, unsere wunderschöne Orangerie war ein Trümmerhaufen. Alles war aus. Wir hatten alles verloren außer den Kissen, die Timoscha herausgetragen hatte, und einer alten Weste des Herrn Mender, die ich verzweifelt an die Brust drückte.

Völlig erstarrt saßen wir bis zum Morgengrauen. Plötzlich begann es zu regnen, der erste Regen seit Beginn des Moskauer Grauens. Er nahm immer mehr zu. Nur er konnte das Feuer bekämpfen, aber er kam zu spät, es gab nichts zu retten, Moskau existierte nicht mehr. Wir saßen auf irgendwelchen kalten Brettern, Timoscha hatte mir den Arm um die Schultern gelegt und flüsterte mir Aphorismen irgendwelcher Glückspilze aus einer anderen Welt ins Ohr.

Endlich kam Herr Wurs, allein. Sein Gesicht war grün. Was mit uns geschehen war, wunderte ihn überhaupt nicht. Mit flatternden Händen knöpfte er seine Weste auf, schloß sie sorgfältig Knopf um Knopf, und das immer wieder. Madame Wurs fiel ihm schluchzend um den Hals. Ich hielt Ausschau nach dem offenbar zurückgebliebenen Herrn Mender, aber er kam nicht. Eine ganze Weile verging, bis Herr Wurs sich ein wenig gefaßt hatte und sprechen konnte. Hier seine Erzählung.

Die Erzählung des Herrn Wurs

„Ich hatte Herrn Mender gewarnt, Damen und Herren, ich hatte ihn gewarnt, wir müßten vorsichtig sein. Ist Moskau jetzt vielleicht ein Platz für unbedenkliche Spaziergänge? Er aber mit seinem blöden Fatalismus lächelte wie ein Kind und hörte nicht auf mich, versuchte nicht, wie ich ihm geraten, einen Umweg zu machen, sondern hatte es eilig, schnellstens zur Twerskaja zu kommen, der Verrückte im grauen Frack, anstatt eine Weile in den Ruinen zu warten, weil überall Räuberbanden und französische Patrouillen herumliefen, alle wahrscheinlich betrunken und voller Haß gegeneinander. Der arme Herr Mender, ich warnte ihn, ich flehte ihn an, was tat ich nicht alles, Damen und Herren, ich bat ihn, nicht so schnell zu laufen, denn mein Herz machte nicht mehr mit, er tröstete mich mit österreichischem Leichtsinn, obwohl ich jetzt weiß, daß es Wahnsinn war, er hielt mich ganz fest bei der Hand, ich kam nicht dagegen an, und wir liefen wie zwei sorglose Kinder über Ziegel, Balken, Asche, stolpernd und röchelnd, und niemand rührte uns an, und ich dachte schon, daß er vielleicht recht hatte, wenn er sich nicht verstecken wollte, denn wir sahen ganz anders aus als alle, denen wir begegneten, für Räuber zu unbekümmert, für friedliche Einwohner zu zielstrebig. Vielleicht hatte er recht, Damen und Herren, und wir hätten weitereilen sollen, aber mein Herz machte nicht mehr mit, wir liefen in einen halbverbrannten Hof, und ich setzte mich auf einen feuchten Balken. Aber Herr Mender hatte keine Ruhe, er verließ mich, lief durchs Tor, um sich umzuschauen, wie er selber sagte, und dann geschah folgendes. Ich hörte zunächst einen Anruf, dann ein Gespräch auf französisch, ich kroch von meinem Balken in Schmutz und Asche und hörte:

‚Dich suchen wir grade', sagte jemand.

‚Gewiß', sagte Herr Mender sehr ruhig.

‚Bist du Russe?'

‚Ja, ich bin Russe', antwortete Herr Mender.

‚Man sieht, ein Brandstifter', sagte einer der Franzosen.

‚Er trägt einen Frack', sagte ein anderer. ‚Ein russischer Herr, ganz was Neues. Adlige als Brandstifter?'

‚Warum sollte der einfache Mushik Brände legen?' widersprach der erste. ‚Aus einem heilen Hause läßt sich mehr wegschleppen, wozu es anzünden? Das sind die Herren, diese Kanaillen, die die Stadt anzünden! Bist du ein Brandstifter?'

,Im philosophischen Sinne ja', lachte Herr Mender. ,Ich wußte, daß wir uns begegnen würden.'

,Er ist verrückt', sagte der Franzose.

,Was ist?' fragte jemand, der hinzugekommen war.

,Ein Brandstifter, Herr Hauptmann, er hat es selbst zugegeben.'

,Also keine Umstände', sagte der Hauptmann. ,Gebt ihm, was ihm zusteht.'

Sodann hörte ich sich entfernende Schritte, und es wurde still. Plötzlich knackte etwas, eine Salve krachte, und ich verlor das Bewußtsein. Ich kann nichts dafür, Damen und Herren, alles ging viel zu schnell, und was hätte ich auch tun sollen? Erst in der Nacht kam ich zu mir. Ich kroch aus meinem Versteck, ich weinte, die Angst schwand, ich suchte die ganze Umgebung ab, um den Leichnam des armen Herrn Mender zu finden, doch vergeblich."

Ich kann unsern Kummer nicht beschreiben. Nicht nur die Stadt war vernichtet, auch unser Leben war es, wir waren kaputt und niedergedrückt, wir sahen mit leeren, gedankenlosen Blicken in die Runde und aufeinander und begriffen gar nichts. Es regnete weiter, die Feuersbrunst kam allmählich zur Ruhe, überall ein ungeheuerliches Zischen, wie Öl in einer gigantischen Bratpfanne. Wir mußten einen Unterschlupf suchen, Hunger und Kälte setzten uns zu. Das Ehepaar Wurs machte sich auf zu irgendwelchen Bekannten. Wir verabschiedeten uns kühl wie Fremde, weil wir einfach nicht mehr die Kraft hatten für Worte und Tränen und gute Wünsche. Timoscha warf die durchweichten Kissen weg, letzte Erinnerung an unser Glück, legte mir den Arm um die Schultern, und wir gingen der Nase nach.

„Oh, ich bin Historiker", hatte der arme Herr Mender gern gesagt, „ich grüble viel über die verschlungenen Wege des Schicksals. Ich bin endlich eingedrungen in die Geheimnisse der menschlichen Beziehungen und habe begriffen, daß selbst die zufällige Geste eines namenlosen Spießbürgers eins ist mit der Geschichte der ganzen Menschheit. Nichts geschieht einfach so, alles folgt Gesetzen, die von oben erlassen sind. Nachdem ich dies erkannt hatte, hörte ich auf, mich über die vermeintliche Absurdität menschlicher Handlungen zu wundern. Jede Handlung wird uns eingegeben, um uns zu prüfen, abzukühlen, zur Besinnung zu bringen. Gute Absichten haben mitunter böse Auswirkungen. Ihre Revolution, liebe Louise, hat die Stände rechtlich gleichgestellt. Oh, wie prächtig sie das herausposaunt hat! Aber sie hat sie nicht in den Privilegien gleichgestellt und schon gar nicht in den Sitten. Die Franzosen haben ihre stolzen Banner hierhergebracht und unter ihrem Schutz ein ganzes Land verwüstet." – „Vom Krieg her soll man Menschen nicht beurteilen", sagte ich. „Grade in Katastrophentagen, liebe Louise, soll man die Menschen beurteilen, nicht wenn sie unter dem wachsamen Auge der Polizei leben", entgegnete Herr Mender.

Ich weinte, als ich mich daran erinnerte, während ich mit Timoscha durch das niedergebrannte und ausgeplünderte Moskau irrte. Was sind wir jetzt? dachte ich entsetzt. Wir sind Bettler ohne Nahrung und Obdach, hilflos wie Kinder gegenüber Gewalt und Habsucht. Timoscha tröstete mich, so gut er konnte. Vor Kälte schlotternd, dachte er sich die unglaublichsten Phantasien aus, die wohl gar einen Toten hätten aufmuntern können, nicht aber mich, die ich aus der Schale des Leidens getrunken hatte. Wir schauten in heilgebliebene Häuser hinein, aber sie waren voller Franzosen, und ich hatte nicht die geringste Lust, mich in einer Kaserne wiederzufinden.

Aber dem Schicksal gefiel es, uns nicht umkommen zu lassen. Es führte uns zu den Klaren Teichen, und wir entdeckten verwundert, daß dieser Bezirk vom Brand fast unberührt war. Zwar waren an ein paar Häusern die Fenster eingeschlagen, aber wir durften hoffen, irgendeinen Raum zu finden, wo wir uns trocknen und über die weitere Zukunft nachdenken konnten. Ich fühlte mich wie neugeboren. Welches Glück, jung zu sein, dachte ich, selbst eine kleine Hoffnung ist geeignet, die Seele zu heilen, die noch nicht vom Alter zerstört ist! Ich sah, daß auch Timoscha wieder Mut faßte, und das freute mich.

Wir wählten ein einstöckiges Steinhaus, dem auch die Fenster fehlten, aber ein stärkerer Wille hieß uns, die Tür zu öffnen und einzutreten. Wir sahen uns in einem geräumigen Vestibül voller Ziegelbruch, Bretter und allerlei Plunder; Glassplitter knirschten unter den Füßen, die Holztreppe, die zum ersten Stock führte, war unversehrt, sie schwang sich graziös hinauf über die Verwüstung, wie um märchenhafte Glückseligkeit zu verheißen. Seit wir nichts mehr besaßen, hatte ich keine Angst mehr, beraubt zu werden. Unser Aussehen würde in keinem Räuber das Verlangen geweckt haben, uns zu überfallen. Was meine Ehre als Frau betraf, so war ich entschlossen, sie bis zuletzt zu verteidigen, wohl gar bis zum Allerschlimmsten. Die wissen wohl nicht, wozu eine Französin fähig ist, wenn sie zur Verzweiflung getrieben wird, dachte ich und horchte in das leere Haus hinein.

Langsam stiegen wir zum ersten Stock hinauf. Vor uns war eine Tür. Ich öffnete sie. Wir sahen ein ziemlich großes Zimmer ohne Möbel, doch es war sauber, und die gestrichenen Dielen schienen fleißig gebohnert, in den Fenstern waren die zerschlagenen Scheiben da und dort durch Pappe ersetzt, und an den Wänden hingen friedliche Porträtgemälde in schweren Rahmen, in einer Ecke lagen auf Stroh irgendwelche Gegenstände unter einer Pferdedecke. Zwei Türen rechts und links führten in andere Räume. Wir klopften an die linke. Keine Antwort. Timoscha öffnete, und wir betraten ein durchaus bewohntes Zimmer, wo alles vorhanden war: ein zugedecktes Bett, Bücherschränke voller Bücher, Sessel, Kerzenleuchter, ein Tisch mit beschriebenem Papier, ein Tintenfaß voller Tinte, wie Timoscha bemerkte. Wir gingen in das Zimmer gegenüber, es war ebenfalls bewohnt, enthielt Bücher, ein Sofa mit Kissen und Decke, ein altertümliches Schreibpult am Fenster, das auch mit Pappe geflickt war; eine angebrochene Weinflasche und ein großer Kanten Roggenbrot auf einem Spieltisch vervollständigten freundlich die Einrichtung. Ich erkannte betrübt, daß wir uns entfernen mußten. Wir scheuten uns nicht, das fremde Brot zu halbieren, weil der Hunger unerträglich geworden war, und kehrten in den ersten Raum zurück. Da sah ich, wie sich unter der Pferdedecke ein französischer Soldat herausrappelte. In der Hand hielt er eine Pistole. Sein Gesicht war voller Argwohn.

„Was zum Teufel suchen Sie hier?" fragte er heiser.

„Entschuldigen Sie, mein Herr", antwortete ich vollkommen ruhig, „aber die Haustür war nicht verschlossen, und wir glaubten das Haus leer ..."

„Wieso zum Teufel nicht verschlossen", schrie er drohend. „Ich habe selbst die beiden Riegel vorgeschoben." Er senkte die Pistole, blickte aber noch böse. „Sie sind Franzosen?"

„Ja", sagte ich, „und ich hatte auf einen liebenswürdigeren Empfang gehofft."

„Liebenswürdig", knurrte er, „kommen Sie vom Mond? Hier wohnt der Herr Obrist, und der kann Bittsteller nicht ausstehen."

Der Soldat war nicht mehr jung, von niedrigem Wuchs und stammte, nach seiner Aussprache zu urteilen, aus der Gegend von Dijon. Ein französischer Soldat, dachte ich, während ich ihn betrachtete, wie seltsam: mein Landsmann mit einer Pistole in der Hand an den Klaren Teichen, dürre Grashalme in den Haaren, bereit zu schießen (wenn er gewußt hätte, daß ich das Brot seines Herrn aß!).

„Wenn der Herr Obrist erfährt, daß die Tür offenstand", sagte Timoscha, „und du im Heu eingeschlafen bist, wird er dir nicht Dankeschön sagen."

Schwer zu sagen, wieviel Zeit mit solchen Zänkereien vergangen war, da öffnete sich plötzlich die Tür, und ein französischer Obrist trat ins Zimmer, gefolgt von einem sonderbaren Herrn. Dieser trug eine Redingote aus hellbraunem Tuch, längst nicht mehr neu, und schwarze Stiefel. Ein hoher schwarzer Filzhut vervollständigte seine Kleidung, unter der Krempe fielen lange angegraute Haarsträhnen herab, auf seinem mageren, schlecht rasierten Gesicht war eine grämliche Grimasse erstarrt, seine kleinen, stechenden braunen Augen funkelten aus dunklen Höhlen, in der Hand hielt er einen Stock von eindrucksvoller Dicke, seine Bewegungen waren heftig und ungezwungen.

Wir standen da wie verurteilt. Unsere Lage war nicht angenehm, wir waren in ein fremdes Haus eingedrungen, hatten fremdes Brot gestohlen, waren auf frischer Tat ertappt und mußten Rede und Antwort stehen, aber die schlimme Zeit und die allgemeine Not und unser trübsinniges Aussehen und Gott weiß was noch verwandelten unser Verbrechen in eine Farce, und uns dafür zu richten ging nicht an. Ich hätte jeden Moment losschluchzen mögen, und Timoscha war bleich von der Demütigung, aber der französische Obrist sagte durchaus teilnahmsvoll:

„Ich sehe Leiden in Ihren Gesichtern, meine Herrschaften. Diese schöne Stadt hat sich auch für Sie als zu schroff erwiesen. Was tun? Man wird eine kleine Kommune einrichten und versuchen müssen, vor dem Hintergrund der Weltkatastrophe den Gedanken an die Überlegenheit der Vernunft über den Instinkt zu stärken. François", sagte er zu dem Soldaten, „kümmern Sie sich darum."

„Oh", rief der Soldat, „noch mehr Münder, Herr Obrist! Und im heutigen Moskau ist jeder Mund ein bodenloser Abgrund."

„Nichts leichter, als unsere Vorräte in fünf statt in drei Teile zu teilen", sagte der Obrist.

Dank unserer unfreiwilligen Frechheit geriet im Hause alles durcheinander. Das rechte Zimmer bekamen Timoscha und ich, und der Herr in der Redingote, dessen Miene feindselig blieb, zog in das linke zu dem Obristen. François hüpfte durchs Haus wie ein eifriges Vögelchen, schleppte Heu, trug Sachen von einem Zimmer ins andere. Inzwischen brachten wir uns in Ordnung, soweit die Umstände es zuließen.

Das Haus gehörte, wie wir erfuhren, dem Herrn in der Redingote, es war schon zum Tode verurteilt, doch durch einen glücklichen Zufall überraschten der Obrist und der Hausherr die plündernden Soldaten. Ein paar Schüsse von beiden Seiten, die Räuber bekamen es mit der Angst und verschwanden. Allerdings waren die Hausherren mit einiger Verspätung erschienen, so daß vieles bereits zerschlagen und vernichtet oder verschwunden war, aber im ersten Stock konnte manches Stück gerettet werden, dort ließ es sich leben.

Timoscha griff nach den Büchern, aber er blätterte zerstreut und beantwortete meine Fragen mehr aus Höflichkeit. Er hatte sich überhaupt in den letzten Tagen sehr verändert, und seine Vorliebe für Scherze, selbst in schwierigen Momenten, war erloschen. Woran er jetzt dachte, konnte ich nicht erraten, seine Seele war mir verschlossen. Es hatte einen Knacks gegeben in dem jungen Menschen, obwohl ich merkte, daß die mir unbekannten geheimen Leidenschaften weiterhin in ihm tobten.

Wir waren fürs erste gerettet, aber unsere Zukunft war davon nicht klarer geworden. Nachdem wir Schmutz und Asche abgewaschen hatten, sahen wir wieder wie Menschen aus, überdies hatte ich, so gut ich konnte, meine Frisur gerichtet. Endlich kam François und lud uns zum Abendessen ein. Mein Gott, wie das klang! Feierlich gingen wir hinüber ins Zimmer des Obristen, wo im Kamin Bretter brannten und auf dem kleinen Tisch neben einem Laib Schwarzbrot ein Stück Armeeschinken lag, während die angebrochene Weinflasche diesen traurigen Überfluß krönte.

„Unser Volk ist es nicht gewöhnt, sich selbst überlassen zu werden“, sagte der Hausherr eben, als wir eintraten, „es bedarf der ständigen Bevormundung. Ihr französischer Teufel, den Sie geweckt haben, entspricht nicht unseren Neigungen. Für Sie mag er gut sein, aber wenn ich danach gehe, wie eilig Sie es hatten, in Frankreich einen Kaiser zu etablieren, dürften seine verführerischen Einflüsterungen Sie auch nicht mehr gelockt haben.“

„Je nun“, entgegnete der Obrist durchaus liebenswürdig, „das Kaiserreich hat uns dennoch nicht in die Sklaverei zurückgeführt. Gewiß, in den neunziger Jahren haben wir viel von unserm Blut vergossen in der Hoffnung, auf diese Weise neue wertvolle Losungen in der Gesellschaft zu befestigen. Ich sehe, wie Ihre Augen bei dem Wort ‚Blut‘ zu glühen beginnen, aber haben Sie etwa weniger eigenes und fremdes Blut vergossen, bei dem Versuch, Ihre Ordnung in Europa zu etablieren?"

Der Obrist bat uns liebenswürdig zu Tisch, und wir machten uns über die Mahlzeit her.

„Wenn der Korse nach Borodino, statt nach Moskau zu eilen, auf die Kalugaer Straße eingebogen wäre und uns vom Verpflegungsnachschub abgeschnitten hätte, würde die russische Armee kaum noch existieren", sagte der Hausherr, „dann gäbe es statt ihrer eine Menschenmenge von verständnislosen Patrioten. Die Verständnislosigkeit würde sie zwingen, nachzudenken über die Ursachen des Blutvergießens und vieles andere, was unsere Gesellschaft erniedrigt. Und wenn der Mensch nachzudenken beginnt, ist er der Wahrheit schon nahe."

„Für Sie scheint dieser blödsinnige Krieg nur ein Anlaß zum Nachdenken zu sein", lachte der Obrist.

Das Gesicht des Hausherrn verzog sich.

„Als ob es Kriege gäbe, die nicht blödsinnig sind!" knurrte er. „Trinken Sie, trinken Sie. Da wir alles verloren, möchte ich wenigstens für die Zukunft Nutzen ziehen. Inzwischen bemühen Sie sich, in Moskau Fuß zu fassen, warm zu werden, sich herauszufuttern, Mut zu schöpfen, um nicht in den Augen der Weltmeinung abzusinken. Wie ich höre, hat der Korse angeordnet, die Comédie Française aus Paris kommen zu lassen?"

„Glauben Sie mir", sagte der Obrist, „wir gehen einer düsteren Zukunft entgegen. Moskau ist vernichtet, die Armee demoralisiert, die Kavallerie zugrunde gegangen; wenn uns jetzt noch der Winter ereilt, weiß ich nicht, was uns vor der Katastrophe retten könnte. Ich fürchte, auch das Genie des Kaisers ist hier ohnmächtig."

Der Hausherr sah nicht zu uns herüber, er aß

fast nichts, süffelte aber fast ununterbrochen in kleinen Schlucken. Wir hatten das Empfinden, Moskau wäre ausgestorben, vor den verpappten Fenstern läge eine endlose verbrannte Ebene, und nur wir, durch ein Wunder heil geblieben, aßen, tranken und setzten die gefährlichen Streitereien der früheren Zeiten fort. Ich hätte ihnen am liebsten gesagt: Besinnen Sie sich, meine Herren, noch ist nicht alles verloren. Es gibt die Liebe, es gibt die Erinnerungen an bessere Tage, es gibt die schwache Hoffnung, daß dies nicht endgültig zunichte wird, und schließlich könnte ich Ihnen mein bestes Chanson vortragen, das ich irgendwann gesungen habe, ohne zu ahnen, daß es zu schwach ist, die Menschen zu veredeln! Aber ich sagte nichts, ich warf Timoscha einen flüchtigen Blick zu, er aß, und sein Gesicht war entrückt.

„Was meinen Sie, Madame Bigarre?“ fragte mich der Obrist. „Sind unsere Versuche, die Wahrheit festzustellen, nicht ein wenig verspätet?“

„Seltsam“, sagte ich, „Sie sitzen da, trinken Wein in den Ruinen von Moskau, teilen ihr Brot ...“ – „Nein, mein lieber George“, sagte der Hausherr, ohne mich zu beachten, „zwar gibt es unter uns einzelne Persönlichkeiten, die nur ein Gefühl des Ekels wecken, aber im großen und ganzen sind wir diejenigen, die den Hauptwert der Nation ausmachen. Und Sie reden von Gleichheit der Rechte.“

Im Fortgang des Gesprächs sah ich fast die ganze Zeit nur ihn an. Es war nicht leicht, den Blick von diesem mageren starken Gesicht mit dem angewiderten Mund zu lösen. Wie unglücklich mag die Frau sein, die ihm ihr Herz geschenkt hat, dachte ich. Er war ein kluger, unzugänglicher Herr, für den außer den eigenen Überzeugungen nichts zu existieren schien. Mir sind im Leben mehrfach solche Männer begegnet, und ich bin ihrem verderblichen Feuer erlegen, aber mein gesunder Menschenverstand hat mich stets im letzten Moment vor einem verhängnisvollen Ausgang bewahrt. Jetzt, so dachte ich, bin ich dermaßen zermürbt und erschöpft, daß sein kaltes Feuer mir nicht gefährlich ist. Gleichwohl sah ich ihn unverwandt an. Der Name des Obristen war George Pastoret, der Hausherr hieß Swetschin.

François brachte noch ein paar Flaschen. Swetschin trank unaufhörlich.

George Pastoret war äußerst aufmerksam zu mir, wie ein bejahrter Mann unter solch ungewöhnlichen Umständen zu einer Frau nur sein kann. Er schenkte mir ständig Wein nach, schob mir Essen zu, lächelte, nickte freundlich, und ich würde mich nicht gewundert haben, wenn er mir auf einmal den Arm gestreichelt hätte.

„Man denke nur", sagte er leise zu mir, „wir trinken Wein in Gesellschaft einer bezaubernden Dame, als wären wir in Clichy oder Saint-Denis."

„Schwer vorstellbar", sagte ich.

„Vielleicht ist das Ganze nur ein Traum, und das ist nicht Moskau, sondern ein Einfall meines alten düsteren Freundes Swetschin? Sind Sie ein Phantasiegebilde?"

Da erzählte ich, um ihnen überflüssiges Rätselraten zu ersparen, aus meinem Leben, was sie zu interessieren schien, denn George Pastoret reagierte äußerst lebhaft, pflichtete mir bei und nickte verständnisvoll, und Herr Swetschin, voll des Weines, fiel mir gottlob nicht ins Wort.

„Und nun, meine Herren, bin ich Ihnen begegnet", schloß ich, „und mich frappiert Ironie des Lebens, nennen Sie es, wie Sie wollen, das, was uns zusammengeführt hat, Franzosen und Russen, an einen Tisch, inmitten dieses Grauens ..."

„Erstens", sagte Pastoret, „sind Herr Swetschin und ich alte Freunde noch von der Sorbonne her, zweitens bin ich kein Eroberer, sondern das Opfer einer Unbedachtheit oder, wenn Sie so wollen, meiner Neugier, was ich zutiefst bereue, drittens bin ich an einer mystischen Geschichte beteiligt, die mich mit dauerhaften unsichtbaren Banden an Rußland fesselt. In Kürze: Es geschah, daß ich eines Tages bei Gshatsk von vier Mushiks gefangengenommen wurde, die mich zu ihrem Herrn brachten. Dieser war ein hinkender General im Ruhestand, der auf seinem Gut lebte, wo das war, kann ich mich nicht erinnern." (Timoscha holte geräuschvoll Luft.) „Stellen Sie sich vor, er gab mir zu essen, ließ mich warm werden und schickte mich unversehrt zurück, obwohl ich sein Feind war. Man kann dies einer Anwandlung von Großmut oder Verzweiflung oder einfach einer Laune zugute halten, aber der Faden, so stellte sich heraus, führte zurück in andere Zeiten, in denen der General, bei Austerlitz am Bein verwundet, sterbend auf dem Eis des Satschaner Teiches lag. Stellen Sie sich vor, Bonaparte kam vorbei, hörte ihn stöhnen und befahl seinen Adjutanten, den verwundeten Russen zu bergen. Einer seiner Adjutanten starb hinterher an Lungenentzündung, die er sich im eiskalten Wasser geholt hatte. Bonaparte eroberte Moskau, aber er bekam verbrannte Ruinen. Sie sehen, alles in diesem Leben ist untereinander verbunden, und es läßt sich nicht ausschließen, daß unsere Begegnung ein Glied in der Kette gemeinsamer Schicksale ist."

„Sind Sie Dragoner?" fragte der blaß gewordene Timoscha.

„O nein, lieber Freund", sagte der Obrist, „ich bin Intendant einer zerschlagenen Armee."

Timoscha stand heftig auf, schützte Müdigkeit vor und verließ uns.

„Ist er Ihr Bruder?" fragte Herr Pastoret.

„Beinahe", sagte ich traurig.

„Welch rätselhafte Antwort", rief er. „Er scheint

beleidigt zu sein, daß wir ihn so wenig beachten."

„Er ist müde", sagte Herr Swetschin gereizt, „haben Sie nicht gemerkt, daß er noch ein Kind ist? Wenn er ausgeschlafen hat, wird er rosig aussehen und Sie mit Fragen zudecken!"

Ich beobachtete ihn weiterhin mit dem Augenwinkel, lächelte dem Obristen liebenswürdig zu, der sich locker gab wie die meisten bejahrten Männer in Gesellschaft einer hübschen jungen Frau, aber meine Gedanken waren unablässig bei Timoscha; sein Schweigen und sein für mich unerklärliches Insichgekehrtsein beunruhigten mich. Er kämpft mit einem Entschluß, dachte ich, irgendwelche Phantastereien drängen sich in seinem Kopf, und ich weiß nichts davon. Und plötzlich wurde mir kalt: Ich erinnerte mich, wie mich der bezaubernde Stroganow verließ und wie selbst seine Liebe zu mir ihn nicht zurückzuhalten vermochte; ich erinnerte mich, wie der Oberlieutenant Prjachin verschwand, gleichsam wegflog aus dem Golizynschen Wintergarten, als Mushik verkleidet; ich erinnerte mich, wie Timoscha im Fieber von Flucht phantasierte und seine Rechnung mit Bonaparte und Herrn Pastoret und Dragonern und Grenadieren begleichen wollte. Ich erkannte, daß die Kindheit, die seine Wangen rosig färbte, zu Ende ging und daß der große magere Jüngling mit den schwarzen Samtaugen herangereift war, den Säbel zu ergreifen und meine französische Zärtlichkeit und mein Erbarmen mit ihnen allen zu verschmähen. Er wird verschwinden, dachte ich, er wird verschwinden, und ich bleibe allein in Gestank und Ruinen, ich, hierhergekommen mit Liedern, die nicht dazu taugen, die Menschen zu veredeln.

„Was haben Sie?" fragte der Obrist. „Hat diese verwüstete Welt Sie verängstigt?"

Ich wollte ihm meinen Zustand erklären, aber

das war nicht leicht, mir fehlten die Worte. Jetzt gleich, so schien mir, würden Timoschas Schritte ertönen, fest und hart, er würde durch den leeren Raum gehen, vorbei am schlafenden François, würde die Tür zuknallen, die Treppe hinuntersteigen, das Vestibül passieren, Trümmer und Scherben beiseite treten, die Riegel zurückziehen und davongehen, vorbei an nächtlichen Ruinen, der Räuber nicht achtend, dahin, wohin mein unvergessener Stroganow und der zufällige Prjachin verschwunden waren, sich in der Finsternis auflösen, sich unter die Horden bewaffneter Mushiks mischen.

„Sie müssen sich ausruhen“, sagte Herr Pastoret, „Kräfte sammeln. Wer weiß, was uns morgen erwartet.“

„So ist es“, entgegnete finster der Herr des ruinierten Hauses, „ich bin es müde, in französischer Gesellschaft zu sein. Statt Voltairescher Ironie sehe ich ein Stück Armeeschinken. Er wurde bei Smolensk geräuchert.“

Ich begriff, daß ich Timoscha nicht halten konnte. Meine Tränen und Wehklagen wären vergeblich. Es gibt keine Worte, die sich über das Blut erheben könnten ... Und da hörte ich deutlich seine Schritte. Ich stieß einen leisen Schrei aus. Aber er kam ins Zimmer, als wäre nichts gewesen, und wirkte im Schein der niederbrennenden Kerzen gigantisch groß. Gottlob, dachte ich, er ist wieder hier!

„Dort im Nebenzimmer“, sagte er zu Herrn Swetschin, „hängt das Bildnis einer Dame, die mir bekannt vorkommt. Ich komme und komme nicht dahinter, wo ich sie schon gesehen habe.“

Herr Swetschin warf Timoscha über die Schulter einen Blick zu und lächelte auf einmal. Es war ein strahlendes junges Lächeln, das überhaupt nicht zu seinem harten, finsteren Gesicht paßte. Im Kranz der ergrauenden Haare blitzte plötzlich etwas längst Gestorbenes, Unwiederbringliches, Liebes auf, als wären im Zimmer neue Kerzen angezündet worden. Womöglich werde auch ich in vorgerücktem Alter meine Umgebung mit solch einem zufälligen und plötzlichen Aufblitzen früherer Glückstage erschrecken, dachte ich.

„Eine Dame?“ fragte Swetschin verwundert.

„Die Dame mit den großen blauen Augen“, sagte Timoscha.

„Ach, die“, sagte der verjüngte Hausherr gedehnt. „Sie haben sie im Dunkeln erkennen können?“

„Ich hatte ja eine Kerze.“

„Ach so“, erwiderte Herr Swetschin. „Im Licht einer Kerze sieht sie geheimnisvoll aus, nicht wahr?“ Er nahm einen Schluck Wein. „Im Licht von zwei Kerzen ist sie bereits Besitzerin von siebenhundert Seelen, denen sie Gutes tun will.“ Er nahm wieder einen Schluck. „Beim Licht dreier Kerzen, liebwerter Herr, werden Sie eine Mischung von französischer Mode, provinziellem Dünkel, kleinstädtischem gesundem Menschenverstand und dörflicher Gesundheit wahrnehmen.“ Er holte geräuschvoll Luft. „Wenn vier Kerzen brennen, wird offenkundig, daß bei ihr wie bei mir alles in der Vergangenheit liegt. Bonapartes Armee darf nicht in der früheren Kopfzahl nach Frankreich zurückkehren, ebensowenig wie man das frühere Moskau je wieder sehen kann, ausgenommen in nächtlichen Träumen.“

Er ließ den Kopf sinken und wandte sich ab, und wir gingen ins Nebenzimmer. An der Wand erblickten wir das Bildnis über dem Heulager des armen François, der mit dem Gewehr im Arm das Haus bewachen mußte.

Die Augen waren in der Tat riesengroß und nahmen das halbe Gesicht ein. Der irrsinnige Maler hatte seiner überhitzten Phantasie keinerlei Zügel angelegt. Die hohe Stirn war von einem Taftschal bedeckt, das Antlitz stieg aus einem Schaum hellgrüner Spitzen, die Wangen waren leicht gerötet. Sie sah uns ungezwungen an, und ich fühlte mich gedemütigt. Ich mußte daran denken, wie ich noch vor kurzem im Kreise meiner Freunde glänzte, ihre Begeisterung weckte und gleichwohl dieselbe Louise blieb, erfüllt von Güte und Mildherzigkeit, diese Dame aber war von der Natur ersonnen, unserer Alltagsschwächen zu spotten.

Ich ertappte mich dabei, daß ich unwillkürlich Vergleiche zwischen uns beiden anstellte, wie das bei uns Frauen so geht, aber ich war insgeheim gekränkt, und das blieb. Sie war eine Frau mit einer reichen Vorstellungskraft, doch ohne Neigung für kleinliche Phantasien. Es mochte sie nie geschert haben, was andere von ihr dachten, sondern nur, was sie von anderen dachte. Ich blinzelte ihr möglichst beleidigend zu, sie blieb gelassen; ich drohte ihr mit dem Finger, sie reagierte nicht. Ich versuchte, über meine eigene Verrücktheit zu lachen, doch sogleich fiel mir ein, wer so seltsam von ihr gesprochen hatte, ein plötzliches Lächeln im Gesicht, mit trunkenem Raffinement und ebenso trunkener Erbitterung. Dieser harte, grauhaarige, einsame Mann, einer von denen, die meinen Weg gekreuzt hatten, bezaubernd und attraktiv, doch nie, um mir Gutes zu wünschen, er hatte sie gewählt, das war zu sehen, aber warum? Oder war ich doch zu sehr Französin, als daß ich dies verstehen könnte? Wenn auch nicht russisches Blut, aber war es nicht russischer Schmerz, der mich durchströmte? Hatte ich nicht Herz und Seele an dieses unglückliche Land gehängt, und waren nicht meine heutigen Lumpen sicheres Zeugnis für mein Mitleiden?

Während ich das Bildnis beschaute, hatte sich Timoscha leise entfernt.

„Welch geheimnisvolle Dame!“ sagte der Obrist. „Und wie von Frau zu Frau Sie sie betrachten.“

Mir war nicht nach Scherzen zumute. Er erkannte dies und kehrte auf Zehenspitzen zu seinem Freund zurück. Ich blieb allein mit der glücklichen Unbekannten, die noch nicht wußte, was bevorstand. Als ich wieder hineinging, warf Herr Swetschin mir einen Blick zu, und wieder erhellte ihn ein plötzliches Lächeln. Der Wein hatte seine Züge geglättet, das Gesicht war weicher geworden, in den Augen stand vages Interesse. Ob er sie liebt? dachte ich. Wieder ertönten nebenan Timoschas Schritte, und wieder packte mich Unruhe.

„Trinken Sie Wein.“ Swetschin reichte mir ein Glas. „Trinken Sie Wein, und Sie werden Lappalien keine Bedeutung mehr beimessen.“ Er wandte sich ab und sprach weiter: „Eine Frau auf den Ruinen der Welt ... Eine Französin, die keine Vorurteile kennt.“

„Wir werden Moskau bald verlassen“, sagte der Obrist, „das verspreche ich Ihnen. Es hat sich alles so gefügt, daß selbst die Ambitionen des Kaisers ohnmächtig sind.“

„Ich glaube festgestellt zu haben“, sagte Herr Swetschin, „daß es die Kräfte eines einzelnen Menschen übersteigt, eine Weltkatastrophe auszulösen, mit was für wohlklingenden Namen er sie auch bezeichnen möge. Selbstverständlich kann er uns täuschen, so daß wir ihm helfen, aber hinterher kommen wir zur Besinnung. Er und wir sind gleich vor dem Angesicht der höchsten Mächte, die es aus irgendwelchen Gründen für nötig hielten, uns eine Zeitlang der Täuschung auszusetzen. Ansonsten aber fließt alles gemächlich in der richtigen Richtung, ohne unsere Launen und Ambitionen zu beachten. Zeitweiliger Erfolg ist noch kein Erfolg. Selbst Wölfe, die einem Rivalen die Kehle aufgerissen haben, triumphieren nicht, im Gegensatz zu Gladiatoren und Wucherern.“

„Amüsant“, rief ich, „alles fließt gemächlich, und wir sind bloße Opfer des ewigen Fließens?“

Herr Swetschin lachte auf.

„Sind Bösebolde etwa unsterblich?“

Die Schritte entfernten sich. Ich stürzte nach nebenan, dann ins hintere Zimmer. Timoscha schlief im Heu, mit dem Soldatenumhang zugedeckt. Vor den zerschlagenen Fenstern war es still. Behutsam auftretend, ging ich zurück. Vielleicht kommt alles in Ordnung, dachte ich resigniert, und morgen früh sehen wir Moskau unversehrt. Ich ziehe meine besten Sachen an, wir rufen eine Droschke und fahren auf den letzten Septemberball zu den Bobrinskis! Gern hätte ich diese bejahrten Männer getröstet, deren Bewußtsein höher stand als primitive Abrechnung, der sich die Überlebenden einstweilen noch mit Vergnügen widmeten. Aber was vermochte ich?

„Meine Herren“, sagte ich beim Eintreten, „soll ich Ihnen etwas vorsingen? Trotz allem, was geschieht ...“

„Gar nichts geschieht“, antwortete freundlich lächelnd Herr Swetschin, „alles ist bereits geschehen. Oder hoffen Sie, etwas ändern zu können?“ Er deutete auf den Stuhl neben sich. Ich setzte mich. Er legte mir die Hand auf die Schulter. Als ich ihm ins Gesicht sah, hätte ich mich am liebsten an ihn geschmiegt und losgeheult. „Sie zittern ja“, sagte er teilnahmsvoll, „Pastoret, wir werden bis zum Morgen durchtrinken, und dann mag kommen, was Gott schickt.“

„Nein, meine Herrschaften“, sagte der Obrist lasch, „machen Sie, was Sie wollen, aber mir steht gleich früh eine große sinnlose Arbeit bevor.“

„Wer sind Sie?“ fragte mich Swetschin.

Mir wurde schwindlig.

„Ich bin eine arme französische Sängerin“, antwortete ich flüsternd, „die in Ihr wahnsinniges Spiel hineingeraten ist und sich weise stellt.“

Er lachte. Wir stießen an. Ob er sie liebt? dachte ich.

Plötzlich ertönten vor der Tür ganz deutlich Schritte. Ich schob seine Hand weg und stürzte dorthin. Nein, nicht um ihn zurückzuhalten, nur um mich zu verabschieden, mich anzuschmiegen, den mageren Hals zu umarmen, mit den Lippen seine Wange zu berühren, etwas zu sagen, aufzuschreien, loszuschluchzen, wie es die Natur will – das Abschiedswort einer Frau für lange. Wenn schon nicht zurückhalten, so wenigstens feien ... Ich lief in das Zimmer. Timoscha schlief, den Soldatenumhang über den Kopf gezogen. Ich setzte mich erschöpft aufs Sofa und fühlte, wie meine Kräfte mich verließen. Die Stearinkerze auf dem kleinen Tisch brannte nieder. Ein offenes Buch lag gelb darunter. Tintenfaß, Feder, ein Blatt Papier – die Welt eines Dichters, so bescheiden und so bedeutsam. Ich las auf dem Blatt meinen Namen.

„Liebe Louise!

Ich kann nicht bleiben. Ich habe erfahren, bei Wsechswjatskoje sind Kosaken gesehen worden. Die warten natürlich nicht auf mich, aber auf mich wartet niemand, darum muß ich mich beeilen. Richten Sie dem Obristen aus, daß er bei meinem Großonkel in Gefangenschaft war, der inzwischen von der Hand eines französischen Dragoners gefallen ist. Der Obrist möge Bonaparte sagen, daß der russische General, den er einmal rettete, von einem französischen Dragoner getötet und daß der österreichische Lehrer, wegen dem dieser Krieg angefangen hat, in einer Moskauer Straße erschossen wurde, der Kaiser kann also ruhig nach Frankreich zurückkehren. Im Gouvernement Kaluga gibt es das Dörfchen Lipenki, dort werde ich auf Sie warten. Ich weiß, daß Sie im Herzen eine Russin sind. Leben Sie wohl, liebe Louise, und behalten Sie mich in guter Erinnerung.

Ihr Timofej Ignatjew."

Der Soldatenumhang lag mit ausgebreiteten leeren Ärmeln auf kaltem Heu. Draußen begann das Morgengrauen des Septembertages. Oh, Timoscha, Timoscha, ich wußte, daß es so kommen würde!

In Moskau konnte man in jenen Tagen nicht lange trauern. „Moskau glaubt den Tränen nicht", sagte mir Herr Swetschin mit seiner üblichen Gereiztheit. Ich nickte resigniert, doch ich konnte dem herzlosen Sprichwort nicht zustimmen.

„Wieso denn herzlos, gnädige Frau?" fragte er verwundert, ohne mich anzusehen. „Unsere Geschichte war viel zu grausam, als daß wir einer Lappalie wie Tränen Bedeutung beimessen könnten." (Es war nicht zu erkennen, ob er scherzte oder im Ernst sprach.) „Was bedeuten die Kümmernisse einzelner Menschen inmitten des allgemeinen Leides? Das zeugt eher von Mannhaftigkeit, von Geistesstärke." Er sprach mit mir, als hätte ich mir etwas zuschulden kommen lassen.

„Dennoch ziehe ich Tränen und gewöhnliche Schwächen vor und die Fähigkeit, Verständnis für sie zu haben", widersprach ich dickköpfig. „Die Tränen eines einzigen Menschen sind viel heißer als Ihre Lobpreisungen für Stärke und Mannhaftigkeit. Ausrufe höre ich oft, aber Timoscha, ehe er ging, hat geweint, liebwerter Herr."

„Ich bestreite ja gar nicht das Recht zu weinen", sagte Swetschin mit wachsender Gereiztheit. „Sie urteilen darüber wie eine Dame. Weinen Sie, soviel Sie wollen, aber hat es Sinn?"

Seine Art, mit mir zu sprechen, hörte allmählich auf, mich niederzudrücken, sie flößte mir nur noch Abscheu ein. Dafür (ich wußte es) würde ich, sobald der Wein ihm die künstlichen Fesseln abnahm, sein jugendliches Lächeln sehen und seine heiße Hand auf meiner Schulter fühlen. Dafür lohnt es zu dulden, dachte ich.

In einem geeigneten Moment fragte ich den Obristen, wer der Herr Swetschin sei.

„Schwer zu sagen", meinte er achselzuckend, „er war ein großartiger Student und ist jetzt abgekühlt, die Einsamkeit hat ihm eine Maske aufgesetzt. Er hat fast alles verloren, aber Sie sehen, es betrübt ihn gar nicht sehr. Zu mir ist er gut, aber morgen wird er mich vergessen, wie übrigens auch Sie", dabei sah er mich aufmerksam an, „er ist mit irgendwelchen nebulösen Absichten in Moskau geblieben, ich glaube, er wollte Tagebuch führen, aber ein Chronist ist er nicht geworden, denn er durchstreift Moskau zwar auf das gewissenhafteste, aber er kehrt derart bedrückt zurück, daß er sich mit Wein neuen Mut antrinken muß, der ihn weicher und freundlicher macht, doch zur Feder greift er nicht. Er hat immer für sich gelebt, glaube ich, aber vielleicht bilde ich es mir ein. Er ist im höchsten Maße tapfer und edelmütig, aber Sie sehen, Moskau ist niedergebrannt, und wenn wir ohnmächtig sind, verzerren sich unsere Gesichter."

„Und wer ist die Dame auf dem Bildnis, lieber Pastoret?" fragte ich möglichst beiläufig.

„Keine Ahnung", sagte er achselzuckend, „ich kann mich nicht erinnern. Aber da muß wohl was gewesen sein: Er war nicht nach ihrem Sinn oder sie nicht nach seinem ... Jedenfalls hat er irgendwo eine Ehefrau, und ich glaube, auch eine Tochter."

„Ob sie das ist?" fragte ich gleichmütig.

„Ach was", sagte der Obrist lachend und sah mich aufmerksam an, „das ist eine Malerphantasie. Russische Ehefrauen sind gewöhnlich wohlbeleibt und ein wenig verschüchtert."

Es war Anfang Oktober. Wir hatten schöne

Tage, doch nächtlich fiel Reif, und bald war Schnee zu erwarten. Der pfiffige François besorgte mir ein Kleid, gleichviel, ob gestohlen oder erbettelt, recht abgetragen, dafür gesteppt und warm, es konnte mir gute Dienste leisten. Nachdem ich es auf meine Figur umgeschneidert hatte, belohnte mich der Obrist mit Applaus.

„Louise", sagte er plötzlich, „Mitte Oktober verlassen wir Moskau. Das große Drama ist vollendet. Sie sollten Ihre Wahl treffen."

Ich hörte seine Worte, dachte aber daran, wie absurd es ist, gegen ein Bildnis zu rivalisieren. Gleichwohl zogen sich feste Bande von mir zum eisernen Herzen des Herrn Swetschin. Ach, ich machte mir keine Illusionen und hatte keineswegs vor, mein junges Leben einer Zufallspassion zu opfern, aber die Maske dieses Mannes, die der Obrist erwähnt hatte, dünkte mich papieren und kaum gefährlich, insonderheit nach alldem, was ich durchgemacht hatte.

Obrist Pastoret wartete auf meine Antwort.

„Ich habe gewählt", antwortete ich ruhig, „wenn die französische Armee Rußland verläßt, gehe ich wieder nach Petersburg und fange von vorn an."

„Aber Sie sind Französin, Louise. Rußland ist ein Friedhof geworden. Außerdem wird man hier noch lange alles hassen, was mit Ihrer Heimat zu tun hat. Und dort", er wies in die Ferne und meinte Frankreich, „dort finden sich Verehrer Ihres Talents. Ich werde Ihnen helfen."

Durchaus wahrscheinlich, dachte ich, eines schönen Tages, wenn alles wieder schön wird, wird Herr Swetschin seine Maske abwerfen und erstarren angesichts meiner Jugend, wenn ich vor ihn trete in weißem Batistkleid, dunklem Samtjäckchen, eine Straußenfeder auf dem rosa Hut, umgeben von meinen einstigen Freunden.

Ich lachte. Herr Pastoret seufzte und drohte mir scherzhaft mit dem Finger.

„Ich liebe Rußland", sagte ich. „Dort in Frankreich war ich zu jung, zu naiv und leichtsinnig, und ich hatte durchsichtige Flügelchen, hier aber habe ich Fleisch bekommen und gelernt, das Leben zu verstehen, und ich kann sogar recht leidlich russisch reden, obwohl das hier nicht unbedingt nötig ist."

Außerdem, dachte ich, wenn ich noch einmal von vorn anfange, wird alles schneller gehen als beim ersten Mal, und ich werde keine überflüssigen Bemühungen aufwenden müssen, um meine Verluste auszugleichen. Ich werde zwei Pelzmäntel aus den leichten Fellen des sibirischen Tierchens haben und mir eine Wohnung an der Moika mieten.

„Ich werde zwei Pelzmäntel aus den leichten Fellen des sibirischen Tierchens haben", sagte ich zu dem Obristen, „zwei statt des einen, den mir ein französischer Offizier gestohlen hat, und ich werde mir eine Wohnung an der Moika mieten. Ihre Prophezeiungen erschrecken mich nicht, Rußland war immer gut zu mir."

Vor dem Fenster lagen die ausgebrannten Ruinen. Der feuchte Brandgeruch, an den wir uns längst gewöhnt hatten, drang mir plötzlich ins Bewußtsein wie zum ersten Mal.

Ich kam über eine Woche nicht aus dem Hause und fand allmählich, da ich mit der Hölle draußen keine Berührung hatte, wieder zu mir selbst. Irgendwo außerhalb der Wände und der verpappten Fenster schien der Radau weiterzugehen, doch hier, unter dem Schutz des wortkargen sehnigen François, in der Gesellschaft meiner bejahrten Retter, herrschten Ruhe und Frieden. Ich begriff, daß dieser Frieden illusorisch und diese Ruhe vorübergehend war und daß uns vielleicht das Schlimmste, wovon keiner von uns wußte, noch bevorstand, aber Obrist Pastoret, der sich dann und wann von seinen Beschäftigungen frei machte, schenkte mir Wärme und Sympathie, und mein lieber hartherziger Swetschin, der mich verächtlich von oben herab ansah, lockerte sich gleichwohl unter der Wirkung des Weins, und dann trat sein wahres Wesen zutage, verwundbar, verfeinert, leidend. Meine größte Angst war, allein zu bleiben, darum traf ich fieberhaft Maßnahmen, aber was waren das schon für Maßnahmen? Ich entfaltete meinen kläglichen Charme vor dem Obristen, damit er mich über seinen täglichen Besorgungen nicht vergaß, ich gab mir Mühe, meinem finsteren Herrn Swetschin gefällig zu sein, um ihn zu zähmen wie ein wildes Waldtier. Doch wenn ich bei dem ersteren Erfolg hatte und mein Gefühl mir sagte, daß der Obrist der armen französischen Bettlerin nicht nur dank ihrer unvollkommenen Bemühungen Aufmerksamkeit schenkte, so blieb ich bei dem letzteren ohnmächtig. Noch immer verachtete er mich und wies mich ab und bemerkte mich nur im Rausch, dann schaute er mich verwundert an, und seine stechenden braunen Augen wurden für einen kurzen Moment wärmer. Im übrigen genügten mir ein paar teilnehmende Worte, um nicht zu verzweifeln.

Manchmal hörte ich nachts vor den Fenstern Schüsse, und ich wußte, daß ich nur durch Gottes Gnade noch am Leben war. Veränderungen lagen in der Luft. Die Vorhersagen des Obristen muteten nicht mehr phantastisch an. Der erste Schnee fiel und taute wieder. François beschaffte mühsam Bretter für den Kamin. Ach, Swetschin, das Leben selbst hat grausamer über unser Schicksal befunden als jeder Zar, und dann noch wir selbst … Sie selbst … Es mußte etwas passieren. Unser geisterhafter Bund konnte nicht ewig bestehen. Der mythische böse Kaiser fror in seiner Höhle. Hätte er sich doch seinerzeit zufriedengegeben mit Österreich, Preußen, von mir aus auch mit Spanien oder Italien, hätte er von mir aus England unterworfen, statt in Rußland einzufallen und mein Leben in lächerlichen drei oder vier Monaten völlig umzustürzen! Obrist Pastoret verstärkte sein Drängen, ich solle für die Reise rüsten. Sein Zureden hörte sich an, als böte er mir Hand und Herz. Wäre ich über dreißig gewesen, ich hätte mit keine bessere Chance ausmalen können. Aber wer braucht mich in Frankreich, Obrist? Soll ich Maitresse werden, ehe die ersten Falten kommen?

„Liebe Louise, reden Sie keine Dummheiten", sagte er, „wir beide werden nichts zu bereuen haben. Überdies können Sie sich schon jetzt von der besten Seite empfehlen. Denken Sie nur, Graf Beausset, der Hofpräfekt, stellt eine Truppe auf, um vor dem Kaiser ein paar Vorstellungen und Konzerte zu geben. Er hat mir versichert, Sie seien eine angenehme Sängerin. Betrachten Sie das als den Anfang Ihrer französischen Karriere. Krieg hin, Krieg her, aber die Kunst ist ewig."

„Was!" staunte ich. „Ich soll vor dem Kaiser singen? Ich bin doch eine ganz bescheidene Sängerin von Romanzen und kleinen Liedern, außerdem, wer kann dem Grafen Beausset von mir erzählt haben? Und wo soll in diesem Irrenhaus eine Truppe herkommen?"

„Glauben Sie mir", sagte er schmunzelnd, „Schauspieler gibt es. Die haben sich genau wie Sie in Starkästen, auf Bäumen und in Mauerritzen versteckt, aber Melpomene hat gerufen, und da sind sie herbeigeflogen. Wenn Sie eine wirkliche Bühnenkünstlerin sind, werden Sie der Verlockung nicht widerstehen, Ihre Kunst zu demonstrieren."

„Ja, aber vor dem Kaiser ...", sagte ich mit erloschener Stimme.

„Erst recht", lachte er.

„Er hat das Land verwüstet, das ich liebe." Ich

schrie es beinahe. „Er hat mir alles genommen, was ich besaß, und Sie sinnen mir an, ihn in diesen Ruinen zu amüsieren?"

„Louise", er runzelte die Stirn, „es steht Ihnen nicht, politische Losungen zu schreien. Jetzt ist nichts mehr von Bedeutung. Ich denke nicht an den Kaiser, sondern an Sie." Leise fügte er hinzu. „Und, wenn Sie wollen, an mich."

Ich stellte mich dumm.

„Ja, aber er ist ein großer Kenner", sagte ich bedeutsam, „man kann es ihm schwer recht machen. Allein der Gedanke lähmt mich."

Abends erzählte ich Swetschin im Beisein des Obristen von dessen Angebot. Es sollte eine Probe sein: Wenn er es mit seiner gewohnten Bissigkeit aufnähme, würde ich mich weigern, vor dem Kaiser der Eroberer aufzutreten.

„Selbstverständlich", sagte er mit einer furchteinflößenden Grimasse und sah wie immer an mir vorbei, „wenn eine französische Chansonette dem französischen Tamerlan Vergnügen bereiten kann und dafür von ihm noch einen russischen Ring mit einem großen Saphir bekommt, wieso sollte sie dann nicht singen. Es wäre seltsam, eine französische Dame auf diese Weise den russischen Herrscher erfreuen zu sehen, aber den eigenen – warum nicht?"

Ich begriff, daß ich ablehnen mußte, aber ich sagte herausfordernd zum Obristen:

„Richten Sie Graf Beausset aus, daß ich einverstanden bin."

Obrist Pastoret kleidete mich ein und stellte mich dem Grafen vor. Dieser trug eine Generalsmontur, aber seine Manieren und sein Tonfall verrieten den Nichtmilitär. Er war äußerst liebenswürdig, ich überwand rasch meine Schüchternheit, und bald hatten wir uns auf ein Vaudeville geeinigt, das ich kannte. Ein paar Schauspieler fanden sich ein, die in Moskau geblieben waren; die Leute des Grafen hatten sie wie durch ein Wunder in den unwahrscheinlichsten Verstecken entdeckt. Ein paar von ihnen kannte ich, darunter den alten Torcani, mit dem ich früher alle möglichen Duette gesungen hatte. Wir tauschten unsere Eindrücke der letzten Monate, freuten uns über das Wiedersehen und beklagten die Verluste. Nach und nach taten die Berufsgewohnheiten ihr Werk, und wir stürzten uns kopfüber in die Arbeit. Und als das Gefühl für die Rolle und die Bühne zurückkehrte und die Gitarre sich in meinen Händen aus einem harten, gleichgültigen Gegenstand in eine warme, liebe Partnerin verwandelte, als meine Stimme im gewohnten Timbre erklang und sich herausstellte, daß Stürme und Leidenschaften ihr nicht geschadet hatten, als Glücksgefühl und Lampenfieber sich meiner bemächtigten, in diesem Moment teilte Obrist Pastoret mir mit, daß wir leider nicht mehr in das geflickte Haus des Herrn Swetschin zurückkehren würden, da wir den Hausherrn nicht länger behelligen dürften. Ich erhielt eine kleine Wohnung zugewiesen, die sogar für bescheidene Empfänge taugte.

„Kann ich mich nicht einmal von Herrn Swetschin verabschieden?" fragte ich mit ungehorsamen Lippen. „Er war so gut zu mir und zu Timoscha. Das ist doch ganz unhöflich."

„Ach, um Höflichkeit geht's hier nicht", sagte der Obrist lässig, „er ist in der letzten Zeit sehr verbittert, und ich bin froh, daß wir ihn in Ruhe lassen können." Er sah mich aufmerksam an und fügte hinzu: „Außerdem, haben Sie etwa nicht begriffen, daß Ihr Zauber ihn gleichgültig läßt? Nichts zu machen."

Das war entsetzlich, aber ich mußte mich dreinschicken. Ich bin nicht die Dame mit den großen blauen Augen, dachte ich und lachte bitter auf. Ich bin Schauspielerin, ich spiele eine andere Rolle. Mich lenkt der Rückenwind der Kunst, und er würde mich auf die andere Seite wehen. Aber das beruhigte mich nicht.

Spielen sollten wir im Posnjakowski-Theater auf der Großen Nikitskaja-Straße, dem einzigen, das den Brand überlebt hatte. Dort in der Nähe war auch meine Wohnung, sie kam mir luxuriös vor. Gestern noch Bettlerin, stand ich neuerlich auf eigenen Füßen. Man muß zu fallen verstehen, sagte ich mir.

Das Theater wurde für Aufführungen hergerichtet. Es fand sich einiges an Requisiten. Blumen und Schleifen wurden beschafft. Und dann kam der Tag der ersten Vorstellung. Alles klappte bestens. Die zweite Vorstellung folgte. Wir spielten mit großem Erfolg, und unser Repertoire vergrößerte sich. Anfangs hatte ich Angst, den Kaiser zu sehen, und dachte, ich würde bei seinem Anblick in Ohnmacht fallen, aber als es ihm eines Tages endlich beifiel, sich die Aufführung anzusehen, und ich ihn erblickte, hatte ich keine Angst. Irgendwo vor mir saß er, im Halbdunkel verloren, in einem Sessel, klein, dick, äußerst bescheiden gekleidet. Wir gaben das Stück „Der offene Krieg". Ich sang auf der Bühne am Fenster eine Romanze, die ich mir ausgesucht hatte. Applaus war im Beisein des Kaisers unziemlich, aber die Romanze, die noch niemand gehört hatte, machte Eindruck, und es wurde geklatscht, Graf Beausset kam in die Kulissen und bat mich, die Romanze zu wiederholen. Ich war sehr aufgeregt, während ich sang und kein Auge von Bonaparte ließ. Er blieb unbeweglich, hörte zu oder tat vielleicht nur so und dachte an etwas anderes. Woran wohl: an den Text der Romanze oder an sein eigenes Schicksal? War er erbittert oder mitfühlend? Seine gelichtete Armada lebte noch, aber die Hand des toten Moskau lag auf allem wie ein schwerer Stein. Dachte er daran, während er starr im Sessel saß und mir das weiße Gesicht zuwandte?

Ich wurde beglückwünscht. Clément Tintigny, Ordonnanz des Kaisers, überreichte mir Blumen, aber ich wußte, was dieser Erfolg wert war. Jetzt oder nie, beschloß ich, während ich mechanisch Blumen und Glückwünsche entgegennahm. Ich bat den Grafen Beausset um eine Equipage, die mir sogleich gewährt wurde, brachte mich eilig in Ordnung und fuhr zu den Klaren Teichen. Er ist zu Hause, er trinkt vor Einsamkeit, dachte ich hoffnungslos, er wird locker lächeln, denn es ist keine klägliche Schlampe, die vor ihm erscheint, und wer weiß, vielleicht möchte er wieder mit der Hand meine Schulter berühren?

Die Haustür stand weit offen. Im Vestibül das alte Chaos. Langsam und keuchend stieg ich die dunkle Treppe hinauf, schon nicht mehr in Sorge um die Folgen meines Besuches und nur mit dem einen Wunsch, er möge gut sein und die Geduld haben, mich anzuhören. Ich klopfte kräftig und riß die Tür auf. Der Raum war still und dunkel. Plötzlich öffnete sich die Tür seines Zimmers, und er kam heraus, eine Kerze in der Hand. Sein Gesicht war noch härter als sonst.

„Ah, Sie sind's", sagte er düster. „Herr Pastoret hat mir doch versichert, ich würde mir selbst überlassen bleiben."

Mein Herz verkrampfte sich vor Mitleid. In seiner karierten Weste, den nicht sehr frischen Schal um den Hals, dünkte er mich vollkommen, doch es war Vollkommenheit für eine andere Welt, nicht für diese, die in Blut und Asche versank. Ich fand nicht die Kraft, auszusprechen, was ich mir vorgenommen hatte. Alles in mir kochte – Leidenschaft und verderbliche Zärtlichkeit, blindes Entzücken und Entsetzen, wie vor dem Sturz in den Abgrund.

„Es ist ein schrecklicher Gedanke für mich, daß Sie einsam sind“, schoß ich heraus, ohne Atem zu holen, „ich möchte Ihnen sagen, ich kann Sie besuchen ... für Sie sorgen ... Sie sind ganz allein, und mir macht es nichts aus, ich habe genug Zeit, um Ihnen aufzuwarten.“

„Meine Teure“, sagte er, die Geduld verlierend, und dieses „meine Teure“ klang wie eine Backpfeife, „Einsamkeit ist für mich reizvoller als die Anwesenheit einer Dame, die ich kaum kenne und die Gewohnheiten hat, die mir fremd sind.“

„Das kommt Ihnen nur so vor“, rief ich.

Er machte eine Handbewegung, wie um mir die Tür zu weisen.

„Ich liebe Sie“, sagte ich mit Mühe und kniff die Augen zu.

Er schwieg eine Weile, dann sagte er mit beleidigender Gelassenheit:

„Sie sind verrückt. Was haben wir Gemeinsames? Außerdem sind Sie viel zu jung und viel zu sehr Französin, als daß wir beide Gesprächsstoff haben könnten.“

Da übermannte mich der Zorn. Ich wollte ihn schlagen, beleidigen, demütigen, rückwärts taumeln machen, so daß ihm die Kerze aus der Hand fiele und alles in Brand setzte: den schäbigen Schal, das Bildnis der Dame, die blöden Bücher. So was, kein Gesprächsstoff!

„Dafür habe ich noch etwas, was in solchen Fällen unentbehrlich ist!“ schrie ich, noch wütender als er.

Schrie es und wich zurück, denn mir schien, daß er mich schlagen wollte. Die Welt brach zusammen. Ich hätte ihm die Hände küssen, mich ihm zu Füßen werfen, an seine Großmut appellieren sollen.

„Das haben alle Frauen“, sagte er sehr ruhig, „gleichermaßen.“

Ich wandte mich ab und ging. Das russische Fräulein folgte mir mit dem Blick. Die beiden verstanden einander. Sie existierten in ihrer eigenen Welt. Ich war eine Fremde, und meine Anmaßungen hatten keinen Sinn.

Im dunklen Vestibül holte er mich ein.

„Hören Sie", sagte er keuchend, „ich möchte am liebsten mit dem Kopf gegen die Wand rennen, weil ich alles verloren habe, und da kommen Sie mit Ihrem französischen Humbug! Ich habe alles verloren … ich kann nichts … So warten Sie doch! Und dann auch noch Sie … Das ist ja so, als hätte man eine Hand verloren und weinte um den Verlust des Handschuhs … bemühte sich, den Handschuh wiederzufinden … Ach, mein Handschuh! Wie soll ich mich in Gesellschaft zeigen? Verstehen Sie mich? Verstehen Sie mich?"

„Ja", sagte ich und griff nach seiner Hand, um ihn zu beruhigen. „Natürlich."

Tags darauf war ich blaß. Ich spielte schlecht. Herr Pastoret, der keine Vorstellung versäumte, an der ich beteiligt war, war sehr bedrückt, aber er sagte nichts, und ich sah ihm an, daß der weise Intendant sich denken konnte, wohin ich mit der Equipage gefahren und was dort geschehen war.

Als ich mich nach ein paar Tagen ein wenig beruhigt hatte, denn eine Schauspielerin kann nicht ewig sterben, erkannte ich, daß ich diesen Mann noch einmal aufsuchen mußte, diesmal jedoch nicht als klägliche Bittstellerin, sondern als Retterin, als guter Engel. Mein Bester, dachte ich, ich will ja nichts von Ihnen, schauen Sie her, sehe ich aus wie eine Frau, die vorhat, ein russisches Fräulein zu werden? Glauben Sie mir, ich bin so uneigennützig wie eine Wiesenmargerite. Was willst du eigentlich? fragte ich mich selbst unter Tränen. Was war das für ein Unglücksmoment, der mich mit diesem Herrn zusammenführte! Als ob mir nicht schon genug Mißgeschick widerfahren wäre, nun zu allem Überfluß auch noch das! Dank der Güte des Grafen Beausset gelangte ich an ein paar Flaschen Rotwein, die ich zitternd in einem Korb verstaute, um nochmals die beispiellose Voyage zu den Klaren Teichen zu unternehmen, doch da wurde plötzlich bekannt, daß die französische Armee im Begriff stand, Moskau zu verlassen.

Damit war alles zu Ende. Das Theater ging von selber ein. Niemand hatte mehr Sinn für die Kunst. Im kalten Regen zogen schweigend die Kolonnen durch das zerstörte Moskau, eine nach der anderen. Es hieß, die Garde sei schon vorher abgerückt. Die Soldaten und Offiziere boten einen jämmerlichen Anblick. Ich saß völlig verzweifelt in meiner leeren kalten Wohnung und wußte nicht, was tun. Obrist Pastoret schaute für ein paar Minuten herein und bat mich, zu packen und auf sein Signal zu warten. Was sollte ich packen? Welcher Hohn. Alles, was ich besaß, trug ich am Leibe, darüber hinaus hatte ich nur den nutzlosen Korb mit Rotwein. Ob ich auf Sie trinke, Herr Swetschin? Mein gesunder Menschenverstand hatte mich jedoch noch nicht gänzlich verlassen. Er flüsterte mir zu, daß alles von mir abhänge, und wenn ich genug Kraft gehabt hatte, bis jetzt durchzuhalten, dann seien die bevorstehenden Prüfungen ein Nichts im Vergleich zu den früheren. Obrist Pastoret konnte nicht mein Retter sein. Das war keine Rolle für ihn. Ich wollte ihn nicht zurückstoßen, ich konnte nur nicht meine Seele verkaufen. Meine Seele blieb hier in der unglücklichen Stadt, die zu einem Friedhof für meine Landsleute geworden war. Zitternd vor Kälte und Hoffnungslosigkeit, betrachtete ich die schweigenden Kolonnen und hörte die Pfiffe und Hetzrufe ganz Europas ihnen folgen. Meine Landsleute, meine Brüder in den verdreckten Monturen und zerrissenen Stiefeln, geblendet von ihrem eigenen Abgott! Gebt mir meinen Pelzmantel wieder aus dem Fell des sibirischen Tierchens! Gebt mir meine leichtsinnige Vergangenheit wieder, die voller zauberhafter Hoffnungen war!

Ich weinte die ganze Nacht, und als mich endlich der Schlaf übermannte, erschien mir im Traum der Kaiser. Er stand mir gegenüber, den Rücken zum Fenster, in grauem Gehrock und Elchlederhose. Das wächserne Gesicht trat aus dem Halbdunkel, in den Augen war solche Schwermut, daß ich's nicht aushielt und aufschrie. Der Morgen graute. Obrist Pastoret weckte mich und teilte hastig mit, Clément Tintigny stelle mir eine prächtige Equipage zur Verfügung, und es sei höchste Zeit, aufzubrechen, ehe es zu spät sei.

„Ihr Kutscher ist mein François", sagte er, „er weiß alles und wird Sie an das vorgesehene Ziel bringen."

Mechanisch verließ ich das Haus. Obrist Pastoret fuhr, mir winkend, mit seiner Kutsche davon. Vor meinem Haus stand eine ausgezeichnete Dormeus, bestimmt für mich, die französische Schauspielerin. Auf dem Bock thronte François. Da entsann ich mich meines Entschlusses, und um keine überflüssigen Redereien aufkommen zu lassen, stellte ich den Korb mit meinem Schatz in den Wagen.

„François", sagte ich, „fahren Sie zum Strastnoi-Kloster und erwarten Sie mich vor dem Tor. Ich habe noch ein paar Dinge zu erledigen."

Er nickte und setzte sich in Richtung Kloster in Bewegung. Du Ärmster, dachte ich, du wirst ewig warten müssen! Ich war allein, mir selbst überlassen, und mich überkam das Gefühl der früheren Leichtigkeit. Der Regen hörte nicht auf. Ein durchdringender Wind wehte. Etwas hatte sich verändert ringsum, aber ich kam nicht gleich dahinter, was es war – die gegnerischen Truppen hatten die Stadt verlassen.

Schon waren vereinzelt Moskauer Einwohner zu sehen, sie krochen aus allen möglichen Winkeln und Verstecken ans Tageslicht, es wurden immer mehr, und sie bewegten sich langsam, verstohlen in derselben Richtung wie die französische Armee. Ein Herr in zerknittertem Militärmantel trat aus einem Tor und rief leise: „Hurra!“ Alle gingen schweigend, sie trauten der Sache nicht recht. Sie kamen näher: der Herr im zerknitterten Militärmantel, eine alte Frau mit einem Knotenstock, ein rotbärtiger Mushik, ein paar Männer, dem Aussehen nach Arbeiter, ein Stubenmädchen, eine Händlerin mit leerem Tragbrett. Mein Gott, wie sahen die Gesichter aus: gelb, verquollen, mit huschenden Augen; wie waren die Menschen abgerissen und verschmutzt! Ich ging neben ihnen her. Wir gingen langsam, fast schleichend, spähten um die Ecken, weitere Moskauer schlossen sich uns an.

„Die Franzosen sind erledigt“, sagte ein Arbeiter, und alle lachten leise.

„Die kommen nie wieder“, schrie ich jubelnd auf russisch. „Ich weiß es! Wir brauchen keine Angst mehr zu haben. Vive Moscou!“

Alle blieben stehen. Einer fragte:

„Wer bist du denn?“

„Ich bin Französin“, sagte ich mit brüchiger Stimme, „aber ich lebe seit langem in Moskau und verurteile meine Landsleute.“

„Hündin“, knirschte der Herr im zerknitterten Militärmantel.

Ich war sogleich umringt. Alle keuchten vor Grimm, es brodelte in ihnen. Ich machte einen Versuch, den Ring zu durchbrechen, aber die alte Frau, mit aufgerissenem zahnlosem Mund etwas schreiend, stieß mir den Stock gegen die Brust.

„Was macht ihr!" schrie ich. „Was hab ich denn getan?" Sie zerrten mich an den Haaren, jemand schlug mich auf den Rücken, Finger tasteten sich zu meiner Kehle vor. „Erbarmen! Erbarmen!" schrie ich.

Sie schlugen mich, ich sah unter ihnen Swetschin und die Dame mit den riesengroßen blauen Augen. Dann stürzte etwas in mir ein, und ich verlor das Bewußtsein.

Als ich zu mir kam, lag ich noch an derselben Stelle. Es regnete. Zunächst war niemand zu sehen, dann zeigten sich ein paar Passanten. Oh, wie harmlos und sanftmütig sie waren, wie zaghaft ihre Schritte, wie zurückhaltend ihre Gesten!

Schneller, schneller, dachte ich und stand mühsam auf, schneller, ehe aus denen wieder eine Menge wird! Zu meiner größten Freude stand die Dormeuse an der vereinbarten Stelle, François drehte sich auf dem Bock um, blickte erschrocken. „Was Sie zu erledigen hatten, gnädige Frau, dürfte nicht einfach gewesen sein", sagte er mit einem musternden Blick und gab den Pferden die Zügel.

Ich fuhr durch Moskau, Tränen rannen über meine Wangen, ich weinte inmitten von Asche, Gestank und Ruinen, inmitten von Ungerechtigkeit und stillem Frohlocken, und ich begriff, daß nichts rückgängig zu machen war und ich Rußland auf immer verließ.

Dritter Teil

Die Erinnerungen der Barbara Wolkowa im vorgerückten Alter

1

Nach Berichten zu urteilen, war der Jubel in Petersburg eine lasche Festlichkeit, verglichen mit dem Moskauer Wahnsinn. Heute wirkt natürlich alles wie in blauen Dunst gehüllt, aber die Düfte, die Töne, das frohe Lächeln, das Wehklagen, das Glitzern der Schneewehen im März leben im Gedächtnis. Und der kräftige Machorkageruch. Gewiß, ohne Swetschin würde ich mich an nichts von alldem erinnern. Man denke nur, Imperator Paul wurde getötet, und fast alle feiern und frohlocken! Er war durchaus kein schlechter Mensch, aber die Leute sind ja immer auf den eigenen Vorteil bedacht, alles andere schert sie wenig. Im übrigen, wenn wir schon gerecht sein wollen, er hatte auch schwere Fehler. Doch wer ist ohne Sünde? Ich habe viele würdige Leute gekannt, die ihn aufrichtig beweinten, obschon sie von ihm viel Trauriges auszustehen hatten. Ich weiß noch, daß ich jedesmal rot wurde, wenn die Leute gar zu laut lachten, gar zu hysterisch einander zum Sturz der Tyrannei beglückwünschten oder Petarden krachen ließen, als wäre ich selbst an dem ganzen Geschehen beteiligt gewesen. Allein, niemand mag Tyrannei, nicht mal solch schwächliche, klägliche, denn alle waren es müde, jeden Tag für den letzten halten zu müssen, waren müde der blödsinnigen Verbote, und ich verstehe die Angst und die Wut edler

Menschen, die sich vor Peitsche und Knüppel, aus höchster Laune geschwungen, nicht sicher fühlen können.

Alles strömte auf die Straßen von Moskau, kaum daß uns die Nachricht erreichte, alle liefen um die Wette, rot vom Märzfrost, und tranken Champagner, kleine Kaufleute und Gesinde hingegen Wodka, und alle küßten sich ausgiebig. Alles wirbelte durcheinander. Und angezogen waren die Leute aufs unwahrscheinlichste – die Männer trugen wieder den vom verblichenen Imperator verbotenen runden Hut, wieder den französischen Frack unterm offenen Pelzmantel, die Militärs hatten alle auf einmal den Gatschina-Zopf abgeschnitten, und ich entsinne mich deutlich, wie der gelbe Frühlingsschnee gesprenkelt war mit den schwarzen Schleifen von den Männerzöpfen, anzuschauen wie tote Vögel, und wie selbstvergessen tanzend darauf herumgetrampelt wurde. Und den kräftigen Machorkageruch, der sich nicht verflüchtigt hat, den erinnere ich auch.

Ja, alle küßten sich. Jeder mit jedem. Keiner kümmerte sich um Anstandsregeln, denn Wahnsinn ist so ansteckend wie Influenza, ganz besonders der Wahnsinn der Freude. Für mich fiel auch etwas ab, als ich in diesen Strudel geriet, und ich legte mir kaum noch Rechenschaft ab, warum, wozu, weshalb. Zuerst überwältigte mich eine bejahrte Dame von gewaltiger Größe, ich verschwand in ihren Armen, in ihrem Pelz, ich ertaubte von ihren Wehklagen, dabei trachtete ich verzweifelt, meine Lippen von ihrem aufgerissenen feuchten Mund fernzuhalten, was mir auch gelang, so daß ihr Kuß meine Wange traf. Danach stürmte ein Gardekavallerist auf mich zu und saugte sich lange und umständlich an mir fest; er drehte meinen Kopf für einen Moment zur Seite, sah mich mit der Begeisterung eines Blinden an und schnappte wieder zu; ich war schon völlig in seiner Gewalt, war wie eine Stoffpuppe in seinen Händen, solche Kraft besaß er, solche Erfahrung und Geschicklichkeit. Schon kam ich nicht mehr heraus aus dem Teufelskreis, etwas war mit mir geschehen: mit vierundzwanzig zu frohlocken, selbst ohne ersichtlichen Grund, ist stets ein Genuß. Heute weiß ich nicht mehr genau, was dann war, ich ging von Hand zu Hand, verlor allmählich das Ekelgefühl und verschmolz mit der stöhnenden Menge, obwohl ich mir noch mechanisch die Hand vor den Mund hielt.

Und plötzlich stand vor mir ein junger Herr, offenbar vom Schicksal gesandt, etwas älter als ich, ebenso aufgeputscht von den Umständen, von dem ganzen Bacchanal, gleichwohl kam er mir weniger irrsinnig vor als all die andern. Ich weiß nicht, wie mir geschah, aber ich erkannte seinen Wert, als ich seine spöttisch eingekniffenen Augen, die etwas eingefallenen Wangen und den ebenfalls spöttischen roten Mund sah. Wozu soll ich mich schämen? dachte ich mit plötzlicher Erleichterung. Wenn mich hier schon jeder umarmt, der Lust hat, sogar nach Teer und Wodka riechende Ungeheuer, dann soll auch er mich küssen! Ich trat auf ihn zu und streckte die Arme aus. Ein Geruch nach Lavendel, jungem frischem Körper und Märzfrost. Ich schloß die Augen. Meine mir angeborene Umsicht war wie weggeblasen. Von selbst umfing mein Arm seinen Hals, glitten meine Finger über den kühlen Pelzkragen. Was war das? Übermut, Begierde, Laune oder ein tiefsitzendes Vorgefühl? Ich weiß es nicht, aber offenbar alles zusammen, wäre ich andernfalls ihm zugestrebt? Das Ganze dauerte einen Augenblick, der wie eine Ewigkeit war. Ich hatte das Gefühl zu ersticken, da lockerte er seine Umarmung und errötete plötzlich, als er meine Hand langsam und widerwillig unter seinem

Kragen hervorkriechen sah. Ich errötete ebenfalls. Jetzt hätte ich davonlaufen und mich in der tobenden Menge verlieren sollen (was war schon groß passiert!), aber die Beine gehorchten mir nicht. Er hatte es gleichfalls nicht eilig. Mir fehlten die Worte, das Ganze ins Scherzhafte zu ziehen. Ist es die Möglichkeit? dachte ich mit Angst und Hoffnung und meinte damit mein tiefverstecktes Geheimnis, mein einziges, wie ich damals glaubte. Heute weiß ich übrigens, daß ich mich kaum von jedem anderen halbwegs normalen Moskauer Fräulein unterschied, obwohl ich eine traurige und unsinnige Ehe hinter mir hatte, die mir wie ein verwischter Traum vorkam.

Ich mußte etwas sagen, doch mir fehlten die Worte. Er gefiel mir, der junge Herr, und wenn ich mich einfach von ihm getrennt hätte, würde es mir für immer leid getan haben. Wo verbarg sich der Faden, mit dessen Hilfe ich mich hätte retten können, mich festhalten auf dieser Erde für den Moment, der genügt hätte, daß ich mich nicht in der gleichgültigen Moskauer Luft auflöste? Viele Jahre später, in einem seltenen Augenblick der Zuneigung zu mir, sagte er mir, er habe fieberhaft an dasselbe gedacht und sich einen Einfall gewünscht, um etwas hinauszuschreien, ein Zauberwort, das mich ans Moskauer Pflaster genagelt hätte, ohne die Anstandsregeln zu verletzen und meine Abwehr herauszufordern. Gibt es solche Worte? Damals jedoch standen wir schweigend inmitten der entfesselten Elemente, kamen allmählich wieder zu uns und näherten uns der verhängnisvollen Minute, in der ebendiese Anstandsregeln in Kraft traten, gegen die selbst der Geschmack seines Kusses auf meinen Lippen ohnmächtig war. Worte gab es nicht.

Die Natur, die unsere Hilflosigkeit sah, tat ihr Werk. Ich wurde wütend auf ihn, dann auf die

Menge, auf Moskau, auf mich selbst, auf den Geruch von Lavendel und vielleicht Machorka, der von seinem Pelz ausging. Ich fand keinen Makel in seinem Gesicht, abgesehen von den eingefallenen Wangen, die mir aber gefielen. Er sah mich verwundert, mit leicht geneigtem Kopf an wie ein Maler ein unbeseeltes Modell. Worte gab es noch immer nicht, und wir trennten uns, ohne uns gegeneinander verbeugt zu haben.

Als die Leidenschaften in Rußland verebbten und der neue Imperator Alexander Pawlowitsch mit freundlich geröteten Wangen und akkurater rötlicher Haartracht uns blauäugig ansah, legte sich alles, und man hätte denken können, daß übermäßige Leidenschaften nicht mehr angebracht seien. Freilich – wer kann von sich sagen, er vermöchte die Grenze zu bestimmen, hinter der unsere Illusionen aufhören? Ich glaube, niemand, auch nicht der neue Imperator, der übrigens mit mir gleichaltrig war. In den Jahren darauf betete ich für ihn, denn es hatte dem Schicksal gefallen, ihm unsere Rettung anzuvertrauen, eine Aufgabe, der er sich gewachsen zeigte. Und obwohl in jenen Jahren fast niemand andere Gefühle hatte als freudige Hoffnungen, kamen bald da, bald dort düstere Prophezeiungen auf, allmählich, scheinbar zufällig. Heute, ein Vierteljahrhundert danach, weiß ich, daß die Gesellschaft damit sich selbst zu zerstören begann, ohne sich darüber Gedanken zu machen.

Also, alles legte sich, und ich hätte mein früheres Leben fortsetzen können, doch der junge Herr, den ich selbst in der Menge ausgewählt und schamlos geküßt hatte, wollte mir nicht aus dem Kopf. Eigentlich ein banaler Vorfall: Jede andere in meinem Alter und frei von Scheinheiligkeit würde an meiner Stelle der Verlockung auch nicht widerstanden und ihn umhalst haben. So wie ich. Doch nach einiger Zeit war die Erinnerung nicht etwa verblaßt, im Gegenteil, sie war lebendiger, beseelter geworden und füllte mich aus. Ein nicht sehr edler Jemand suchte in der nächtlichen Dunkelheit eifrig nach Methoden, mir das Leben schwerzumachen. Offenbar mit Erfolg. Ein junges Fräulein, das diese Zeilen liest, wird schnippisch die Achseln zucken, was ich in solchen Fällen auch getan hatte, bevor mein rätselhaftes Schicksal mich zwang, mich dem Erstbesten an den Hals zu werfen. Ich bin sicher, daß niemand in meinem Hause und unter meinen Bekannten sich hätte rühmen können, die plötzliche Veränderung an mir bemerkt zu haben. Aber das war mir kein Trost. Im Spiegel sah ich wie immer schicklich aus, aber im Innern saß der Wurm.

Meine Freunde und Gönner, meine nahen und fernen Verwandten sorgten sich weiterhin um mich, als wäre nichts gewesen, und sahen nicht den tiefen Abgrund, der sich vor mir aufgetan hatte. Sie sahen die vierundzwanzigjährige Frau mit ihrem Besitz in Gubino, mit dem eigenen Haus in der Moskauer Starokonjuschenny-Gasse, mit einem recht ordentlichen Jahreseinkommen, nicht dumm, mit angenehmen Gesichtszügen, ein wenig zu unnachgiebig vielleicht, sogar schwierig, eine Frau, die einen jungen, trägen, hohlen, gutmütigen Ehemann zugrunde gerichtet (er war nach der Scheidung an seiner unmäßigen Freßgier verstorben), die früh ihre Eltern verloren und viel zu früh die Neigung zur Unabhängigkeit entdeckt hatte. Diese junge Frau sahen sie vor sich, die es gefügig zu machen und ans normale Familienleben zu gewöhnen galt, eine Dame, die den gemeinsamen Kreis nicht übertrat, die sie und ihre trübsinnigen Töchter nicht ängstigte und ihre Söhne nicht in gefährliche Ekstase versetzte.

Ich muß gestehen, daß ich ihre Absichten nicht zurückwies, die gar zu offenkundig und auf ihre

Art gut gemeint waren, und mich mit Leichtigkeit diesem Spiel hingab, doch ich war auf der Hut, um durch ihre Gutherzigkeit nicht in eine mißliche Lage zu geraten.

Barbara, komme ihren Launen nach, sagte ich zu mir selbst, aber gib deinen eigenen den Vorzug. Und Barbara kam ihnen nach, verneigte sich, verströmte Dankbarkeit, klatschte im richtigen Moment Beifall, und all das, um ihre selbstvergessenen Bemühungen nicht scheitern zu lassen und den normalen Fluß des Lebens nicht aufzuhalten.

Sie war ihrer Natur nach keine Zerstörerin, kein böser Mensch, und sie hatte es mit der Ehe nur deshalb so eilig gehabt, weil sie glaubte, den lächelnden, gutmütigen jungen Mann von der Moskauer Trägheit und dem überflüssigen Fett kurieren zu können. „Was schadet es schon“, redete man auf sie ein, „wenn ein Mensch das Bedürfnis hat, verzeih mir's Gott, sich vollzufressen? Ein satter Magen tut gern Gutes.“ Das Gute blieb aus, und sie trennte sich von ihm. Vor Kummer und Einsamkeit entbrannte seine Leidenschaft noch stärker, und das machte ihm den Garaus. Manche Leute gaben insgeheim ihr die Schuld an dem Unglück, aber Lebende kümmern sich um Lebende, und sie kehrten bald zu ihren eigenen Angelegenheiten zurück.

Ich nahm ihre Bemühungen ernst und war sogar dankbar, obwohl ich sie im Grunde meines Herzens für sinnlos hielt. Nicht daß die Anwärter auf meine Gunst, die sie mir zuführten, häßlich oder lasterhaft gewesen wären. Manche gefielen mir sogar, aber ich hatte noch das Gift meiner damaligen Unvorsichtigkeit im Blut. Es pressierte nicht.

Und dann dieser Kuß.

Da aber der schweigsame Herr spurlos verschwunden war, ohne mir seinen Namen und seinen Rang entdeckt zu haben, blieb mir nur, meine eigene Unschlüssigkeit in dem Moment, als ich ihn fast schon in Händen hielt, zu verfluchen und mich mit ohnmächtigen Phantasien verrückt zu machen, auf die wir nach Verlusten angewiesen sind. Die Tage vergingen, sein Aussehen geriet allmählich in Vergessenheit, nur das Empfinden des heißen Kusses auf den Lippen war frisch und verderblich. Und das war wohl keine höhere Erwägung, die mich leitete, kein Pflichtgefühl, keine Seelenregung, nicht irgendwas Erhabenes, sondern die allgegenwärtige Stimme des Fleisches. In meinen Phantasien sah mein Genius schon anders aus, und ich erzählte so manches Mal im abendlichen Kreise von einer jungen Frau, die auf unwahrscheinliche Weise für einen Moment mit dem Auserwählten ihres Schicksals zusammentraf, der dann wieder in den Moskauer Wasserstrudel tauchte, „bei den Klaren Teichen, meine Herrschaften".

Ich erzählte diese Geschichte ziemlich oft, da sie lebhaftes Interesse fand, und ich würde mich nicht gewundert haben, hätte ich erfahren, daß zahlreiche Neugierige zu den Klaren Teichen pilgerten. Der Frühling war schon ganz da, doch meine Leidenschaft und mein Schmerz wollten nicht verstummen. Ansonsten war mir alles gleichgültig. „Aber wenn Ihre Leidenschaft, wie Sie sagen, jahrelang nicht verstummen wollte", sagte man mir, „dann war es doch wohl ein Zeichen, kein leerer Zufall, und Ihre Bekannte hätte nach dem Verlorenen suchen sollen, ohne ihre Hände zu schonen." – „Ohne ihre Füße zu schonen", sagten andere und lachten nervös.

Eine Zeitlang schien meine farbige Erzählung sogar die Erfolge des jungen Bonaparte und die ersten Schritte unseres neuen Zaren in den Schatten zu stellen. Aber wie sollte – nicht die Heldin meiner Erzählung – ich selber, lebendig und erregbar, fertig werden mit meinem Unglück? Wenn es denn kein leerer vulgärer Kuß gewesen war, sondern ein Zeichen des Schicksals, mußte ich warten, wie das Schicksal entscheiden würde. Aber zum Warten fehlte mir die Kraft. Es war an der Zeit, daß ich wie mein erfundenes Fräulein täglich von früh bis spät an den Klaren Teichen herumbummelte, ob er vielleicht unter den Bäumen auftauchte.

Auf meinen Stolz pfeifend, begab ich mich an die leidige Stelle. Sie hatte sich sehr verändert. Frisches Laub schmückte die Bäume. An Schnee nicht zu denken. Kaum Menschen zu sehen. Das Gras wuchs bis hinunter zum Wasser. Ein junger Husar tummelte sein Pferd. Sein Bursche hielt ihm den Steigbügel. Als der Husar an mir vorüberritt, stemmte er die Hände in die Seiten. Die Maibäume spiegelten sich im grünen Wasser. Zarter Lavendelduft schwebte in der Luft.

Ließ ich die Hoffnungen fahren? Keineswegs. Den Gedanken an einen Zufall hatte ich verworfen, doch der Glaube an die Einmischung höherer Mächte hielt mich aufrecht. Der Kuß im März hatte mir die Lippen verbrannt, und keine Macht, nicht einmal meine angeborene Spottlust, vermochte mich jetzt am Hoffen und Harren zu hindern. Nein, ich bildete mir nicht ein, schon mein erster Besuch der Klaren Teiche werde mich für die Tage der Verzweiflung entschädigen, aber ein bißchen flinker und scharfäugiger hätte das Schicksal schon sein dürfen. Ich begriff, daß ich von nun an hierherkommen und an dem grünen Ufer entlangschlendern mußte, da ich mich sonst selbst verdammen, meine Nächsten beleidigen, explodieren, Moskau anzünden würde ... Und da sah ich ihn.

Er kam im Schatten der Bäume auf mich zu, wie mir schien, mit einem grauen Frack bekleidet und Arm in Arm mit einer Dame in einem himbeerrosa

Kleid, er schwenkte im Gehen den Rohrstock, lachte sorglos. Die Dame sah verschwommen aus, dafür war er so deutlich, als hätte ein Frühlingsplatzregen ihn saubergewaschen. Ich wollte zur Seite fliehen, aber die Beine gehorchten mir nicht ... und diese Dame ... Ist es die Möglichkeit? dachte ich, und mir wurde kalt. Sie kamen näher. Er war es nicht.

Es kam zu Absurditäten. Eines Tages tranken wir Tee auf der vom Mai durchwärmten Veranda. In diesem Jahr ging die Begeisterung für Suworow weiter. Ich hatte nichts gegen den ruhmreichen Generalissimus, aber die fortwährende Schwärmerei meiner Umgebung reizte mich zum Widerspruch. Mitten in einer der üblichen Lobhudeleien ließ ein junger Preobrashenskojer Hauptmann, mein alter Gönner Arseni Botschkarjow, mitten auf dem Tisch, zwischen Samowar und Kringeln, eine Bombe platzen, indem er wie immer flüsternd sagte:

„Bonaparte hat die Stände abgeschafft, und der Bauer, der französische Bauer, der bei ihm Soldat ist, darf auf die gleichen Auszeichnungen hoffen wie die Kommandeure, ganz zu schweigen davon, daß er selber Kommandeur werden kann. Haben Sie eine Vorstellung, wie er kämpft? Die Franzosen in ihrer Mehrheit sind ja man mickrig, aber wie sie kämpfen! Unser Soldat wird zu Hause geprügelt, als Soldat geprügelt. Haben Sie eine Vorstellung, was für eine Macht ein französischer General hat? Unser Soldat ist natürlich geduldig. Was Suworows Genie angeht, so ist es zweitrangig. Allein mit Genie ist nichts auszurichten."

Eine leichte Verwirrung trat ein, alle schwiegen.

Ich mußte daran denken, wie ich vor Jahresfrist den armen General Opotschinin beleidigt hatte, den jungen Riesen mit dem runden Gesicht und den Kinderaugen, der aus dem Schweizer Feldzug heimgekehrt war und noch vom Kampfeifer glühte. Ich hatte etwas über den Feldherrn gesagt, den Abgott, etwa so, daß der vor den Franzosen über die Alpen geflohen sei, irgend so etwas Kokettes, wahrscheinlich weil der junge General mir sympathisch war. Armer Opotschinin! Ich hatte ihn in die Enge getrieben, und der kluge und entschlossene Mann erwehrte sich meiner Sarkasmen plump und schüchtern wie ein Feldwebel aus einer Provinzgarnison, obwohl es ihm ein leichtes gewesen wäre, mir mit nachsichtigem Spott beizupflichten, dann würde ich mich wohl nicht mehr wiedergefunden haben. Aber ich hatte ihm gefallen, und das verwirrte ihn.

In der Tat, dachte ich an diesem Abend, als es Botschkarjow einfiel, die Ruhmredigkeit der trägen Moskauer Schlauberger zum Schweigen zu bringen, in der Tat, was bedeutet das Feldherrentalent des vergötterten Generalissimus gegen den Umschwung, den Bonaparte herbeiführte, gegen die neue Gesellschaft mit ihren für uns unbegreiflichen Prinzipien? Was bedeutet militärische Befähigung, ja, Genialität, die Fähigkeit, Regimenter zu führen, einprägsame Sentenzen auszusprechen und in der Gesellschaft als Sonderling zu gelten, was bedeutet all das gegen den neuen Geist, der sich in den Menschen festgesetzt hat?

Die Dämmerung brach an. Aus dem Garten drang kräftiger Fliederduft, und mir fielen die Düfte des März ein und die eingefallenen Wangen, an die ich mich damals so zwanghaft geschmiegt hatte, und wirklich, was galten mir die Vollkommenheiten unseres berühmten Kriegers und die Neuerungen Bonapartes und die Vorzüge der Freiheit gegenüber der Sklaverei und der Unterschied zwischen Republik und Tyrannei und alles, alles, wenn ich dauernd diese eingefallenen Wangen vor mir sah – meine Bestimmung – und in der Luft

Lavendel roch? Unbemerkt entglitt ich dem freundlichen Chor, ließ anspannen und eilte mit der Kutsche zu den Klaren Teichen.

Zwei Stunden später kehrte ich nach wie immer fruchtlosem Warten und allen möglichen Fehlschlägen zurück, und fast niemand hatte meine Abwesenheit bemerkt. Man sprach über andere Dinge, Wespen umsummten die Konfitüre. Es wurden alle möglichen Anekdoten aus dem Leben des toten Imperators Paul erzählt. Hauptmann Botschkarjow beugte sich zu mir und flüsterte:

„Barbara Stepanowna, hören Sie einen armen Hauptmann an."

„Sprechen Sie", antwortete ich gleichfalls flüsternd, noch bemüht, den Sinn der letzten Anekdote zu verstehen.

„Die Sache ist die", sagte Botschkarjow, „ich liebe Sie und bitte um Ihre Hand."

Das hätte wie ein Scherz aussehen können, wäre nicht sein starrer Blick gewesen. Ein frischer Samowar kam auf den Tisch. Aus dem Garten wehte Feuchtigkeit. Wie einfach das gesagt worden war, beim Tee, flüsternd, ohne Umstände und Kniebeugen. Er lehnte sich im Sessel zurück und schloß die Augen, aber selbst sein dichter Backenbart konnte seine puterrote Verlegenheit nicht verbergen.

„Hören Sie", flüsterte ich, „Sie gehen ja ran wie Suworow beim Sturmangriff."

Er lächelte nicht.

Jemand sagte am andern Ende des Tischs:

„Ehe wir die Freiheit preisen, müßten wir zumindest eine Vorstellung haben, was das ist."

„Ich will viele gesunde Kinder haben", flüsterte ich dem Hauptmann zu.

„Na und?" fragte er, ohne die Lippen zu bewegen.

„Sie sind Offizier und müssen in den Krieg." Ich

sah, wie er sich spannte. „Außerdem schätze ich Ihren Verstand und Ihr unabhängiges Urteil ... wir sind doch alte Freunde ... sollten Sie es wirklich vorziehen ...“

„Ich ziehe es vor“, flüsterte er. Sein Gesicht wurde blaß. Auf der Stirn zeigten sich Schweißtropfen.

„Das sollten Sie nicht“, sagte ich, „morgen früh tut es Ihnen leid. Warten Sie bis morgen.“

Der Hauptmann war ein feinsinniger Mensch. Er brachte es über sich, meinen bitteren Humor, wie es sich gehörte, zurückhaltend und würdevoll aufzunehmen. Der andere, ich dachte an den Herrn vom März, den liebe ich nicht, er ist einfach mein Fluch. Wie geschickt er mir aus dem Wege geht, wie kunstvoll er mein Suchen scheitern läßt. Ich war drauf und dran, in die Stille von Gubino zurückzukehren, und ließ packen; meine Leute beeilten sich, sie wollten mir gefällig sein.

Offen gestanden, alle diese Gespräche, das ganze Gerede von Krieg und Politik, das ich selbst ausgelöst hatte, schwebte unter der Decke und berührte mich überhaupt nicht, denn ich war in dem Alter, in dem der Dienst an der Natur nicht Pflicht, sondern Bedürfnis ist, und meine Natur ließ nichts gelten als den Herrn von den Klaren Teichen, und meine kranke erhitzte Phantasie malte ihn mit fieberhaftem Pinsel in den unwahrscheinlichsten Farben. Gott wird mir verzeihn.

Meine Leute beeilten sich, sie wollten mir gefällig sein, und als alles gepackt war, da habe ich es mir anders überlegt.

Gab es Arzneien, die mir geholfen hätten? Bedurfte ich überhaupt der Heilung solch natürlicher Wunden? Danke Gott, Barbara, dachte ich hochtrabend, daß er sich herabgelassen hat, die verdorrenden Zweige deiner Seele in Brand zu setzen! Die vom hohen Gefühl geborene Schwülstigkeit sollte nicht verlacht werden. Darin war alles vermischt: schwache Frauenhoffnung und Verzweiflung und dumpfe wölfische Vernunft. Barbara war wieder ruhig, kalt und spöttisch, und der Herr vom März glänzte vor ihr nicht wie ein mit langer Geduld verdienter Preis, sondern wie eine Idee. Und da wurde das Tor aufgerissen.

Lange erwartet – schnell gefunden. Am Morgen besuchte mich Katerina Semjonowa, sanft, schmeichlerisch, selbstbewußt, die freie Generalsgattin. Weißer Batistrock, freizügige weiße Batistbluse, zum Turban gewundener rosa Taftschal. Alles pariserisch, wohldurchdacht, duftig, aber dazu das Gesicht der waschechten Moskauerin aus der Basmannaja-Straße – ein kleines Näschen, braune Schmachtäuglein, frische Wangen und ein etwas schuldbewußtes Lächeln.

„Ich möchte von dir lernen, liebste Barbara, stark zu sein und geradewegs dahin zu gehen, wohin Gott mich heißt. Ich lerne und lerne, und stell dir vor, es nützt nichts."

Was konnte sie von mir lernen in einer Zeit, wo ich selber wie eine Verlorene war? Nur Worte.

Ihr geriet alles leicht und elegant. Das große Haus am Roten Tor stand immer offen. General Semjonow war großzügig und nachsichtig. Junge Leute und bekannte Herzensbrecher folgten Katerina wie Schatten, aber sie war mit ihnen rasch auf freundschaftlichem Fuß; sie lächelte schuldbewußt, aber sie machte mit ihrer weißen Hand eine entschlossene Bewegung, als schöbe sie einen Musselinschleier vom Gesicht.

Sie kam am Morgen, und meine nächtlichen Phantasien (immer über dasselbe) lösten sich auf in ihrem Gurren und ihren Düften. Ja, ich vergaß zu sagen: Wenn man ihr glückliches Gesicht lange betrachtete, entdeckte man einen Anflug von Traurigkeit. Aber das ist eine Beobachtung von mir.

Wir waren gleichaltrig, doch sie bevormundete mich mit ihrem Weitblick und ihrer Moskauer Gutherzigkeit, unaufdringlich, leicht, schön, verzeihend.

Es war ein herrlich milder Moskauer Maimorgen, und ich hörte ihr gewohntes Gurren wie von weitem und mit halbem Ohr, bis sie plötzlich deutlich sagte:

„... eingefallene Wangen, glühende kleine Augen“ (sind sie wirklich klein, dachte ich und zweifelte kein bißchen, von wem sie sprach), „kein Schürzenjäger, mein Herzblatt, im Gegenteil, streng ...“

„Wie ist sein Name?“ fragte ich.

„Herr Swetschin“, sagte sie, „Sohn des Generals Swetschin. Schon wieder ein General.“ Sie lachte. „Heutzutage sind in Rußland alle General. Stell dir das vor.“

Ich zweifelte kein bißchen, daß sie von meinem Quälgeist sprach. Mein Herz pochte heftig, aber ich ließ mir nichts anmerken.

„Ich habe ihn gefragt“, sagte Katerina aufgeregt, „ob er sich bei uns nicht langweilt. Er sagte, wieso denn, und machte ein geringschätziges Gesicht, wieso denn, ich mag euch alle gern, ich gehöre zu euch, es ist mir interessant bei euch. In seiner Stimme war Wehmut, stell dir vor, sogar Mißvergnügen.“

„Wie kommst du dazu, dich an ihn heranzumachen?“ fragte ich heftig.

Sie machte große Augen, und ich sah darin Herrn Swetschin. Es half nichts, ich befand mich in der Situation einer mittelmäßigen jungen Moskauerin, die sich Illusionen hingibt. Katerina hatte, ohne es zu ahnen, meine Phantasie aufs äußerste angefacht. Das grämliche und gereizte Aussehen des Herrn Swetschin, das sie beschrieben hatte, stürzte mich nicht in Verzweiflung. Woher nahm ich die Kraft? Komm ja nicht auf den Gedanken, dich ihm zu eröffnen, Barbara, entschied ich, er stößt dich zurück mit Kälte und Gereiztheit, und dann wirst du das Schlimmste tun müssen, Barbara. Nur das nicht! Ich wußte den Namen meines Helden. Was sonst? Das übrige legte ich in die Hände des Schicksals, und es war mir gewogen.

Wie immer unter solchen Umständen bildeten sich gleichsam aus dem Nichts kaum erkennbare Fäden, die bislang im Vergessen geruht hatten, sie spannten sich, tönten, und ich hielt mich an ihnen fest. Sie führten mich Ende Mai zu den Ulybyschews in der Mjasnizkaja-Straße. Verspätet traf ich zum abendlichen Tee ein. Im Hause Ulybyschew geschah das Teetrinken nach einem festgelegten Ritual. Zuerst wurde musiziert, über Mode und Politik gestritten und natürlich des letzten unglückseligen Zaren gedacht. Sodann setzte man sich an den großen ovalen Tisch mit dem unvermeidlichen Tombaksamowar und begann das Teetrinken in völliger Stille. Diese feierliche Stille dauerte bis zum letzten Tropfen der ersten Tasse. Mit der zweiten setzte das übliche Stimmengewirr ein, das unterbrochene Gespräch wurde fortgesetzt. Die Tafel war nicht besonders erlesen gedeckt, im Gegenteil, die Tassen waren absichtlich derb, irgendwo aus Wjasma oder Kostroma, überhaupt wirkte das ganze Geschirr irgendwie hausgemacht, und die Schüsseln aus matter gelblicher Fayance paßten zu den Tassen. Zum Tee gab es reichlich Konfekt, Kiewer Konfitüre, flüssige und feste, Marmeladen, Geleefrüchte, diverse Gelees und Quarkkuchen, doch die Krönung des Ganzen waren die reichlich vorhandene Landbutter und die heißen Weizenbrötchen.

Als ich eintrat, trank man eben die erste Tasse, darum hatten ich und die mir unbekannten Gäste genügend Zeit, uns gegenseitig zu mustern, was wir denn auch taten. Sie waren alle in vorgerücktem Alter, nette und herzliche Leutchen, doch mit solch starkem Geruch von Moskauer Langeweile, daß ich mich unwillkürlich auf den einzigen Gast konzentrierte, der nur knapp älter schien als ich.

Er trug einen längst nicht mehr neuen dunklen Frack und blaßgelbe Vatermörder, um die lässig eine Seidenschleife geschlungen war. Die kurzgestutzten graumelierten Haare paßten nicht ganz zu dem vergleichsweise jugendlichen, kantigen und länglichen Gesicht. Zerstreut führte er die Tasse zum Mund, dabei lächelte er seinen Gedanken nach, setzte die Tasse ab, verfinsterte sich. Ich dachte daran, wie ich ihn bei den Klaren Teichen geküßt und hinterher im Fieberwahn mir sein unwahrscheinliches Bild ausgemalt hatte, dabei sah er ganz anders aus, eher wie ein friedlicher Hund am Abend, schweigsam und langweilig.

Ich beobachtete mit dem Augenwinkel, wie er sich Butter aufs Brot strich, gemächlich, doch ohne Interesse, ohne Gier. Aber gewiß hatte ich ihn küssen können. Dort im Märzschnee, im festlichen Treiben, hatte alles bedeutsam und geheimnisvoll gewirkt, aber wie gnadenlos besänftigte jetzt das Flackerlicht in der abendlichen Teerunde die Leidenschaften und ernüchterte die Phantasie! Ich kann nicht sagen, daß er mich außergewöhnlich interessiert hätte, gleichwohl ließ ich kein Auge von ihm.

Letzten Endes hatte ich ihn küssen können, aber jener Mann war groß und würdevoll gewesen, dieser dagegen hatte hängende Schultern; jener war ganz und gar offen und zupackend gewesen, dieser dagegen war verschlossen und womöglich verschlagen; überdies hatte dort Lavendelduft in der Luft geschwebt, hier dagegen roch es nach Vanille … und weitere Dummheiten drängten sich in meinem Kopf, als mir plötzlich aufging, daß ich zitterte wie im Fieber. Niemand wurde es gewahr, doch das Zittern verstärkte sich, da sah er mich an. Er hatte eingefallene Wangen und bohrende, spöttische kleine Augen. Ich fühlte mich hilflos. Die leere Tasse – eine klägliche Deckung – stand starr zwischen uns in der Luft.

Alle gingen hinüber in den Salon, doch wie das geschah, ist mir nicht erinnerlich. Ich setzte mich in einen Sessel am Fenster. Die Luft war mir knapp. Vielleicht ist das die Pest, dachte ich, denn in jenen Tagen war es üblich, von der Pest zu reden. Er stand an der gegenüberliegenden Wand und plauderte mit der Dame des Hauses. Ich beschloß, unverzüglich abzufahren, da sah ich ihn plötzlich auf mich zukommen. Er setzte sich in den Sessel neben mir und fragte träge, fast ohne mich anzusehen:

„Meinen Sie nicht auch, daß diese Teeabende das Leben verkürzen?"

O mein Gott, dachte ich, die Selbstbeherrschung verlierend, ich habe dich doch nicht ausfindig gemacht, um mich in mondänem Geschwätz zu vergeuden.

Ich zuckte die Achseln.

Er holte tief Luft und sagte flüsternd:

„Dies ist ein Kreis, den die Überheblichkeit gezogen hat, nichts anderes."

„Sie und ich, wir haben uns im März an den Klaren Teichen geküßt", sagte ich deutlich akzentuiert.

„Möglich", entgegnete er gelassen. „Damals haben sich alle geküßt. Ich auch." Er beugte sich zu mir. „Messen Sie dem Bedeutung bei?"

Jetzt hatte ich keinen Zweifel mehr, daß er es war. Und da sich das Schicksal nun schon so eifrig um mich bemühte, mußte ich es nicht ein wenig zügeln und zur Vernunft bringen, damit ich nicht zersprang von dem plötzlichen Glück? Konnte ich jetzt bedauern, daß ich mich mit offenem Herzen und geschlossenen Augen in den für mich bereiten Wasserstrudel gestürzt hatte? Draußen war Mai, im Salon verdichtete sich das sachte Stimmengewirr der Gäste. Ich war vierundzwanzig. Wer konnte damals wissen, was uns in naher Zukunft bevorstand?

Barbara glaubte, sie habe die höchsten Höhen erreicht, und jeden Moment werde sich die Wahrheit vor ihr auftun. Sie sah ihren Gesprächspartner an und staunte, wie genau er sich ihr eingeprägt hatte in dem kurzen Moment, während sie seiner Umarmung entglitt.

„Messen Sie dem Bedeutung bei?" Er sah mich aufmerksam an.

Sieh mich nur an, dachte Barbara, präg mich dir ein. Vielleicht erscheine ich dir eines Tages im Traum, und dann möchtest du auch zu den Klaren Teichen hinstürzen, die Kehle ausgedörrt von der Gier nach dem Wiedersehn.

„Und wie sich alle geküßt haben", sagte er angewidert, „wie von der Leine gelassen. Wozu der Mensch nicht alles fähig ist, wenn es ihm gelingt, sich plötzlich loszureißen ... und wenn er frei ist ..."

„Unter anderen Umständen hätten wir uns auch gegenseitig totschlagen können", bemerkte ich, außerstande, die Blicke von ihm zu wenden.

Er beugte sich noch näher zu mir, doch er blickte starr, desinteressiert.

„Sie meinen, man müsse den Menschen zügeln?"

„Leider", entgegnete Barbara. „Aber je fester die Fesseln sind, desto gefährlicher ist er." Sie lachte. „Sie haben es ja selbst beobachtet."

„Von mir aus können sich alle unentwegt küssen", antwortete er kalt, dann stand er heftig auf, verbeugte sich heftig und verließ den Salon.

Mit ihm entfernte sich ein Teil meines Lebens.

Na und, dachte ich, wenn man schon auf die Natur hofft, soll man sich ihr auch nicht widersetzen.

Eins kam zum andern. Sein Name war tatsächlich Swetschin, sein Vater war tatsächlich General gewesen, der auch mit Suworow durch Europa gezogen war und unterm neuen Zaren den Abschied genommen hatte. Die alten Krieger sprachen mißbilligend von ihm in dem Sinne, daß er die Künste stets mehr geliebt habe als die strenge und begeisternde Armeefortüne, daß er kein Blut sehen konnte und nicht gut im Sattel saß. Ich hatte schon vor langer Zeit von ihm gehört, wäre jedoch nie auf den Gedanken gekommen, daß mein Herr von den Klaren Teichen ebendieser Wurzel entstammte und der Generalssohn war, von dem in Gesellschaft als von einem gefährlichen Jakobinerfreund gesprochen wurde, auch nicht, daß dieser Generalssohn sich mit seinen harten Lippen an den meinigen festgesaugt hatte, so daß ich den klaren Kopf verlor und ihn umhalste, benommen vom Lavendelgeruch.

2

Herbst, Trostlosigkeit, Gubinoer Landschaften. Alles wohlbekannt, doch kein Glück, kein Glück. Bin ich das, diese Dame mit den verblühenden Zügen, die mit eingekniffenen Augen durchs Fenster in die Natur starrt? In der Natur Welken, in der Seele auch. Welche Übereinstimmung!

Gewitzt durch die bittere Erfahrung des armen Nikolai Opotschinin, schreibe ich diese unvollendbaren Seiten in der Hoffnung, daß Lisa das Ganze eines Tages liest und so ein paar Dinge erfährt, von denen sie nichts weiß, so daß das Leben für sie einfacher und verständlicher wird. Als Timoscha von seinen Kriegszügen zurückkehrte, gab ich ihm das Erinnerungsbuch seines verstorbenen Großvaters, und er lief tagelang mit rotgeheulten Augen herum. Ich dachte damals, wenn ich ihn verstohlen ansah, Gott möge verhüten, daß Lisa sich verliebt in diesen unruhigen jungen Mann mit der Opotschininschen Schwermut im Blick, denn eine Verbindung dieser Schwermut, die grauenhafte Ausmaße annehmen konnte, mit der Kälte und dem nüchternen Verstand der Wolkows würde nichts Gutes bringen. Kaum hatte ich das gedacht, verliebten sie sich ineinander.

Anfangs war ich natürlich traurig. Die Schlachten und Feldzüge hatten Timoscha nicht abgekühlt, im Gegenteil, sie hatten seinen Emotionen Gift beigemengt, so daß er bei dem kleinsten Anlaß, ob bitter oder erfreulich, sogleich entflammte und aufloderte, was Lisa rührte. Das stand ihnen in den Gesichtern geschrieben, und ich sehe es bis jetzt, als ob ich in einem Kinderbuch lese. Wie hatte Barbara sich getäuscht, als sie es für ein Glück erachtete, dem vergötterten Wesen in die Augen zu schauen, ihm die Füße zu waschen und über jede Trennung von ihm zu winseln. Dabei gibt es einfach kein Glück. Es gibt unser Leben, so kurz wie eine Kerzenflamme, und wir bringen diesen kurzen Moment hinter uns – stolpernd, ärgerlich über Rückschläge, das Vorherbestimmte vollbringend und hoffend, hoffend …

Eines Tages hatte ich Lisas Augen brennen sehen, als Timoscha aus dem Krieg zurückgekehrt war und uns besuchte. Er war neunzehn und sie elf. Ich brannte in jenen Jahren überhaupt nicht. Timoscha sah auch wirklich gut aus, wie eigens erdacht, um den Dorfmädchen den Kopf zu verdrehen. Groß, Wespentaille, starke breite Handgelenke, lockig, großäugig, nachdenklich, mit plötzlichem reinem Lächeln, in dunkelgrüner Jägermontur, einen Hut mit grünem Federbusch auf dem

Kopf; er nahm ihn lässig ab, die Locken rieselten auseinander, Lisa ächzte.

„Weißt du noch", sagte er zu ihr, „wie wir beide früher durch den Garten gelaufen sind? Weißt du noch?"

„Ja, ich weiß", sagte sie und wurde puterrot. „Klar, weiß ich noch. Ich weiß alles noch, Timoscha."

Früher würde er ihr scherzhaft-galant das Händchen geküßt haben, doch jetzt legte er ihr den Arm um die Schultern wie einer Marketenderin und führte sie ein paar Schritte über den Gartenweg, dann brachte er sie zurück und vergaß sie sogleich, und sie stand da und hielt sich die Augen zu, und da kam mir der Gedanke, daß dörfliche Stille, Einsamkeit und unsere russische Vorliebe für Grübeleien jetzt ihre Tücke zeigen würden.

Ich hielt mich bereit wie jede anständige Wölfin, doch innerlich war ich mir bewußt, daß meine Unruhe von der Unabänderlichkeit des Ganzen herrührte und ich dem Schicksal gegenüber machtlos war. Weder mir noch Swetschin hätte sich je ein Mensch in den Weg stellen können, das war unmöglich. Wir lebten nach höheren Eingebungen, und das erhob uns in den eigenen Augen, obwohl Kummer und Verdruß unsere ständigen Begleiter waren.

Vielleicht sieht es unsinnig aus, wenn ich mit leerem Pathos zu Lisa sage: „Vergiß nicht, daß es eine Macht gibt, die uns leitet. Versuche nicht, ihr zu entgleiten, das Schicksal liebt keine Späße." – „Wer ist diese Macht?" fragt sie spöttisch, und ich erkenne mich selbst.

Zwanzig Jahre lang habe ich ihr mit meinem ganzen Verhalten zu verstehen gegeben, daß Selbstironie etwas Wunderbares ist, habe heimlich, mit Zittern und Ehrfurcht, den Staub von ihr geblasen. Jetzt ist sie aufgeblüht, wenn auch nicht ohne Konflikte, und die Flammen unseres Gubinoer Hauses glitzern noch immer in ihren Augen. Die Mushiks, total verrückt geworden, warteten mit Mistgabeln in den Händen, daß ich aus dem brennenden Hause kröche. Aber ich trat hinaus, in jeder Hand eine Pistole, und sie machten mir Platz. „Ihr seid schlimmer als die Franzosen“, sagte ich ruhig, „wartet, bis wir den Feind vertrieben haben, dann ziehe ich euch zur Rechenschaft.“ Sie sagten nichts. Lisa ging neben mir und hielt sich an meinem Pelzmantel fest. Hinter uns ging Andrian mit der Muskete. Zwei Stubenmädchen spannten, sich die Fingernägel abbrechend, die Pferde vor die Kutsche.

Als sie aus dem brennenden Haus traten, ordnete Barbara mit eisiger Stimme an: „Keine Träne!“ Und alle guckten streng wie Richter. Ohne die Pistolen zu senken, bestiegen sie die Equipage. Zwei Fuhrwerke mit treuen Leuten knirschten hinterher. Lisa blickte zurück auf das Feuer, bis es hinter der Anhöhe verschwunden war. Erst da ließ Barbara die Pistolen fallen, und das Stubenmädchen Dunja rieb ihr die Wangen und wehklagte flüsternd.

Einen Monat später kamen die Räuber zu mir nach Jelzowo, wo wir Unterkunft gefunden hatten. Sie kamen mit einem Schuldbekenntnis, und nur die beiden Rädelsführer fehlten, Semanow und Drykin, sie waren verschwunden. „Wollten sie uns verbrennen?“ fragte ich Dunja. – „Ja“, sagte sie und schluckte Tränen, „zusammen mit dem Fräulein. Die Mushiks hatten Angst, aber die beiden haben gestänkert und gestänkert.“ – „Die Mushiks wollten nicht?“ fragte ich. – „Nein“, sagte Dunja, „sie hatten Angst.“ – „Ich habe ihnen doch nie was Böses getan, wie können sie nur? Sie hätten also zugesehen, wie wir verbrennen?“ – „Ja“, sagte Dunja, „sie hätten zugesehen.“ – „Also hassen sie mich?“ fragte ich entsetzt. – „Nein“, sagte Dunja, „woher denn? Die beiden haben sie angestiftet. Gestänkert und gestänkert.“

Apropos Selbstironie. Erwiesenermaßen habe ich keine. Wie ist sie beschaffen? Ich liebe mich. Ich bin stolz auf mich. Die Koketterie des armen Generals Opotschinin ist nichts für mich, obwohl er gutmütig und großzügig war. Soll ich spöttisch von mir selber denken? Das erniedrigt doch! Ich soll mich keinen Selbsttäuschungen hingeben? Was für Täuschungen denn sonst? Es reicht doch, daß der Mann, den ich liebte, mir meine Liebe mit feindseliger Gleichgültigkeit vergalt. Ich war mehr wert. Ja, Barbara war mehr wert, als sie mit den Pistolen in den Händen auf der brennenden Schwelle erschien. Ich erinnere mich gerne daran. Zum Teufel mit dem Haus, wenn es der Preis für einen wunderbaren Moment ist. Ich konnte ja nicht gut mit einer Verbeugung zu den Frevlern hinausgehen. Kein halbes Jahr dauerte es, bis ihre Äxte und Sägen mit Kling und Klang mein neues Haus ausführten. Wie tief sie sich auch vor mir verbeugten, in Lisas Augen war die Flamme noch immer nicht erloschen. Soviel zu Timoschas Behauptung von der schönen Gleichheit der Menschen, die irgendwann einmal kommen müsse, angeblich ganz von selbst, im verborgenen heranreifend, natürlich nur, wenn man sie rief und ihren Namen beschwor.

„Hast du gesehen, Timoscha“, fragte ich ihn eines Tages, als er grade erst aus dem schönen Frankreich zurückgekehrt war, „hast du gesehen, was in den Augen der Mushiks stand, als sie, ihre Mistgabeln schwenkend, auf mein Herauskommen warteten? Blut und Schmäh. Ich weiß, was sie wert sind, und ich verachte sie für ihre heimliche Bosheit! Ich hatte Liebe und Mitleid für sie, bis sie mich verrieten. Und vor wem? Vor den Franzosen!

Knecht bleibt Knecht, Timoscha. Und wenn irgendwann einmal später die verfluchte Zeit kommt, die Gleichheit, von der du sprichst, Timoscha, dann werden die Knechte trotzdem Knechte bleiben, denk an meine Worte, und wenn du sie zehnmal in Samt und Seide kleidest und ihnen das Brandmal abkratzt, Timoscha." Ich redete mich ziemlich in Hitze damals, was gar nicht meine Art ist, und schrie beinahe: „Meine Tante, die schöne junge Praskowja, Pugatschow hat sie hochziehen lassen, und dann mit dem Säbel durch den zarten Hals! Da ist ihr blaues Blut geflossen! Die Mörder waren ganz erschrocken darüber. Nein, Timoscha, Gleichheit gibt es nicht, Gott verzeih mir, es gibt einen unsicheren Waffenstillstand, das wirst du als Militär verstehen; solange ich in jeder Hand eine Pistole habe, schaffe ich's bis zur Equipage!"

„Aber wir verkaufen doch sie, nicht sie uns!" brauste er auf, und seine vollen Lippen bebten.

„Ach, Timoscha", sagte ich ruhig, „entsetzlich, unsere Wildheit, unsere Schmach. Kann man denn Menschen verkaufen?"

Dazumal waren die schwülen Wellen der französischen Verlockungen noch nicht abgeebbt. Wir erstickten darin. Barmherziger, wieviel wackere Gardisten, die heimgekehrt waren, schüttelten die Fäuste, als staunten sie zum ersten Mal über unsere dumpfe Barbarei. (Die kleine Lisa, die meinen Strafpredigten aus dem Wege geht und einen häuslichen Krieg gegen mich führt, sagt mit dünnem unbeugsamem Stimmchen: „Was ist das für eine Barbarei!")

Jetzt ist das neue Jahrhundert zu einem Viertel um. Zu Ehren dieses Ereignisses geht auch der Herbst rasch vorüber. Die Bäume werden im Nu kahl. Noch gestern waren da und dort Blätter dran, heute ist keins mehr zu sehen. Gestern, als das letzte fiel, tat sich die Weite auf, die Straße nach

Lipenki, und auf dieser Straße kam, nicht mehr von Büschen verborgen, der verstorbene General Opotschinin, noch jung und rundgesichtig, zu mir nach Gubino, stur und mühsam das Holzbein setzend! „Dunja!“ konnte ich noch rufen …

3

Damals in Moskau, das von Brand und Brandstiftern noch nichts wußte, suchte Barbara nach dem Fädchen zum jungen Swetschin, und das beschäftigte sie weit mehr als die verfluchten Fragen, die die anderen quälten. Wer war er, ihr Märzverführer? Mit wem würde sie die Kräfte messen müssen, die von Tag zu Tag weniger wurden? Endlich, viele Jahre später, als sie mit Hilfe derselben Katerina Semjonowa und anderer plauderfreudiger, großmütiger Moskowiter einen Ausflug in die Vergangenheit machte, gelang es ihr doch noch, die Jugend dieses Mannes zu erschauen.

Sein zwanzigjähriges Gesicht war damals noch deutlich gerundet, und die späteren Enttäuschungen hatten seine hohe Stirn und die glatten Wangen noch nicht gezeichnet. Der schwarze Umhang von großzügigem Schnitt betonte, daß er kein Hiesiger war. Noch gestern Studiosus in Paris, fühlte er sich in der Heimat noch nicht wieder zu Hause. Moskau war wie Ausland für ihn. Das Vaterland traf keine Anstalten, ihm mit seinem Arom die frühere Glaubwürdigkeit einzuflößen. Bis zu der Begegnung mit mir waren es noch mehr als acht Jahre. Er dürstete nach Tätigsein. Die in der Fremde aufgenommene Mikrobe weckte Phantasien in ihm, die alles andere als russisch waren. Der Aufrührergeist der Sorbonne hatte sein Blut erhitzt, der Engel mit der phrygischen Mütze ihm Verlockungen zugeraunt.

Schon einen Monat nach seiner Heimkehr ward er inne, daß er sich unter Fremden befand. Die meisten dachten wie Katharina, in deren blauen deutschen Augen voltaireanische Verschlagenheit glitzerte, aber Katharinas Verstand war kalt, und in ihrem Innern ballte sich Feindschaft zu den wenigen russischen Verehrern des hakennasigen Franzosen. Die Mehrheit teilte dieses Gefühl. Nur ein verschwindend geringer Teil versuchte, sein Blut von den französischen Stürmen in Wallung bringen zu lassen. Aber die Kaiserin besaß Scharfblick, sie war weise, die Alte, denn sie behauptete, die Franzosen würden sich letzten Endes gegenseitig köpfen. Sie wußte mehr als wir alle, Paris lag übersichtlich vor ihr. Sie wußte Bescheid, doch wußte Swetschin Bescheid?

Jugend ist grausam, und der Anblick fremden Blutes weckt bei ihr, zur Freude der Politiker und Feldherren, keinen Abscheu. Und als der große Kopf Ludwigs in den Korb der Guillotine plumpste, auf der dunklen Kleidung des Scharfrichters dunkelrote Flecke sich ausbreiteten und die Zuschauermenge vergnügt aufschrie, hielt Swetschin einen Moment die Hand vor die Augen und dachte, wie einfach doch königliche Köpfe mitsamt der Perücke davonflogen. Wie einfach war alles: Befreiung von der Tyrannei und Bestätigung der geliebten Wahrheiten, die gestern noch phantastisch schienen!

Wenn er später in guten Momenten sich über seine Jugend ausließ, dachte er mißvergnügt an sich wie an eine Karausche, die den Haken geschluckt hat: Tyrannei gab es nicht, sie kam erst mit dem Blut, und die geliebten Wahrheiten erwiesen sich als Frucht der Unwissenheit. Damals aber trank er mit den Studenten dunkelroten Burgunderwein und verkündete, die hölzerne Zunge mühsam bewegend, im allgemeinen Chor Sentenzen, die in jenen Tagen auf den Pariser Straßen ungefährlich waren. Er küßte sich mit Pariser Krämern und wähnte sich ins Paradies versetzt. Schönes Paradies, Arm in Arm mit der Guillotine! Jedenfalls war sein liebesdurstiges Herz, wie die Romanschreiber sich ausdrücken, war seine Seele nicht dunkelrot befleckt, nur seine Kleidung. Die wenigen Kinder Rußlands, die Augenzeugen geworden waren, tanzten im Faubourg Saint-Germain, dann verteilten sie sich auf die Schenken und schrien Ruhmesworte auf die Fürsten Golizyn, zwei schmächtige Erben des Fürstengeschlechts, die ihre Gouverneure dabeihatten, schrien Ruhmesworte, weil sie an der Erstürmung der Bastille teilgenommen hatten. Hier begreife ich Swetschins Pathos, doch ich zweifle, ob es tief ging. Das schreckliche Gefängnis fiel, und im Lauf der Zeit entstand der Eindruck, es wäre gestürmt worden von zwei schmächtigen russischen Aristokraten mit dem Gewehr in Vorhalte, die von ihren französischen Gouverneuren mit Jakobinerprofil zu der Heldentat inspiriert worden waren.

In Rußland aber ragte majestätisch die Peter-Pauls-Festung, sie weckte bei Swetschin und den Golizyns kein Protestgefühl, obschon die dreigliedrige Formel des französischen Aufruhrs in sämtlichen Sprachen gleichermaßen verlockend klang.

Swetschin erinnerte sich, daß er keine Zweifel hatte. Der junge Graf Stroganow und sein Gouverneur fuhren nach Versailles, zur Sitzung der Nationalversammlung. Swetschin war mit ihm befreundet. Die naiven Prophezeiungen Rousseaus dünkten ihn Jahrhundertentdeckungen. Man denke nur, alle können gleich sein! Ich zweifle nicht, daß sowohl Stroganow als auch Swetschin gutherzig waren. Die Idee der allgemeinen Gleichheit wärmte sie auf den Pariser Straßen und war mit Rußland unvereinbar.

Ich spüre, daß meine Worte allmählich ablehnend klingen, obwohl, Gott ist mein Zeuge, meine Absichten anders sind; wie sollte ich auch mit Steinen werfen, wo ich doch im Glashaus sitze? Apropos, noch sind keine dreißig Jahre vergangen, doch schon sind Rousseaus feuergefährliche Pfiffigkeiten zu schöner Literatur geworden, die freilich nach Moder riecht. Die Alte war weise gewesen, aber sie hatte seine Ideen umsonst gefürchtet, denn wir können nicht gleich sein, wir brauchen uns doch bloß anzusehen.

Die Kaiserin verlangte von den verlorenen Söhnen die sofortige Rückkehr ins Vaterland, wo die stolzen Weiten und das frisch erwachte Blut ihre vergifteten Gefühle kurieren sollten. Die Kinder Rußlands zögerten die Heimkehr in die Länge, wie es nur ging. Kranke Lebern bedurften der Wasserbehandlung, verhängnisvolle Migränen wurden mit peloponnesischem Schlamm kuriert. Für Swetschin ersannen sie eine Entzündung der Halswirbel, auf die fleißig getrunken wurde. Aber die schwülstigen Anordnungen, die der kalte Wind aus der Heimat heranwehte, bargen Gefahr. Die Instinkte waren in der fünfjährigen Abwesenheit nicht gänzlich verblaßt, und allmählich zogen trostlose Karawanen gen Osten. Allein, auch der heimatlichen Natur gelang es, wie sie sich auch mühte, nicht sofort, die Herzenserregung der gestrigen freien Pariser zu besänftigen.

Swetschin kehrte mit Stroganow zurück. Über London, Wilna, Dorpat und Sankt Petersburg, wo man Station machen mußte ungeachtet des strengen väterlichen Briefes, der die ungesäumte Heimkehr nach Moskau verlangte, ohne Aufenthalt, nach Hause, in die Umarmung. Allein schon wegen dieses Briefes verhieß Moskau keinerlei Annehmlichkeiten, und die Ankömmlinge beschlossen, gleich hier in Petersburg Abschied von der

Jugend zu nehmen, in Stroganows eigenem Hause, nicht weit von den Gemächern der betagten Kaiserin.

Das waren Zeiten! Schwer zu glauben, daß alles sich so abgespielt hat, ebenso schwer zu glauben wie an die goldenen Träume vor dreißig Jahren, doch es stimmt: Aus den hellerleuchteten Fenstern des Palais Stroganow dröhnte die Marseillaise, die die Menschenmassen auf dem Newski erschreckte und erregte, und durch die Säle marschierten die jungen Aristokraten unter der Trikolore, alle mit der phrygischen Mütze, mit glühenden Augen, mit donnerndem „vive la liberté!“ und „l'égalité!“ und natürlich „fraternité!“, vorbei an den stocksteif an den Wänden stehenden livrierten Lakaien, die gleichfalls phrygische Mützen trugen. Sie schossen in die Decken und aus den Fenstern. Der Pappkopf des unglücklichen Ludwig schleifte hinter ihnen her übers Parkett. Die weißen Locken der Perücke, künstlich mit dunkelroter Farbe beschmiert, und die gedunsenen bleichen Wangen, gleichfalls vom Pinsel berührt, wirkten aufputschend und verliehen dem Toben eine gewisse Authentizität.

Umarmungen, Küsse. Die Lakaien bauten aus Diwans eine Barrikade. Dies verrichtet, servierten sie den glühenden jungen Enthusiasten Wein und Champagner. Ein Stubenmädchen wurde herausgeputzt „à la république“, umschichtig abgeküßt und abgedrückt und dann mitgeschleppt von Saal zu Saal, schweißüberströmt, dicklippig, augenklappernd vor Entsetzen. Aber bald hörten die lärmenden Umzüge auf, der Wein schmeckte schal, die Kehlen waren heiser, der Pulverqualm biß in den Augen. Swetschin fiel im Überschwang einem Lakaien um den Hals und gab ihm den Bruderkuß unterm laschen Gelächter der Freunde. Der Lakai roch nach Puder und Teer, er war steif und kalt, nur die leblosen Lippen pickten den Herrn gegen die Wange, vielleicht war das auch Einbildung.

Gegen Morgen trennte man sich, nachdem es noch einen Zusammenstoß mit dem Flügeladjutanten der Kaiserin gegeben hatte, der herübergeeilt war, um Mütterchens Mißvergnügen auszusprechen. Stroganow senior, aus Zarskoje herzitiert, erhielt eine vielsagende Rüge.

Nach Moskau fuhr Swetschin schläfrig und schweigend. Nicht daß die Reize des französischen Rausches schon ausgelüftet und verflüchtigt gewesen wären, aber irgend etwas bedrückte ihn doch, er atmete schwer, der Ellbogen fand keine bequeme Lage auf den Lederkissen, und in den Ausspannhöfen machten ihn der Kohlgestank und die unrasierten Postmeistervisagen ganz verzagt. So sah er sein liebenswürdiges Vaterland wieder, und er betrachtete es mit französischen Augen, bis er in Moskau war, an die Klaren Teiche geriet, in die Umarmungen.

Moskau, die Klaren Teiche, Umarmungen, Erinnerungen – wohlbekannte Arzneien zur Wiederherstellung verlorener Gefühle. Aber es herrschten wohl andere Zeiten, und die probaten Mittel reichten nicht aus. „Ich verstehe dich sehr gut", sagte Swetschin senior. „Was hatten wir zum Beispiel für einen Genuß, als wir unter der seligen Elisabeth Petrowna die französischen Hüte aufstülpten und den Deutschen hinterherpfiffen. Ich verstehe dich sehr gut, in der Jugend dürstet ja jeder nach Veränderungen. Jugend dürstet nach Veränderungen, aber wir vergessen unsere Veranlagungen, so was Konfuses, unsere Veranlagungen." Er drohte mit dem gutmütigen dicken Generalsfinger. „Ihr habt dort unsere Veranlagungen vergessen, und ich verstehe dich sehr gut: Montesquieu hat gesagt, Voltaire, Mably ... Aber, meine jungen Freunde, ihr wollt doch nicht etwa einen neuen Pugatschow?"

Er stand auf, reckte die kleine Gestalt, raffte den uralten, verblichenen, geliebten kirschroten Hausmantel und schwenkte die pummelige Hand zum Fenster. „Ich kann dir folgendes Bild malen: Du bist endlich von allem frei – vom Besitz, von diesem Haus, von den Tausenden Rubeln Jahreseinkommen, von mir (denn ich baumele in der Schlinge), von deiner Mutter (denn der Schlag hat sie getroffen), vom Kaffee ans Bett jeden Morgen, vom Anblick der Moskauer Schönheiten, denn über das Pflaster fließt Blut, die Schenken sind ausgeplündert, die Mushiks schlafen in Palastgemächern, auf dem Smolensker Markt steht ein großer eichener Richtblock, an den Kremlmauern hängen Wäsche zum Trocknen und Leichen durcheinander (apropos, deine Pariser Freunde von gestern), und, apropos, sie hängen da mit Perücke, Kamisol und Degen, großartig." Und er fragte flüsternd, mit faunischem Grinsen: „Wie gefällt dir das?" – „Gar nicht", sagte mit finsterem Lachen der Jüngere. „Dann", sagte der General, „vergiß nicht, daß wir mit Honig und Buchweizengrütze aufgewachsen sind, die Franzosen aber mit etwas anderem, was vielleicht wunderbar ist, aber anders. Dennoch", er holte tief Luft, „du wirst den Kaftan wieder anziehen müssen, das heißt natürlich, das Kamisol, aber fühlen wirst du dich wie im Kaftan, du wirst deine Hitzigkeit dem Vaterland anpassen müssen, mein Freund, und sieh zu, daß du nicht Pugatschow aufweckst", er prustete, „laß ihn schlafen!" Das Lachen fiel ihm nicht leicht.

In jenen naiven Tagen war es möglich, aus dem Kaffeesatz zu erraten, inwieweit Pugatschow und Robespierre verwandt waren, und in Erinnerung daran, wie erst vor kurzem Horden besoffener Zuchthäusler in die Hauptstadt eilten, um Herrenblut zu vergießen, über das russische Volk nachzudenken, das durch die Bücher Voltaires und Rousseaus vom rechten Pfad abgekommen war. „Aber doch nicht die Mushiks, nicht die Mushiks", rief ein Gast in polemischem Eifer, „sondern eure geliebten Kinder! Schaut doch hin, Hunderte von edlen Jünglingen denken nach über unsere Barbarei. Blut macht ihnen nichts aus. Sie möchten sich in Blut waschen!"

Die verstummten Zuhörer nickten dem aufgeklärten Redner zu mit einer Miene, als tobte draußen schon eine Menschenmenge unbekannter Frevler mit der phrygischen Mütze. Allein, manchmal erhob sich eine tiefe spöttische Stimme. Swetschin hatte sie sowohl dort wie hier schon gehört in den soliden und großzügigen Moskauer Häusern, unter dem fernen und vorerst nicht schrecklichen Nachhall der französischen Ereignisse. „Wir sind ja wirklich Barbaren. Darin liegt unsere Rettung. Lassen Sie sich das ein Trost sein, denn unser Volk liest nichts und weiß nichts. Die kleinen Gutsbesitzer lesen selten, und wir, meine Herrschaften, wir lesen die ‚Sankt Petersburger Nachrichten', aus denen wir lediglich erfahren, ein jämmerliches Häuflein wildgewordener Franzosen hätte verbrecherisch an Freiheit gedacht und eine blutige Tyrannei bekommen."

Angst gab es eigentlich nicht. Es gab Vorgefühle. Swetschin hörte den Streitereien schadenfroh zu, aber seine Schadenfreude war schwül, klebrig, sie erhob ihn nicht, sondern war wie ein warmer Umschlag.

In Moskau wurden die französischen Emigranten großmütig willkommen geheißen, sie bekamen zu essen und zu trinken, den tobenden Jakobinern zum Trotz, man lud sie zur Jagd ein, beruhigte sie mit den gewaltigen Weiten und den russischen Wunderrecken, die bald in Frankreich Ordnung schaffen würden. Alles wird wiederhergestellt, meine Herren, jawohl, wiederhergestellt. Aber zwischendurch wurde da und dort der Brief des englischen Woronzow gelesen, und dann schwitzten die Hände ekelhaft.

„... eine allgemeine Seuche. Unsere Abgeschiedenheit bewahrt uns noch einige Zeit; wir werden die letzten sein, doch wir werden dieser Epidemie auch zum Opfer fallen. Und wenn nicht wir, dann ganz sicher unsere Söhne. Ich habe mich entschlossen, meinen Sohn ein Handwerk lernen zu lassen, Schlosser vielleicht oder Tischler. Wenn seine Vasallen eines Tages erklären, daß sie ihn nicht mehr brauchen und sein Land unter sich aufteilen wollen, dann kann er wenigstens sein Brot mit eigener Arbeit verdienen und die Ehre haben, Mitglied einer künftigen Munizipalität irgendwo in Pensa oder Dmitrow zu werden. Ein solches Handwerk kann ihm mehr frommen als Griechisch, Latein und Mathematik."

„Apropos", rief General Swetschin, als er in die Kutsche stieg, „ich vergaß, dir zu sagen, daß an den Laternen auch die Anstifter hängen werden, alle mit Perücke, noch nicht trockener Feder in der Hand und barfuß!"

Mit solchen Sarkasmen warf General Swetschin um sich, und sein Sohn Alexander verzog das Gesicht, schockiert über die Unwissenheit des Vaters. Dieser verlor eines schönen Tages seinen Sohn. „Ich will nach meinem Verstand leben", sagte Swetschin junior, „wenn Sie nichts dagegen haben. Ich will nachdenken." – „Tu das, denke nach", sagte der Vater und betupfte die Augen mit einem Batisttüchlein, „ich bin schließlich auch kein Prophet, verzeih. Es will mich jedoch bedünken, daß deine Experimente für uns, für Rußland nicht taugen." – „Warum soll ich Sie in meine Phantastereien verwickeln?" sagte der Junior. „Ich will ja nicht Ihre Reputation schmälern. Soll doch die Zeit ... Sie weiß es ... Ich will doch Gutes." –

„Aber gewiß doch", pflichtete der Vater bei und blickte zum Fenster hinaus. „Wer Böses tut, sagt immer, er habe Gutes gewollt. Ich spreche ganz allgemein. Ich zum Beispiel möchte Euripides in meinem Haus auf die Bühne bringen. Ich dachte, du würdest mir helfen." – „Gern", sagte der Sohn, „das lockt mich schon. Warum nicht?" – „Nun gut", versetzte der Senior, „geh nur. Sage Prokofi, er soll dich begleiten. Sage ihm, ich hab's angeordnet."

Alexander mietete eine Wohnung unweit des Vaterhauses und nahm Dienst auf im Archiv des Ausländischen Kollegiums.

Die Jugend ging rasch vorbei. Doch Moskau vergaß nichts. Vergeblich machten einige seiner Söhne sich vor, ihre inneren Kräfte reichten hin, sich seinen Umarmungen zu widersetzen. Moskau hatte Kraftreserven, die für viele Tausende Dickköpfe mit kurzem Leben und kurzen Gedanken reichten. Ich erinnere mich nicht, ob ich das damals wußte, aber heute weiß ich es, also wenn ich schon randaliere, dann innerhalb meines eigenen Hauses. Selbst damals im Zwölferjahr, als Moskau in Flammen stand und verurteilt und hilflos schien, kochte gleichwohl etwas in der Stadt und schwappte über die Ränder, so daß wir alle unruhig wurden und ihre Wellen uns einholten und uns keine Ruhe ließen. Auch ich dachte mehr als einmal daran und äußerte mich so manches Mal dazu, ungeachtet des spöttischen Flüsterns von Alexander Swetschin: „Wenn Sie nur philosophieren können!"

Damals, acht Jahre vor unserm Kuß, gab es mich gleichsam noch gar nicht. Es gab Barbara Wolkowa, ein Wesen von anderem Schlag. Ich habe keine sehr wohlwollende Erinnerung an sie. Ich hege überhaupt eine Antipathie gegen niedliche Fräuleins mit offenem Gesicht und königlichen Ansprüchen. Wenn sie wenigstens herzlich wären, doch nein, nur Kälte und Berechnung. Nach dem Kuß wurde alles anders.

Ich will nicht behaupten, daß meine zahlreichen Laster in der Märzluft geschmolzen wären, leider nein, aber das Leben hatte offenbar eine Bedeutung gewonnen, deren Sinn für meine Umgebung nach wie vor unfaßbar blieb. Für die war doch alles festgelegt. Ich liebe, ich werde geliebt, Rendezvous, Bande, Vorbestimmung, Pflicht, fleischliche Erregung, seelische Verwirrung, doch rein gar nichts Geheimnisvolles. Wenn ich dagegen das Geheimnis spürte und begriff, daß ich fortan zum Leiden verurteilt war, strömten mir Kräfte, Scharfsichtigkeit und Geduld zu. Was wollte ich mehr?

Natürlich vollzog sich das nicht an einem Tag, wie es scheinen könnte, doch ein Tag, ein Jahrzehnt, eine Ewigkeit – was macht das für einen Unterschied, nicht wahr? Aber, mein Teurer, ich muß viele Kinder haben, Jungen und Mädchen, Fräuleins und schlanke großäugige Jünglinge, die an meinen Helden erinnern, teilweise auch an mich, und in ihnen sollen seine Leidenschaften und sein Suchen nach einem Ausweg vereint sein mit meiner Vernunft und meiner Nüchternheit! So dachte ich, während ich mich zu ihm vortastete an dem Faden, den die Vorsehung mir gegeben hatte.

Das sagt sich leicht, aber die Annäherung ist schwer. Ich warf Netze aus, aber sie blieben leer. Wir trafen uns von Zeit zu Zeit bald da, bald dort, wie das so geht in unsern Kreisen, wir kannten uns bereits, begnügten uns mir Verbeugungen und unterhielten uns mit Hilfe beflissener Dolmetscher, die uns jederzeit zu Diensten standen. Manchmal kam die Rede etwa auf Bonaparte, na, auf seinen Ehrgeiz oder seine militärischen Talente oder sonst etwas, dann gab es leichten Streit, doch ohne Feindseligkeit, ohne gegenseitige Sticheleien, Gesumm, weiter nichts. Aber allmählich verstummte der Chor, und es blieben zwei Stimmen, meine und Swetschins, so kam es halt.

Er saß in einiger Entfernung von mir, mal angenommen, und sagte nicht zu mir, sondern zu seinem Nebenmann: „Man kann über Bonaparte sagen, was man will, aber er hat den Franzosen Ordnung gegeben, und sie stehen für ihn ein." Dann sagte ich zu meinem Nebenmann: „Mit Hilfe von Kanonen kann man erreichen, was man will, aber inwieweit ist das gerecht?" Swetschin antwortete, ohne mich anzusehen: „Kanonen sind ja wohl dazu da, Fortschrittsfeinde zu beruhigen." – „Wer Menschen gewaltsam ihrer gewohnten Lebensformen beraubt", sagte ich lächelnd zu meinem Nachbarn, „der begeht ein Verbrechen." – „Wenn die Sklaverei eine gewohnte Lebensform ist", warf Swetschin lässig hin, „so ist das eine üble Gewohnheit." Und unsere Nebenmänner pflichteten mir wie ihm bei, und ich sah unser Wiedersehen in weite Ferne rücken.

Dabei war keine Minute zu verlieren, denn das Leben ist kurz. Sklaverei, Knechtschaft, Barbarei, das ist nicht meine Sphäre, dachte Barbara, entschlossen zur Eroberung. Die leichte Geringschätzung, die aus seinem Munde kam, bedrückte sie nicht. Beim Abschied machte er eine knappe Verbeugung. Man hätte denken können, daß das Leid der ganzen Menschheit in ihm allein gebündelt wäre und daß Barbara vorsichtiger hätte sein müssen, um seine Leiden nicht zu vertiefen. Aber sie war entschlossen zur Eroberung. Sie suchte keine leichten Wege, die in der Erfahrung ihrer Vorgängerinnen so verlockend gewesen waren. Sie pflichtete ihm nicht bei und sah ihn nicht vielsagend mit großen blauen Augen an, um ihm ein kurzes Vergnügen zu bereiten. Ich brauche Ihre Gewogenheit nicht, dachte sie in solchen Momenten, fröstelnd angesichts seiner eisigen Verbeugungen, ich will, daß Sie nicht mehr ohne mich sein können. Sie spielte sich selbst, darum wurde sie nicht von Gewissensbissen geplagt.

„Warum hast du dir einen so langweiligen Gönner ausgewählt?" fragte einmal Katerina. – „Ich habe ihn nicht ausgewählt", antwortete Barbara. „Wahrscheinlich sind die andern fröhlicher und gönnerhafter, als das im täglichen Leben nötig sein könnte." – „Aber du wirst bei ihm vertrocknen, wenn du Madame Swetschina wirst", lachte Katerina. – „Ich vielleicht", sagte Barbara, „Madame Swetschina niemals."

Sie sagte Katerina nicht, daß sie sich geschworen hatte, ihr Leben mit dem Manne zu verbinden, den sie liebgewinnen und selber auswählen würde, und daß sie bis oben satt sei von der Liebe ihres gönnerhaften Faulpelzes, auch nicht, daß der Mann die Ziegel verlegen müsse, wohingegen der bindende Mörtel Sache der Frau sei, und daß, falls er derjenige sei, den das Schicksal ihr bestimmt hatte, wenn sie sich nicht irre (und sie könne sich nicht irren, denn sie spüre noch immer die Glut jenes mystischen Kusses), falls er also wirklich mystisch sei, ihre Vorgefühle folglich recht behielten, und es bleibe ihr nur, sich in das Unvermeidliche zu schicken. „Merkwürdig", sagte Katerina, „ich habe verschlossene Menschen immer gefürchtet. Sie sind für mich wie Jäger im Schilf, und ich bin wie eine Ente im offenen Wasser." Sie lachte. „Unter den Jägern", sagte Barbara gleichmütig, „gebe ich ihm nicht im mindesten den Vorzug", und sie dachte, daß er keine Ähnlichkeit mit einem Jäger hatte.

Natürlich mußte Swetschins Gestalt Aufmerksamkeit erregen, und ich glaube, nicht nur Katerina und ich verloren uns von Zeit zu Zeit in Mutmaßungen. Die guten Beziehungen zum sehr gealterten Vater pflegend, lebte der Sohn nun schon sieben Jahre lang allein und äußerst bescheiden. Das Alter und das Moskauer Klima trieben ihm allmählich die aufrührerischen Neigungen aus, und er träumte immer seltener von Frankreich. Allein, der Gesellschaft waren seine Bestrebungen und Lebenshoffnungen ein Rätsel: wer er war, wohin er wollte und was er sich wünschte.

Die Eroberung, zu der Barbara sich entschlossen hatte, war äußerst riskant: Eroberer früherer Zeiten waren manchmal ohne Heer heimgekehrt, aber ihnen blieb das Volk, das nach Rache lechzte, und alles fing von vorn an; oder die Vergeltung ereilte sie, und sie verloren nicht nur ihr Heer, sondern auch ihr Volk, sogar die heimischen Räume, aber dann konnten andere Stämme zu Hilfe kommen, und alles wurde wiederhergestellt, alles fing von vorn an; natürlich konnten sie auch sterben, aber Gestorbene haben keine Zukunft in dieser Welt, das bedarf keiner Erörterung. Hier drohte ihr ja nicht einmal der Tod, und ihr Vaterland blieb gänzlich unberührt, und ihre nicht eingeweihten Landsleute umgaben sie nach wie vor, und ihre Ehre war nicht in Gefahr, denn in Gefahr gerät sie, wenn man von eingeweihten Beschützern umgeben ist, die einem wohlwollen. Nein, nein, alles blieb beim alten. Beim alten, aber … ohne Hoffnungen!

Erstaunlich, wie ich all das in vierundzwanzig Jahren durchdenken konnte, ohne die Geistesgegenwart zu verlieren und ohne mir etwas vorzumachen. Das Schicksal muß mich wohl wirklich gelenkt haben, wenn ich nur gewußt hätte, wie tückisch es sein kann!

4

Dunja brachte mich zur Besinnung, wuchtete mich aufs Bett, fächelte mir Luft zu, jammerte, spritzte mir Wasser ins Gesicht. Alles verging spurlos.

„Was war das?“ fragte ich und erinnerte mich genau an alles. „Ein böses Zeichen? Eine Warnung?“

„Sie sind hingefallen, gnädige Frau“, sagte sie mit farblosen Lippen, „und er sind auf Sie zugekommen, wahrhaftigen Gottes.“

„Wer denn, Dunja, wer denn? Was bist du doch dumm!“

„Der hinkende General, gnädige Frau, Herr Nikolai Opotschinin.“

„Dunja“, sagte ich mit blödem Lächeln, „den haben die Franzosen schon im Zwölferjahr erschossen.“ Ich stand erstaunlich leicht vom Bett auf, als wäre nichts gewesen, und blickte ohne Angst aus dem Fenster. Die Gubinoer Landschaft. Abgefallenes Laub. Kahles Baumgeäst. Das war mein ganzes Leben. „Warum glaubst du, daß er es war, Dunja?“

„Sie haben es doch selber gerufen“, sagte sie und wurde ruhiger, „Sie haben seinen Namen genannt.“

„Es war eine Erinnerung, weiter nichts“, sagte ich streng. „Gibt's so was nicht? Du hast ihn doch nicht gesehen?“

„Nee“, sagte Dunja und lächelte listig, „ich hab Sie aufs Bett geschleppt.“

„Also hast du wieder geschwindelt? Schämst du dich nicht?“

„Ja, ich hab geschwindelt“, sagte sie und tat beleidigt, „der Herr kamen nicht zum ersten Mal her. Diesmal hab ich ihn nicht gesehen, ich hab Sie aufs Bett geschleppt, aber vor drei Tagen hab ich ihn gesehn.“

„Geh raus“, sagte ich drohend und hatte starkes Herzklopfen.

Nach all den Stürmen, die wir durchlebt haben, woran denke ich? So wie wir vor zwanzig Jahren dauernd über Bonaparte stritten, so streiten wir uns heute über die Bauern. Sklaven oder nicht, Schande oder nicht, darf man sie verkaufen oder nicht … Aber all das geht an mir vorbei und berührt mich kaum. Woran denke ich? Ich habe keine Macht über das Leben, ich bin seine Gefangene, sein Kind, wir sind alle seine Kinder. Es wandelt sich insgeheim, und unsere Geduld ist ihm förderlich. Nicht unsere Sache ist es, das Leben zu brechen und unserem zeitweiligem Nutz und Frommen anzupassen. War nicht Swetschin, nachdem er sich mit allen möglichen Modephantasien den Kopf eingerannt hatte, zu demselben Schluß gelangt?

Im Jahre sechzehn hatte auch Timoscha, nachdem er alle möglichen europäischen Freiheiten gesehen, geglüht und gezittert vor Gier nach Umgestaltungen und geweint, wenn er schmutzige Köpfe von Sklavenkindern streichelte. Nikolai Opotschinin hatte Arina den Freibrief gegeben, und sie lebte noch immer in Lipenki, hatte vergessen, daß sie frei war, und trank Schnaps, vorgeblich zum Gedenken an den verstorbenen Herrn. Sie brauchte ja nicht den Freibrief, sondern herrschaftliche Garderobe und den Sonnenschirm – man wurde ganz trostlos und wehmütig, wenn man die Vogelscheuche sah. Timoscha hatte seinerzeit auch von gleichen Rechten geplappert, doch jetzt bewegt ihn Gerechtigkeit, Gerechtigkeit und Barmherzigkeit, wogegen nichts zu sagen ist, obgleich ich bei dem Wort „Barmherzigkeit“ jedesmal an den Gubinoer Brand denke und an die vertierten Gesichter, und jetzt seufze ich nur und zucke die Achseln: Bin ich denn nicht barmherzig, Kinder? Dieser Tage habe ich ihm gegenüber meinen alten Gedanken wiederholt, daß wir gar nicht gleich sein können, wir brauchen uns doch nur gegenseitig anzuschauen. Er lachte schallend. In früheren Jahren wäre er ganz sicher beleidigt gewesen. Hinter seinem Gelächter spüre ich freilich Wehmut und Ausweglosigkeit, und ich bekomme Angst um Lisa, die ihn anhimmelt. „Von dir ist alles zu erwarten, Timoscha", sagte ich ihm. – „Aber nein", antwortete er traurig, „gar nichts. Der Fluß fließt, und ich fließe mit." Ich denke genauso. Aber warum versteinert sein Gesicht, wenn er den schrillen Gesang der Hofmädchen hört? Und warum beugt er vor jedem Dorfweib, das sich verneigt, gehorsam das gepflegte Haupt?

Jenseits der Kalugaer Wälder reift etwas heran, ballt sich zusammen. Neue Gesichter, neue Ansprüche. Hier aber ist das wahre Leben. Wenn man Lipenki und Gubino vereinigte, käme ein ganzer Staat zustande. Ich werde Lisa die Krone übergeben, soll sie herrschen.

Diese Krone stand mir gut in früheren Jahren, als ich mich in Jelzowo von dem Gubinoer Brand erholte und nach Rache dürstete. Ich rief die Bauern von Jelzowo zusammen und sagte: „Wenn ihr wollt, verbrennt mich doch hier in Jelzowo." Sie fielen sämtlich auf die Knie, viele weinten. „Wenn's so ist", sagte Barbara, „dann soll sich fertig machen, wer mit mir gehen will. Wer nicht will, dem mache ich keinen Vorwurf." Mit mir gingen zwölf Bauern, der Koch Jefrem und Dunja. Es fanden sich vier Gewehre, ein Bajonett, Äxte und Mistgabeln. Eine großartige Streitmacht.

Das ganze Dorf rüstete sie aus. „Die beiden", sagte Barbara zu den Mushiks, und ihr wurde kalt, „die beiden, ihr wißt schon" (sie wollte die Namen nicht behalten), „wenn wir die finden, einen Stein um den Hals, und in den Teich." Die Bauern von Jelzowo nickten. „Und jetzt mit Gott."

Die Weiber jammerten nicht. Es fiel ein sachter

Schneeregen. Die Bauern setzten sich in Schlitten. Barbara und Dunja nahmen in der Schlittenkutsche Platz. Zwei Biegungen, und Jelzowo war außer Sicht.

Am dritten Tag erreichten sie Gubino. Das Dorf war unversehrt, als wäre nichts geschehen, und von den Schornsteinen stieg Rauch zum niedrigen Himmel. Es herrschte leichter Frost. Sie hielten vor dem sauberen Haus des Gubinoer Starosten Gordej. Er kroch zu Barbaras Rocksaum, um ihr die Füße zu küssen, aber Barbara trat ihn weg, und er bewegte sich auf allen vieren zurück zur offenen Tür, wo sich die Familie drängte. Barbara hatte in seinem ausdruckslosen Gesicht mit dem dünnen Kinnbart weder Angst noch Reue gesehen. In seinen fahlblauen Augen war keine Träne.

„Wo sind eure Atamane?“ fragte sie so drohend, wie sie konnte.

„Hier“, sagte Gordej von der Tür her, „hier, Mütterchen Barbara Stepanowna, sie warten im Keller, Mütterchen, sind von selber gekommen, die Räuber, geständig.“

Vor Barbaras Augen flammte der kürzliche Brand noch stärker, sie hörte das Prasseln der brennenden Wände, und Lisas unschuldiges blasses Gesichtchen schwebte hervor aus dem braunen Qualm.

„Gefesselt?“

„Ja, Mütterchen. Gefesselt an Händen und Beinen. Wir wollten sie zu Euch nach Jelzowo bringen.“

„Nun bin ich selber gekommen“, sagte Barbara. „Zeit zur Abrechnung.“

„Sie gehören ausgepeitscht“, entgegnete Gordej, „was die sich ausgedacht haben … Sie sollen vor Euch bereuen, Mütterchen.“

„Ihre Reue brauche ich nicht“, sagte Barbara.

„Verstehe“, krächzte Gordej. „Sie gehören ausgepeitscht.“

„Ausgepeitscht ..." Barbara lachte böse und wandte sich ihrer Jelzowoer Eskorte zu. „Tut nach dem Befehl."

Alle drängten aus dem Hause. Von der Straße tönte Geschrei, Geschimpf. Die Gubinoer Flamme stieg bis zum Himmel. General Opotschinin lag am Tor seines eigenen Gutes, erschossen von einem französischen Dragoner, und seine Liebe zu Barbara erkaltete rasch. Sind wir wirklich Barbaren? dachte Barbara erschauernd. Warum kommen wir nie zur Ruhe? Sie biß sich auf die weißen Lippen, zog den Schal in der heißen Stube fester um sich und versuchte wieder, die Schuldigen zu finden, doch ihre Namen und ihr Aussehen blieben ungreifbar. Waren es wirklich nur die beiden Missetäter, die die andern angestiftet hatten, das Haus mit den lebendigen Menschen in Brand zu stecken? Vielleicht war es Marschall Ney gewesen, in dessen Adern farbiges Blut floß? Oder Bonaparte persönlich, der ihnen die Befreiung aus der Sklaverei versprochen hatte? Oder sie selbst, Barbara, die es nicht gelernt hatte mitzuleiden? Oder General Opotschinin, der seine Wahrheitssuche unter so traurigen Umständen abgebrochen hatte? Genügten denn zwei schlüpfrige Steine um zwei fremde jämmerliche Hälse, damit sie sich um das eigene Wohlergehen keine Sorgen mehr zu machen brauchte?

Endlich erschienen die Jelzowoer Henker, erregt, in durchnäßten Stiefeln.

„Nun?" fragte Barbara.

„Alles ausgeführt, gnädige Frau", lachte Ignat und schüttelte die riesige Kutscherfaust.

Meine arme Lisa, dachte ich in diesem Moment, sie wird ihr Leben lang die Flammen des Gubinoer Hauses vor Augen haben! Ist das jemals zu tilgen?

Damals war ich fünfunddreißig und wußte um die Vergeblichkeit meiner Bemühungen, als ich den bitteren Geruch des brennenden Moskau wahrnahm, so als wäre der erste Funke von Gubino auf die goldenen Kuppeln der Metropole geflogen. Was habt ihr angerichtet, ihr Unmenschen? dachte ich und weinte verstohlen. Mit wem soll ich jetzt nutzlose Rechnungen begleichen? Mit euch oder mit den Franzosen? Oder mit mir selber? Der rote Hahn, dieser leichtsinnige, blutgierige und ewige Versucher und Retter, schwebte über uns, schlug mit den Flügeln und versuchte, seit wieviel Jahrhunderten schon, uns von unsern eigenen Fehlern zu befreien.

Eine Woche nach der Abrechnung verließen wir Gubino, machten einen Bogen um Lipenki (ich blickte nicht einmal in die Richtung) und gruben uns im tiefen Walde ein, als wir auf der Straße eine versprengte französische Abteilung sichteten. Ich war erstaunt, daß die feindliche Truppe sich von Moskau wegbewegte. Die Kolonne zog ungeordnet ihres Wegs. Finstere Gesichter. Viele mit Verbänden. Schweigen herrschte in den Reihen, nur die Räder der Fuhrwerke und Kanonen knarrten, und Eisen klirrte unangebracht. Ich hieß zwei meiner Kämpfer, die Umstände dieser sonderbaren Erscheinung auszuspähen. Wir hatten die Straße verlassen und gingen daran, Erdhütten zu bauen. Die Mushiks bemühten sich für mich, und bald hatte ich einen Palast, mit Diele sogar, mit einem Teppich aus Tannenzweigen über den ganzen Fußboden, mit einem Lehmöfchen und einer ausgezeichneten Lagerstatt, einen Palast, dem sechs Kerzen warmes Licht schenkten. Das Ganze war flink und zur rechten Zeit fertig geworden, denn in den Regen mischte sich bereits der erste Schnee. Ignat, eine Art Flügeladjutant, wich mir nicht von der Seite. Ich stellte Posten auf. Bald kamen die Späher zurück und meldeten, die Franzosen hätten Moskau verlassen, und die Napoleons gingen in umgekehrter Richtung zurück.

„Wir müssen sie hier zerquetschen", sagte Ignat schmunzelnd.

Er ist heute noch so kräftig wie damals, wenngleich nicht mehr jung, und sein krauser schwarzer Bart ist weiß gesprenkelt, ist er wirklich kraus? Erloschener Blick, nur noch mürrisch, der früher stets erhobene Kopf ist jetzt gesenkt, in den rollenden samtigen Baß mischt sich Krächzen, und ein Schmunzeln ist nicht mehr zu erwarten. Damals aber, das weiß ich noch, wich es nie von den feuchten Lippen, gleichviel ob er sich freute oder Böses ausheckte. Ein Bösewicht wie aus dem Bilderbuch.

„Wenn du erlaubst, Mütterchen, gehn wir mit vier Mann zur Straße und schnappen uns einen abgesprengten Napoleon, du verhörst ihn, und wir richten ihn hin."

Er hobelte die Rinde von einem Zweig und steckte ihn in die Tasche, um ihn zu kerben.

Gegen Morgen kamen sie zurück und brachten angeleint einen halberfrorenen Franzmann. Er war Sergeant im achten Regiment. Es schneite, und er hatte nur die Montur an. Ein dunkelblaues Frauentuch bedeckte seine Schultern. Mageres grünes Gesicht, eingefallene unrasierte Wangen, in den fahlen Augen Resignation. Er war der erste Eroberer, der mir begegnete, und ich erschauerte. Feinde gehören verurteilt, dachte ich, verurteilt, ehe mit ihnen abgerechnet wird, ansonsten ertrinken wir in Blut, da, meine Männer stehen starr vor Begierde, sie warten auf mein Signal, dachte ich. Zuerst das Gericht, dann alles übrige, was das Kriegslos für sie bereithält.

Er mußte vor mir niederknien, doch er konnte den Rücken nicht biegen und kreuzte die erfrorenen toten Hände vor der Brust, als wäre er längst gestorben.

„Stehen Sie auf", sagte ich auf französisch. In seinen Augen blinkte es, als er seine Muttersprache hörte, erlosch jedoch sogleich. Mühsam stand er auf. „Da ist das Volk", sagte ich hochtrabend und nickte zu meinen schweigenden Leuten hin, „es wird Sie verurteilen. Es ist gerecht." Meine Gedanken verwirrten sich, als seine Kälte mich erreichte.

„Gnädige Frau", sagte er mit zahnlosem Munde und fiel wieder auf die Knie. „Ach, gnädige Frau, ein Stück Brot, um alles Heiligen willen ..."

„Wen habt ihr da gebracht?" zischte Barbara. „Tote kann ich nicht gebrauchen. Schafft mir wirkliche Übeltäter her!"

Der Franzose bekam kalte Kascha und ein Stück Speck, und sie sahen zu, wie er aß, voller Mitgefühl, als wäre er kein Feind. Er verschlang den ersten Happen und stöhnte, er verschlang den zweiten, und wieder das Stöhnen, dünn und jämmerlich. Er schlang hastig, würgend, und stöhnte, und ein trauriger Schatten kroch über sein Gesicht. In der Nacht starb er, und Barbara ließ ihn begraben.

„Und nachher", sagte sie, „gehen wir alle zur Straße. Euch Spitzbuben ist nicht zu trauen, ihr sucht nur Schwache aus."

„Au", sagte Dunja, „erst sie uns, dann wir sie ... So schlagen wir uns gegenseitig tot."

„Ein schwächlicher Krieger", sagte Ignat auflachend, „der Speck ist ihm nicht bekommen."

Ach, wahrscheinlich war er jung und schön und lachte gern, dachte Barbara, er hat den Frauen unanständige Dinge ins Ohr geflüstert und sie abgeküßt, und seine Zähne haben geblitzt, und vor Napoleon hat ihm der Kopf geschwindelt.

Der Kopf schwindelt uns leicht. Kopfschwindeln ist wie ein Rausch. Kaum kommt jemand unserm Geschmack, unsern Wünschen entgegen, schon schwindelt uns der Kopf. Was braucht er denn groß, unser Kopf? Diese Halunken Semanow und Drykin hatten nur mit dem roten Hahn gelockt, schon fühlten sich alle durch meine Freundlichkeiten beleidigt und stürmten herbei, um zu sengen, und sie würden gemordet haben, hätte ich nicht in jeder Hand eine Pistole gehabt.

Zwei Stunden später lauerten sie schon an der Straße auf einer verschneiten Anhöhe unter jungen Birken und Tannen und genossen den Anblick der üppigen Tragödie, die sich unter ihnen entfaltete. Sie brauchten sich nicht besonders zu verstekken, die trostlose Truppe kam kaum vorwärts, und auf dem von Stiefeln, Rädern und Hufen zerstampften Schnee lagen als schwarze Flecke gestorbene und sterbende Menschen und Pferde, blieben Fuhrwerke und Wappenkutschen zurück. Keine geordnete Reihen, keine prächtigen Banner, kein Trommelwirbel. Jeder ging für sich, denn geraubt wird gemeinschaftlich, dafür bezahlt aber einzeln. Dann und wann war in diesem Trauerhaufen eine Abteilung zu ahnen, die noch einer Truppe ähnelte, aber dann ging wieder jeder für sich. Ihre seltsame Kleidung war beeindruckend, Damentoiletten wetteiferten mit zerlumpten Monturen, da und dort blinkte sogar ein silberner Ornat. So trotteten sie dahin, warfen bald Gewehre, bald Säbel, bald Tornister weg. Als eine noch heile, glückliche Equipage sie überholte, riefen sie ihr mit schwachen Stimmen Unflat hinterher. Unter ihnen war keiner, der einer grimmigen Rache würdig gewesen wäre.

Soll man die womöglich auch mit einem Stein um den Hals in den Teich werfen? dachte Barbara entsetzt und stellte sich den gestorbenen Sergeanten von gestern vor, wie er zwecks Abschreckung in einen eisigen Teich getaucht wird: Da, Mussjöh, probier mal das Moshaisker Schwitzbad!

Endlich war der Zug hinter dem Wald verschwunden. Nichts regte sich auf der Straße. Nur die dunklen Flecke hoben sich vom weißen Schnee ab. Barbaras Streitmacht war stumm geworden.

Plötzlich knirschten unweit Kufen, und von der Anhöhe kam ein Bauernschlitten herabgeglitten, gefolgt von einem zweiten und dritten, und sie alle fuhren zur Straße, zur Straße, und die fremden Mushiks und Weiber sprangen ab, huschten zwischen den dunklen Flecken herum, beluden die Schlitten mit weggeworfener Soldatenhabe, mit französischen Beutestücken, die nun gleichsam in den Schoß der Heimat zurückkehrten.

Barbara sah zwei ihrer Mushiks den verschneiten Hang hinunterrutschen zu der freigebigen Straße, die voller Gastgeschenke lag.

„He, wohin!“ brüllte sie. „Ich zeig's euch!“

Aber einer der beiden drehte sich für einen Moment um und bescherte ihr ein so freudestrahlendes Kinderlächeln, daß alles um sie herum einzustürzen begann und sie das Gefühl hatte, in dem wüsten schwarzen Raum gänzlich allein zu sein.

„Ignat!“ knirschte sie wütend. „Was soll das?“

Aber die Mushiks konnten sich nicht lange dem gerechten Raub widmen. Eine neue Kolonne zurückgehender Franzosen kam in Sicht, und die Mushiks trippelten hastig zurück, blieben vor der versteinerten Barbara stehen, schweißüberströmt, und warfen die feindlichen Gewehre direkt mir zu Füßen.

„Hehe!“ sagte Ignat begeistert und suchte sich eins aus.

Niemand bemerkte meine Erstarrung. Alle grapschten nach den Gewehren, und ich erkannte meine früheren Räuber nicht mehr wieder, die Atamanin konnte sie nicht wiedererkennen, und die Krone auf ihrem Kopf verströmte einen milden Glanz.

Die Franzosen kamen näher.

Diese hatten keine Ähnlichkeit mit denen von vorhin. Sie gingen in Reihen, da und dort ragten Fahnen, die Reiter mit den Federhüten waren wohl Offiziere, sie spornten ihre Pferde. Die breiten weißen Schleifen kreuz und quer über der Brust und die Tornister auf dem Rücken waren deutlich zu sehen. Barbaras Krieger verstummten, nur Ignat hauchte böse in der Stille:

„Das sind sie!"

Barbara erriet, daß es die Garde war. Sie wurde natürlich besser verpflegt und versorgt, darum folgte ihr der Tod vorerst mit Geduld, abwartend. Das sind sie, dachte Barbara, der die Luft knapp wurde, das sind sie, die immer vorn sind, die da, nicht der zahnlose Sergeant ... sie, die seelenruhig General Opotschinin erschossen und Moskau auf die Bajonette nahmen! Nach denen sehnen sich meine Pistolen, dachte sie und betrachtete einen Alten mit grauem Schnauzbart und einem weißen Verband um die Stirn.

„Das sind sie!" flüsterte Dunja und drückte sich an Barbara. „Gott soll schützen!"

Plötzlich stürzte eines der Franzosenpferde in den Schnee, der Reiter rappelte sich darunter hervor und kroch der Kolonne hinterher, wobei er etwas rief. Dann sank der Gardist mit dem grauen Schnauzbart auf die Knie, verhielt einen Moment und legte sich bequem auf die Seite. Die übrigen schritten über ihn hinweg. Ein zweites Pferd stürzte, ein drittes, und noch ein paar Grenadiere legten sich gleichsam zur Nachtruhe hin. Alles zerfiel zusehends. Es waren ohnehin nicht viele, zweihundert Mann vielleicht, aber sie legten sich nacheinander in den Schnee, schoben den Gewehrkolben unter die Wange, vergaßen den Tornister abzunehmen, wurden zu dunklen Flecken im weißen Schnee.

„Gottes Strafe", flüsterte Dunja.

Nein, dachte Barbara, ich bin nicht ihr Richter. Wahrlich, Gott richtet und straft, und er hat für jeden eine gerechte Strafe, wenn auch keine prompte. Ich sollte ihr Richter sein? dachte sie erschauernd. Er sieht ja auch mich, wie uns alle …

Die Todesstraße querüberfeld war wie eine Theaterbühne, nur mit richtigem Schnee und wahnsinnigen Akteuren, die sich selbst zu einem qualvollen Tod verdammt hatten. Die Handlung entwickelte sich rasch, die Bilder wechselten einander ab. Kaum war die sterbende Garde vorüber, da zeigten sich wieder vereinzelte Gestalten, wieder glänzten Ornate, flimmerten Damenhäubchen und Pelzüberwürfe. Der dunklen Flecke im Schnee wurden immer mehr. Sie zerrissen die soeben gestürzten Pferde und prügelten sich mit schwachen Fäusten um jedes Stück Fleisch. Barmherziger, welch eine Strafe!

Und da schrie Dunja gellend:

„Da, unsere Soldaten! Da sind sie!“

Es waren Kriegsgefangene. Ihre Kolonne schwamm langsam denselben Fluß entlang, es war eigentlich eher eine entkräftete Herde. Bewacht wurde sie von feindlichen Soldaten mit Pelzmütze, und wenn ein Gefangener erschöpft niedersank, setzte ihm einer die Gewehrmündung an den Kopf, und von der Straße her drang, klangvoll in der Frostluft, der Knall des Schusses.

„Mörder!“ schrie Dunja tränenüberströmt. „Unmenschen!“

Gestürzte wurden erschossen, die übrigen bewegten sich weiter, all das monoton, gleichförmig, nicht wie Menschen, wie eine Art Maschine, an der ein Wahnsinniger das schwere Schwungrad drehte und drehte.

Es macht mir angst, mich zu erinnern, wie ich auf der Anhöhe stand, den Schafpelz um die Schultern geworfen, auf dem Kopf eine Männermütze, auch aus Schaffell, mit blauem Tuchdeckel, umgeben von meinem Gefolge, das frierend die Gewehre umarmt hielt, und diese Szene im Schnee, in den sie geräuschlos einer nach dem andern stürzten, alle, alle, wo die Mörder ermordet und ihre Mörder dann gleichfalls ermordet wurden, und nach denen eilten schon neue herbei. Und derjenige, der das Rad der Maschine kurbelte, zog auch sie hinein in die Verbrechen, fesselte ihnen Arme und Beine, und schon hatten sie nicht mehr die Kraft, sich zu befreien. Wie verlockend!

Während die entkräfteten Gefangenen niedergemacht wurden, sprengten plötzlich wie aus dem Nichts Reiter herbei und drangen juchzend und pfeifend auf die Kolonne ein.

„Kosaken!“ schrie Ignat. „Wirklich wahr, Kosaken! Na, die werden denen jetzt ... die werden denen jetzt ... Aaach, diese Hunde!“

Ein gutes Dutzend Kosaken fiel über die Eskorte her und machte sie mit den Säbeln nieder. Noch war die Garde nicht außer Sicht, da wechselte das Bild, schon flogen hohe Pelzmützen in die Luft, schon spalteten sich Gewehrkolben, Blut spritzte reichlich und leicht in den frischen Schnee.

„Gott sei Dank“, betete Dunja, „jetzt werden sie's denen zeigen! Jetzt, jetzt ... da ... da ... da habt ihr, ihr Mörder, ihr Unmenschen!“

Freude gab's nicht, nur Wahnsinn. Die Gefangenen trotteten jeder für sich weg von der Straße. Aber da machte die Garde, die schon beinahe hinterm Wald verschwunden war, kehrt und rückte in schnellem Schritt gegen die Kosaken vor. Es war ein kleines, aber gewichtiges Karree mit starrenden Bajonetten. Eine Salve krachte, ein paar Kosaken stürzten in den Schnee. Eine zweite Salve, und die übrigen sprengten zum Wald, ihre Pferde peitschend, Kameraden zurücklassend. Die dritte Salve ereilte sie.

„So was“, sagte Ignat verwirrt.

Die Garde wandte sich wieder auf dem gleichen

Weg gen Westen. Das Schlimmste aber kam erst, als die Gefangenen, die die Salven gehört hatten, stehenblieben, ein Weilchen verhielten und dann langsam und resigniert zur Straße zurückkehrten, wo sie sich zur Herde scharten und, von neu aufgetauchten Eskortesoldaten umgeben, der abrükkenden Garde hinterhertrotteten. Da haben Sie die Gerechtigkeit!

„Die müssen verrückt sein“, lispelte Ignat.

Ich kniff vor Schmerz und Verzweiflung die Augen zu, und als ich sie wieder öffnete, war niemand mehr bei mir außer der weinenden Dunja. Meine Krieger waren die Anhöhe hinuntergelaufen und näherten sich der Straße. Es waren überraschend viele, alle großartig gewachsen, und die feindlichen Gewehre in ihren Händen wirkten nicht wie belastende Beutestücke. Weiß Gott, ich war stolz auf sie!

Die Franzosen, die die Gefangenen eskortierten, stürzten sich auf die Mushiks, aber diese hielten stand, und es kam zum Handgemenge. Ich schrie verzweifelte Atamansbefehle, ich hatte Angst um sie, Barbara hatte Angst um sie, aber die Schlacht war gar zu rasch beendet, und wieder liefen die Gefangenen weg von der Straße, ermuntert von den Siegern, teils zum fernen Wald, teils direkt zu meiner Anhöhe.

Wir gaben den sechs Geretteten zu essen, wärmten sie mit Wodka und beweinten drei Tote.

Damit, dachte Barbara, haben drei Familien ihren Ernährer verloren, und ich habe sie als Kostgänger am Halse. Sie vergaß ihre Krone und beeilte sich, zusammen mit Dunja Wunden zu verbinden, die nach weiteren Schlachten lechzenden Krieger zu beschwichtigen, Wodka einzugießen, Lagerstätten auf den Fuhrwerken zu richten. Auf ihren eigenen Fuhrwerken – für die leblosen Bauernleiber. Wahrhaftig, Herrschaften, Gleichheit!

In der Dämmerung verabschiedeten wir uns von den geretteten Soldaten und machten uns auf den Weg zum Lager. Die Fuhrwerke waren schwerer geworden. Die mitgenommenen Säcke bargen wohl doch so manches Beutestück. Wir hatten nur noch neun der zwölf Krieger, dazu kam ich, ihre Atamanin im Schafpelz, die stumpf gewordene Krone auf dem Kopf.

Wessen eherne Stirn war schuld an dem Geschehenen? Die hatten eure Gleichheit sehr nötig, ihr Schufte, von wegen! Kriegsbeute hatten sie nötig, die einen wie die andern, und Ruhm, und Macht über andere! Gleichheit ... Gleichheit ... von wegen! Swetschins kleine durchdringende Augen verbrannten mich damals noch, verbrannten meine lebendige Wunde, noch war alles lebendig, noch nicht zugewachsen, wie er mir böse zuraunte: „Wenn Sie auch künftighin mit Ihren Leuten Nachsicht üben, dann bitte ohne mich. Ihre unsinnigen Phantasien entzünden Leidenschaften.“ Das mir! Er hatte mich falsch verstanden. Es schwirrte ja alles mögliche durch den Kopf des sechsundzwanzigjährigen Gänschens, das an diesen Menschen gefesselt war, es flog ihm ja alles mögliche von der Zunge. „Waren Sie es nicht, Alexander Andrejewitsch, der das Gesicht verzog, liebwerter Herr, als ich das Gespräch darauf brachte, Gubino zu verkaufen? Waren Sie das nicht, mein Allerbester? Ja, ja, mit den Leuten, mit der Habe, um dann in das kleine Jelzowo zu ziehen und der Liebe und des Friedens zu genießen?“ – „Menschen darf man nicht verkaufen, Barbara Stepanowna. Das ist schmählich. Ebenso schmählich übrigens, wie verfrühte Illusionen in ihnen zu wecken.“

In Erinnerung an all das, was lange zurücklag, was davonflog wie ein Übel, drang Barbara mitten in der Nacht in die Erdhütte, wo die Jelzowoer Helden in einer Reihe hingestreckt schliefen, und da verschlug ihr der dicke Mief von selbstgebranntem Fusel, Zwiebeln und noch etwas Unaussprechlichem den Atem. Ein Ruch von Meuterei und Ungehorsam, Herrschaften, quoll in Schwaden aus der Erdhütte und zerwehte im dunklen Tann. Und kein Mensch weit und breit, der Barbara beschützt hätte.

Viele Jahre später, schon achtzehnhundertsechzehn, wie blitzten da Timoschas schwarze Pflaumenaugen, wenn er mir idyllische Bilder einer baldigen glückseligen Brüderlichkeit malte, geschaffen durch seine und seiner militärischen Freunde künftige Bemühungen! Wenn es nach der ungeduldigen Opotschininschen Laune ging, mußten diese Zeiten jeden Moment anbrechen, unverzüglich, gesegnet von dem sanften hellblauen Blick des siegreichen Gossudars und seinem milden Lächeln. Timoscha glühte förmlich, wenn er mir das erklärte, und mich packte Entsetzen, wenn ich in seine Augen sah. Wie bitter, das Scheitern eines teuren Menschen voraussehen zu müssen! Barmherziger, wie beschämend, sich daran zu erinnern!

Das Räuberleben ist kein Zuckerlecken, Barbara! Da haben Sie die Illusion der Gleichheit, Herrschaften, um die Sie sich so sorgen. Diese Erdhütten, wenn auch mit Tannenzweigen ausgelegt, diese feuchten Stangen und der Geruch von schwitzendem Moder und der schlierige Dreck, der auf die Ofenwärme zukriecht, und das steinhart gefrorene Brot ... Barbara hatte geglaubt, die zwölf Mushiks mit ihren Gewehren würden Wunder vollbringen, doch es hatte sich gezeigt, daß Wunder überflüssig waren, überdies, was waren zwölf Mushiks gegen ein Heer, wenn es auch im Sterben lag, wenn es auch Fahnen und Kanonen verloren hatte und in gestohlenen Ornat gekleidet war? Begeistert von ihrem Heldenmut bei Tage, blickte sie mit Entsetzen auf die Gewehre in den

Armen der schnarchenden Männer, als wollte sie jetzt gleich, ohne Aufschub erraten, welcher Art deren Pläne sein mochten und was sie selbst am nächsten Tag zu gewärtigen hatte.

Zu allem andern wurde sie gegen Morgen von Dunja geweckt.

„Mütterchen Barbara Stepanowna, Pantelej ist nicht bei sich. Er hat Fieber."

Während Barbara langsam zu sich kam, wurde Pantelej hereingebracht. Dieser Pantelej, heute längst tot, kniete vor Barbara, verbeugte sich bis zum Erdboden und weinte wortlos.

„Alle Kerzen anzünden", gebot Barbara. „Er hat sich betrunken und läßt einen nicht schlafen."

„Er sagt, Mütterchen, die Ertrunkenen sind aus dem Teich herausgekommen, haben sich geschüttelt und sind in den Wald gegangen", sagte Dunja flüsternd.

Pantelej kniete mit geschlossenen Augen. Tränen rannen ihm über die Wangen, und sein schütterer Kinnbart glänzte.

„Was für Ertrunkene?" rief Barbara ärgerlich. „Was für Ertrunkene?"

„Na, die von neulich, unsere", sagte Dunja, „die Sie im Teich haben hinrichten lassen, mit dem Stein um den Hals ..."

„Du hast gelinst!" schrie Barbara.

Pantelej schluchzte heftig.

„Na los, sag's schon", redete Dunja ihm zu, „Mütterchen tut dir nichts. Er hat gelinst, Mütterchen, hat's nicht ausgehalten. Nun gesteh schon. Er ist ja so erschrocken, Mütterchen."

Derselbe unausstehliche Geruch verbreitete sich nun in Barbaras Palast. Die Kerzen knisterten. General Opotschinin pflegte zu sagen, wir wären eine Familie. Armer Nikolai Petrowitsch. Ist es wirklich so, mein General? Schöne Familie! Ich habe Pantelej mit Matrjona verheiratet, habe ihn getröstet:

„Macht nichts, daß sie nur ein Auge hat, Pantelej, sie ist stark und fügsam." – „Allerbesten Dank, Herrin. Einäugig, das schad nix … für Ihre Güte … wenn nur die Arme heil sind."

„Er ist den Leuten damals hinterhergeschlichen, Mütterchen", sagte Dunja leise, „sie haben die beiden in den Teich getunkt, nach Ihrem Geheiß, dann sind sie weggegangen, und sie haben laut gelacht, als sie sie eintunkten. Die beiden sind aus dem Teich gekrochen. Das Wasser ist von ihnen getrieft, und die Steine um den Hals … Sie haben die Steine abgemacht, sich geschüttelt und ab in den Wald. War's so, Pantelej?"

„So war das?" Barbara tat verwundert.

Pantelej heulte leise.

Vor kurzem fragte Lisa beim Frühstück:

„Stimmt ef, maman, daf du Pantelej mit Matrjona verheiratet haft?"

„Das stimmt", antwortete ich.

„Wie konnteft du?" staunte Lisa. „Hat sie ihn denn geliebt?"

„Ach, Lisa", sagte ich ärgerlich, „er war doch häßlich, weißt du nicht mehr? Welche hätte ihn schon genommen? Sollte er etwa als Hagestolz sterben?"

„Waf wäre dabeigewesen", sagte Lisa streng. „Immer noch beffer alf mit der einäugigen Matrjona. Wieder eine Barbarei."

Sie glühte vor Wut. Ich zuckte die Achseln. Wie sollte ich ihr das begreiflich machen?

Pantelej heulte weiter.

„Schafft den Holzkopf raus", sagte Barbara.

Pantelej wurde weggebracht. An Schlaf war nicht mehr zu denken. Barbara fand das Waldleben nicht mehr verlockend. Sie befahl, die Pferde anzuspannen. Traurig waren dieser Wald und die edlen Phantasien.

Bei Morgengrauen wurde aufgebrochen. Die Fuhrwerke waren schwer geworden. Wenn ihr im

Krieg am Leben bleibt, kommt ihr ums Beutemachen nicht herum. Aber die Beutestücke sind illusorisch, ihr Dummköpfe! Sie tragen unsichtbar das Siegel ihrer einstigen Besitzer. Sie werden euch keine Freude machen, keinen Nutzen bringen, ebensowenig wie meine unvorstellbare Beute, die ich bei den Klaren Teichen im ehrlichen Kampf eroberte und die nichts als ein Beutestück blieb, von dem keine Wärme ausging, nur ein Beutestück, mehr nicht, ihr Dummköpfe!

So dachte Barbara damals am Ausgang des bitteren Zwölferjahrs, umgeben von ihrer durchnäßten Suite, von ihren Kalugaer Wäldern, erfüllt von der Sehnsucht nach dem Verlorenen, die verderblich ist für alle, die zur Selbsttäuschung neigen, doch an der Schwelle des Untergangs gleichwohl Barmherzigkeit weckt. So dachte Barbara, als sie neuerlich an Lipenki vorbeifuhr, diesmal auch an Gubino, von wo es brandig roch, in ihrem klammen Fuhrwerk, das für Beutestücke taugte, nicht aber, wie sich herausstellte, für die Verwirklichung edler Anwandlungen.

Der französische Sergeant wollte ihr nicht aus dem Kopf, jener Mann, der nichts Menschliches mehr hatte – zersetztes Fleisch, verlorene Seele ... derselbe, der noch vor kurzem der Geliebten lokkende Worte zugeraunt haben mochte. War da wirklich jugendlicher Zauber von ihm ausgegangen? Und die erschöpften russischen Gefangenen, denen nicht minder erschöpfte Eskortesoldaten durch einen Schuß ins Ohr den Garaus machten, Soldaten, die ebenfalls noch vor kurzem voller Zauber, Lebensfreude, Herzlichkeit gewesen waren. Sie alle sah Barbara vor sich. Stand es dafür, viele Kinder in die Welt zu setzen? Sie dachte an Timoscha, den fremden und ihr kaum bekannten, irgendwo in Schneewüsten verschollen, an Hauptmann Botschkarjow, auch irgendwo verschollen ...

an General Opotschinin … So sterben russische Offiziere! Im Kampf, was ist das schon? Während der Schlacht ist der Tod keine große Sache, dachte Barbara, er wird schon vor der Kugel, vor dem Säbel dein Gleichgesinnter; er ist dein Beruf, dein blutiger Bruder. Im Kampf, was ist das schon? Hingegen vor dem Tor des eigenen Hauses, dachte Barbara erbittert, unter den eigenen Linden mit edler Ruhe die Pistole abzufeuern auf das … wie schrieb er gleich … auf das viereckige … viereckige Gesicht des Beleidigers, dachte die Atamanin in ihrer Niederlage.

Man redete ihr zaghaft zu, über Nacht in Gubino zu bleiben. Aber sie verbot die Rast, als könnte die Fortbewegung auf dem Waldweg Verlorenes wiederbringen.

Das erste Pferd fiel. Kein Franzosenpferd, kein Beutepferd, kein gestohlenes – ihr eigenes Pferd. Man mußte ein Biwak aufschlagen. Große Lagerfeuer loderten hoch, wie um Verirrte, Durchfrorene, doch auch nach fremder Habe Lechzende anzulocken.

„Mütterchen, ob uns auch nicht die Franzosen überfallen?“ fragte Dunja.

Es überfielen sie jedoch, aus der Dunkelheit hervorbrechend, russische Dragoner.

Gott hatte es Barbara eingegeben, sich das Gesicht des Kommandeurs einzuprägen, rotlippig, wettergegerbt, mit vagem Lächeln. Er stellte sich lässig vor, als käme er eben aus dem Erfrischungsraum, als wäre sie bei ihm vorgefahren, und er stiege die Vortreppe herab.

„Mein Gott, wir dachten, Franzosen … und dann, was mögen das für Partisanen sein? Und richtig, Partisanen … und mit einer so reizenden Anführerin! Es fehlte nicht viel, und wir hätten Sie auf die Säbel genommen, gnädige Frau. Gott ist barmherzig.“ Sein Bariton klang heiser im Frost, er trug einen Verband um die Stirn. „Wo kommen in unserm Wald Franzosen her? hab ich gedacht. Hier können keine sein, nur weiter nördlich."

„In meinem Wald", sagte Barbara fest.

Er lächelte nachsichtig.

„Vielleicht sind Ihre Männer hungrig?" fragte Barbara.

Er drehte den Kopf, als hätte er etwas falsch gemacht, und sagte, ihren Blick meidend:

„Tja ... ich bin verteufelt hungrig und meine Männer auch ... welch seltsame Begegnung ... Sie sind so schön ... und dann hier im Wald ..."

Barbaras Leute waren barmherzig und freigiebig. Der Oberlieutenant aß hastig und teilte dabei seine Eindrücke von der Umgebung mit. Seine Würde hielt nicht lange vor. In seinem verwitterten Gesicht, das ein frischer Backenbart zierte, war keinerlei Drohung.

Auch heute noch, im Zusammenhang mit den jetzigen Umständen und seiner Rolle dabei, bereue ich nicht, daß ich großzügig war an dem Feuer im Wald im November achtzehnhundertzwölf. Welch ausgezeichnetes Gedächtnis hatte mein Gast, welch makelloses Bild zeichnete er von dem verstorbenen Nikolai Opotschinin und seiner linkischen Dienerin mit den roten Händen der Viehwärterin im herrschaftlichen Putz, vom Moskauer Brand, von seiner Verwundung, vom weinenden Timoscha, von irgendeiner Französin, die durch die brennende Basmannaja-Straße floh. Ein lieber, nicht sehr kluger, satter, redseliger Gesprächspartner, und wenn nicht die heutigen Umstände ... Sein Name war Prjachin. Ich hatte ihn fast vergessen, doch alles, was jetzt geschah, zwang mich, ihn wieder zu erinnern.

Prjachin.

5

In den fernen Vorkriegsjahren kam mir eines schönen Tages ein einfacher, argloser Gedanke, wie er im Kopf eines Menschen entstehen kann, der in Verzweiflung gerät von den erfolglosen Versuchen, eine Frucht zu pflücken, ohne die Hände zu heben, oder ein Haus durch den Schornstein zu betreten. Ich griff zur Feder und schrieb meinem Auserwählten einen offenherzigen Brief.

„Liebwerter Herr Swetschin!
Schon seit Monaten versuchen wir beide mit einer Verbissenheit, die einer besseren Sache würdig wäre, die Weltprobleme zu lösen, wobei wir uns in unserm gemeinsamen Moskauer Kreis an Überheblichkeit überbieten. Diese Wortgefechte sind möglicherweise dazu gut, der Zunge Biegsamkeit und der Einbildungskraft Erlesenheit zu verleihen, aber sie werden sinnlos vor dem, was Sie sicherlich zu Recht als Unfug ansehen – ich meine den Märztag, an welchem es der Vorsehung gefiel, Sie in meinen Armen zu erblicken. Ich weiß, Sie messen dem keine Bedeutung bei und ich wohl auch nicht, denn was für eine Bedeutung können schon Tollheiten haben, hervorgerufen von Verzweiflung oder vom Rausch oder sagen wir vom Ableben eines Tyrannen?

Der Kuß selbst bedeutet natürlich gar nichts, einfach ein Zeichen. Aber was tun, wenn sich in ihm eine Idee kundtat, die mich um den Verstand zu bringen droht? Denn seit jenem März mache ich nichts anderes, als mit gesenktem Kopf vor Ihnen zu stehen und auf Ihr Wort zu warten. Wissen Sie das? Erraten Sie es? Oder fassen Sie meine Zurückhaltung als Gleichgültigkeit auf? Nehmen Sie um Gottes willen diesen Brief nicht als ein Stöhnen, denn er ist nachgerade eine Herausforderung, da ich, wie ich begriffen habe, nicht von der Gnade unserer Traditionen abhängen möchte. Ich finde, man muß sich über das Gerede und die Verhaltensregeln wenigstens so weit hinwegsetzen, als sie uns hindern, einander zu sehen ...“

Ich schickte den Brief ab, aber tat ich es etwa, um jetzt, nach so vielen Jahren, mit meiner Überstürztheit zu hadern und meine Hartnäckigkeit zu bestaunen? Ich weiß noch, damals hatte ich den Gedanken, daß Bonapartes Eroberungserfolge einer einfachen, von ihm selbst aufgestellten Regel entsprängen – keine Kräfte für die Bezwingung einzelner Festungen zu verschwenden, sondern die allgemeine Zerschlagung der gegnerischen Seite anzustreben, dann fielen die verbliebenen Festungen von selbst. Diese Idee, die meinen eigenen Interessen eigentlich recht fern stand, durchfuhr mich damals urplötzlich, und ich versuchte, sie auf meine Lebenssituation anzuwenden. Wenn bei meiner Eroberung, dachte ich, dieser mürrische Herr eine Festung ist, was ist dann der Gesamtsieg? Wer ist mein Hauptwidersacher, nach dessen Bezwingung ich auf Erfolg im besonderen rechnen kann? Ist mir womöglich als erstes der Sieg über mich selber vorbestimmt? Die Erhebung über meine eigene Nichtigkeit? Also muß ich nur erst einmal den Hauptsieg erringen, dann wird die ersehnte Festung von selbst vor mir fallen? Ach, Barmherziger, wie soll man sich erheben, wenn man kniet? Noch hatte ich diese unlösbare Aufgabe nicht von mir gewiesen, da begriff ich plötzlich, daß die Unterwerfung ganzer Länder und Völker, dieses blutige Spiel mit all seinen Regeln und Resultaten, rein gar nichts ist, ein leichter Spaziergang, verglichen mit den riesigen Belastungen meines Krieges. Einen Gegner unterwirft man ja aus Haß gegen ihn und aus Liebe zu sich selbst, mein Krieg aber geschah aus Liebe zu ihm, und ich konnte ihm keinen Schmerz zufügen. Also, was ist schwerer?

Sogleich nach der Austreibung der Franzosen eilte ich nach Moskau und nahm die siebenjährige Lisa mit. Ich dachte, die russische Katastrophe und all die Prüfungen würden uns versöhnen, und wir würden, einander in den Armen liegend, die Moskauer Brandstätte beweinen. Aber die Wirklichkeit war schlimmer. Mein flüchtiger Gatte war noch unzugänglicher, wenngleich höflich und sogar sanft, er strich Lisa über das Köpfchen, betrachtete sie mit Verwunderung und gab auf ihre hastigen Fragen unpassende Antworten.

Aber das war später, später, jetzt kam wie im Märchen aus einem hellblauen Umschlag ein säuberliches Blatt Papier geflogen und lag lange auf Barbaras erkaltender Hand, ehe sie es entfaltete.

„Verehrte gnädige Frau Barbara Stepanowna,
vor drei Tagen sagte mein Tischnachbar beim Tee im Hause der Ulybyschews, wobei er auf eine der anwesenden Damen deutete, er sei zutiefst verblüfft über die Tatsache, daß die junge Frau mit den unwahrscheinlich großen Augen, dem reizenden Gesicht und der Fähigkeit, sich von gleich zu gleich mit Generälen und Diplomaten zu unterhalten, die junge Frau, die alles besaß, um jeden der anwesenden wie auch abwesenden Männer glücklich zu machen, daß diese Frau frei zwischen uns umherflatterte in dem engen, schwülen und auf Bräute versessenen Moskau, noch dazu gänzlich ungestraft. Ich antwortete dem Herrn, wenn er mit dem Wort ‚glücklich machen' die Fähigkeit meine, sich Gattin zu nennen, sich in Gespräche einzumischen und Kinder zu gebären, sei damit heutzutage kaum jemand in Erstaunen zu setzen, geschweige denn, zu verführen.

Verzeihen Sie großmütig, aber ich habe den Eindruck, daß unsere mystische Umarmung in Ihnen den munteren Glauben an eine Vorsehung hinterlassen hat, die sich zu Ihren Gunsten bemüht. Ich bin leider kein Mystiker und vermag daher der Vorsehung nicht zu dienen. Hoffen Sie nicht auf ihre Wohlanständigkeit – sie ist eine krankhafte Phantasie. Ich will nicht verhehlen, daß ich Ihre Augen mag und Ihre Art, Wortgefechte zu führen, mehr noch, ich empfinde nach unseren Zweikämpfen für Sie eine Art Anhänglichkeit, aber was besagt das schon? Zweifellos waltet ein Geheimnis in Ihren Kalugaer Wäldern und in Ihrer Kalugaer Abgeschiedenheit, denn diese begünstigen die Geburt von Frauen, von denen die ungeschliffenen Moskauer schwärmerische Legenden schaffen. Haben Sie schon mal eine davon gehört?"

Na schön, dachte Barbara, ohne die traurige Hoffnung aufzugeben, das ist ja auch eine Methode des Fechtkampfes. Hätte sie nicht gewußt, daß Swetschin auch lächeln konnte, sie würde gewiß den Glauben an den Erfolg verloren, sich von solch steinerner Leidenschaftslosigkeit abgestoßen gefühlt haben. Aber sie hatte ihn einmal lächeln sehen, gleichsam verstohlen, gleichsam verschämt, und seine eingefallenen Wangen hatten sich rot gefärbt. Dadurch hatte er hilflos und häuslich, ihrer Obhut bedürftig ausgesehen; aus dem Lächeln war er selbst hervorgetreten, hatte für einen Moment das gewohnte, in trüben Farben gemalte Selbstporträt verstellt.

Sie faßte sich ein Herz, tauchte die zugespitzte Feder in die Tinte, setzte sich bequem zurecht an dem kleinen Tisch vor dem großen ovalen Spiegel, betrachtete sich von Zeit zu Zeit, lehnte sich wohl auch einen Moment zurück, beugte sich wieder vor …

„Liebwerter Herr Swetschin!
Ich überhöre Ihre ironische Bemerkung zum Sinn des Wortes ‚glücklich machen', denn ich neige dazu, den Bund zweier Menschen als einen gegenseitigen Beistandspakt anzusehen. Durch Ihre Ironie schimmert Angst, Sie fürchten, ich könnte recht haben, und dann wäre Ihre Unabhängigkeit nichts mehr wert, da Sie dann wohl oder übel nach der Pfeife der von Ihnen verachteten Vorsehung tanzen müßten. Ich sehe das mit dem Scharfblick der Kalugaer Waldbewohnerin, glauben Sie mir. Was meine besonderen äußeren Merkmale angeht, die Sie erwähnen, so muß ich gestehen, daß ich eigentlich eine Durchschnittsfrau bin und das einzige, wessen ich mich rühmen kann, wohl die besondere Intuition ist, die jedenfalls feiner ist als Ihre männliche Intuition. Was gibt mir das? Vertrauen in meine Ansprüche. Was will man mehr?"

Sie prahlte wie ein Dummchen mit ihrer Intuition, deren Dienste sie in jener Zeit nicht ernsthaft in Anspruch nahm, prahlte in dem Bewußtsein, daß dies in einem derartigen Gefecht ein recht zweifelhaftes Argument war. Sie betrachtete sich im Spiegel, sie war noch immer dieselbe, abgesehen von trüben Zweifeln an den eigenen Kräften.

Der Briefwechsel zog sich in die Länge, drohte zu einer leeren Gewohnheit zu werden. Ich durfte seine Briefe beantworten, mehr nicht. Wie nach einem Strohhalm griff ich nach seltenen, rührenden Zufallsdetails in seinen Briefen, doch dann folgte wieder ein Ausfall, eine Stichelei, noch eine, und abermals brachen meine Illusionen zusammen. Katerina fand, daß ich welkte. Ich welkte in der Tat, während ich auf den nächsten Brief wartete, ich überdachte die Antwort, zerfleischte mich wegen der Aussichtslosigkeit. Es kam zu einer etwas einseitigen Prügelei. Ich war's, die verprügelt wurde. Nicht daß ich nicht antwortete, wie es sich in meiner Situation gehörte. Oh, meine Ausfälle waren nicht minder blitzartig, meine Sticheleien nicht minder spitz. Aber was nützte das, wo doch nicht der Zweikampf mein Ziel war und mein Ziel immer matter wurde, sich immer mehr entfernte?

Schon ging der Herbst zu Ende, es roch nach Schnee. Der arme Nikolai Opotschinin wußte nicht, was ihm bevorstand, er machte, wenn er nach Moskau kam, eine gute Figur in den Salons. Bald da, bald dort zeigte sich seine mächtige Gestalt mit dem runden Gesicht à la Peter der Große, sein gedämpfter Baß ertönte, und seine Augen verströmten Wärme und Herzlichkeit. Eines Tages dachte ich sogar, mein Kalugaer Nachbar, dieses gemütliche militärische Ungeheuer, zu baldigem Tod durch Bombe oder Kugel verurteilt, würde nicht solche Bemühungen an einen derartigen Briefwechsel verschwenden. Gefiele ich ihm, so würde er mich auf seinen Armen davontragen, bloß wohin? Aufs Schlachtfeld, zum Amüsement im Pulverqualm? In die Kaserne zu seinen Musketieren? Würde er mich aufs Biwakstroh fallen lassen? Eines Tages hatte ich sogar den Eindruck, daß er auf mich aufmerksam geworden war, daß er kein Auge von mir ließ wie ein Zinnsoldat, aber ich maß dem keine Bedeutung bei, denn nicht er beherrschte meine Pläne. Mein Swetschin, das ist was anderes, dachte ich, ganz Rätsel, ganz Geheimnis; seine Worte und Werke, jede Geste, die mir galt, seine Unzugänglichkeit, wie er es verstand, seine Würde zu wahren ohne Hoffart, und wie er meinen Umarmungen entglitt (etwa kein Grund zur Verzweiflung?), übrigens genauso wie im März an den Klaren Teichen ... Stand mir etwa eine andere Frau im Wege? Dieser Gedanke kam mir eines Tages, aber die Gerüchte, die Umstände, die Mutmaßungen lieferten dem keine Nahrung, überdies flüsterte die um mich besorgte Katerina, die wahre Habichtsaugen hatte, mir eines Tages zu, Swetschin zeigte sich nur meinetwegen in Gesellschaft, dieser Generalssohn, der zwischen Archivjünglingen festsitze, sie sehe das, es gebe keinen Zweifel. „Er ist dir gleichgültig, ich glaub's ja, mein Herzblatt, aber du ihm ... gib acht, gib acht." Ich gab acht. Er schien dermaßen an unsere Wortgefechte gewöhnt, daß sie ihm zum Bedürfnis wurden. Worte, Worte, Worte ... Ich wartete, daß er mich in die Arme nahm, sonst nichts.

Der Herbst war vorüber, und zu Weihnachten sollten die Waldbrüder anreisen, die Gutsbesitzer von den fernen Gütern mit ihren Kinderscharen, sie sollten nach Moskau kommen, um zahlreiche Festlichkeiten zu erleben, hinter den weißen Säulen der Adelsversammlung umherzuflattern, zu Verstand zu gelangen, nützliche Informationen zu sammeln, Partien zu arrangieren. Auch mich hatten sie einst nach Moskau gebracht, und ich drängte mich stocksteif auf Wattebeinen zwischen ihnen, und eben davon, meine Teure, bekam ich meine großen Augen, und obwohl ich all das in kurzer Zeit hohl und langweilig fand, blieben sie groß, dachte ich, aber wer braucht das? Nun, vielleicht ein gewisser Prjachin, der im kriegerischen Wald auf General Opotschinin, auf Timoscha, auf mich vom Himmel herabgefallen war? Prjachin, der so, wie er einst im überschaubaren Raum aufgetaucht war, auch jetzt noch mich umschleicht mit wedelnden Epauletten, ohne näher zu kommen oder sich zu entfernen, wie ein krankhaftes Gespenst. Nur manchmal nimmt er Gestalt an, fällt vom Himmel, wie früher, wie im Jahre sechzehn, wie jetzt ...

Oberlieutenant Timoscha Ignatjew war noch nicht heimgekehrt, da fuhr Major Prjachin in einer staubigen Kalesche vor. Als Ignatjew, unser Timoscha, dann heimkehrte, vergröbert und verwildert, besuchte er mich öfter, taute ein wenig auf, bekam ein Aussehen, das unseren hinterwäldlerischen Vorstellungen von einem Helden und Sieger entsprach. Anfangs aber markierte er seine Rückkehr mit feierlichen Worten, die er auf ein glattes Lindenbrett einbrannte: „Alles auf der Welt ändert sich, nur Lipenki bleibt unverändert." Dieses Brett ließ er bei der Einfahrt ans Tor nageln. Der Einfall war ihm am Tag der wohlbehaltenen Rückkehr zur heimischen Schwelle gekommen, nachdem er viele Werst zurückgelegt hatte auf irrsinnigen Märschen durch Europa, das er von Bonapartes Horden hatte befreien müssen, nachdem er lange in Paris inmitten von Gardefreunden und ehemaligen Feinden fröhlich biwakiert hatte. Jetzt ist das Lindenbrett so nachgedunkelt, daß die eingebrannten Buchstaben kaum noch zu entziffern sind, und ihr Autor ist keine neunzehn mehr wie damals, als er die Sentenz verfaßte. Und viele ringsum sind nicht mehr.

Aber Lipenki war damals noch das alte: ein Dorf auf einer geräumigen Uferwiese an der Protwa, das Haus der Ignatjews auf der steilen Anhöhe, umgeben vom verwilderten Park, und auch der Himmel war der alte – tief, vielversprechend, wie drei Jahre zuvor. Und die alten runden Wolken.

An Lipenki brauchte er sich nicht zu gewöhnen, es fiel ihm zu wie eine Gottesgabe nach der dreijährigen Trennung, Lohn für die kriegerischen Arbeiten, für bittere Verluste, für die Todesgefahr durch Kugel, Säbel oder Bajonett. Gewöhnen mußte er sich an sich selbst, er mußte den Geschmack für das Frühere wieder spüren. Die Gewöhnung war lang und mühselig. Merkwürdig: die panische Flucht vor den noch nicht geschlagenen Franzosen, die Leiden im Feldlazarett, Hunger und Kälte, der Marsch durch Europa, der Verlust des Glaubens an das Wunder der Rückkehr, all das war einfacher gewesen. Als das Wunder dann aber doch geschah und die ersten Momente des fieberhaften Wiedererkennens der heimatlichen Stätten vorüber waren, kam die Ernüchterung, und alles mutete ihn fremd an. Wie schrecklich das war, ist nicht zu beschreiben: das wohlbekannte Haus, der Fluß, die Parkbäume, die Bilder an den Wänden, die Sèvrestasse mit der Scharte am Rand, dazu ringsum halbbekannte Gesichter, abstoßend liebedienerische Reden, säuerlicher Geruch aus dem Gesindehaus und er selbst, der nicht einmal mehr daran zu denken wagte, im heimeligen Halbdunkel unter dem Spieltischchen Platz zu finden, dabei (wie seltsam) hatte ihn dieser säuerliche Geruch durch Europa begleitet, hatte ihn betäubt, hatte eine unbegreifliche Rührung in ihm geweckt, die Empfindung von etwas Ewigem, Vertrautem, Namenlosem ...

In jenen fernen Tagen nach der ersten Wiedersehensfreude begann ihm zu dämmern, daß nach dem schlechten Leben in der Armee das Glück dahin wäre und daß es gutes Leben daheim überhaupt nicht gäbe. Zweifel setzten ein, alle möglichen Ängste und Befürchtungen, daß das wahre Leben schon hinter ihm läge und all das hier mit den Gerüchen der Kindheit nicht für ihn taugte, wie ein fremdes Kleidungsstück. Im übrigen sah seine anfängliche Freude ganz natürlich aus, wie es sich gehörte: Timoscha warf sich ins Gras, drückte die Wange hinein, küßte schmatzend ein Wegerichblatt, das ihm vor die Lippen kam; er kniete nieder und verneigte sich tief vor dem verheulten und verschreckten Hofgesinde, dann sprang er auf und sah vor sich eine Unbekannte in einem uralten, städtisch geschnittenen, verwaschenen hellblauen Kleid, einen Sonnenschirm über dem Kopf, die Hand vor dem Gesicht. Und er dachte sogleich, dies müsse Arina sein. Sie gab ihm einen Schmatz auf die Wange – „Bonjour!“, ohne sich vor den anderen zu genieren, und lief jammernd davon, den verschlissenen Schirm hinter sich herziehend.

Er rannte ins Haus, in sein Zimmer, wo alles an seinem Platz war, obwohl er nicht wußte, was dieses „alles“ sein mochte. Er dachte: Wohin eile ich? Flüchtig, zerstreut berührte er Gegenstände, die ihm zufällig vor die Hand gerieten: die Sessellehne, die Gardine, das gestickte Kissen auf dem Sofa, das Kästchen, das noch immer die Schere und ein paar Bogen Buntpapier zum Ausschneiden von Silhouetten enthielt, setzte sich an den Schreibtisch und schrieb tintespritzend auf Papier „Alles auf der Welt ändert sich, nur Lipenki bleibt unverändert“. Er lief los und dachte wieder: Wo will ich so eilig hin? In der Schmiede brannte er die ihm zugeflogene Sentenz in ein Lindenbrett und lief zum Tor, gefolgt von dem keuchenden Kusma. Der alte Diener stieg ächzend aufs Tor und befestigte das Brett. Es sah bedeutend aus. Vor dem Dunkelgrün der alten Eichen und Linden schien das frische Brett in der Luft zu hängen, die Schrift war deutlich zu lesen, ihr einleuchtender Sinn drang ins Herz, der ergrauende Kopf Kusmas wandte sich von dem Brett zu Timoscha und von Timoscha zu dem Brett in Erwartung eines Lobes.

Auf diese Weise befreite er sich von einer fixen Idee, als hätte er etwas vollbracht, was ihm jahrelang keine Ruhe gelassen hatte. Er konnte nirgendwohin fliehen, und ihm fiel ein, daß sein Großonkel Nikolai Opotschinin an dieser Stelle beim Tor gestorben war. Langsam ging er aufs Haus zu. Das Leben zeigte sein unfreundliches Gesicht: Der Großonkel war tot, Arina hatte eine Schnapsfahne, die Treppen im Hause knarrten, es roch scheußlich, die Leute sahen ihm erwartungsvoll in die Augen.

Übers Jahr fiel, wie immer plötzlich, Major Prjachin vom Himmel.

Um diese Zeit weilte ich auf Timoschas Bitte eine Zeitlang bei ihm zu Besuch, um seine häuslichen Angelegenheiten in Gang zu bringen. Die elfjährige Lisa war mit dem Recht der alten Freundin Timoschas gleichfalls in Lipenki. Wir lebten gemächlich und gewöhnten uns: Timoscha an die Stille und Unabhängigkeit, ich an das Haus meines armen Generals. An den Abenden versammelten sich bei uns die verlorenen Schatten, und wir beweinten sie verstohlen und zugleich uns selbst.

Von Zeit zu Zeit kamen Kriegskameraden von Timoscha, Gardeoffiziere zumeist, manchmal auch Herren in Frack oder Gehrock, wie sie seit kurzem in Mode waren. Die Gespräche begannen mit Kriegserinnerungen, und die Stimmen klangen sonor, volltönend, die Sätze abgehackt, gewürzt mit Gelächter und Verwunderung; zumindest habe ich es so in Erinnerung. Man trank den Champagner mit häuslicher Gemächlichkeit, im Winter gab's gelegentlich auch Wodka, dazu eingelegten Weißkohl nach Opotschinins Rezept. Erhitzt zog die Schar der Gäste dann hinauf in Arinas Kämmerchen, um mit ihr anzustoßen. Dieses Ritual war unabänderlich, und die linkische junge Schönheit wartete für gewöhnlich schon, nachdem sie das obligate verschlissene blaue Kleid angelegt hatte.

Was Timoscha sich auch einfallen ließ, was für Kleider er ihr auch schenkte, sie lebte nach ihrem eigenen Gutdünken: langes Leinenhemd, darüber die warme Weste, in feierlichen Momenten das hellblaue Kleid von Sofja, ehemals weiße Handschuhe, dazu ein dunkelblaues Rüschenhäubchen, unter dem ihre verblaßten, erkaltenden Augen blinkten.

Wenn die Gäste ihr Tribut gezollt hatten, kehrten sie in den Salon zurück, die Unterhaltung wurde wieder aufgenommen, die Stimmen wurden noch sonorer, noch durchdringender, und stiegen, mit Tabaksqualm vermischt, zur Decke auf, und schon waren die Konturen von Warschau, Berlin, Straßburg, Paris zu erahnen, und ich weiß noch, wie ich diese Düfte einatmete und mich selbst in der Menge auf den Champs Elysées erkannte, als plötzlich wie verabredet alles abbrach und wir allein blieben in der grenzenlosen russischen Weite, verstummt, vibrierend wie gerissene Saiten, allein mit den Kerzen und dem still gewordenen Gesinde vor der Eichentür, allein mit den Sklaven …

Erbarmen, dachte Barbara, wie paradox! Sklaven und Sklavenhalter, Hand in Hand, in der gleichen Montur, waren hingelangt bis zu den Gestaden, von denen die Lockungen der Freiheit und des Wohlergehens, die preziösen Verheißungen eines anderen Lebens auf sie zugerollt waren, sie waren hingelangt und mit verschlissenen Fahnen zurückgeströmt, allesamt begrüßt von Begeisterungsgeschrei? Dieses Paradox war für Barbara ein düsteres Hindernis, stolze Worte an das Vaterland zu richten. Es stieg empor, und die triumphalen Trommelwirbel, die Explosionen von Petarden und Raketen wie auch die festlichen Ruhmesansprachen waren nicht dazu angetan, es zu überwinden. Da schwieg sie nun mit den ordens- und narbengeschmückten Sklavenhaltern, blickte in ihre grau gewordenen Gesichter und mutmaßte, daß ihr klarer, sauberer, unanfechtbarer Weg sie irregeführt haben mußte und daß sie inmitten dieser prächtigen Besieger des Bösen noch unbekannte tragische Wendungen zu gewärtigen hatten. Ist so etwas leicht mit achtunddreißig? Ist es leicht?

So war es auch an diesem Abend, als Major Prjachin, wie immer plötzlich, vom Himmel fiel, gleichsam mit seiner Dragonerabteilung aus dem Kalugaer Wald hervorbrach, aus dem Sattel sprang und, vor Freude und Rührung weinend, alle nacheinander abküßte, bei meinem Anblick jedoch sich an alles erinnerte, aufächzte, die erfahrenen saftigen Lippen auf meine Hand preßte und dann meinem Gesicht entgegenreckte, doch ich war launisch, aber das kränkte ihn nicht, er maß dem keine Bedeutung bei, wischte die Tränen nach Kinderart mit der Faust weg, auf seiner Stirn glänzte eine dunkelrote Narbe.

„Du lieber Gott, Sie haben sich gar nicht verändert! Wie oft hab ich an Sie gedacht, Atamanin! Schauen Sie, meine Herren, dies ist die edle russische Frau, die zu verführen und Wunden zu verbinden und Franzosen auf die Forke zu spießen weiß!"

„Dich hat ein russischer Mushik auch einmal auf die Forke gespießt", sagte Timoscha, „ein ekelhaftes Gefühl!"

„Du lieber Gott", lachte Prjachin, „das war ein reines Mißverständnis. Timoscha, ich freue mich, dich in deinem Elternhaus inmitten der Freunde zu sehen, und dich, Sernow", sagte er zu einem nicht mehr jungen häßlichen Obristen mit blutleeren enggekniffenen Lippen, einer Entennase und spöttischen Mundwinkeln, „und dich, Aklitschejew", rief er einem etwas abseits sitzenden Altersgenossen Timoschas zu, der von Petersburg zu diesem Veteranentreff herbeigeeilt war, einem dikken, gutmütigen, melancholischen Mann, der seinen grauen Frack mit reizender Lässigkeit trug und sich unablässig die Pantalons mit Champagner bekleckerte, wovon diese voller kaum erkennbarer Flecke mit undeutlichen Konturen waren, „und dich ... und dich ...", sagte Prjachin, indes er durch den Salon sauste.

Er kannte alle, und alle kannten ihn. Er beteiligte sich lebhaft an der allgemeinen Unterhaltung, als wäre er schon öfters hier gewesen. Und als alle loszogen, um mit Arina anzustoßen, eilte er vornweg.

Er war puterrot vor Erregung, aber seine breite, ungepflegte Bauernhand war fest und führte den Säbel gewiß sicher, sogar als er bei Rastatt auf Timoscha losging, die Stahlklinge drohend vorgestreckt. Timoschas Narbe an der rechten Schulter stammte nicht von einem französischen Säbelhieb. Damals hatte Oberlieutenant Prjachin dem Timofej Ignatjew die alte Moskauer Schuld bezahlt, und die Seele des verstorbenen Generals Opotschinin schwebte über den Widersachern. Timoscha war verwundet, aber der General war gerächt. Timoscha hatte sein Moskauer Versprechen nicht vergessen, alles entsprach den Regeln. Prjachin zeigte keine Arroganz, er bat um Verzeihung, pflegte den Kornett, machte ihm mit derselben kunstfertigen Hand Umschläge.

Jetzt trat er mit geheimnisvollem Lächeln zu Arina, durchbohrte sie vielsagend mit seinen nördlichen Augen, und später im Salon hing er, scherzhaft schluchzend, an meiner Schulter und rief:

„Du lieber Gott, sie erinnert sich nicht an mich! Aber ich weiß noch alles. Und warum? Weil ich von klein auf gepflügt habe, immerzu gepflügt, bis ich die Erbschaft machte! Darum. Aber wir Prjachins sind ein altes Geschlecht, und stellen Sie sich vor, ich habe jetzt dreihundert Seelen, und es wären noch mehr, wenn nicht ein paar von ihnen in Europa begraben lägen. Doch ich hadere nicht, dreihundert Seelen, das ist gerecht. Ich hatte ja vorher gar nichts, nur einen alten Lakaien, ein Symbol, und jetzt mit einem Schlag dreihundert! Aber die reden dauernd von allen möglichen Ungerechtigkeiten. Du lieber Gott, ich hatte gedacht, sie würden sich wenigstens zu Hause beruhigen, doch nein, noch immer diese Leidenschaft, alles umzukrempeln, den einen zugunsten der andern

Böses zu tun. Na schön ... Während die hier über mein Schicksal entscheiden wollen, will ich so leben, wie es mir bestimmt ist. So ist das. Ich habe nicht umsonst gepflügt, ich habe Mitgefühl mit meinen Leuten. Ich bin ihnen wie ein Bruder, sie haben in diesen drei Jahren meine Leine nicht gespürt, sie haben auf mich gewartet wie auf einen Bruder. Wer ist denn der oberste Richter, der weiß, wie man alles verteilen muß, damit es gerecht zugeht? Du lieber Gott, umgekehrt müßte ich der Knecht meiner Mushiks sein. Was wäre daran gerecht? Nicht ich habe es so eingerichtet, nicht ich habe es zu ändern. Hauptsache – Güte und Gewissen. Wissen Sie, wenn ich meinen Weibern in die Augen sehe, weiß ich sofort alles von ihnen, ich kann alles tun, ich habe sogar von einer ein Kind angenommen, ein Söhnchen. Ich weiß alles, alles." Er wandte sich Obrist Sernow zu. „Hab wenigstens du es nicht so eilig, Sernow, denk nach, du bist doch kein junger Dachs mehr, du bist doch abgeklärt. Bei deinen entsetzlichen Erinnerungen! Wir haben das Blut noch nicht abgekratzt, die Seele noch nicht gereinigt, und nun sollen wir genauso ... Bonaparte hat viel Blut vergossen, und was hat er erreicht? Man kann doch nicht so schlagartig ... alles entscheiden ... plötzlich niederreißen ... und so weiter ..."

„Wieso denn schlagartig?" entgegnete der Obrist. „Das dauert Jahrhunderte."

Da erinnerte ich an den jungen Swetschin, der in demselben Feuer gebrannt hatte, und an die Prophezeiungen seines Generalsvaters. Prjachin lachte unfroh, schlug die Hände zusammen.

„Genau, ganz richtig formuliert: Sie wollen doch nicht einen neuen Pugatschow?" Und leise zu mir: „Gnädige Frau, prophetische Worte! Dort in Europa verging kein Abend, kein Biwak, keine Offizierszusammenkunft ohne das traurige Geflüster über unsere russischen Zustände. Du lieber Gott, als ob dort in Europa alles zum besten stünde! Überall ist es schlecht. Meine Herren, überall, wo Menschen sind, ist es schlecht. Das Leben könnte schön sein, wenn alle nach Ehr und Gewissen lebten. Muß man denn wirklich die einen vernichten, damit es den andern gut geht?"

„Besinn dich, Prjachin", sagte Timoscha nicht sehr freundlich, „du kannst doch nicht alle der Grausamkeit bezichtigen."

„Ich werde Sie mit einem hervorragenden Mann bekannt machen", sagte Sernow.

„Meine Herren", lachte Prjachin, „ich muß an die alten Zeiten denken. Jahrtausende, Sernow, nicht Jahrhunderte. Immer ging's den einen gut, den andern schlecht. Also lassen Sie uns den Augenblick genießen. Angesichts dieser Dame, meine Herren, geht's uns allen gut, und das kommt nie wieder."

Da verstummten alle wie auf Kommando. Draußen war Nacht. Sie verschattete die gewaltigen Räume, die so viel Schmerz und Erbitterung, Liebe und Inspiration in uns geweckt hatten, all die Wälder und Steppen, Städte und Siedlungen, und es schien, als wäre alles ausgestorben, und nur wir wären warm und lebendig, nur wir lauschten mit dem Glas in der Hand und der Wehmut im Blick auf den eigenen Herzschlag. Was verhieß uns der Morgen, wenn er anbrach? Hatten wir noch nicht genug an den blutigen Ankömmlingen? Nicht genug an dem eigenen Bösen?

Aklitschejew, der mit seinem Sessel verschmolz, nickte mir aus dem Halbdämmer zu, wie um meinen Gedanken beizupflichten, Obrist Sernow paffte seine Pfeife, Prjachin starrte zum Fenster hinaus in die Dunkelheit, als sähe er dort die besonnten Landschaften des Tages, Timoscha tigerte von einer Ecke in die andere, langbeinig, kraushaarig, angespannt.

„In Paris hat mich am meisten Napoleons Arbeitszimmer beeindruckt", sagte Aklitschejew, als wäre nichts gewesen, „das heißt, nicht in Paris, sondern in Saint-Cloud; nicht so sehr sein Arbeitszimmer wie der einfache Gedanke, der darin geboren wurde. Wir gingen rein und trafen dort einen russischen Hauptmann von der Palastwache. Er saß auf einem luxuriösen Sofa und genoß von dort durch das riesenbreite Fenster die herrliche Aussicht – ganz Paris lag vor ihm. Und wie er so die herrliche Aussicht und den Luxus der Gemächer genoß, sagte er: ‚Und der wollte nun unbedingt zu uns nach Gshatsk?'"

„Hm", machte Timoscha.

„Ist die Aussicht hier etwa schlechter?" sagte Prjachin ein wenig beleidigt.

„Ich werde Sie mit einem hervorragenden Mann bekannt machen", sagte der Obrist, an niemand gewandt.

Ich maß seinen Worten damals keine Bedeutung bei. Erst jetzt ist mir vieles klargeworden.

Aber die Erinnerungen haben mich weggeführt von den wichtigsten Ereignissen meines Lebens, in die Zeit, als die Welt noch nicht nach dem Moskauer Brand roch und in meinem Herzen Ausweglosigkeit war. Ich hatte gedacht: Wenn auf meinen letzten Brief, der schon in mir gereift ist, keine Antwort kommt, ist es wohl mein Schicksal, nach Gubino zurückzukehren und alles zu vergessen, und zum Teufel mit der Vorsehung und dem unglückseligen Kuß von einem Mann, der mir nicht bestimmt ist. Da wurde ich gewissermaßen sehend, Kränkung und Kummer taten ihr Werk, ich sah die Welt und mich selbst in neuem Licht: Ein Sturm hat meine Wälder verwüstet, hat die müden Zweige, die leichtsinnigen Blättchen, die fruchtlosen Blumen, die zweifelhaften Hoffnungen abgerissen. Was hatte ich zu bedauern? Es blieb mir das

Ewige, Wichtigste, Notwendigste. Und doch dieser Kummer ... Ich faßte mir ein Herz und schrieb einen kurzen Brief nach allen Regeln der Kunst. Dieser letzte Brief war wie ein Schuß ins Leere.

„Liebwerter Herr,
ich fürchte, Sie haben meine Briefe als eine Fortsetzung der Salonpolemik aufgefaßt, und das freut mich nicht. Es ist mir viel angenehmer, Auge in Auge zu plaudern, natürlich nur, wenn man einander etwas zu sagen hat. In Fortsetzung unserer Unterhaltung habe ich plötzlich begriffen, daß die ernsten Gesprächsgrundlagen, die ich mir wohl infolge meiner Jugend nur eingebildet habe, für Sie nicht von Belang sind. Es würde mich betrüben, wenn Sie verärgert wären über die sinnlos vertane Zeit, obwohl ich mich, Gott ist mein Zeuge, von den besten Gefühlen leiten ließ und nichts zu bereuen habe.

In der Hoffnung auf Ihre Großmut
verbleibe ich

Barbara Wolkowa.“

Um mich abzukühlen, ließ ich zur Reise rüsten. In meinem Kopf kreisten dauernd die weggelassenen Worte „und uneigennützigen Absichten“ gleich hinter „Gefühlen“. Aber sie waren nicht uneigennützig, und lügen wollte ich nicht.

Die Tage vergingen. Der erste geisterhafte Schnee fiel und schmolz. Die Antwort blieb aus, wie ich vermutet hatte. Ich gab mir Mühe, Besuche zu vermeiden, was nicht leicht war, denn die vorweihnachtlichen Leidenschaften brannten lichterloh, und die Einladungen folgten einander auf dem Fuße. Viele interessierten sich für mich, und in meiner Verzweiflung hätte ich sonst was anrichten können.

Der Kutscher Sawwa behauptete, wir müßten

die Abreise hinausschieben und warten, bis die Wege fest wären. In meiner Nervosität beschimpfte ich ihn und Dunja, doch im stillen war ich froh über den erzwungenen Aufschub. Endlich, nach einem Monat vergeblichen Wartens, zerhackte ich den Knoten und fuhr über die leichte Dezemberstraße nach Gubino. Und wie ich so fuhr und im Halbdämmer nach irgendeiner Zerstreuung suchte, sah ich auf einmal deutlich Nikolai Opotschinin vor mir. Meine Vorliebe für den Umgang mit Geistern macht Ihnen gewiß zu schaffen? Nein, nein, es war nur Phantasie, die sich von Zeit zu Zeit extrem zuspitzte und mich daran erinnerte, daß die Welt vielschichtig und voller Überraschungen ist.

Je weiter ich mich von Moskau entfernte, desto freundlicher taten sich die Kalugaer Wälder vor mir auf, desto hartnäckiger ergriff mich das Bedürfnis nach Ruhe und wärmte mich. Was sollten mir die Kraniche am Himmel, und wenn sie noch so stolz und herrlich waren? Ich entzündete meine Phantasie und rief, um mich von der Moskauer Wunde zu erholen, um Hilfe.

Vor Weihnachten kamen die Nachbarn nach Gubino. Ich weiß noch, es ging turbulent zu, es wurde viel getafelt, alles war hellerleuchtet und machte keinen Spaß. Auch mein General fuhr vor.

Ich betrachtete ihn mit neuen Augen, er gefiel mir, doch so, wie uns Menschen gefallen, die nicht für uns bestimmt sind. Bei Tisch saß er mir gegenüber, sein rundes Gesicht schien angespannt, seine Scherze waren nicht frei von Furcht, und wenn ich etwas sagte, antwortete er überstürzt und zusammenhanglos. Er trank wenig, aß zerstreut. Später im Salon kam er mir immer wieder vor die Augen, er blickte aus jedem Winkel, und wo ich mich auch befand, er war zur Stelle; im Vorbeigehen flüsterte er mir geheimnisvoll zu:

„Der Sterlet war märchenhaft!“

Ich ging in die Küche, um nach dem Rechten zu sehen – er war dort; ich durchschritt das Eßzimmer – er plauderte mit dem ebenso gigantischen Lobanow und tat, als nähme ihn die Unterhaltung gänzlich gefangen; ich kehrte in den Salon zurück und setzte mich in einen Sessel – er saß schon im Sessel daneben. Er verfolgt mich, dachte ich, der Geist von unterwegs ist da! Doch im gleichen Moment, als hätte sich mein Bewußtsein geklärt, ging mir auf, daß ich es war, die ihm ständig durch das Haus von Gubino folgte, ihn mit Anteilnahme betrachtete und unverhohlen studierte wie ein unerfahrenes Kind.

Na wennschon, dachte Barbara, soll er eben mein Retter sein.

Er erhob sich schwerfällig und ging weg. Diesmal blieb Barbara wie angenagelt sitzen, rührte sich nicht und lief rot an. Aber er war gleich wieder da und sagte mit seinem weichen, unmilitärischen Baß:

„Ich habe mich dabei ertappt, daß ich Sie andauernd verfolge.“

„Das Verfolgen“, sagte Barbara streng, „scheint eine Berufsgepflogenheit zu sein.“

„Ich bitte Sie“, lachte er, „von wegen Verfolgen, Barbara Stepanowna, ich bin eher Fachmann für Rückzüge.“

„Mir schien, ich ginge Ihnen nach“, sagte sie ohne Lächeln.

Er holte tief Luft.

„Das kann Ihnen nicht passieren – meine Sache ist es, zurückzuweichen.“

Rette mich, rette mich, dachte Barbara, du bist doch tapfer und gutherzig!

Er saß im Sessel, groß, schlaff, noch immer fremd, alt, vierundvierzigjährig, und wischte sich sorgsam die Hände mit dem Taschentuch.

Höchste Zeit, daß er mir einen Antrag macht, dachte sie ohne besondere Freude.

Sie malte sich sein betrübtes Gesicht aus, wenn eines schönen Tages, bald, jeden Moment der ersehnte Brief aus Moskau in ihre Hände flöge, mit einem Ruf, einem Flehen, einer kalten Bitte, einer halben Anspielung, einer halben Einladung, wie sie selber die Pferde aussuchen würde, ein Drei- oder Viergespann, wie sie die Kutsche mit Wohlgerüchen salben und Sawwa den Freibrief versprechen würde!

Aber der schüchterne General rollte ab nach Lipenki, ohne ihr die rettende Ehe angeboten zu haben, und verkroch sich dort mit seinem bewußten Buch. Ein Monat verging, noch einer ... Und da hängte Barbara die Glöckchen ins Gezweig.

Als ich meinen verurteilenswerten Besuch machte, um mich zu vergewissern, ob keine Hoffnung mehr auf Rettung war, und wir im Hause meines Generals saßen, zusammen mit seiner rätselhaften Sofja, die mich der Frevelhaftigkeit verdächtigte, erkannte ich, daß sich der General sehr wohl meiner entsann.

Moskau schwieg noch immer, als existierte es gar nicht mehr. Opotschinin sah mich offen an, und ein Vorgefühl sagte mir, daß dies wohl jenes Natürliche, Aufrichtige, Echte sei, mit dem mein Schicksal immer so gegeizt hatte. Wie rasch er auf meine verdächtigen Signale reagierte und spätabends in mein Haus einbrach, die Zeichen des Schneesturms auf den Brauen, den Wimpern, den gespannten Lippen, wie er diesen fieberhaften Dialog begann, der so nichtig und sinnlos war, worum es dabei ging, weiß ich gar nicht mehr, ich entsinne mich nur, bilde es mir vielleicht auch bloß ein, daß in diesem Dialog bruchstückhaft Geständnisse aufblitzten, jedenfalls verstand ich es so. Und da dachte ich, es ginge ja doch auch ohne all die überflüssigen und hohlen Worte, es genüge, das Wichtigste auszusprechen und ein Ende zu setzen. Ich glaube, er kniete vor mir und umarmte meine Knie und küßte den Saum meines Kleides und weinte. Das leidende runde Gesicht, naß von Tränen … Ich mußte ein paarmal Apollinaria Tichonowna hinauskomplimentieren. Sie war damals noch am Leben und äußerst neugierig. Mir schwindelte von seinen Berührungen. „Warten Sie, warten Sie", keuchte Barbara, „so warten Sie doch!" Und schwebte hinauf zur Decke wie von einem Windhauch. „So warten Sie doch …" Und glitt vorbei an den dunklen Fenstern, an Kerzen, Büchern, Ahnenporträts. Ach, gleichviel, gleichviel … und versuchte nicht mehr, sich zu bewegen.

Am bemerkenswertesten war, daß er nicht wie ein Sieger aussah, wie man hätte erwarten können angesichts seines gigantischen Wuchses, seiner riesenbreiten Schultern und all des Generalsgeklimpers, das seine siegreiche Montur schmückte. Im Gegenteil, er war sanft und still, ein wenig verwirrt sogar, dabei war's höchste Zeit, daß Barbara ihn in die Arme nahm und beruhigte und ihm versicherte, daß sein Benehmen nicht albern sei, nein, nein, daß er handle, wie er handeln müsse (sie war ja nicht aus Holz … wir sind doch lebendige Menschen … und sie selber … heiß, lebendig …), und sie streichelte seine Schultern, seine Brust, seine Wangen … Er liebt mich, dachte sie traurig, welch ein Reichtum. Und wieder streichelte sie ihn und bat ihn, nicht die Augen zu schließen, sondern sie anzusehen, und ihre Lippen berührten seine Stirn und seine Lippen in der ohnmächtigen Hoffnung, jenen zufälligen, uralten, unwahrscheinlichen Moskauer Kuß aus dem Gedächtnis zu tilgen.

Die Abrechnung folgte auf dem Fuße, als ihm Zweifel kamen an der Richtigkeit des angebotenen Bundes, als die geisterhafte, verschwimmende Silhouette von Barbaras Moskauer Quälgeist zwischen sie trat, und da halfen auch nicht die hastig angezogene Generalskleidung mit sämtlichen Regalien und die gigantische, scheinbar unerschütterliche Gestalt und Barbaras Verwirrtheit, Schmeichelei und nutzlose Anständigkeit. Deshalb also liebt man! dachte sie entsetzt, während sie nach Klarheit suchte, ihm hinterhertrippelnd durch die Zimmer, berührt vom schwachen Licht des späten winterlichen Morgens.

Die Erinnerungen zerreißen das Herz.

6

Ich liebte Swetschin mit bitterer Liebe, mit Verwünschungen und Erbitterung und sammelte fieberhaft alle nur erreichbaren Gerüchte über ihn, wütend auf seine Verleumder, neidisch auf seine Auserwählten. Die einen wie die andern waren meine Feinde. Briefe blieben aus.

Ich brachte heraus, daß er das Archiv des Ausländischen Kollegiums verlassen hatte und in einem Moskauer Adelspensionat Vorlesungen über allgemeine Geschichte hielt, und das war gleichfalls Gegenstand von Lästereien. Ich hätte viel darum gegeben, eine Stunde lang in einem Moskauer Salon bei ihm zu sein, seine Stimme zu hören, ihm ob seiner Kälte zu zürnen und nichtigste Zeichen seiner Aufmerksamkeit als kostbares Geschenk anzunehmen. In diese Zeit fiel das Ereignis in meinem verfluchten Gubinoer Schlafzimmer. Unglücklicher General! Welch ungeheuerliches Porträt meines Moskauer Genius zeichnete ich ihm, wie erniedrigte ich vor dem gefällten Giganten meinen Quälgeist in der Hoffnung, meine mir lästig gewordene Neigung wenigstens irgendwie zu erschüttern. Heute bin ich mir bewußt, daß meine mir damals scheußlich vorgekommene Offenheit wohl doch richtig war. Gewiß, als ich in den Augen dieses guten Menschen die Opotschininsche Wehmut sah, konnte er mir etwa nicht leid tun? Ach, Nikolai, Nikolai, eigentlich war nicht ich es damals, die all das hervorstieß, nicht ich, mein Schicksal war es, mein und Ihr Schicksal, dem es so gefiel ... wir beide waren damals ... ich und Sie ... wir beiden waren wie Stoffpuppen, die fremde, feindselige Worte sprachen, und das Maß unseres Verhaltens war nicht von uns bestimmt.

Der General fuhr zu seiner Truppe, verlor sich irgendwo in der Ferne und geriet allmählich in Vergessenheit. In der Mitte des dritten Jahres fand ich, von einer Fahrt nach Jelzowo zurückgekehrt, auf meinem Schreibtisch ein unscheinbares zerknittertes Kuvert, das mich der Gipfel der Eleganz dünkte. Furchtsam zögerte ich, es zu öffnen, ging von einem Zimmer ins andere, und meine kleine Apollinaria Tichonowna trippelte lautlos hinter mir her. Ich erbrach das Kuvert und bestaunte meine Hellsichtigkeit, von der sofort dem verwirrten General zu berichten ich mich nicht entblödete.

„Verehrte gnädige Frau,
sind Sie noch zu kriegerischen Dialogen geneigt, oder stellen die Gutsbesitzersorgen alles in den Schatten? Ich bin noch immer mit der überaus langweiligen allgemeinen Geschichte befaßt, heute mehr als je zuvor, denn denken Sie nur, ich habe mir in den Kopf gesetzt, über vier Namen nachzudenken: Alexander von Mazedonien, Cäsar, Hannibal und den heutigen Aufwiegler der Gemüter. Meinen Sie nicht, daß Bonaparte vorhat, weniger die bombastischen Losungen der Revolution hochzuhalten als vielmehr, sich der ganzen Welt zu bemächtigen, genauso primitiv wie seine wenig zivi-

lisierten Vorgänger? Meinen Sie nicht, daß es ihm unmöglich wird, damit aufzuhören, wenn er auf diesem Gebiet zumindest einen Erfolg errungen hat? Gewiß, die alte Welt war nicht so erlesen wie die Skulpturen, die aus ihr auf uns gekommen sind, sie war lausig und gemein und roch nach Ziegenkäse, doch in ihr liegen die Quellen vieler unserer Irrtümer, Selbsttäuschungen und Tragödien. Ich hoffe, Sie zu sehen, ehe Bonaparte seine geheimen Pläne verwirklicht. Ein Aufschub wäre unzweckmäßig – die Patience der Geschichte ist tückisch. Zwei Jahre sind eine durchaus hinlängliche Frist, um alles abzuwägen, und eine zu unbedeutende, als daß Sie mich bei einer Begegnung nicht wiedererkennen würden.

Ich verbleibe mit tiefer Hochachtung
und aufrichtigem Respekt
Alexander Swetschin."

Hatte ich nicht meinem General zugerufen, daß wenn von dort ein Signal käme – habe ich ihn etwa belogen? –, daß wenn ein Signal käme, welches freilich niemand aussenden würde, aber wenn es doch käme ...

Apollinaria Tichonowna lag mir zu Füßen – das dürre alte Weiblein mit dem dunkelhäutigen Runzelgesichtchen und den neugierigen Kinderaugen, das sich naiv stellte, das ein verrückt gewordenes Dummchen spielte, das gleichwohl weise war und über Vorahnungen und eine beneidenswerte Scharfsicht verfügte. Noch heute höre ich die wahnsinnige Prophetin rufen: „Und er? Und er? Was wird er sehen, wenn er zurückkommt? Vous avez tort, madame, de négliger l'attachement du général!* So ein Elend! Was wird er denken? Er wird uns doch verlachen! Et pourtant vous avez la

* Sie haben unrecht, die Werbung des Generals auszuschlagen (frz.)

réputation d'une femme raisonnable ... Vous avez perdu la tête!* Verrückt geworden .,. Alors il va vous outrager!** Er wird Sie von sich jagen, ohne zu fragen! Je vous assure!"***

Aber ihr Geschrei entzündete mich noch mehr. Als ich zu mir kam, saß ich schon im Wagen, und wir hatten Malojaroslawez hinter uns. „Ein Aufschub wäre unzweckmäßig – die Patience der Geschichte ist tückisch." Sollte die Festung gefallen sein? Ich hatte die Hauptkräfte noch nicht besiegt, und sie war schon gefallen? Ich hatte mich selbst noch nicht besiegt, und sie war gefallen?

Alles folgende geschah gar zu rasch und war kaum zu glauben. Barbara, kaum daß sie ihr Moskauer Haus betreten hatte, schrieb sogleich einen kurzen Brief mit einer Einladung und schickte ihn hin. Sodann machte sie Toilette, assistiert von Dunja, die noch benommen von der Reise war. Alles fiel ihr aus den Händen. Die Schwierigkeit war, daß sie unbedingt dieselben Kleider tragen mußte, in denen er sie das letzte Mal gesehen hatte, damit er sich erinnerte. Dunja machte alles falsch, alles falsch! Das Gesinde huschte mit weit aufgerissenen Augen durchs Haus, der Salon wurde mit Parfüm besprengt, um die muffigen Gerüche zu verdrängen.

Kurz darauf kehrte mein Bote zurück, gefolgt von Herrn Swetschin, als wäre nichts gewesen, als hätten wir uns gar nicht getrennt, als wäre ich nicht zwei Jahre lang mit dem Kopf gegen die Mauern seiner unerschütterlichen Zitadelle angerannt.

Wie einfach das alles ging. Obwohl Barbara schwer zu täuschen war, nahm sie diese Einfach-

* Sie haben doch den Ruf einer vernünftigen Frau ... Sie haben den Verstand verloren! (frz.)

** Er wird sie beschimpfen! (frz.)

*** Ich versichere es Ihnen! (frz.)

heit als verdiente Belohnung, als kostbaren Festtag – sie war müde. Mehr noch, er lächelte ihr von der Schwelle zu! Nichts an ihm hatte sich verändert, weder die Kleidung noch das Gesicht, allenfalls blickten die kleinen dunklen Augen ein wenig sanfter, aber das kam ihr vielleicht nur so vor, das Lächeln erlosch auch rasch wieder, wie schade.

„Man könnte denken, Sie hätten Flügel", sagte er, „wie schnell Sie die Gouvernements durcheilt haben."

Sie umklammerte die Sessellehne, bemüht, nicht zu atmen, entschlossen, ihm jetzt gleich zu sagen, daß sie ihn liebe und deshalb so schnell gekommen sei. Aber das sah er ja selbst. Ihr ganzes Leben war von nun an ... und das war unerträglich ... Sagte sie es nicht, so würde sie umfallen, das Bewußtsein verlieren.

Aber sie sagte es nicht und fiel nicht um, sie bedeutete ihm, Platz zu nehmen, und fragte:

„Was machen Cäsar, Hannibal und die anderen?"

„Wissen Sie", entgegnete er lebhaft, „ich bin sehr gefesselt." Er lachte, und das war überraschend und wohltuend. „Im übrigen ist alles viel komplizierter. Es interessiert mich."

Wenn es dich interessiert, dachte sie gehorsam wie eine Sklavin, muß es auch mich interessieren.

„Was macht Ihr Leben im Walde?" fragte er höflich.

Wie blöd, jetzt an den Kuß im März zu denken, ging es ihr durch den Kopf. Warum habe ich nicht schon früher einen Fetzen Papier benutzt? Er würde mich schon damals besucht haben, und wer weiß, wie das ausgegangen wäre.

„Warum sind Sie beunruhigt über Bonapartes Begierden?" fragte sie.

„Wenn mir der Beweis gelingt, daß sie alle die gleiche Natur haben", sagte er ruhig und leidenschaftslos, „dann werden wir in kurzer Zeit das korsische Genie bei uns erwarten können. Apropos, es quält mich, daß ich mich gar nicht an Sie erinnern kann im Märzschnee bei den Klaren Teichen."

„Wichtigkeit", sagte Barbara auflachend.

Das Auflachen geriet kläglich, sie spürte das und sah ihn nach ihrer Gewohnheit unverwandt an, ärgerlich, daß die Zeit, das Leben verrann. Wenn er wüßte, wenn er erraten könnte, wie oft sie im Traum und in Wirklichkeit die verfluchten und hinreißenden Umarmungen nacherlebt hatte, als hätte nichts Wichtigeres und Bedeutenderes geschehen können! Mein Lieber, dachte sie, während sie zustimmend nickte und sich in seine gedämpfte Intonation hineinhörte, mein Sonnenschein, du hast mich gerufen, welch ein Fest! Dann wehte Kummer sie an über einen vagen Verlust, und ihre Fingerspitzen wurden kalt, doch sogleich strömte das Blut wieder, sie strich sich mit der flachen Hand über die Wange, und die Hand hinterließ heiße Spuren. Ich möchte keineswegs zweifeln, dachte sie verwundert.

„Nehmen wir Hannibal", sagte sie, „war er verrückt?"

Swetschin hatte eingefallene Wangen, eine hohe Stirn, kurzgeschnittenes graumeliertes Haar. Nichts Besonderes, nichts Neues. Aber darin besteht wohl die Macht der Natur, dachte sie, daß sie letzten Endes zwei getrennte Leben zueinanderführt, zwei Leben, die einander bedürfen. Irgendeine nicht enträtselte Leidenschaft treibt Hannibal aus seinem gemütlichen Karthago und mich aus meinem Gubino, und wir fliegen davon, um unserer bösen oder guten Vorherbestimmung Genüge zu tun! Sie spürte, daß die lang ersehnte Minute anbrach, aber sie hatte keine Zeit, sich sorgsam vorzubereiten, doch war sie nicht in diesen zwei Jahren einsiedlerischen Waldlebens hundertmal am Tag verwelkt und verzweifelt und hatte neue Kraft und neues Feuer geschöpft, hatte sie nicht einem nichtexistierenden General unheilbare Wunden geschlagen? Aber doch nicht aus bösem Willen, da sei Gott vor.

Das Schwerste ist nun vorbei, dachte sie, nämlich das, was einen welken macht; jetzt darf ich nur nicht erschrecken, nicht mit stolzer Haltung einen Rückzieher machen. Sie warf einen Blick auf das Silberglöckchen am Tischrand. Hauptsache jetzt, keine Schwäche zeigen ... der bindende Mörtel zwischen den Ziegeln ... im übrigen, wirklich, wozu Heimlichkeiten? Soll doch alles von selbst kommen, so wie es ist.

„Interessant", sagte sie und sah ihn an, „Hannibal hat also, kaum daß er den verwaisten Thron bestiegen, nicht mehr nach seinem Willen gelebt?"

„Schauen Sie", sagte er stirnrunzelnd, und das stand ihm auch, „so muß es gewesen sein. Er war häßlich und finster" (so wie du, meine Freude, dachte sie). „Nachdem er in Italien ein Auge verloren hatte, wurde er fürchterlich. Was zwang ihn, eine Armee von Spionen zu schaffen, sich selbst mit Lumpen und einer Perücke zu verkleiden und es nicht zu verschmähen, verdächtige Freunde zu belauern? Ein Verbrecher mit den Neigungen eines Hellenen, ein Mörder mit guter Bildung. Zehn Jahre lang bestimmte er das Schicksal der Welt und flößte den Römern solches Entsetzen ein, daß er für viele Generationen zu einer Ausgeburt der Hölle wurde. Apropos, er hat ja auch den Übergang über die Alpen fertiggebracht, womit er sich allgemeine Begeisterung verdiente, daß er dabei zwei Drittel seines Heeres einbüßte, wird meistens verschwiegen. Er starb? Ja, weil die Kräfte Karthagos nicht seinen weltweiten Aufgaben entsprachen, und seine Bildung half ihm nicht, die drohende Warnung früherer Beispiele zu sehen."

„Sie meinen Alexander?“ fragte sie und betrachtete das Glöckchen. Sie glaubte, einen exakten Verhaltensplan fertig zu haben, und brauchte sich nur noch zu dem ersten Schritt durchzuringen.

„Nein“, sagte er, „ich meine seinen Vater, Philipp. Als Hellas ihn zu Hilfe rief, freute er sich über die Gelegenheit, nicht als Unterdrücker Thessaliens, sondern als sein Retter und Befreier aufzutreten. Seine Krieger wurden mit Lorbeerkränzen geschmückt, und es sollte mich nicht wundern, wenn die Historiker herausfänden, daß die Kränze mit hochtrabenden Worten über Freiheit und Gleichheit beschriftet waren. Er hatte keine Scheu vor schönen Gesten, wenn die Umstände es erforderten. Eines Tages mäßigte er seine Blutgier und entließ sämtliche Gefangenen, nachdem er sie neu eingekleidet hatte; die Körper der Toten übergab er mit allen Ehren der Erde und bot einen günstigen Frieden an. Dafür setzten ihm die Athener ein Denkmal, und alsbald metzelte er in Theben Patrioten nieder und errichtete überall seine Garnisonen. Wohin zog es ihn? Wer hatte ihm die verderbliche Leidenschaft eingegeben, andere zu unterdrücken? Und das Schlimmste, wieder waren seine Taten und seine Ermordung Gegenstand der Begeisterung und der Nachahmung statt des Grauens.“

„Ich fürchte“, sagte Barbara höflich, „unsere Zivilisation ist nur eine Maskierung alles dessen, obwohl Bonaparte keine wilde Olympias zur Frau nahm.“ Sie lachte. „Haben sie wirklich alle an derselben Krankheit gelitten?“

Als Antwort schenkte er ihr ein sanftes Lächeln, das mehr über ihn aussagte als umfängliche Erörterungen über die Quellen der Weltkatastrophen. Lächelte und schloß die Augen.

„Es muß wohl so sein“, antwortete er verwundert, „und das hat nichts mit schlechtem Charakter oder etwas Ähnlichem zu tun. Wahrscheinlich war die Stelle, auf die sie sich setzten, vergiftet."

„Ich liebe Sie", sagte sie zu laut, aber ich muß mich getäuscht haben, als ich die Festung für gefallen hielt und die überlebende Garnison mit Trommelwirbel und wehenden Fahnen aus dem Tor kommen sah, um sich meiner Gnade auszuliefern. Nein, man hatte mir nur das Tor geöffnet, und ich erhielt das belastende Recht, mich für die Retterin der Zitadelle zu halten, um sodann ehrenvoll abgeschoben zu werden. Aber steht es dafür, zwanzig Jahre später die Fäuste zu schütteln?

Zunächst war alles märchenhaft schön: die baldige Trauung auf beiderseitigen Wunsch, die schlichte Hochzeitsfeier, die Reise nach Petersburg und dann nach Gubino. Kurz vor der Trauung führte er mich seinem alten Vater vor, den eine zeitweilige Krankheit ans Bett fesselte. Ich hatte geglaubt, den alten Alexander kennenzulernen, doch ich sah einen kleinen Dickwanst mit rosa Pausbacken, zugedeckt mit einem karierten englischen Plaid, über dem das Spitzenwerk seines Nachthemds schäumte. Ich war gefaßt gewesen auf eine schwierige Begegnung, doch alles verlief leicht und einfach, und ich war noch nicht dazu gekommen, meine Verbeugung zu machen, da sagte er schon aus seinen Spitzenkragen heraus:

„Ich segne Sie, ich segne Sie und freue mich sehr. Was für große Augen Sie haben! Sehr angebracht, denn auf Alexander muß man ein Auge haben." Er lachte schallend. „Seit ich mit ihm allein geblieben bin, habe ich keine Gewalt mehr über ihn. Er kommt ganz nach seiner Mama, die war eine finstere und unabhängige Natur, ich habe oft genug Schelte bekommen. Ich bin sicher, daß ich Sie liebhaben werde, meine Teure."

„Ich auch", sagte ich, beglückt über diesen Empfang.

„Sie haben also die Absicht“, sagte er, „Moskau durch eine Blitztrauung zu schockieren und sich dann aus dem Staub zu machen? Kennen Sie denn meinen Sohn? Ich schwöre Ihnen, ich kenne ihn etwas länger als Sie.“ Wieder lachte er schallend. „Eines mag Sie trösten: Er ist ein Gentleman. Sie haben also keine Eltern mehr? Ich habe Ihren Großvater gekannt. Er war ein ungestümer Bursche. Wenn er tobte, machte er keinen Unterschied, ob er sein Gesinde oder Edelleute vor sich hatte, und wenn etwas nicht nach seiner Nase war, gab's gleich was über die Rübe, pardon, oder einen Stein um den Hals und rein in den Teich. Ja, ja, was glauben Sie denn? Ich weiß, es gab eine Gerichtsverhandlung, in Petersburg, nicht im Gouvernement. So weit ging das! Einmal, meine Liebe, habe ich Ihren Großvater besucht in Ihrem ... Gubino? Gabino. Ich kann mich an nichts mehr erinnern außer an Marfuscha, das war eine Magd Ihres Großvaters, schon an die siebzig. Sie hatte nur ein Auge. ‚Marfuscha‘, hab ich sie gefragt, als ich den Mantel ablegte, ‚wieso hast du nur ein Auge? Warst du als Kind zu übermütig?‘ Da sagt sie: ‚Lieber Herr, das Auge hat unser Herr mir eigenhändig auszustechen geruht.‘ Da ist mir das Kinn runtergeklappt, meine Liebe. Hat Ihr Vater das geerbt? Ach, er war sanft? Ach, Sie meinen, da wird immer eine Generation übersprungen?“ Er lachte wieder schallend, lief rot an, hustete, drohte mir mit dem Finger. „Solch eine sind Sie also? Nimm dich in acht, Alexander!“ Er bekreuzigte uns und nickte Entlassung. Wir zogen uns zur Tür zurück, und er zeichnete mit seiner pummeligen rosa Hand Kreuze in die Luft, bis wir draußen waren.

„Ich bin glücklich“, sagte ich, „der alte König ist gnädig!“

Heute, wenn die unfrohen Schatten der vergangenen Jahre über mein Gesicht gleiten und der gesunde Menschenverstand der Trauer weicht, fragt Lisa, immer unpassend, herausfordernd, als würfe sie einen Stein nach mir:

„Warum bist du von ihm weggegangen? Du hast ihn doch geliebt!“ Unmutig zuckt sie die Achseln. Ihr Unmut gilt meinem damaligen Schritt und meinem Versuch, mich auszuschweigen. Ich schweige wie ein Stubenmädchen, man grade, daß ich nicht mit zitternden Lippen flüstere: „Erbarmt Euch, liebe gnädige Frau.“ Das Ganze ist ein Geheimnis, und ich kann es meiner Tochter nicht erklären, wahrscheinlich niemandem. Es hat keinen Sinn, das, was zwischen uns geschehen war, zum Zeugnis aufzurufen. Das Elend bestand darin, daß jener Kuß bei den Klaren Teichen mich unheilvoll zu dünken begann, als unser Zweikampf sein Apogäum erreichte. Schmäh gehört nicht zu meinen Gewohnheiten, und mir habe ich nichts vorzuwerfen. Es war keine Laune von mir gewesen. Soll ich Alltagskleinigkeiten Bedeutung beimessen, wenn schon alles auseinanderfiel und nach einem üblen Scherz roch?

Nach unserer Reise – sie war wunderschön – fuhren wir nach Gubino, wo Swetschin seine Zeit mit Hannibal und Cäsar verbrachte und sich gelegentlich auch zu mir herabließ, während ich fleißig ländliche Arbeiten verrichtete, nachdem ich fast zu der Überzeugung gekommen war, eine größere Idylle könnte es nicht geben auf dieser schönen, nervösen, enttäuschten Welt. Der Lavendelduft wich mählich dem Geruch von frischer Milch und Minze.

Es war Juli. Durch die Mullgardinen drangen große blaue Fliegen ins Zimmer. Ich trat zu ihm ins Kabinett. Er sah mich befremdet an und kniff die Lippen zusammen wie ein beleidigtes großes Kind. Ich wollte ihn umarmen, doch er wich mir sacht aus. Das verletzte mich nicht, ich verstand es, solchen Alltagslappalien keine Bedeutung beizumessen.

„Langweilen Sie sich im Dorf?" fragte ich. „Lassen Sie uns verreisen. Es soll sein, wie Sie möchten." – „Ich höre noch immer das Geschrei des von Ihnen gezüchtigten Mädchens. Unerträglich." – „Mein Lieber", sagte ich, so sanft ich konnte, „sie wurde schon gestern gezüchtigt." – „Ja, aber ich höre es noch und kann mich nicht daran gewöhnen." Ich bemühte mich, wortkarg zu sein. „Machen Sie sich nichts daraus. Wenn schon eine solche Kleinigkeit Sie reizt, was soll dann im Ernstfall werden?" Er sah mich an, als hätte ich Verrat begangen. „Ernstfall", fragte er, „das ist wohl, wenn ein Mensch im Teich ersäuft wird mit einem Stein um den Hals? Oder taugt unser Edelmut nur für Moskauer Salons?" Ich antwortete noch zurückhaltender, noch umständlicher: „Aber Sie waren doch selber voller Unmut auf sie! Sie kennen das Dorf schlecht. Wenn nicht gezüchtigt wird, werden die Leute Sie nicht mehr lieben, sondern sich insgeheim über Sie lustig machen. Nicht ich habe mir das ausgedacht. Aber wenn es Sie so belastet, werde ich mir Mühe geben, Sie nicht mehr zu betrüben. Es soll sein, wie Sie möchten."

Du glaubst, meine Teure, das Mädchen wäre geprügelt worden? Nein, sie hatte nur den Befehl erhalten, in ihr Dorf zurückzukehren, um sich nicht mehr hier herumzutreiben im ungewaschenen Sarafan, den Finger in der Nase! Sie bohrte dauernd mit dem Zeigefinger in der Nase, als ob sie dort einen Goldschatz suchte. Ich hatte ihr ja angeboten, zwischen den üblen Angewohnheiten und der Feldarbeit zu wählen, und dein Vater hatte das Gesicht verzogen, als er den schwieligen Finger in der Nase bohren sah.

„Waf redeft du da?" Lisa verzog das Gesicht wie ihr Vater. „Waf für ein Schatz?"

Damals hatte ich zu Swetschin gesagt: „Es soll sein, wie Sie möchten. Gut, ich hole sie zurück. Möchten Sie das?" Er verzog das Gesicht und zuckte die Achseln. Von Tag zu Tag ging mehr verloren, und das soll ich dir jetzt erklären? Wird es denn deutlicher, wenn ich dir sage, daß ich die Festung nicht besiegt habe, sondern lediglich eingelassen wurde? In ihren Mauern ging das gewohnte himmlische Leben weiter, und meine irdischen Ansprüche paßten nicht dazu.

„Neben den glänzenden Cäsaren der früheren unwahrscheinlichen Zeiten", ließ ich einmal wie beiläufig fallen, „gibt es auch noch die realen heutigen Zeiten: Mißernten, Milch und Weizen, Geld und Neid, von uns abhängige Menschen und die Illusion der eigenen Unabhängigkeit." – „Aber Sie sind keine Provinzmadam Tschuprykina mit Trauerrand unter den Fingernägeln." Er lachte, als er meinen Lieblingsnamen nannte. „Sie sind nicht jemand, der einen Menschen im Teich ersäuft mit einem Stein um den Hals."

Wieder war Frieden, wenn auch nicht so glanzvoll, eher schlecht und schüchtern, doch von mir verdient. Ich möchte viele Kinder haben, mein liebwerter Herr, ich möchte sie auf meinen goldenen Fluren sitzen und liegen sehen; viele gesunde schöne Buben und Mädchen mit summendem blauem Blut in den Adern. Die Hoffnung darauf bewegt mich, und jedwedes Hindernis setzt mich in Raserei. Ich sehe und fühle, daß alle möglichen Umstände und übelwollende Personen sich dem zu widersetzen trachten, dieser, wie sie wähnen, verrückten Laune einer Kalugaer Gutsherrin, bald durch Worte, bald durch Verachtung, bald durch eine Angriffsdrohung, bald durch Vorzeichen der Meuterei. Sie entführen die mir treuen Männer auf die Schlachtfelder oder kühlen meine Geliebten ab, sie füllen mich mit Zweifeln, und selbst der

Finger in der Schmutznase eines Hofmädchens wird von ihnen als Frucht meines Unrechts betrachtet, als Anlaß, mir Ungerechtigkeit vorzuwerfen.

Stellen Sie sich vor, er lacht wieder. Vielleicht liebt er mich?

Aber als Lisa zum ich weiß nicht wievielten Male fragte: „Warum bift du von ihm weggegangen?“ – konnte ich ihr das etwa erklären? Wie denn? Etwa durch die Erwähnung läppischer Alltagsdinge, die ihren Widerspruchsgeist nur noch mehr angefacht hätten? Kannst du nicht endlich begreifen, daß ich diese Festung nicht besiegt habe? Darin gefangen zu sein war nichts für mich, darin Gast zu sein – hatte ich etwa das erstrebt? „Und du bift mit mir im Arm weggelaufen“, sagt sie erbarmungslos.

Mein Gott, wenn ich weggelaufen wäre! Ich habe doch nur den geliebten Mann der Notwendigkeit enthoben, mich zu hassen. „Man könnte denken“, sagt sie, „daf jenef Hofmädchen an allem Schuld war.“ – „Welches Hofmädchen?“ fragte ich verständnislos. – „Na, die du inf Dorf zurückgeschickt haft.“ Du lieber Gott, Lisa! Wir reden eine geschlagene Stunde über schreckliche Dinge, über Trennung, den Tod von Gefühlen, und du erwähnst schon wieder diese Bagatelle, die längst vergessen gehört!

Ich weiß nicht, ich weiß nicht, wie alles gekommen wäre, hätte General Opotschinin mehr Scharfblick und weniger Skrupel gehabt. Ich hätte mich wahrscheinlich letzten Endes mit seiner Montur und meiner unvermeidlichen Witwenschaft abgefunden und gelernt, ihn vom Schlachtfeld zurückzuerwarten, dir Brüder und Schwestern zu gebären, mich bei Begegnungen selig an seine Achselschnüre zu schmiegen, ihn in Waldeskälte zu hüllen und mich seiner verliebten Blicke zu freuen. Vielleicht, wer weiß, hätte ich's gar fertiggebracht, ihm den Gehrock aufzuschwatzen, und die folgenden Streitereien militärischer Ehrgeizlinge hätten schon ohne ihn stattgefunden, weil bis auf den heutigen Tag niemand hat beweisen können, daß das Klingen geschmiedeten Stahls und das Strömen von Blut Menschen zu beglücken und ihnen die lang ersehnte Ruhe zu schenken vermöchten.

Im Jahre zwölf erfuhr Barbara nach den erzwungenen Fahrten durch den Kalugaer Wald, Swetschin weile in Moskau. Da sie seinen Charakter kannte, nahm sie natürlich nicht an, daß er unter den Franzosen in der Hauptstadt geblieben sei, um etwa den Kreml mitsamt dem Korsen in die Luft zu sprengen, angeregt von dem ihm unbekannten Lorbeer des Generals Opotschinin. Nichtsdestoweniger war er in Moskau geblieben, unbehaust, einsam, allein mit seinen Cäsaren und vielleicht auch mit einer französischen Dame, die ihn in einem schwierigen Moment im Stich ließ, wie Gerüchte wissen wollten. Ich hatte längst keine Illusionen mehr, meine Liebe war ausgebrannt lange vor der Moskauer Feuersbrunst, aber der alte Freund (dabei lachte sie auf) bedurfte vielleicht der Anteilnahme, darum machte sich die Atamanin, noch erfüllt von Kampfeserregung, in Begleitung von Dunja, die die eingewickelte Lisa trug, eiligst über die löchrige Straße auf nach Moskau.

Die Leichen von Menschen und Pferden, die verlassenen Kanonen und unversehrten Equipagen regten sie nicht mehr auf; sie hatte schon gesehen, wie mit Lebenden abgerechnet, wie ihr kurzfristiges Dasein auf dieser Welt blitzartig abgebrochen wurde, so daß ihr nicht zu grauen brauchte vor den kläglichen, halb mit Schnee verwehten sterblichen Hüllen. Gleichwohl war sie auch diesmal vergiftet und gelangte halb betäubt in das verbrannte Moskau.

Das frühere funkelnde Treiben, so gewohnt für die Blicke Zureisender, gab's nicht mehr. Ringsum war fast ein Friedhof, auf dem vereinzelte Gestalten nach ihrer Vergangenheit fahndeten.

Barbaras Haus war vom Feuer in Mitleidenschaft gezogen, war ausgeplündert, doch unzerstört. Verschont geblieben war der steinerne Seitenflügel im Hof, in dem das Moskauer Gesinde wohnte. Die Leute freuten sich über die Ankunft der Reisenden und schämten sich ihrer Tränen nicht. Das große Zimmer, in dem sonst Gäste von weither abgestiegen waren, erwies sich als durchaus bewohnbar. Barbara vertraute Lisa einer Dienerin an und eilte mit Dunja zu den Klaren Teichen, ohne etwas von ihrer Umgebung wahrzunehmen.

Das wohlbekannte Haus, in dem sie sich nichtsahnend auf die Hochzeitsreise vorbereitet hatte, war heil geblieben, nur waren die Fensterscheiben zerschlagen, und Haufen von Ziegelschutt versperrten den Eingang. Sie kämpfte sich durch, gefolgt von der verschreckten Dunja, bemüht, den zerschlagenen Wohlstand zu übersehen, und stieg über die verdreckte Treppe hinauf zum ersten Stock. Je näher sie ihrem Ziel kam, desto deutlicher wurde, daß das Haus unbewohnt war. Wie mag die französische Dame ausgesehen haben, überlegte sie, deren Zuneigung er nicht als belastend empfunden hat? Die Phantasie malte ihr eine junge Brünette mit gierigen dicken Lippen, aus irgendwelchen Gründen in einem hellen Musselinkleid mit Tüpfelchen, redselig, mit verschleiertem Blick und höflichem Lächeln. Leidenschaftlicher Körper und kaltes Herz, hatte jemand gesagt.

Sie betrat den gänzlich leeren Salon, in dem nur Bündel faules Stroh herumlagen, und öffnete mit stockendem Atem die Tür seines ehemaligen Schlafzimmers. Eine dicke Staubschicht bedeckte die wenigen Gegenstände in diesem Raum. Spuren von Leben gab es nicht. Im Tintenfaß versteinerte Tinte, ein kahles Bett (oh, nicht ihrs, nicht ihrs!), leere Bücherschränke, auf dem Fußboden zerknülltes Papier, der runde Tisch ohne Tischdecke, die wohlbekannte Porzellankaffeekanne mit abgeschlagener Tülle – alte stumme Freundin aus glücklichen Zeiten, mit der man nicht über die Vergangenheit zu reden brauchte. Tod und Verwüstung ... Barbara hätte einen der überlebenden Krieger fragen mögen, ob er sich die glückliche endgültige Welt so vorgestellt habe, als er mit der Pistole in der Hand die Straße des Krieges entlangtrampelte, träumend von Sieg und Ruhm. Aber wen hätte sie fragen können?

Sie ging ins andere Zimmer, obwohl sie die Sinnlosigkeit ihres Besuchs in diesem Hause einsah. Das gleiche Bild – Tod und Verwüstung. Fiel es ihr leicht? In dieser Gruft, wo sie einstmals ...?

Plötzlich hörte sie Dunjas leichtes „Oi" aus dem ehemaligen Salon, und als sie zu ihrer stupsnäsigen Begleiterin eilte, fand sie sie starr vor einem einsamen Bildnis stehen, das, von Staub und Vergessen bedeckt, an der kahlen Wand hing. Die junge Dame mit den riesengroßen blauen Augen starrte Barbara mit einer Selbstsicherheit an, die für bessere Zeiten getaugt hätte.

Sie erinnerte sich an den glattrasierten launischen Maler, den Swetschin zu ihr gebeten hatte. Sie hatte gefragt: „Wozu möchten Sie das?" – „Zur Erinnerung", hatte Swetschin lächelnd geantwortet. Sie nahm im Sessel vor dem Maler Platz, nicht ahnend, wie selbstsicher ihre Pose war, gewiß in der Vorstellung, das Leben werde von nun an unveränderlich so weitergehen, wie sie es sich gewünscht hatte.

Diese Selbstsicherheit dünkte Barbara jetzt so unangebracht und beleidigend, daß sie Lust hatte, das vollkommene Werk von der Wand zu reißen, das, wie sie glaubte, hier zurückgelassen worden war, um ihrer einstigen Phantastereien zu spotten.

Heute denke ich anders, und die Erinnerung an meine kurze und unwiederbringliche Jugend erbittert mich nicht, sondern weckt im Gegenteil einen Zustrom trauriger Rührung. „Soll ich's abnehmen?“ flüsterte Dunja. Aber Barbara, gleichsam auf sich selbst verzichtend, wandte sich schroff ab, und sie verließen diese Gruft.

Die harmlose kleine Französin Bigarre, von der Timoscha nach seiner Rückkehr aus dem Krieg so viel erzählte, scheint die Dame in dem getüpfelten Musselinkleid gewesen zu sein, die ich mir vorgestellt hatte, in französischer Glut und Flinkheit an meinen einstigen Abgott geklammert.

„Sie war eine wunderbare Frau, jung, gutmütig und arglos“, sagte Timoscha mit seiner üblichen Schwärmerei, „solche sind imstande, selbst aus freundschaftlichen Erwägungen auf die Barrikade zu gehen.“

Apropos, bevor Barbara das Haus für immer verließ, kehrte sie noch einmal ins Schlafzimmer zurück und hob vom Fußboden ein paar zerknüllte und vergilbte Blätter auf. Es verging viel Zeit, bis sie sie entfaltete. Das eine enthielt ein paar nichtssagende Zahlenreihen, ein anderes eine Einladung, an einem der duftenden Vorkriegsdonnerstage die Wjasemskis zu besuchen; die beiden übrigen Blätter waren Briefe. Der erste, bruchstückhaft, aus dem Dorf, Adressat und Empfänger unbekannt.

„... vor drei Tagen erfahren, daß mein Dorf abgebrannt ist, es heißt, auch mein Moskauer Haus, aber das letztere glaube ich nicht. Alles geplündert, die Mushiks bis aufs äußerste verarmt. Der Verwalter ist abgereist und hat im Vorratslager etwas versteckt, was die Unholde nicht entdeckt haben, aber was, wissen die übriggebliebenen Leute nicht. Ich weiß von etwas ungemahlenem Roggen, der reicht mir für einen Monat; vielleicht findet sich noch was, aber mein Vieh und das Bauerngetreide und die Kleider, alles futsch.

Stellen Sie sich vor, ich habe mehr als 300 Männer und Frauen, wie soll ich die ein Jahr lang ernähren, wovon soll ich leben und wo? Wahrlich, ich leide!"

Der zweite Brief, in französischer Sprache, ließ mich erzittern.

„Hochverehrter Herr Swetschin!

Die Menge hat mich verprügelt. Wahrscheinlich ist das gerecht, und ich verlasse Rußland für immer. Jetzt, in diesem Moment. Ich wollte Sie ein letztes Mal treffen, aber plötzlich begriff ich, daß die Frau mit den großen blauen Augen keine Malerphantasie ist und daß in Ihrem bitteren Herzen kein Plätzchen für mich sein kann.

Leben Sie wohl, leben Sie wohl ...

L. Bigarre."

Das war alles, was mir nach unserm glänzenden Sieg verblieb. Der Aufenthalt in Moskau war sinnlos und gefährlich geworden, überdies schien Apollinaria Tichonowna recht gehabt zu haben, als sie behauptete, man dürfe nicht auf den alten Spuren zurückkehren, man bekäme dann Nackenschläge. Gleichwohl, was bedeutete dieser wortkarge Brief der geflüchteten Französin? Sollten im Herzen des Moskauer Einsiedlers Reste der einstigen Zuneigung zu mir leben? Immerhin hatte er seine Behausung mit dem Abbild meines selbstsicheren Gesichts im vergoldeten Rahmen geschmückt. Es dürfte kaum Spott über die Vergangenheit sein, was da an der Wand prangte.

Wie dem auch sei, das Haus war leer, das Porträt der Zerstörung anheimgegeben, und meine Wohltäterambitionen erwiesen sich als sinnlos.

In diesem Moment wurde mir gemeldet, Herr Swetschin wünsche mich zu sehen.

Ich dachte mir, ich würde ein Wesen in abgetragener Redingote zu sehen bekommen, mit schwerem Stock, grauen Zotteln, die unterm Hut hervorhingen, ein Wesen, wie es mir Timoscha später in einem Brief von seinem Regiment plastisch schilderte, ein Wesen, das keinerlei Ähnlichkeit mehr hatte mit dem würdevollen Herrn von den Klaren Teichen, an den ich einstmals mit glücklichem Erschauern gedacht hatte. Dieser Herr im makellosen Frack dünkte mich gleichfalls fremd und bedeutend älter als seine vierzig Jahre. Um seinen Mund spielte ein Lächeln, stellen Sie sich vor, doch es galt offenbar nicht mir, sondern dem Raum, der Unerforschlichkeit der Umstände, dem Spiel des Zufalls.

„Ich habe erfahren, daß Sie mich suchen“, sagte er mit fremder Stimme. „Ich bin grade aus Petersburg zurück und habe es erfahren. Sind Sie vielleicht mit Lisa hier?“

Ja, ich bin mit Lisa hier, liebwerter Herr, damit sie sich mit Ihnen treffen kann. Wahrscheinlich bin ich schuld, daß das Mädchen so viele Jahre … Aber da ist sie, und wenn es schon unmöglich ist, meine Schuld zu streichen, können Sie ihr wenigstens über den Kopf streichen. Na, wie werden Sie das tun? Lisa trat zu ihm ohne Scheu, und dann schwebte ihr kindlich verwundertes „Papa, Papa“ bis zur Dämmerung im Zimmer. Er schenkte ihr ein Medaillon mit einem Bild der Kaiserin, dieser unglücklichen jungen Frau, die als glücklich galt, und das Mädchen hängte es sich sogleich um den Hals.

„Sie sind gekommen, um mich zu retten, wie es Ihre Gewohnheit ist?“ fragte er.

„Wer der Rettung bedarf", sagte ich, „hat stets einen scharfen Blick für fremde Nöte."

Er dankte mir höflich und amüsierte mich mit seinen neuen Erfolgen in Petersburg, wo er jetzt im Ausländischen Kollegium tätig war; nach Moskau war er zurückgekehrt, um irgendwelche Angelegenheiten zu erledigen.

Ich wollte ihn ironisch fragen, warum er mein Bild an der Wand vergessen habe, aber die Ironie war mir vergangen bei der zurückhaltenden Kälte, die sich zwischen uns ausbreitete. Alles war schicklich, kühl, wie in Moskau nicht üblich, und belastend. Tee lehnte er ab, doch er hatte es nicht eilig zu gehen.

„Wir beide sind schuldig vor ihr", sagte er, seinen Gedanken weiterspinnend, „doch voreinander überhaupt nicht."

Ich sah ihn an und dachte, daß er die abgetragene Redingote der Kriegszeit nur widerstrebend ausrangiert hatte und daß dieser schicke Frack und andere Kleinigkeiten, die ihn schmückten, die Früchte von jemandes geheimnisvollen Bemühungen sein mochten.

„Ist es Ihnen gelungen, festzustellen", fragte ich heftig, „welchen Einfluß die Tyranneien des Altertums auf die heutige Katastrophe haben?"

Er lachte auf und antwortete, meinen Blick meidend:

„Es ist mir gelungen, festzustellen, daß wir und das Volk ein Ganzes sind und der Honig, mit dem wir einstmals aufgezogen wurden, sich bis heute wohltätig auswirkt."

„Und damit erklärt sich also", rief ich ohne die frühere Erbitterung, „der Wunsch meiner Leute, mich bei lebendigem Leibe zu verbrennen?"

„Eher mit der Neigung in Ihrer Familie, Menschen im Teich zu ersäufen mit einem Stein um den Hals", sagte er hart.

Dies erinnerte mich an die großartigen Zeiten unserer Zweikämpfe, aber der heutige Zweikampf war feindseliger im Ton, und nur Lisas „Papa, Papa", das sich von Zeit zu Zeit im Zimmer wiederholte, verhütete wohl ein Unglück.

Lisa und ich brachten ihn zur Tür. Die Equipage, die auf ihn wartete, paßte mit ihrer Petersburger Eleganz nicht zu der Märtyrerstadt Moskau.

Ich hatte ihm nicht alles gesagt, was mir auf der Seele lag, und klammerte mich statt dessen an unwesentliche Kleinigkeiten.

„Sie waren ein so leidenschaftlicher Verfechter der Freiheit", sagte ich verärgert, „und heute gewinnen Sie der Tyrannei freundliche Seiten ab."

„Barbara", sagte er, „reden Sie nicht so geschwollene Dummheiten auf den Ruinen. Welche Tyrannei? Die Macht, die uns trennt, wird schließlich untergehen. Haben Sie sich dessen nicht vergewissert? Die Macht aber, die uns eint, verdient es, gepriesen zu werden. Gleichheit – das ist ja nicht Gleichheit der Ansprüche, liebe gnädige Frau. Geben wir Gott, was Gottes, und dem Kaiser, was des Kaisers ist. Darum kommen wir nicht herum. Die Sklaven müssen befreit werden, aber dazu ist es nicht erforderlich, die Könige zu guillotinieren."

Ich wollte nach meiner Gewohnheit widersprechen, doch die Petersburger Equipage rollte bereits über die Moskauer Trümmer, über unsere naive Vergangenheit, über Lisas glückliches „Papa, Papa".

7

Steht es dafür, Kinder in die Welt zu setzen, wenn die Söhne schon in Tschako und Elchlederhose, die Töchter aber mit Witwengesichtern geboren werden?

Bis heute kann ich nicht begreifen, wieso meine

gepriesene Scharfsicht derart versagte, als ich Lisa bei der warmen Hand nahm und zu Timoscha führte. Ein paar Jahre zuvor hatten er und ich über alle möglichen Alltagsprobleme geplaudert, als ihn schon ein dauerhafter unbarmherziger Faden mit Lisa verband. Damals hätte ich wohl noch Einfluß nehmen, verhindern, einwirken, das Gewitter abwenden können … ach, schon wieder Worte, Worte, Worte … Das Gewitter blieb verborgen, und ich ließ mich täuschen. Wir sprachen, wie das so geht, über künftiges Wohlergehen, nicht über mögliches Unglück. Dummheiten, Ungereimtheiten flogen uns vom Munde … irgendwelche Schwüre, durch die wir vorgeblich gebunden wären. Mit einem Wort, Phrasen, statt Ziegeln für die Mauern des künftigen Hauses bestimmt. Timoscha sprach mit seiner üblichen Inspiration und Leidenschaft von einer Weinbrennerei am Ufer der Protwa und meinte, er werde sogleich alles regeln, und schon übers Jahr werde man „richtig atmen können".

„Timoscha, stört es dich nicht, daß Lisa das scharfe S nicht aussprechen kann?" fragte ich dumm lächelnd.

„Sie geht zum Fluff, steigt inf Boot, rudert lof und fällt inf Waffer", sagte er lachend.

Alles war rührend und paradiesisch schön. Und ich schlief süß. Vielleicht lag das an der Müdigkeit der vorangegangenen Jahre, vielleicht aber auch daran, daß wir uns die Möglichkeit eines unvermeidlichen Gewitters nicht eingestehen mochten, um leben zu können, wenn es uns beschieden war, und nicht den Verstand zu verlieren?

„Mein Leben ist jetzt sehr ausgefüllt", sagte er, „erstens begreife ich, daß es ohne Arbeit nicht besser wird, und zweitens warte ich, hoffe, sehne mich, schwärme … Was will man mehr?" Er errötete, und seine Augen schimmerten traurig.

Aber seine Worte erweichten Barbara, sie wurde gutmütiger und dachte, wie wir alle, daß wenn wir auch besser waren als unsere Kinder, sie glücklicher sein würden. Sonniges Wetter birgt stets ein Gewitter in sich, das darf man nicht vergessen. Sie aber hatte es vergessen. Von Zeit zu Zeit wurde sie an die Wandelbarkeit des Lebens erinnert durch die Gestalt des Generals Opotschinin, die sich in der Ferne vor den Fenstern, hinter Baumstämmen, am Horizont, auf der menschenleeren Dorfstraße zeigte, mit dem Lindenholzbein hinkte, sie in Ohnmacht fallen ließ, ihr Übelkeit verursachte, bis sie einen gellenden Hilferuf ausstieß. Aber das geschah nicht oft, im wesentlichen fügte sich alles günstig. Und da hüllte eine Geruhsamkeit anderer Art sie ein.

Im Jahre sechzehn, vielleicht auch achtzehn fuhr Timoscha eines Tages in die Ukraine, um einen „hervorragenden Mann" kennenzulernen, und verweilte dort eine Woche. Da Barbara für ihn eine Krankenschwester und eine Vertraute war, fuhr er nach seiner Rückkehr sogleich bei ihr vor. Er war verwirrt und bedrückt, schwieg lange und blickte zur Seite.

„Die machen eine Verschwörung", sagte er heiser. „Sie sind militärische Verschwörer. Tod und Verwüstung ..."

Barbara erinnerte sich sogleich an alles, was sie flüchtig von diesem „hervorragenden Mann" gehört hatte, dem Obristen mit dem kalten und unvermeidlichen deutschen Namen, über den sich Timoschas Glaubensgenossen die Köpfe heiß redeten.

„Und wenn sie Pugatschow aufwecken?" fragte sie lachend.

„Wieso denn Pugatschow?" fragte er verwundert. „Sie machen alles selbst. Ich fürchte, die Zeit der Tischreden ist vorbei. Es ist eine militärische Verschwörung, und sie können nicht mehr innehalten – die Pferde laufen schon. Und ich, denken Sie nur, ich habe von einer Weinbrennerei geträumt, ich gedachte Lipenki umzugestalten, ich wollte die Mushiks und ihre Weiber zwingen, in sauberen Betten zu schlafen statt auf dem Ofen. Ich habe übrigens meinen Verschwörern davon erzählt, doch sie haben mich bedauert und das für Schwachsinn erachtet. Dort herrschte also Begeisterung, solche Beseeltheit, daß man wegen der eigenen Nichtigkeit mit dem Kopf gegen die Wand hätte rennen mögen. Auch mein Großonkel, dachte ich, würde dort Feuer gefangen haben, um mit allen zusammen in den schwarzen Augusthimmel zu fliegen." Seine Lippen bebten. „Sie haben ihre Absichten durchgesprochen und darauf die Gläser erhoben, ihre Burschen konnten gar nicht schnell genug nachschenken und mußten sich Vorwürfe anhören wegen ihrer Trödelei, und ich dachte: Es läßt sich leicht den Wohltäter des Vaterlandes spielen, wenn man den eigenen Mushik antreibt."

Er litt, und Barbara wollte, erleichtert aufatmend, ihm eben Trost spenden, da lachte er auf einmal und sagte:

„Ich sag zu Kusma: ‚Hör zu, Kusma, stell dir vor, das Leben ändert sich, und jeder wird für sich sein – du und ich, wir und ihr, das Paradies auf Erden.' Da hat er listig die Augen eingekniffen und gefragt: ‚Aber Väterchen, wer wird dann pflügen und dienen? Wer soll das tun?' Ich sag: ‚Wieso denn? Dein Vater ist noch mit Pugatschow gezogen, hat gesengt und gemordet.' – ‚Und das soll das Paradies sein – sengen und morden?' sagt er. ‚Das Paradies ist, wenn die Engel singen, Väterchen.' Ich habe nichts begriffen, aber ihm Wodka gegeben, und der listige Philosoph entfernte sich mit roter Nase."

Er lächelte. Nur seine Lippen zuckten leicht. Mehr als alles fürchtete Barbara, die Opotschininschen Leidenschaften und Pflichtgefühle könnten ihn zu unsinnigem Tun hinreißen. Sie blickte ihm in die Augen, darin war Versöhnlichkeit.

„Und Prjachin?“ fragte Barbara.

„Prjachin?“ sagte er lässig. „Er hat Wodka getrunken, vom Fürsten Bagration gesungen und gesagt: ‚Meine Herren, ist es nicht an der Zeit, mit Rußland Mitleid zu haben? Es ist ja noch nicht trocken vom Blut.‘ Wischte sich den Schnauz und fuhr ab.“

„Und du?“ fragte Barbara.

„Ich?“ fragte Timoscha verwundert. „Ich habe sie alle lieb, ich bete sie an wie Brüder. Ich? Ich habe mit ihnen getrunken. Was soll mit mir sein? Ich habe beigepflichtet. Beigepflichtet und gezittert. Und Aklitschejew hat mir zugenickt aus der Ecke und gesagt: ‚Ich verstehe dich, Timoscha Ignatjew, ich verstehe dich, Freund.‘ Dabei hat er immerzu genickt, als ob er sagen wollte: ‚Leb wohl, leb wohl, behalt mich in guter Erinnerung!‘ Ich wollte über meinen Schatten springen, aber Sernow sagte: ‚Du hast natürlich auf deine Art recht. Ich liebe dich, Ignatjew, Gott ist mein Zeuge. In ein paar Jahren wirst du alles begreifen, wenn wir uns bei dir in Lipenki treffen und zu Arina anstoßen gehen. Das wird eine Parade!‘“

Eine schöne Parade, all das Entsetzliche, was dann geschah, nachdem alle Bäche zusammengeflossen, die Geheimnisse ruchbar geworden waren und es keine Umkehr mehr gab.

Damals aber, nach Timoschas Worten, blickte ich zum Fenster hinaus und sah davor die gewaltigen Räume, um die sie sich sorgten und mühten bis zur Erschöpfung, bereit zum Risiko. Aber daran dachte Barbara nicht, sondern an sich und an Lisa und an die beiden Pistolen, die gespannt im Nußholzkasten lagen. Die Räume waren dort draußen, sie aber war hier und dachte: Mit mir sollt ihr Mitleid haben, mit mir! Allein, Timoschas Worte und seine Entschlossenheit beruhigten sie doch ein wenig, und sie atmete erleichtert auf.

Ja, und nachdem sie erleichtert aufgeatmet hatte, begleitete sie Timoscha zur Tür, winkte ihm vom Entresol nach, sah seinen makellosen Rücken hinter den Bäumen verschwinden und beobachtete noch lange, wie er zwischen den Stämmen ab und zu auftauchte, dann in der frühen Dämmerung, in den rosa Nebelschwaden sich auflöste, und plötzlich dachte sie: Tauchte der General wieder aus dem Nichts, aus bitteren Erinnerungen, aus dem Nebel auf und lenkte er seine Schritte mit schmerzverzerrtem Gesicht auf ihr Haus zu, so würde sie diesmal nicht ohnmächtig hinknallen angesichts der geheimnisvollen Naturzeichen, sondern mit geduldiger Hoffnung warten.

Da trat er wirklich hinter den Bäumen hervor, mit seinem Holzbein hinkend. Er trug einen langen weißen Gehrock ohne Epauletten, der bloße graue Kopf war ganz ungeneralsmäßig geneigt, das runde Gesicht zeigte weder Schmerz noch Erbitterung.

„Dunja!" schrie ich.

So war das jedesmal, und nach dem verworrenen Gespräch mit dem Mädchen, das nicht minder erschrocken war als ich, weiß ich noch immer nicht recht: Bin ich krank oder ist das ein Zeichen?

„Warum zitterst du so? Er wollte doch nicht zu dir, sondern zu mir."

„Aber was hat er rumzulaufen?" schniefte sie. „Er sollte liegen." Sie gab mir Riechsalz und sah mich an, als hätte ich mit einem Gespenst Umgang gepflogen und wäre insgeheim mit ihm durch eine Absprache verbunden, und sie hätte nicht mehr die Kraft, unsere Ränke zu durchschauen, aber das war alles Verstellung.

„Bist ja doch ein Dummchen", sagte ich, „geh, geh weg."

Ist es leicht, sich an all das jetzt zu erinnern, wo man schon fast fünfzig ist und aus dem Spiegel eine grauenhafte Greisinnenmaske einen anblickt, lebendig noch, um anständiges Aussehen bemüht, mit großen leeren Augen, in denen vielleicht ein winziger Rest Leuchten geblieben ist, um Lisa aufzumuntern? Ich trage keine Schuld vor ihr. Alles geschah nach Gottes Willen. Als im vergangenen Dezember die Nachricht von dem entsetzlichen Vorfall in Petersburg hierhergelangte, dachte ich im ersten Moment, das Allerschlimmste stünde uns bevor, aber diese Mutmaßung erlosch sogleich, denn all das konnte doch keinerlei Beziehung zu uns haben, nicht wahr, Timoscha? Diese lange zurückliegenden Zusammenkünfte und Streitereien und blutrünstigen Perspektiven, all das war doch verworfen worden, nicht wahr? Denn was sie sich dort ausgemalt hatten, deine einstigen Gefährten, das war für uns ein Geheimnis. Du hattest mit der Weinbrennerei zu tun und blicktest teilnahmsvoll auf deine Leibeigenen, und zwischen dir und Lisa fügte sich alles so glücklich. Wer will jetzt noch nach den damaligen Jünglingsphantasien, nach der kurzzeitigen Aufwallung fragen, wenn du in der Kalugaer Einsamkeit lebst und sie dich längst vergessen hatten, als sie mit ihren Pistolen zu dem aussichtslosen Fest zusammenkamen? Sie selber hatten gewählt, was nach ihrem Herzen war, aber du hattest es nicht gewollt. Alles Dummheiten, tragische Dummheiten, Übereifer und Selbstüberhebung.

Tatsächlich gingen der Dezember und der März und der April vorüber, doch da fiel, wie immer plötzlich, Obrist Prjachin vom Himmel.

Noch vier Jahre zuvor wäre niemand auf den Gedanken gekommen, daß alles so umkippen und lastende Ungewißheit über uns schweben würde.

Wir saßen beim abendlichen Tee. Erst vor kurzem hatte der gespannte Faden zwischen Timoscha und Lisa zu surren begonnen wie ein Bogenstrang, der den Pfeil abschießt. Die wenigen Mücken im Juli setzten uns kaum zu, und ich fühlte mich nicht als alte Frau. Um meine Schultern lag ein rosa Schal. Lisa saß mir gegenüber, fast erwachsen, meine erwachsene Tochter, mein Zufallskind, das mir alle seine nicht zustande gekommenen Geschwister ersetzte.

Ich erinnere diesen Abend offenbar deshalb, weil ich damals wohl zum ersten Mal mit vollem Bewußtsein mein siebzehnjähriges Fräulein in Augenschein nahm. Sie hatte nichts von mir, stellen Sie sich vor, und das verblüffte mich. Dafür hatte sie viel zuviel von ihrem Vater Swetschin: die kleinen scharfen Augen, die gewölbte Stirn, das seltene bezaubernde Lächeln, die rührende Lässigkeit der Gesten, den nicht beleidigenden Hochmut der Pose. Nein, schön war mein Kind nicht, mein spitzzüngiges Kind. Neben Lisa stellte ich mir Timoscha vor.

„Was ist, fühlst du wirklich, daß du … glaubst du, daß du sie … na ja, du willst sagen … Du bist sogar sicher?" sagte ich stotternd. – „In der Tat", antwortete er ganz schlicht. „Dieses Fräulein, wie Sie sie zu nennen geruhen, liebe ich, und ich glaube, sie liebt mich auch. Sind Sie darüber betrübt?"

Und der Pfeil schwirrte ab.

Wir tranken also Tee und schwiegen, und mir war bewußt, daß meine Tochter jetzt an ihren Geliebten dachte. Im übrigen hatte ich das längst kommen sehen und insgeheim gebetet, in Timoscha möchten die überflüssigen Opotschininschen Leidenschaften möglichst rasch ausbrennen, denn sie taugten nicht für den häuslichen Alltag.

Wir tranken Tee auf der offenen Veranda des Gubinoer Hauses. Die Kerzenflammen regten sich nicht. Der Park versank in der Finsternis. Die Vögel schwiegen. Dunja brachte heiße Milch, und die Dielenbretter knarrten unter ihren bloßen Füßen. In dieser Ruhe mochte man nicht glauben, daß das weiße Haus mit den offenen Fenstern, von abendlichen Schatten zugedeckt, noch vor gar nicht langer Zeit, knapp zehn Jahren, Opfer der prasselnden Flammen geworden war und ich, noch nicht alt, die Krone auf dem Kopf, in jeder Hand eine Pistole, von der Vortreppe auf die stumme Menge losging. Ja, Barbara, das war schon eine!

Hatte ich nicht seit damals Nachsicht, Barmherzigkeit, Großmut ganz neu in mir entwickeln müssen? Bis auf den heutigen Tag sind alle diese Eigenschaften nicht mehr, was sie mal waren. Blaß, schwindsüchtig, vermischt mit Argwohn und Unruhe. Auch das Haus ist nicht das alte, es ist geduckter und enger, ohne die Gerüche der Kindheit, ohne Vergangenheit, tauglich für Lisa, für mich aber fremd. Es hat seinen Schwung aus der Zeit Katharinas und seine friedliche Selbstgenügsamkeit vertauscht gegen traurige Erinnerungen und Unglauben an den morgigen Tag. Auch die Bücher, die in den polierten und scheinbar soliden neuen Schränken stehen, sind nicht dieselben. Damals waren es Voltaire und Montesquieu, die Offenbarungen der Cäsaren, die blutigen Züge der Hannibals und die Schwülstigkeiten Dershawins, die einem den Atem benahmen: Bücher, eines zum andern ausgewählt, darin wetteifernd Größe und Widerspenstigkeit, stolze Unbeugsamkeit und Durst nach Veränderungen. Heute sind es vor allem Werthersche Tränen und die Studien des Herrn Karamsin über unsere grausamen Streitigkeiten im Altertum, die kennenzulernen nicht nur für junge Herren verderblich ist, sowie eine Menge

Anleitungen, wie man eine Wirtschaft vor dem Untergang bewahren und auf wessen Kosten man den mageren Geldbeutel schwerer machen könne.

Die Kerzenflammen regten sich nicht. Der Park versank in der Finsternis. Die Vögel schwiegen.

„Unser lieber Nachbar verspätet sich“, sagte Lisa. „Zwar habe ich ihn nicht eingeladen, aber er selbft hat gebeten, heute kommen zu dürfen. Er wird sichf doch nicht anderf überlegt haben?“

„Er wird dir bald seinen Antrag machen“, sagte ich, so beiläufig ich konnte, „ich sehe, alles deutet darauf hin.“

Sie holte tief Luft. „Ich bin im Gouvernement Kaluga geboren“, sagte sie traurig, „meinen Vater habe ich nicht gekannt.“

„Arme Waise“, stimmte ich zu.

„Ich bin in der Natur aufgewachfen und habe auf ihre Güte gehofft. Schon alf Kind lernte ich den jungen Mann kennen, der Bonaparte besiegte, ungestüm und edelmütig. Ich sah ihm in die Augen und wufte sogleich, daf er mir vorbestimmt ift.“

„Damit geht es irgendwie sehr leicht und einfach“, sagte ich wie zu mir selbst, „keine Stürme, keine Aufregungen.“

„Aber ich hatte ef nicht eilig, ich war geduldig“, diktierte sie, „endlich war die Zeit reif, und allef fügte sich.“

„Wer ist der Glückliche?“ fragte ich und zog den Schal enger.

„Ach, fragen Sie nicht, gnädige Frau“, fuhr sie fort, ohne den traurigen Blick abzuwenden. „Sie sind noch zu jung und verführerisch, alf daf ich rifkieren könnte, Sie mit ihm bekannt zu machen. Am Ende locken Sie ihn von mir weg. Tut Ihnen die Waise nicht leid?“

„Und wenn ich ihn kenne, und er ist ein Ungeheuer, und Ihnen droht vielerlei Unglück? Sagen Sie wenigstens seinen Namen.“

„Er heift Timofej." Lisa sah mich bohrend an.

„Nein, kenne ich nicht", entgegnete ich gleichmütig und dachte befriedigt, daß wenigstens ihre Art, den Gesprächspartner durchdringend anzusehen, von mir kam ... wenigstens das ... wenigstens etwas.

„Na sehen Sie", sagte sie vorwurfsvoll, „dann kennen Sie natürlich auch nicht seinen Freund, den ich mit ihm erwarte. Sie kennen ihn nicht? Ef ift ein Herr Aklitschejew, ein sympathischer Lacher und Stutzer, der auf alle möglichen gesellschaftlichen und politischen Umgestaltungen erpicht ift."

„Was bedeutet das?" fragte ich, und mir verging das Scherzen.

„Nun, ein wenig muffigef Blut vergiefen zum Beispiel. Oder dafür zu sorgen, daf Ihnen nicht plötzlich nach Ihrer Gewohnheit der Wunsch kommt, einem Ihrer leibeigenen Mädchen einen Stein um den Half zu binden ..."

„Lisa!" schrie ich.

Dunja lehnte sich bis zum Gürtel aus dem Fenster. In der Dunkelheit schnarchte ein Pferd, und ich hörte Stimmen.

Lisa stieß den Löffel klirrend in die Teetasse.

„Verzeih, maman! Verzeih mir, verzeih."

Was gab's zu verzeihen? Jedesmal, wenn man seine alten Wunden aufzählt, überzeugt man sich von der Nichtigkeit der letzten, frischesten Wunde, natürlich nur, wenn sie nicht tödlich ist. Als unsere Gäste erschienen, blieb Lisa mit kampfbereiter Miene sitzen und dachte nicht daran, die Maske zu wechseln. Ich mußte doppelt strahlend lächeln, Platz anbieten, aufzutragen rufen, selber bringen, dem Lakai befehlen, für Aklitschejew den Stuhl gegen einen geräumigen Sessel zu vertauschen, in den er sich schnaufend plumpsen ließ, nachdem er uns die Hand geküßt hatte.

„Sie haben recht", sagte er und wischte sich den

Schweiß ab, „die jeweils letzte Wunde ist nichtig. Man gewöhnt sich ja allmählich, und schon erscheint alles als Lappalie. Wir haben soeben unsere langen Nasen in Timoschas Weinbrennerei gesteckt. Ich kann Ihnen melden … Wenn ich nicht zu faul wäre, würde ich auch gleich meine Angelegenheiten in die Hand nehmen, weiß Gott." Er lachte dauernd und schien wirklich vorzuhaben, das zu tun, vielleicht hatte er's auch vor, wer weiß?

„Warum sind Sie so faul?" fragte Lisa.

„Warum? Ich bin es eben, meine Gnädigste. Es ist meine göttliche Natur, weiter nichts. Natürlich auch meine Frau. Sie urteilt selbst, sie verfügt selbst, sie schiebt mich beiseite …"

„Warum denn?" fragte ich verwundert.

„Na weil ich ein Faulpelz bin." Er lachte zufrieden. „Jetzt muß ich zum Beispiel Hals über Kopf in die Ukraine, dort gibt's eine grandiose Wolfsjagd." Er blickte flüchtig zu Timoscha. „Aber ich kann mich nicht losreißen vom Tee mit Sahne. Ich hadere mit mir, ich verachte mich, aber ich schlürfe."

„Das verstehe ich nicht", sagte ich, „wozu brauchen Sie eine Weinbrennerei, wenn Sie, wie ich vermute, die Absicht haben, alles umzukrempeln, alle gleichzumachen, Ihren eleganten Putz gegen die derbe Bluse des Arbeiters zu vertauschen? Das verstehe ich nicht." – „Aber ich", lachte er. „Wer weiß, wann das kommt, wenn es überhaupt kommt. Einstweilen genieße ich hier … und einstweilen schuften meine zweitausend Seelen noch für mich." Er hörte auf zu lachen. „Aber warum reden wir eigentlich über so finstere Dinge?"

„Wirklich", sagte Timoscha, „so sieht also ein hauptstädtischer Faulpelz und Geldsack aus. Er hat einen herrlichen türkischen Hausmantel, und seine Tabakspfeifen sind nicht zu zählen! Er liest Bücher, alle in goldenem Einband."

„Ich kann das nicht verstehen", sagte ich, „was wollen Sie und Ihre Freunde mit diesen längst gestorbenen französischen Phantastereien?" Und ich dachte, daß reiche Dickwänste, Lacher und Lebemänner nicht gut von blutigen Veränderungen träumen können. Für so was müsse man hager, sehnig, beweglich und verbittert sein und einen abgleitenden Blick haben, müsse einen schwarzen Gehrock tragen, nicht aber einen langen hellbraunen nach der letzten Mode und keine weiße Pikeeweste und keine auffallend lilagestreiften Pantalons und nicht diesen selbstzufriedenen grauen Hut und nicht die brillantenbesetzte goldene Taschenuhr an der koketten Uhrkette. Wie sollte diese dickliche Hand voller Ringe den Griff einer Pistole oder eines Degens pressen, und wie sollte dieses lächelnde, gepflegte, gutmütige Gesicht mit dem Doppelkinn unverdorbene Träumer von dem Nutzen blutigen Aufruhrs überzeugen?

„Was denn für französische Phantastereien, liebe Barbara Stepanowna?" sagte er lachend. „Das sind doch alles Märchen, längst vorbei ... und warum französische? Wir haben auch bei uns in der Heimat viel gesehen, und das hat uns ein wenig aufgeregt. Aber jetzt, in unserm Alter und mit Familie, ich bitte Sie! Selbst eine herrliche Wolfsjagd ist mir schon zuviel, und der ganze Quatsch von vor fünf Jahren erst recht." Er errötete vor Anspannung und drohte mir mit dem Finger. „Lieber Tee mit Sahne." Er warf einen Blick in seine leere Tasse.

Ich schenkte ihm nach. Timoscha saß reglos wie ein verzauberter Junge, Augen und Mund aufgerissen. Lisa beschaute ihn heimlich mit verliebten Blicken. Der Faden tönte zur Begleitung der verdächtigen Anspielungen, zur heimlichen Musik, die immer in uns klingt und einen Ausweg sucht.

Wolfsjagd? Im Sommer? dachte ich plötzlich.

„Wenn wir die Grenzen unseres Tee-mit-Sahne-

Festes verlassen", sagte Aklitschejew ernst, „kann vieles bedrückend und unerträglich wirken. Darum ist es viel besser, wir verlassen sie nicht. Hier bei Ihnen ist es schön. Bei mir habe ich fast nur Sümpfe, aber meine Mushiks sind unheimlich flink und auch gerissen, mit denen ist nicht zu spaßen. Hm."

Es war schon spät, als Anspannen befohlen wurde. Aklitschejews Pferde waren aufgeregt, denn sie spürten die weite Reise. Ich stellte mir für einen Moment vor, wie dieser Held des letzten Krieges den Steppenwölfen hinterherjagen würde, dieser verfettete Petersburger Stutzer, Vater dreier Töchter, und die vagen Gerüchte über eine mögliche Verschwörung dünkten mich mondänes Geschwätz. So was Naives!

Als Timoscha eines Tages ganz taktvoll Ungeduld äußerte, was die Termine für seine und Lisas gemeinsamen Pläne betraf, empfahl ich ihm, nichts zu überstürzen. „Liebe hat keine Geduld", sagte er. „Und überhaupt, was sind das für künstliche Hindernisse? Was für eine Kälte ..." – „Küsse ihr die Hände, Timoscha, erzähle ihr dein Leben, frag sie nach ihrer Gesundheit. Gibt's etwa wenig Themen? Was die Liebe betrifft, sie ist eine Aufwallung, Timoscha, eine Aufwallung, weiter nichts." – „Und dann?" – „Dann, mein Freund, kommt das Bestreben, sich vor dem geliebten Menschen keine Blöße zu geben." – „Puh, so was Langweiliges!"

Ich male mir aus, wie es ihn ankam, mit dem noch trockenen Pulver im Herzen meine Belehrungen anzuhören. Ich dachte, einstweilen könne der von seinen Freunden ausgehende Wahnsinn noch verlockend sein, also solle er sich Zeit lassen. Es kann ruhig ein bißchen feucht werden, dachte ich, Lisa braucht keine Katastrophen. Sie hat genug an dem Brand von Gubino. Allein schon der Anblick der schrecklichen Flammen und meiner Mushiks mit Mistgabeln in den Pranken, bereit zum letzten Sprung …

Gleichwohl war ich barmherziger gewesen, als ich Ignat hieß, den beiden Rädelsführern einen Stein an den ungeschlachten Hals zu binden. Lisa kommt ja aus einem anderen Leben. Kann ich ihr das erklären? Sie besteht ganz und gar aus Karamsinschen Wehklagen und aus Timoschas Gutherzigkeit, so daß ich ihr mein Verhalten nicht erklären kann. Und gar heute meiner von kindlichen Eindrücken verwundeten Tochter vorzuplappern, wie sehr ich recht hätte, wäre gänzlich unanständig. Ich habe nichts zu erklären. Ich war scharfsinnig, doch hilflos. Selbst diese Unmenschen Semanow und Drykin, möge ihnen die Erde leicht sein, die meine Mushiks angestiftet hatten, mich mitsamt der Tochter und dem Hofgesinde bei lebendigem Leibe zu verbrennen, selbst sie riefen mir keine Verwünschungen zu, als sie mit dem Stein um den Hals zum Teich geschleift und dann, blau angelaufen, mit Schlamm und Dreck verschmiert, auf den Leiterwagen geworfen und auf nächtlichen Schleichpfaden nach Tula geschafft wurden, um sie zu den Soldaten zu geben. Später dürften Bonapartes Kugeln sie irgendwo bei Wilna oder Dresden erwischt haben. Sie gehören mir seit alters, ihr Blut ist mein Blut. Also habe ich es vergossen … und der Krieg war zu Ende.

8

Bei uns lief alles wie vorgesehen, bis im vergangenen Herbst die Nachricht von den Taganroger Ereignissen eintraf. Der Gossudar war an einer Erkältung gestorben, doch es hieß, an Schwermut. Warum sollte er schwermütig gewesen sein? Ich hatte mich in diesen Petersburger Verzwicktheiten nie zurechtfinden können. Vielleicht hatte ihnen allen, dem Gossudar und seinem Klerus, unsere provinzielle Gesundheit gefehlt? Unsere Vorliebe für die einfachen Dinge? Die Möglichkeit, in seinen Handlungen natürlich zu sein? Mein Altersgenosse war gestorben, der Bonaparte überwältigt und den kriegerischen Übungen der Länder und Völker ein Ende gesetzt hatte, und letztendlich hatte ausgerechnet Rußland das aufgeklärte Europa befriedet. Seltsam, nicht wahr?

Dabei hatte noch vor kurzem Timoscha meine patriotische Rührung verspottet: „Befriedet, befriedet, ohne mit Blut zu sparen, aber nichts dazugelernt ...“ – „Wieso nicht?“ rief ich und erinnerte mich, wie meine Bäuerlein mit den französischen Soldaten handgemein wurden, so daß ich ihnen, Gott ist mein Zeuge, verzieh. Ich habe ihnen damals verziehen, obwohl ich es mir nicht anmerken ließ, und es war schwer zu erkennen, ob ich sie damals zur Stätte ihres Todes und ihres Sieges führte oder ob sie mich mit sich zogen, um mich ein für allemal zu erweichen. „Wahrlich Gleichheit, Herrschaften! Warum haben sie mich damals im Wald nicht umgebracht, Timoscha? Weißt du, unser Leid war gemeinsames Leid, und unser Blut war gemeinsames Blut. Sollen unsere Verluste vergeblich gewesen sein?“ – „Die Verluste waren nicht vergeblich“, sagte er, „und ein menschliches Leben ist nicht viel wert.“ – „Das stimmt nicht!“ schrie ich. – „Stimmt doch!“ lachte er. – „Warum bist du damals nicht mit deinen Gardisten gegangen? Warum hast du dich abgewandt?“ fragte ich sarkastisch. – „Schon wieder Blut“, sagte er, „Dummheiten ...“

Unser Imperator soll also an Schwermut gestorben sein. Wenn er aber von Schwermut befallen war, wieso wurde das in seiner glänzenden Umgebung nicht wahrgenommen? Es wurde nicht wahrgenommen, und nichts wurde dagegen getan. Ich weiß noch, wie schon im Jahre sechzehn Gerüchte umgingen über irgendwelche Metamorphosen in der Geisteshaltung des Gossudars. Wir maßen dem damals keine Bedeutung bei. Wir pflügten, säten, liebten, schossen uns – alles zu seiner Zeit. Was für Metamorphosen? Glückliche Jahre …

Eines Tages besuchte mich mein alter Gönner Botschkarjow, nicht mehr Hauptmann, sondern wirklicher Geheimrat, der nun also der Petersburger Geheimnisse wirklich oder der wirklichen Petersburger Geheimnisse teilhaftig geworden war, ich weiß nicht, wie es besser ist, er besuchte mich also und teilte mir mit, bei *ihnen* werde sogar daran gedacht, die Bauern zu befreien. Als ich die Hände zusammenschlug, lächelte er vielsagend und setzte mir auseinander, dies sei herangereift, doch im Zusammenhang damit drohe weder ein Aufruhr noch ein sonstiger Alptraum, im Gegenteil, denn es gehe von oben aus, nach dem Willen des Gossudars, nicht mit Hilfe Pugatschowscher Galgen. „Warum erschreckt Sie das, Teuerste? Sie sind in völliger Sicherheit, Sie behalten Ihr Land und alles, was Sie haben, es entfällt lediglich die Notwendigkeit, eine Armee von Leibeigenen zu versorgen. Die werden selbst ihr Brot verdienen und Ihnen sogar noch Geld dafür zahlen, daß Sie von ihnen frei sein werden. Ja, ja, Sie werden frei sein von den Leibeigenen, von der Verantwortung, von überflüssigen Sorgen."

Ich hatte schon begonnen, mich an die neue Denkweise zu gewöhnen, da plötzlich diese Metamorphosen! Wieder gingen Gerüchte um über den Aufstieg der Gatschinaer Heuchler, und wenn bei uns in Rußland keine Gerüchte sind, dann ist gar nichts, denn aus irgendwelchen Gründen ist die Wahrheit stets tief vergraben. Die Gerüchte gingen um, und es gab andere, wonach sich gegen die

Wünsche des Gossudars eine starke Partei gebildet habe, die seine liberalen Bestrebungen nicht teile. Rauch ohne Feuer gibt's ja wohl nicht. Unser rotwangiger, helläugiger, freundlich lächelnder gemeinsamer Liebling wurde still und begann uns zu meiden, er verströmte nicht mehr die früheren Wellen von Liebreiz und Vertrauen und Liebe, sondern Feindseligkeit und Entfremdung.

Das warf einen Schatten auf unser ganzes späteres Leben und auf unsere kleinen Angelegenheiten; auch bei uns, bei den einfachen Leuten, begann sich alles zu ändern, als hätten wir lange in Glückseligkeit auf derselben Stufe gestanden, ohne uns zu bewegen, den kürzlichen Sieg genießend, hätten plötzlich Vernunft angenommen und hastig eine andere Stufe erstiegen; mein leidiger Swetschin war Lehrer im Hause des Großfürsten Michail geworden, hatte eine Gräfin Besobrasowaja geheiratet, eine junge und reiche Petersburger Schönheit, und war jetzt unerreichbar; Timoscha hängte sich an seine Freunde von der Garde, erfüllt von aufrichtigem Schmerz um unsere russischen Zustände; Lisa sah ihn zum ersten Mal vergötternd an; ich erblickte zum ersten Mal im Nebel meinen hinkenden General und erschauerte; dann spitzten sich die Geldverhältnisse zu, wir nahmen Abschied von Jelzowo, und dann verließ uns auch unser fast wiederhergestelltes Haus in Moskau. Gewiß, die Zeit verstrich, und Timoscha gedachte seiner einstigen verschwörerischen Anwandlungen mit Lachen und Achselzucken, richtiger gesagt, er bestaunte das damalige kurzzeitige Fieber, gleichwohl hatte sich etwas unumkehrbar verändert: Swetschin blieb unerreichbar, Lisas Liebe wuchs erschreckend, und ich bemerkte, daß ich es verlernt hatte, in meinem Gang und meinen Gesten so locker wie früher zu sein, als die Krone noch wie angegossen auf meinem Kopf saß. Vielleicht eine Altersfrage, vielleicht aber auch eine Folge der ständigen Anspannung, der Vorahnungen.

Das waren meine Gedanken, als wir im letzten Herbst die Nachricht vom vorzeitigen Ableben des Gossudars erhielten und eine eigene Bilanz ziehen konnten.

Nichtsdestoweniger fuhren die am Leben Gebliebenen fort, ihre Bestimmung zu erfüllen, sie waren ja die Mehrheit, und als bekannt wurde, daß nach einiger Verwirrung der Treueid auf den neuen Gossudar abgelegt worden war, den jungen Nikolaus Pawlowitsch, schlugen die Leidenschaften hohe Wellen; wieder überzog Röte die Wangen, wieder hatte man Lust, die Schultern zu rekken, den Kopf hoch zu tragen, die Kümmernisse zu vergessen, sich unter Menschen zu bewegen, lebendige Reden zu hören. Wir waren lange nicht aus unserm schönen Krähwinkel herausgekommen, in Moskau rückte Weihnachten näher, und auf der Twerskaja wurde sicherlich schon die Illumination vorbereitet. Es geschieht nicht oft, daß viele erfreuliche Ereignisse zusammenfallen: der vielversprechende neue Herrscher und Weihnachten und Lisas für Mai geplante Hochzeit und die Reise in die Weihnachtstage. „Warum eigentlich nach Moskau? Fahren wir doch nach Petersburg!“

Mit drei Equipagen reisten wir ab. Die Straße war gut. Ich fühlte mich verjüngt. Peinliche Erinnerung … Schon vor der Abreise glühte ich wie zwanzig Jahre zuvor, als ob Moskau wieder auf mich wartete mit seinen einstigen Verlockungen, mit den Klaren Teichen und mit noch etwas, schön und geheimnisvoll und fast unerreichbar, ohne das ich in dieser Welt nicht würde leben können, und jetzt empfand ich Genuß angesichts meiner strengen und spöttischen Lisa, ihrer zitternden Frauenerwartung und ihrer scherzhaften Vorwürfe an Timoscha, der ungeschickt sei und die falsche Weste angezogen habe und das falsche Jabot und das falsche Hemd und die falschen Stiefel und das falsche Halstuch, falsch, falsch, falsch ... Plötzlich merkte sie, daß wir etwas nicht vorbedacht hätten, in irgendwas zurückgeblieben wären, daß wir doch irgendwie verrückt, linkisch, hinterwäldlerisch wären, und das unausrottbar. Hören Sie doch auf, beruhigen Sie sich ...

In Moskau wollten wir uns nicht aufhalten und fuhren weiter. Mit dem Wetter hatten wir Glück. Wir bemerkten nicht einmal, daß die Residenz etwas ungewöhnlich aussah, nicht so schmuck und geräuschvoll und farbenprächtig wie früher.

Nach sechs Tagen und Nächten stiegen wir vor der Freitreppe der Mjatlews aus dem Schlitten und betraten das riesige Haus des Fürsten Wassili, Kammerherr und mein Cousin. Wir wurden in prachtvollen Zimmern untergebracht und waren ganz benommen vom Vorgeschmack der bevorstehenden Verrücktheiten. Endlich versammelten wir uns alle in der geräumigen Rotunde, wo die Tafel zum Abendessen gedeckt war. Hier bemerkten wir, daß die Gesichter der uns nahen Menschen nicht gerade vorweihnachtlichen Glanz zeigten, sondern im Gegenteil Sorge und Verwirrung, die von ihrer Herzlichkeit und traurigen Liebenswürdigkeit kaum verdeckt wurden.

„Laß es dich nicht verdrießen, Barbara“, sagte Wassili, „wir hatten ja hier einen Aufruhr nebst Schießerei. Ist das etwa nicht bis zu euch gedrungen?“

Und da erfuhren wir von dem Dezemberereignis auf dem Senatsplatz, von dem Blutvergießen, von den Verhaftungen und von dem jungen Gossudar, der ein Wunder an Tapferkeit und Kaltblütigkeit gezeigt habe, und das Winterpalais und die Hauptwache und die Festung seien mit Aufrührern vollgestopft.

„Und die meisten aus vornehmen Familien!" sagte die Fürstin verstört.

„Was wollten die denn?" fragte ich mit ungehorsamen Lippen, als ob ich das nicht wüßte. Ich hatte Angst, Timoscha anzusehen. Einzig Lisa tat, als wäre sie völlig mit dem zehnjährigen Sergej Mjatlew beschäftigt, einem schönen mageren Jungchen mit üppigem weißem Spitzenkrägelchen. Mechanisch beantwortete sie seine unaufhörlichen Fragen, manchmal unpassend, dann ärgerte er sich: „Was sagen Sie mir da für einen Quatsch!"

„Serge*", sagte die Fürstin, „laß Lisa in Ruhe, sie hat Kopfweh."

Der Junge kniff Lisa schmerzhaft in den Arm und sagte im Weggehen:

„Ekelhafte alte Frau!"

Unsere weihnachtlichen Freuden verblaßten vor dem furchtbaren Ereignis. Wir hatten es eilig, und es waren noch keine drei traurigen Tage vergangen, da fuhren unsere Equipagen den gleichen Weg zurück. Wir hofften, daß das hauptstädtische Gift noch nicht bis in die Kalugaer Wälder gedrungen sei, wo wir zur Besinnung kommen und frischen Mut schöpfen wollten. Aber das Gift war stark, und nach drei Monaten war seine Wirkung noch nicht vergangen. Äußerlich schien alles normal zu verlaufen, doch das Gift wirkte weiter, und Heilung war nicht in Sicht.

„Mir scheint", sagte ich zu Timoscha, „deine früheren Freunde riskieren nicht nur ihre Reputation."

„Wieso frühere?" fragte er melancholisch. „Wer weit geht, kann schwer innehalten ... und überhaupt ... wenn man zu weit geht, ist das kein Risiko mehr ... Die haben mich ja nicht gefragt." Und plötzlich fragte er erbleichend: „Sind Sie mit mir einverstanden?"

* französische Form für Sergej

„Ja, Timoscha. Das ist nichts für dich“, sagte ich, meine Geistesgegenwart verlierend. „Ich mache mir ja nicht nur um Lisa Sorgen.“

Er lachte.

Solchermaßen lachend und zweifelnd, verzweifelnd und hoffend, fügten wir weiter unsere zerbrechlichen Ziegel übereinander, ohne nachzudenken, wie Maschinen. Wir handelten wie alle, und die Wände wuchsen, und ich war sicherlich die einzige in unserm unendlichen Ameisenhaufen, die nicht begreifen konnte: Was ist das, wozu dient das, wer braucht das, weshalb ausgerechnet so, und wozu bin ich da, wenn all das auch ohne mich in die Höhe wächst und von Zeit zu Zeit einstürzt, um neuerlich noch höher zu wachsen?

Ich hätte all das, mir ein Herz fassend, zu den offenen Fenstern hinausschreien mögen, unverhohlen und kategorisch, aber weder Timoscha noch Lisa würden mein tragisches Pathos gutgeheißen haben, von den übrigen ganz zu schweigen. Dumm war das. Weder aus dem Fenster noch vom Dach, weder vom Medyner Feuerwehrturm noch gar von einem der Kremltürme würde mein Schrei irgendwen erreicht haben. Schon gar nicht vom Polstersitz unserer alten Kutsche. Die Stimme zu dumpf, die Räume zu riesig, und wollte denn überhaupt jemand, daß ich meine Plattheiten hinausschrie und damit ihre Ruhe störte auf diesem Feld Anfang April, das sich gerade erst vom Schnee befreit hatte, meinem Feld, umgeben von meinem Wald, zu dem sich meine Straße hinschlängelte?

Alles ringsum gehörte mir. Sogar der alte Ignat, der auf dem Bock saß, krummgezogen von einer unbekannten Krankheit, einstiger Schönling und Henker. Was hatte er zuwege gebracht in seinem Leben? An was für Feste erinnerte er sich? Ich hatte ihn mit einer schönen Dirn verheiratet, er hatte sich nicht zu widersetzen gewagt und mir sogar gedankt, der Schuft, und sie wohl bald danach umgebracht. Nach allem zu schließen, war er es gewesen. Aber weder Polizisten noch Hausleute, weder Angehörige noch Fremde hatten es beweisen können. Er hatte meine Brandstifter in den Teich gesetzt, toten Franzosen ihre Habe weggenommen, er hatte meinen Zorn mehr als den Tod gefürchtet, und noch etwas ... Das waren seine Feste gewesen.

Die Kutsche rollte weich durch eine feuchte Schneise. Ich hieß Ignat anhalten und auf mich warten. Ein Weg führte den Wald entlang nach links, und ich folgte ihm, ohne zu wissen, wohin und wozu. Aus irgendwelchen Gründen hatte ich's eilig. Gewiß, meine kleine Schwermut und meine bescheidenen häuslichen Vorahnungen waren nichts gegen die Schwermut und die Erleuchtung des Gossudars, aber für mich reichte es. Brauchte ich viel, um keuchend zu laufen und verstört auf die Wegbiegungen zu starren, hin zu dem fernen, blendend weißen Fleck im schwarzen Feld, der auf mich zukam? Schon wußte ich alles und ließ kein Auge von dem Fleck. Das Blut hämmerte dumpf in meinen Ohren. Irgendwo hinter den Bäumen schnarchte das Pferd. Mein hauseigener Henker döste auf dem Bock. Ich ging dem Mann in Weiß entgegen, langsamer, immer langsamer. Er bewegte sich mühsam, hob das Holzbein, die grauen Zotteln wehten im Aprilwind. Grauer Bart, grauer Hängeschnauz, weißes Hemd bis über die Knie, rundes, runzliges Gesicht ... Er kam näher und fiel auf die Knie, akkurat, harmonisch, gesammelt, gleichsam für immer.

„Steh auf, alter Mann“, sagte Barbara geschwächt, „du verkühlst dir die Knochen.“

Der Alte stand auf. Ein schwarzes Kreuzchen baumelte vor der eingefallenen Brust. Aus der Nähe betrachtet, wirkten sein Hemd und seine

Zotteln nicht blendend weiß, sie schimmerten gelblich, wirkten fadenscheinig, vermodert.

„Zurück vom Krieg?" fragte Barbara. „Warum hast du mich erschreckt? Wozu bist du gekommen?"

„Ich will meine Schuld gestehen, Mütterchen, Herrin, ja, wie ich bin angekommen, sagen die Leute, die Herrin fühlen sich krank ..."

„Nun haben wir uns also getroffen", Barbara blickte streng, „was willst du?"

„Meine Schuld gestehen", sagte der Alte.

„Eines begreife ich nicht", sagte Barbara stirnrunzelnd, „weshalb wolltest du mich verbrennen? Ich habe dir zu trinken und zu essen gegeben und dir nie was getan."

Die Brise frischte auf. Barbara fröstelte. Sie empfand keinen Groll. Keinen Groll und kein Mitleid. Sie empfand nur nicht enden wollende Unruhe, hatte böse Vorahnungen. Soll ich wirklich bis ans Ende meiner Tage mit dieser Unruhe leben? dachte sie. Ich hatte solche Angst, habe mich so gequält, und nun stehen wir uns gegenüber, und nichts – weder Grimm noch Schmerz.

„Verzeih, Mütterchen", sagte der Alte, „wir erinnern uns an Eure Güte."

Unbegreiflich, ob er schluchzte oder spottete.

„Du bist also am Leben geblieben?" fragte sie schwer atmend.

„Gott hat mich gerettet."

„Und wo ist Drykin?"

„Wer weiß", sagte der Alte. „Welche sind ja auch im Krieg gefallen. Verzeih, Mütterchen."

Sie preßte einen Silberrubel in der Faust.

So hatte sich alles vollendet, schlicht und scheußlich, denn von dem alten Brandstifter kam ein ekelerregender Fäulnisgeruch. Und Sie, liebwerter Herr, haben nach Gleichheit gerufen, dachte sie und wußte nicht, an wen sie sich wandte, aber was haben Sie gelehrt außer Leid und Verzweiflung? Und wieder dachte sie mit Blick auf den Alten: An was für Feste mag er sich erinnern? An gar keins außer dem einen damals, als er wartete, daß ich aus dem brennenden Haus gelaufen komme, vor ihm krieche und um Gnade flehe, als er die Macht hatte, mich laufenzulassen oder hinzurichten, als die lärmende Menge ihn noch stärker erhitzte als die Flammen des Gubinoer Hauses und er voll Stolz und Angst keuchte. Aber sie empfand keinen Groll! „Gott wird dir verzeihen", sagte sie und gab ihm den Silberrubel.

Er nahm den Rubel und wollte ihr die Hand küssen, aber sie wich angewidert zurück.

„Verzeih, Ernährerin."

„Geh", gebot sie ungeduldig.

Sie empfand keinen Groll. Wo sollte er herkommen? Es schüttelte Barbara, während sie dem weggehenden Soldaten nachblickte, Bonapartes Widersacher, der sie und Lisa und diese Wälder gerettet und dafür ein Holzbein und aus Barbaras kalter Hand einen Silberrubel bekommen hatte.

Sie fröstelte stärker. Die Kutsche rollte zu langsam. Zu allem Überfluß nieselte es unfrühlingshaft. Alles gehört mir, dachte sie auflachend, und wieviel Menschen mir gehören – ich habe vergessen zu zählen.

Sie kam nach Hause, und da fiel, wie immer plötzlich, Obrist Prjachin vom Himmel.

Er war älter geworden, doch wenn man nicht genau hinschaute, sah er aus wie früher: fahle nördliche Augen, rote Lippen. Verschlagener Bariton, für jeden ein freundliches Wort. Leicht, geschickt, verhängnisvoll. Er speiste mit uns zu Abend wie in früheren Zeiten, und die Petersburger Gerüchte gewannen sozusagen Fleisch, aber er und Timoscha stichelten sich über den Tisch hinweg wie in früheren Zeiten, indem sie die Vorteile des Kriegsdienstes mit denen des freien Gutsbesitzerlebens verglichen, und in dieses scherzhafte Gefecht trachteten wir alle einzutauchen, um nur Gott behüte nicht von den zerstörerischen Folgen der Petersburger Ereignisse reden zu müssen. Selbst Timoscha, der schon drei Monate mit vergiftetem Blut herumlief, versuchte, die Augen funkeln zu lassen, er lächelte, faßte frischen Mut, holte sogar ein Blatt Papier hervor und warf eine Zahlenreihe darauf, um zu beweisen, daß er recht habe, er zwinkerte sogar Prjachin zu ... und erlosch.

„Zittern und Zagen", sagte ich, „die Petersburger Krankheit."

„Warum denn?" fragte Prjachin stirnrunzelnd. „Wegen dieser Geschichten? Du mein Gott, das ist nicht nötig. Gottlob hat sich alles gelegt; alles entwickelt sich normal, die ursprüngliche Erbitterung ist ausgebrannt, glauben Sie mir. Können Sie sich vorstellen, Sie wären an Stelle des Gossudars? Wie das auf ihn gewirkt haben muß! Unsereiner denkt: Na ja, abweichende Meinungen, edle Pläne, na ja, ein kleiner Aufruhr, ein Unfug, eine Unstimmigkeit, eine Verwirrung ... aber stellen Sie sich vor ... Ich zum Beispiel hätte vor lauter Angst und Entsetzen, als alles wankte, die samt und sonders in Ketten legen lassen, und dann Kartätschen, Kartätschen ... Du mein Gott, begreifen Sie, wie das über ihn hereinbrach? Darüber könnte man den Verstand verlieren. Aber jetzt wird das in Ruhe untersucht. Schließlich war das eine Verschwörung, du mein Gott!"

„Und die Kasematten?" sagte Lisa.

„Ach, Lisa, wie reizend!" lachte Prjachin. „Man könnte denken, das Gespräch drehte sich um einen Jagdausflug, und auf einmal Kasematten."

„Genau", bestätigte Timoscha ein wenig zerstreut und warf Prjachin einen Blick zu. „Du wolltest mir etwas sagen."

„Das hat Zeit.“ Prjachin winkte ab.

„Gewiß, ich verstehe“, sagte Barbara, „könnten Sie heutzutage etwa ohne Ihre blanken Anhängsel leben, ohne Ihre Bänder, Achselschnüre und Federbüsche? Sie stecken da so tief drin, daß es kein Zurück gibt. Sie würden jetzt einschlafen auf meinem Gut.“

„Unser Leben kommt Ihnen langweilig vor“, sagte Lisa, „aber wir haben viel Raum zum Nachdenken, wir leben vielleicht mit Händen voller Schwielen, aber natürlich.“

„Sind die dort alle in Ketten gelegt?“ fragte Timoscha gleichsam sich selbst.

„Mein Gott, warum denn?“ sagte Prjachin eilig. „Warum alle? Fast gar keiner. Oh, wie ihr alle über mich herfallt“, lachte er, „Gutsbesitzerleben, gesegnete Ruhe. Träume ich nicht davon? Wäre es mir nicht auch das liebste, ich könnte heim zu meinen Penaten?“

„Also treibt der Ehrgeiz Sie um“, sagte Lisa unfroh. „Waf hat Sie zu unf geführt?“

„Freuen Sie sich denn gar nicht über mich?“ fragte Prjachin leise.

„Doch, doch“, sagte Timoscha ungeduldig. „Was soll das? Aber weißt du, man müßte über all das reden, denn die dort sind ja keine fremden Menschen … und plötzlich so was …“

„Plötzlich?“ fragte Prjachin noch leiser. „Wieso denn plötzlich?“

„Na, in dem Sinne“, sagte Lisa, „man hätte ihnen doch sicherlich das Ehrenwort abnehmen können, zum Beispiel, oder irgendso waf.“

Heute schreibe ich all das mühelos hin, denn es ging glücklich aus, aber mich erfaßt doch noch ein leises Zittern, wenn ich an das unglückliche halbe Jahr denke, das uns in scheußlicher Angst und Ungewißheit hielt und häßliche Gedanken über würdige Menschen weckte. Damals machte ich Prjachin mit den Augen Zeichen, er solle nicht so sehr auf dieses Thema drängen, denn Timoscha war bleich, er hatte die Feder hingelegt und blickte weg, Lisa jedoch ereiferte sich und sagte mit ihren dünnen Lippen verletzende Worte.

Prjachin lachte und sagte:

„Ich mußte eben an den Wald damals denken, wissen Sie noch? Das ist so lange her, dabei scheint es erst gestern gewesen zu sein, daß wir aus dem Wald liefen und ich Sie sah. Du mein Gott, dachte ich damals, die Atamanin, ist die aber schön!" Und er fügte traurig hinzu: „Wie schnell die Zeit läuft, irgendwie ohne Erbarmen, nicht wahr? Das ist für mich das betrüblichste Rätsel."

„Man hätte sie ja auch auf den Regimentern entlaffen können", sagte Lisa stur. „Warum gleich in die Kasematte?"

„Ach, Lisa, Lisa", sagte Prjachin lächelnd, „Sie sind ein Kind. Außerdem, mein Gott, man muß doch die Folgen tragen können."

„Und wie tragen sie sie?" fragte Timoscha ohne Interesse.

„Man muß seine Handlungen verantworten können", wiederholte Prjachin, „wenn man ein Mann ist."

„Welch tückische Umstände", sagte Lisa.

Da wiederholte Timoscha streng:

„Du wolltest mir etwas ..."

„Nicht die Umstände, Lisa, das Unglück", sagte Prjachin stöhnend, „ein richtiges Unglück." Er wandte sich Timoscha zu. „Das hat Zeit, Timoscha."

Da kam mir der Gedanke, womöglich steht Prjachin jetzt auf und sagt: Herr Timofej Ignatjew, ich komme aus Petersburg mit dem offiziellen Auftrag, Sie zu verhaften wegen Verdacht auf Teilnahme ... Was soll werden? dachte ich. Wie sollen wir uns verhalten? Wird er uns in die Augen sehen? Übrigens, warum nicht, wenn er einen offiziellen Auftrag hat? Mir schien, diese drohenden Worte sammelten sich schon zwischen seinen jungen Lippen und würden jeden Moment herausfliegen.

„Was ist mit der Untersuchung?" fragte ich träge. „Geht sie weiter?"

„Du mein Gott", sagte Prjachin und verzog das Gesicht, „die ist längst zu Ende, die Kegel sind gefallen. Vorbei, vorbei ... nur noch Kleinkram."

Ich atmete erleichtert auf, was seinem argwöhnischen Blick nicht entging. Er stellte die Tasse auf die Untertasse, ruckte mit dem Kopf und sagte:

„Ich hoffe, die Damen werden uns vergeben. Timoscha, gehen wir mal raus in einer Männersache? Es dauert höchstens eine Minute."

Sie gingen nebeneinander zur Tür, Prjachin ein paar Zentimeter hinter Timoscha. Der eine war hochgewachsen und ging gebückt, wie ich jetzt sehe, der andere dagegen ging gerade, war kleiner und aus anderem Holz geschnitzt. Das ist der Vorteil des Militärdienstes, dachte ich damals, des Dienstes und der festen Absichten.

Sie kehrten bald zurück. Timoscha trug den Kopf hoch und sah Lisa lächelnd an.

„Obrist Prjachin hat mich verhaftet", sagte er von der Tür. „Warum haben wir über all das geschwatzt?"

„Red keinen Stuß", dröhnte Prjachin vorwurfsvoll. „Ich habe Befehl vom Obersten Komitee, Timoscha nach Petersburg zu bringen, du mein Gott, das ist doch keine Verhaftung. Man hat mir sogar gesagt, es handle sich um ein paar Bagatellfragen. Ich hatte die schon fast soweit, daß ich die Antworten schriftlich eingeholt hätte. Sie waren einverstanden ... ich wollte schon packen ... und dann dieser Paragraphenreiter ... ich habe ihnen gesagt, ist doch peinlich, den Mann von zu Hause wegzuholen, fünfhundert Werst weit zu schleppen, aber der Graf, dieser Pedant ... bring ihn her und fertig ..."

„Prjachin", fragte ich, „warum haben Sie das nicht gleich gesagt?"

„Ich konnte nicht", sagte er seufzend, „ich hatte so den Gedanken, irgendwas könnte sich ändern ... das alles ist so unwahrscheinlich ... und wieso überhaupt? Du mein Gott, wir haben doch einmal zusammen, kann man sagen, in der Jugend ... weiß der Teufel, wann das war ... leeres Gerede ... Ich habe gesagt: Ich kenne Ignatjew von der besten Seite ... Darum sollen Sie ihn ja herholen, Obrist Prjachin. Erschießen möchte man sich!"

„Können Sie nicht wenigftenf die Wahrheit sagen?" schrie Lisa. „War ef wirklich so?"

„Hier, ich schlag das Kreuz, Lisa, du mein Gott", sagte Prjachin. „Sie brauchen sich nicht die geringsten Sorgen zu machen. Ich werde bei ihm sein." Er schmetterte seine starke Faust auf den Tisch.

Was waren das für schreckliche Tage! Warum hatte ich das nicht vorausgesehen? Die Feldjägertroika schoß mit beleidigender Schnelligkeit von der Freitreppe davon. Wenn das alles nicht ein gutes Ende genommen hätte, würde ich dann jetzt darüber schreiben können? Wir haben ihn verloren, verloren, dachte ich, er kommt nicht zurück. Am nächsten Morgen verabschiedete ich mich von Lisa. Sie fuhr hinter ihnen her mit einem Brief an Herrn Swetschin. Ich hatte mit eigener Hand tränenreiche Worte geschrieben in der traurigen Hoffnung, daß wenn sie das Herz des inzwischen hochmögenden Mannes erreichten, er aus angeborenem Edelmut, nicht aber unter dem Einfluß zwanzig Jahre alter Erinnerungen irgendwo dort zu irgendwem ein Wort verlieren mochte und daß dann etwas geschehen würde, ohne das wir nicht weiterleben konnten.

„Liebwerter Herr Alexander Andrejewitsch,
extreme Umstände nötigen mich, Ihnen diesen Brief zu schreiben und das Wagnis einzugehen, Lisa mit Postpferden loszuschicken, damit sie Ihnen diesen Hilfeschrei zweier einsamer Frauen einhändige. Ich würde es nie gewagt haben, Sie mit der Bitte um Fürsprache für das Leben und die Ehre des Bräutigams Ihrer Tochter zu belasten, wenn Sie ihn nicht schon seit seinen Jünglingsjahren kennten und sich nicht schmeichelhaft lobend über seine patriotische Tat geäußert hätten. Unter den Ihnen bekannten entsetzlichen Umständen, die wir uns alle sehr zu Herzen nehmen, ist sein Name gefallen. Das konnte nur geschehen durch jemandes Verleumdung oder aber durch ein einfaches Mißverständnis, denn ich kenne das Leben dieses Mannes von klein auf und weiß von keinerlei Gefühlen in seinem Herzen außer Vergötterung unseres Gossudars. Ich zweifle nicht daran, daß Ihr Wort wesentlichen Einfluß auf sein Schicksal haben könnte. Nun will ich Sie nicht länger behelligen, denn Lisa, so verzweifelt sie auch ist, wird gleichwohl mein hastiges Schreiben würdig und einleuchtend zu ergänzen wissen.

In der Hoffnung auf Ihre Großmut
Barbara Wolkowa."

Ich konnte den Brief kaum fertigschreiben, so eilig hatte sie es. Da ich wenig Hoffnung in meine kläglichen, tränenreichen Worte und in die Barmherzigkeit Petersburgs setzte, war ich auf das Schlimmste gefaßt. Ich wußte, wozu Menschen fähig sind, die über höchste Rechte verfügen, und wie kalt und rachsüchtig sie sein können, wenn sie um das eigene Wohlleben fürchten müssen und überdies Momente der Todesangst durchgemacht haben. Oh, diese höchsten Rechte in den Händen von Menschen, unter deren Füßen schon mal der

Boden gewankt hat, und sei es für einen Augenblick!

Nach zehn Tagen kehrte Lisa zurück, schmal geworden und ohne Neigung zur Spitzzüngigkeit. Ihr Vater hatte sie mit plötzlicher Freude empfangen. Er und Madame Swetschina hatten sie in Obhut genommen und sie aufgemuntert, so gut sie konnten. Timoscha saß in der Festung. Ihn zu sehen war nicht möglich, aber Swetschin erwies sich als ein Schatz mit seiner Position und seinen Verbindungen. Schon am zweiten Tag beruhigte er Lisa, indem er ihr sagte, daß es, wie er herausbekommen habe, einen Fall Timofej Ignatjew eigentlich gar nicht gebe und daß wir ihn bald in die Arme schließen könnten. „Das ist nicht mein Verdienst", sagte er, „ich habe zu seiner Verteidigung keinen Finger rühren müssen." Er lächelte so plötzlich, wie es seine Art war. „Es wäre schmeichelhaft für mich, könnte ich mich als den Retter deines Bräutigams betrachten, könnte ich überhaupt etwas für dich tun. Aber was nicht war, das war nicht."

Lisa und ich weinten den ganzen Tag. Nein, reichliche und nutzlose Tränen vergossen wir nicht. Die Tränen rollten heran, reiften, drückten von innen, die Augenlider wurden rosa, die Wimpern feucht, die Worte sprachen sich mühsam, wie es sich gehört im Moment der Rettung vor einer unausweichlichen Katastrophe.

Natürlich, dachte ich, meine Tochter ist von nun an so sehr mit Timoscha verbunden, daß ein Unglück zu erwarten stünde, wäre nicht seine Fortüne erfolgreicher. Aber, dachte ich, ist damit etwa alles zu Ende? War das etwa der Moment der höchsten Läuterung, die letzte Stufe, nach deren Überschreiten man ins Reich der ewigen Glückseligkeit gelangt? Gibt es überhaupt solche Momente, sind sie möglich in diesem irdischen Leben? Sollte man sich nicht gefaßt machen auf das, was uns nach und nach in der Zukunft erwartet und dem abzuschwören nutzlos ist? Sind wir etwa schon durch alles hindurch?

Über all das sann ich nach, während ich in das schmale, entschlossene Gesicht meiner erwachsenen und verschlossenen Tochter blickte, und ich konnte zuversichtlich annehmen, daß sie gerade jetzt auf alle möglichen Überraschungen gefaßt war und daß diese halbjährige Lebensschule mit ihrem schrecklichen Finale sie gehärtet und erhoben hatte. Wie schwer wird es für sie sein, dachte ich, wenn man ihr ihren Schatz zurückgibt, ein zitterndes Wesen, das einer Erniedrigung ausgesetzt war und selbst in glücklichen Momenten nicht die Opotschininsche Schwermut in den Augen los wird, und sie wird unsern ganzen, in Jahrhunderten angesammelten gesunden Menschenverstand zusammennehmen müssen, um dieser Schwermut zu widerstehen, die ja auch kein Unsinn und kein Zufall ist.

Erst gegen Abend beruhigte sich Lisa ein wenig, fand zu sich selbst und gab mir ein Kuvert von Herrn Swetschin, das ich lange und umständlich öffnete, da ich zu meiner Verwunderung das längstvergessene Zittern spürte.

„Liebenswürdige Freundin Barbara,

Ihr Brief kam so überraschend und wirkte so schutzlos, daß ich ihn nicht nur als Hilferuf aufnahm, ich war sehr erregt. Natürlich kam eines zum andern: Ihr Brief und Lisas Ankunft, wenngleich aus unerfreulichen Gründen, nichtsdestoweniger stand sie vor mir, klug und erwachsen und, wie meine Frau Polina feststellte, ganz nach mir geraten.

Machen Sie sich keine Sorgen um Timofej Ignatjew. Für ihn steht es mehr als günstig. Er hat sich würdevoll gehalten. Seine Aufrichtigkeit und sein offenherziger Monolog haben bei den gestrengen Mitgliedern des Komitees Mitgefühl gefunden. Ich nehme an, in einer Woche, nach dem Abschluß der Formalitäten, werden Sie ihn in die Arme schließen können. Ich habe nicht einmal Bemühungen aufwenden müssen, und das einzige, was ich tun konnte, war, den Generalen Lewaschow und Benckendorff zuzuflüstern, wie er, fast noch ein Junge, fest entschlossen aus dem brennenden Moskau aufbrach, um das Vaterland zu retten. General Benckendorff, der mir persönlich nicht sympathisch ist, in den letzten Monaten jedoch nicht die letzte Rolle spielt, erinnerte sich dabei an seine eigenen jugendlichen Phantastereien und sogar Verirrungen, überdies sprach Timofejs Aussehen für sich – so sieht ein Mensch aus, der vom Glauben an die eigene Unschuld durchdrungen ist. Darum zweifle ich nicht im geringsten am glücklichen Ausgang seines Falls, obschon allgemein bekannt ist, wie erhitzt die Gemüter sind, und ungeachtet der Großmut des Gossudars und seiner Versuche, maximale Nachsicht zu üben, waren die Ereignisse so, daß, wie man es auch dreht, vor den Mitgliedern des Komitees eine Reihe von unglücklichen Männern vorüberzieht, die sich imstande wähnten, den Lauf der Geschichte zu verändern.

Diejenigen, denen sie so leidenschaftlich nacheiferten, haben ihre Bastille in einem Moment abgerissen, als die Leidenschaften der Nation ausgebrannt waren und sie die Festung nicht mehr brauchten. Wir haben die unsere nicht angerührt und werden es auch noch lange nicht tun, und das nicht etwa aus Faulheit, sondern weil wir ihres kalten Granits offenbar noch bedürfen, da er die Fähigkeit besitzt, von Zeit zu Zeit übermäßig erhitzte Köpfe, die von Zerstörung träumen, abzukühlen.

Zerstören ist leicht, aber was dann? Jeder weiß, wie man zerstört, tötet, aufhängt, einsperrt, unterwirft. Doch wie man mich glücklich macht, das weiß niemand.

Für sie ist eine äußerst harte Bestrafung vorgesehen, vielleicht eine zu harte, andererseits hinterläßt ihr kaltblütig geplantes Vorhaben, Zarenmord und blutiges Chaos, keine freudigen Gefühle.

Ihr Brief hat mich so erregt, weil er gegen meinen Willen die Erinnerung an unseren seltsamen, nervösen und kurzzeitigen Bund weckte und eine minutenlange Trauer über die vergangenen Tage mich zwang, zum wiederholten Male den Faden (Ihr Ausdruck) bis zum Anfang abzuwickeln und mich neuerlich zu überzeugen, daß Gott, der uns unsere Handlungen diktiert, stets gerecht und großmütig ist. Offensichtlich war das Bild, das Ihre Phantasie von mir zeichnete, bedeutend besser als meine eigene Zeichnung, und Ihr Rationalismus hat mich noch mehr erschreckt, wiewohl ich jetzt begreife, daß all das nur ein blasser Abklatsch unseres Lebens ist, des ewigen Kampfes zwischen unbändiger Phantasie und kaltem Granit.

Ihr Bildnis habe ich doch noch aus der Moskauer Ruine herausholen können, es schmückt mein Arbeitszimmer und wird mich hoffentlich überleben.

Sagen Sie Lisa von sich aus, obwohl ich es ihr täglich beizubringen trachtete, sie könne, solle in mir einen Freund sehen, der natürlich nicht sehr glücklich ist, sie aber liebt und von den Vorurteilen der Zeit nicht gänzlich gebrochen ist.

Mit den allerbesten Gefühlen stets
zu Ihren Diensten

A. Swetschin."

Wie erbarmungslos er über den Kampf zwischen Phantasie und Granit schrieb, als gäbe es nichts anderes auf der Welt als diesen Kampf, in dem wir verwelkt sind! Und was ist, dachte ich, mit dem bevorstehenden Mai und unseren damit zusammenhängenden kleinen glücklichen Pausen?

Aber der Mai brachte keine Wende, wir blieben bis Mitte Juni im ungewissen, gequält von neuen Ängsten, denn die tröstlichen Worte des Herrn Swetschin gingen einher mit bösen Vorahnungen. Doch die Vorsehung war uns wieder einmal gnädig, aus einer staubigen Kutsche stieg Timoscha, und Lisa, die gerade an der Tür war, warf sich ihm um den Hals. Es herrschte eine seltsame mittägliche Stille. Ich guckte aus einem Fenster im ersten Stock. Sie standen direkt unter mir, aber ich hörte keinen Laut. Ich rief sie an. Sie blickten herauf. Timoscha lächelte, er hielt sich gerade und schien breiter in den Schultern geworden, Lisa sah neben ihm wie ein kleines Mädchen aus. Ich eilte zu ihnen hinunter.

Ich kann jetzt nicht mehr alle Empfindungen schildern, obwohl erst ein paar Tage vergangen sind. Nebel trübt die Erinnerung. Aber ich weiß noch, Timoscha trug den für den April gedachten warmen Gehrock, er war glatt rasiert, sein erdfarbenes Gesicht lächelte ... und ein seltsamer, unbekannter Geruch verbreitete sich rasch über die Treppe ... Je mehr wir uns einander näherten, desto stärker wurde er, drang in sämtliche Zimmer, in den Garderobenraum, und als wir später zu Tisch saßen, rochen schon das Brot und die Milch danach; es war der zäh haftende, unabwendbare, von Verzweiflung getränkte Geruch der feuchten Kasematte, der Geruch von Fäulnis und Tod und menschlicher Erniedrigung, in aller Eile angereichert mit schamhaftem französischem Eau de Cologne.

Gott behüte euch davor, ihn jemals einzuatmen.

Vierter Teil

Sankt Petersburg, den 14. August 1826

Mein lieber Ignatjew!

Ich hoffe, Du bist wohlbehalten angekommen und hast die Deinen bei guter Gesundheit vorgefunden.

Da nun alles vorüber ist, gestehe ich Dir, daß ich in diesem unglücklichen halben Jahr wohl mehr gelitten habe als in all den Jahren davor. Du willst wissen, warum? Ich sage es Dir. Was wir alle auch für differierende Ansichten zu einigen Themen hatten, nun, Du weißt, was ich meine, aber Du und unsere damaligen Freunde waren für mich nicht nur zufällige Bekannte, sondern mehr: Es wurde viel geredet, getrunken, gelitten, und selbst die Widersprüche verbanden uns.

Je nun, es ist der Vorsehung nicht gelungen, unsere Ansichten auszusöhnen (Du verstehst das), aber im Herzen, in der gegenseitigen Sympathie sind wir die alten geblieben, und da traf mich mit meiner herzlichen Einstellung zu ihnen das Los, eines schönen Tages mein Bataillon zu führen, um ihre sinnlosen Versuche zu unterbinden!

Die Streitgespräche bei Tisch waren längst zu Ende, und an ihre Stelle traten Macht, Gesetz, Gewalt. Ich habe stets ehrlich und edelmütig meine Überzeugungen vertreten, ich habe mit den anderen nicht gespielt und nicht geheuchelt, doch es kam die Zeit, daß ich gegen sie vorgehen mußte, sie können mich nicht der Hinterhältigkeit zeihen. Das betone ich, weil Du mir damals auf der Reise nach Petersburg zum Trost sagtest, niemand könne die Hand gegen mich erheben und Du verstündest mich, da lieber alles beim alten bleiben solle, als daß statt dessen Brudermord und übles Beispiel für unsere Menschen kämen. Gott ist mein Zeuge, ich wollte ihnen nichts Böses, sie selber haben eigensinnig die Wahl nach ihrem Geschmack getroffen, aber darin, daß ausgerechnet mir beschieden war, gegen sie vorzugehen, sehe ich einen tragischen und ungerechten Hohn des Schicksals!

Du hast gesagt, Du hättest mir verziehen. Ich glaube Dir. Wenn ich zweifelte, würde ich Dir nicht schreiben. Wir sind jetzt nur noch zu zweit.

Ich hoffe, Du hast ein wenig Abstand gewonnen und über alles nachdenken können und hast keine Ähnlichkeit mehr mit dem niedergeschlagenen Arrestanten, der Du warst, als wir nach Petersburg fuhren, und dann beim Eintritt ins Ordonnanzhaus. Dein Anblick machte, daß sich mir das Herz umdrehte, doch ich konnte nichts tun, um Dir Deine Lage zu erleichtern. Ehrlich gesagt, mein Lieber, Du sahst sehr schlecht aus und blicktest mich ablehnend an, obwohl Du Dich bald überzeugen konntest, daß ich ohne böse Absichten war.

Als ich Dich nach Deiner gefahrlosen, kurzzeitigen Haft in Petersburg verabschiedete, warst Du schon ein anderer Mensch. Weißt Du noch, wie wir uns umarmten? Ich weiß es noch: wie Brüder, wie Gardisten.

Nach Deiner Abreise hat sich in mir alles verändert. Lieber Freund, ich wollte in die Freiheit, zum Teufel, zu den Penaten. Das hatte ich schon früher gewollt, aber irgendwie nicht ernsthaft, doch jetzt gab es mir einen Ruck, und ich wurde gleichsam sehend. Was soll das eigentlich, dachte ich, wie lange kann man dieses prächtige Schleppseil ziehen? Jetzt kämpfe ich auf Biegen und Brechen um den Abschied und schwirre ab zu meinen Kindern, in die freien Weiten.

Ich freue mich für Dich. Wie schön, daß Du in Freiheit bist. Gott hat die Ungerechtigkeit nicht zugelassen. Vergiß den kurzen bösen Traum. Sobald ich den Abschied habe, komme ich sofort zu Dir und brauche dann nirgends mehr hinzueilen, dann können wir plaudern nach Herzenslust, können erinnern und gedenken. Sag Barbara Stepanowna, daß ich in sie verliebt bin, seit wir uns im Wald trafen, und Deine Lisa ist einfach ein Engel.

Ich umarme Dich dreimal
Dein Prjachin.

Sankt Petersburg, den 21. Oktober 1826

Liebenswürdiger Timoscha!

Ich habe keine Antwort von Dir, aber ich warte geduldig, denn ich kenne die Launen unserer Post. Ich nehme an, Du und Lisa habt Eure süßen Absichten schon verwirklicht. Das ist doch was. Nimm Dir ein Beispiel an mir: Ich erwarte meinen sechsten Erben, und die ersten fünf sind gesund und munter. Mögen sie in Zufriedenheit leben, ohne meine armselige Kindheit und Jugend je kennenzulernen. Ich hätte natürlich auf Deinen Brief warten können, aber ich hatte keine Geduld, denn als ich eines Tages meine alten Papiere durchsah, fand ich ein paar, die mit Dir zu tun haben. Natürlich ist das keine schöne Literatur, das hat Gott mir nicht gegeben, doch es sind die lebendigen Tagebücher Deines alten Freundes Prjachin, in denen er schlicht ein paar Tage aus unserer gemeinsamen ruhmreichen Vergangenheit festgehalten hat. Lies, lache und sei traurig.

All das ist jetzt Vergangenheit und als wäre es nie gewesen, doch sag, was Du willst, es ist unser

Leben, nicht auszustreichen. Natürlich habe ich all das gelesen und mich geärgert, daß ich nicht die Geduld hatte, alles ausführlicher und über die Dauer des ganzen Feldzugs zu notieren, aber was hilft es jetzt, mit den Fäusten zu fuchteln? Ich habe die Notizen gelesen, habe gelacht und geweint, wahrhaftig, und die ganze Zeit bist Du vor mir gestanden: bald der damalige kleine Junge, spöttisch und impulsiv, selbst zu Verrücktheiten bereit, wenn Du sie als edelmütig empfandest, bald der heutige, erwachsene Ehemann, der sogar die Kasematten und vieles andere kennenlernte, vor allem aber einsah, daß wer in einem Staat lebt, seine Gesetze einhalten muß, da es sonst zu Anarchie und weiß der Teufel was kommt.

Weißt Du noch, wie wir uns umarmten, dreimal, wie Brüder, wie Gardisten? Wir sind ja nur noch zu zweit.

Meine Angelegenheiten mit dem Abschied bewegen sich allmählich in der für mich notwendigen Richtung. Gott sei Dank! Wenn's nur schneller ginge! Was soll ich mit all den Epauletten, Stehkragen, Achselschnüren und dem sonstigen Klimbim? Ich habe ja gesehen, wie im Juli auf dem Exerzierplatz Epauletten abgerissen und Degen über den Köpfen zerbrochen wurden. Also ist das alles keinen Groschen wert. Natürlich geht mir viel verloren, vor allem das Obristengehalt, aber auch die Ausgaben sind hoch, denn wer sein schwerverdientes Geld nicht investiert, hat in der Garde kein Leben. Und kann ich es etwa aufnehmen mit den Subows und Bobrinskis? In meinem Dorf bin ich wie ein Fürst, meine Leute lieben mich, und von Petersburg habe ich genug nach all den Dir bekannten Geschehnissen.

Na schön, mein Lieber, lies und lache, aber lache nicht über mich, ich schicke Dir dies mit guten Absichten, und ich schrieb, so gut ich konnte.

Rastatt, den 1. Januar 1814

Herrgott, segne den Beginn des neuen Jahres, beglücke Deine Welt mit Frieden, laß uns ruhmbedeckt heimkehren in die Arme unserer Eltern und Söhne.

Darum habe ich gebetet, als ich heute aufwachte.

Gestern gegen Mitternacht war ich gerade eingeschlafen, da schickte Demjanow nach mir, um gemeinsam das enteilende Jahr zu verabschieden und gemeinsam das Neue mit einer Flasche Champagner zu begrüßen. Aber ich lag schon in so süßem Schlummer, daß ich ablehnte. Heute morgen war ich nach eingeführtem Brauch bei Kikin, um ihm zu gratulieren, und fand dort schon Demjanow, den Grafen Sievers und Aklitschejew. Wir gingen alle in die Kirche und nahmen am Gottesdienst teil, der Oberpriester hielt seine Predigt, und als wir herauskamen, bin ich in meiner dünnen Montur tüchtig durchgefroren, es herrschte grimmiger Frost und ein scheußlicher Wind.

Zu Mittag aßen wir in der hiesigen Bildergalerie. Gerüchte: der wirkliche Kammerherr Sherebzow bringt dem Gossudar die Schlüssel von Danzig. Natürlich wurde darauf getrunken, denn die Danziger Garnison unter Rapp hat sich ergeben und wurde gefangengenommen.

Der Frost hält sich. Kein Übergang über den Rhein. Wir speisten zu Mittag, und die Mahlzeit ging allmählich ins Abendessen über – so leben wir. Timoscha Ignatjew trinkt wenig, und vielleicht deshalb dreht sich alles um ihn, vielleicht aber liegt das auch an seinem Temperament, an seiner Jugend. Jedenfalls ist er lustig, macht Scherze, alle lachen, und er verstummt – alle trinken, und er fühlt sich unter ihnen wie in Abrahams Schoß.

Als dann alles mögliche erörtert wurde, was ich nicht so sehr liebe, na, Vergleiche unseres Lebens mit dem in Frankreich und die Vorzüge der Revolution, sagte ich, was soll daran gut sein und so weiter. Da fielen alle über mich her, doch ohne Grimm, und Aklitschejew sagte: „Meine Herren, lassen Sie Prjachin in Ruhe, er hat einen Sohn bekommen." – „So ist es", sagte ich, „mir ist ein Sohn geboren. Ich muß ihn ernähren, und auf Revolutionen setze ich keine Hoffnungen." Timoscha entflammte natürlich als erster, aber da winkte ihm gottlob Reinhild, und er sprang vom Tisch auf mit einem Blick, als ging's in die Attacke. In Herzensangelegenheiten glüht er wie im Gefecht, und als wir bei Wien auf die französischen Stellungen lossprengten, warf ich einen Blick auf ihn, sein Gesicht war beseelt wie vor einem Liebesrendezvous. Hinterher habe ich ihm sogar gesagt: „Timoscha, man darf sich nicht so erregen, wenn es in die Attacke geht. Kaltblütigkeit ist wichtiger als alles andere. Glaube einem alten Haudegen."

Rastatt, den 2. Januar

Man denke nur, noch vor kurzem gingen wir fluchend in der russischen Ebene zurück, und heute nehmen wir wie beiläufig feindliche Festungen. Ich will nicht prahlen, es wäre leicht. Die Opfer sind hoch, aber kein Vergleich mit früheren Zeiten!

Am Abend bin ich doch noch bei Demjanow hereingeschneit, um Tee und Rumpunsch zu trinken und den lästigen Streitgesprächen zwischen den beiden verfeindeten Parteien zuzuhören. Auf der einen Seite Major Aklitschejew, unser Liebling, unser Spötter, aber ein kluger Dickwanst, dann Obrist Kikin, Hauptmann Subow, Timofej Ignatjew und noch ein paar, auf der anderen Seite Demjanow selbst, der weniger streitet als die andern gegeneinanderhetzt, Obristlieutenant Scheffler und Obrist Platow. Natürlich hat Timofej mit seinen achtzehn Jahren allen möglichen Unsinn im Kopf. Ich sage nichts und höre zu, denn Aklitschejews Partei verkündet schöne, doch verderbliche Wahrheiten, ihre Gegner jedoch sorgen sich um das Ewige, obwohl das nicht immer erfreulich ist. Die Gespräche ziehen sich in die Länge, solange das Teetrinken, wie man so sagt, noch ganz am Anfang ist, und danach geht die übliche Schweinigelei los.

Ich kam nach Hause, schrieb an meinen Vater und die Familie. Gebe Gott, daß dieses Jahr mir das Glück der wohlbehaltenen Heimkehr und ganz Europa Ruhe beschert.

Rastatt, den 3. Januar

Heute mittag speisten wir bei Tischin und aßen Piroggen. Wir ernannten ihn spaßeshalber zum Geburtstagskind, um darauf Champagner zu trinken.

Eben kam ich von Tischin zurück. Dort gab es einen Imbiß zum Punsch, und das Abendessen war überflüssig. Bevor ich einschlief, mußte ich plötzlich an die Kalugaer Atamanin am Lagerfeuer im Wald denken. Was die für Augen hatte! Sie ist Timofejs Nachbarin. Was haben wir doch für Frauen!

Rastatt, den 4. Januar

Wir haben uns ganz schön an den Punsch und den Champagner und all das andere gewöhnt, aber wir müssen weiterziehen und kämpfen, sobald die Brücke über den Rhein geschlagen ist. Dann werden die Streitgespräche verstummen, die achtzehnjährige Reinhild wird uns aus den Augen verschwinden mit ihren dicken Lippen, ihren schiefen Zähnen, dem Geflüster in den Winkeln, den Anspielungen … Sie weiß, daß wir nur vorübergehend hier sind, darum hängt sie sich an uns und belebt unsern Armeealltag ein wenig mit ihrer schlichten, niedlichen Koketterie.

Ich erinnere mich, wie die Französin in Moskau gelacht hat, als ich verletzt war und wir in einem Garten unter lauter Vögeln lebten. Der reine Wahnsinn. Louise Bigarre. Sie war Zeugin meiner Schmach, sie wusch mir die schmähliche Wunde auf meinem Dragonerarsch, und ihr Gesicht war dabei ernst und gesammelt. Heute sage ich, ich wurde von einem Kerl an der Hüfte verwundet, aber von wegen Hüfte. Er hat mir den Fischspeer in den Hintern gestoßen, und die junge Französin, geschaffen für den Liebesgenuß, rieb mir den Hintern mit einem spritgetränkten Läppchen! Das kann ich nie vergessen! Wenn wir bis nach Paris kommen, werde ich sie suchen. Warum mag sie damals in der Moskauer Nacht so unerbittlich gewesen sein? Ob meine Wunde sie abgestoßen hat? Sie war wahrhaftig streng.

Ich versuchte mit Timoscha über sie zu sprechen, aber er schwieg sich aus.

Rastatt, den 5. Januar

Gestern hat Hauptmann Subow alle zu Gänsebraten mit Kohl nach unserer Art eingeladen. Die deutschen und belgischen Delikatessen hängen uns ziemlich zum Halse heraus, darum wollte Subow uns mal verwöhnen. Wie üblich fing es mit Wodka an, und dann tranken wir alles durcheinander, Champagner, Mosel und als Krönung Rumpunsch. Alle hatten glühende Augen, und die Zungen waren wie fremd. Der Frost hat nachgelassen, es schneit, nun kann endlich die Brücke fertig werden, und das hat natürlich auch alle aufgemuntert.

Subow hatte überraschend Damen zum Essen eingeladen, so daß wir uns ein wenig zurückhielten und Haltung annahmen. Es war die Hausfrau mit ihrer Tochter Reinhild und ihrer Schwester Ilse. Die Hausfrau ist an die Vierzig, nett, aber kalt, Strohwitwe und alles so was. Ilse mag dreiundzwanzig, vierundzwanzig sein, gute Büste, lachlustig und einer prickelnden Unterhaltung nicht abgeneigt, aber diese lachlustigen Mädchen sind, wie Major Aklitschejew feststellte, gewöhnlich schwer zugänglich wie die Alpenpässe, ihre Einfachheit ist vorgetäuscht, ihr Temperament nur Schein. Ganz anders Reinhild: sie kokettiert insgeheim, stichelt unauffällig, doch in die Tiefe, schlägt die Augen nieder, feuert aber manchmal unter den Wimpern hervor einen Schuß ab.

Während des Feldzugs habe ich viele Frauen gesehen, sie waren meist freigiebig mit vielsagenden Blicken, die nervösen Polinnen und die weichen Deutschen und alle andern, und Reinhild ist nicht besser als sie. Überdies, als ob ich nicht wüßte, wie sich unser Sehvermögen verändert unter der Einwirkung von Bratgans und Wodka! Timofej Ignatjew saß ihr genau gegenüber, er schien zu trinken, zu essen, bald mit dem einen, bald mit dem andern zu plaudern, doch ich sah, daß er nur für sie lachte, für sie die gleichmäßigen weißen Zähne zeigte, für sie die schwarzen Locken schüttelte, und wenn er das Glas hob, dann bog er den Arm so, daß sie sah, er prostete eigentlich ihr zu, und sie sah das auch alles, die Schelmin.

Und ich? Du mein Gott, ich habe noch gar keine Gelegenheit gehabt, auf meinem Gut im Pensaschen zu herrschen, es gehörig zu genießen, Kunststück, das wievielte Jahr schon weg von zu Hause! Wenn ich im Sommer in meinem Zimmer aufwachte, schoben sich durchs offene Fenster die Zweige des Apfelbaums, knarrend und duftend! Ich liege da, höre schon meine Lieben wirtschaften, Wassenka und Nastenka, und Prochor raschelt vor der Tür, kann sich noch nicht entschließen, mit dem Kaffee einzutreten, und die Vögel singen.

Rastatt, den 6. Januar

Sehr früh aufgestanden, noch ganz dunkel draußen, den üblichen Brief nach Hause geschrieben, dann Tee getrunken. Gerüchte: Talleyrand soll nach Basel gekommen sein, um zu verhandeln. Habe meine Kutsche Breshinski gegeben, er ist mit Scheffler nach Baden gefahren, um die Löhnung abzuholen. Las gegen Abend den Befehl des Kommandierenden betreffend den Übergang über den Rhein; darin hieß es, vor allem die Badener sollen die Franzosen gut behandeln, es gebe schon jetzt eine Unmenge Beschwerden. Mit den Unsern seien sie sehr zufrieden und nähmen sie gut auf. Breshinski trank vor der Abfahrt mit den Kameraden ein Glas guten Punsch auf die Reise und nahm noch eine Flasche von meinem ausgezeichneten Rum mit. Aklitschejew schickte mir, ich weiß nicht wofür, sechs Flaschen Champagner. Habe meine Reitpferde untersucht. Maltschik hat eine Beinverletzung. Ich ließ alle für den Feldzug neu beschlagen.

Rastatt, den 7. Januar

Massalow hat übermorgen Geburtstag, aber da wir am neunten über den Rhein gehen, haben wir schon heute gefeiert. Er gab uns ein vorzügliches Essen, ein Haufen Volk war da; unsere beiden, die nach Baden gefahren waren, kamen zum Essen zurück, es ging lustig und übermütig zu, wir bewarfen uns mit Brotstücken und Flaschenkorken, am meisten bekam der arme Parenzow ab.

Das erste Korps setzt morgen über, wir sind einen Tag später dran, und wir gehen nach Hagenau. Gerüchte: Lord Wellington habe die Franzosen aufs Haupt geschlagen, 10 000 Gefangene.

Abends wieder bei Massalow hereingeschaut. In allen Ecken wurde Karten gespielt. Zwei Tassen Tee getrunken und eine Tasse Punsch, dann still und leise zur Tür hinaus, und jetzt sitze ich im Morgenrock und schmiere Papier voll. Wann wird Gott uns mit Frieden beglücken? Bitten und beten wir nicht darum?

Ich weiß selber nicht, warum ich neuerdings dauernd an die Französin Louise denken muß. Mehr als anderthalb Jahre sind vergangen, ob das Biwaksehnsucht ist? Ich schließe die Augen und sehe sie deutlich: nicht sehr groß, glatt gekämmtes kastanienbraunes Haar, braune Augen, darin ein Teufelchen, ein erschöpftes, verschmitztes französisches Teufelchen, zurückhaltend. Die Situation war traurig damals, und wir alle waren nicht ganz bei uns, wer weiß, wie es sonst gekommen wäre.

„Na schön", sagte ich gestern gesprächsweise zu Subow, „wenn wir, geb's Gott, bis Paris kommen, werden wir französische Gräfinnen und Baronessen probieren." – „Die können es schon gar nicht erwarten", lachte Aklitschejew. – „Dann kommt es auf uns an", sagte ich, „sie werden zufrieden sein." – „Prjachin, dir macht das auch schon zu schaffen?" fragte Breshinski. Da fiel mir Louise ein, ich lachte und sagte mit geheimnisvoller Miene: „Ich kenne da eine Sängerin; wenn ich die finde, brauche ich keine Baronesse." Und zwinkerte Timoscha zu. Der reiche Mann aus Kaluga wurde verlegen, sagte aber nichts. Ich bin kein Freund von allen möglichen Verrücktheiten, und ich dachte mir, es wäre wirklich nicht schlecht, Louise zu treffen und eine Weile friedliches Pariser Leben zu genießen. Dieser Unsinn nistete sich ernsthaft in mir ein, und es wurde mir sogar zur Gewohnheit, mir beim Einschlafen vorzustellen, wie wir uns auf den Pariser Ruinen begegnen und was sie dabei für ein Gesicht macht. „Nun, eine Sängerin, das ist was anderes", sagte Aklitschejew, „denn auf Gräfinnen zu rechnen ist unseriös." – „Richtig", sagte Sievers, „wenn wir uns man nicht mit gewöhnlichen Flittchen begnügen müssen." Und weiter in diesem Sinne, die übliche Scheinigelei zur Nacht.

Der Tisch ist schon gedeckt, ich muß noch etwas essen vorm Schlafen.

Rastatt, den 8. Januar

Heute morgen habe ich so schneidende Leibschmerzen, daß ich mich nicht erinnern kann, je derart gelitten zu haben. Habe Wein mit Muskatnuß und vier Tassen überstarken Tee ohne Sahne getrunken, aber das half nicht, und ich habe mich bis zum Mittagessen gequält. Dabei muß ich mich auf morgen vorbereiten. Die Brücke ist wegen des Tauwetters noch immer nicht fertig, und das Wasser ist gestiegen, aber unser erstes Korps hat bereits auf Booten übergesetzt, die Kavallerie auf Fähren.

Gerüchte: der Gossudar soll schon am 1. Januar den Rhein überquert haben, und das ist großartig, denn vor Jahresfrist am gleichen Tag überquerte er den Neman und jetzt den Rhein. Wir speisten zu Hause, und meine Hausfrauen behandelten mich mit bitteren Konfitüren, bitteren Likören und verboten mir, bestimmte Dinge zu essen, aber als ich vom Tisch aufstand, war ich dicksatt und bedeutend gesünder als beim Hinsetzen.

Abends kamen Ignatjew und Scheffler vorbei, später auch Aklitschejew. Wir tranken ein Täßchen Punsch, um den Magen zu kräftigen, und plauderten über das Glück des friedlichen Landlebens im Kreise der lieben Familie, wir baten Gott um wohltätigen Frieden und süffelten unbemerkt ein zweites und drittes Täßchen. Timoscha hat mir alles verziehen, und ich bemerke sogar eine gewisse Betretenheit bei ihm, daß er mich damals nötigte, mich in solch einer Zeit mit ihm zu schlagen.

Gewiß, wir denken über viele Dinge verschieden, und er ist seinem Temperament nach ein hitziger Anhänger von Aklitschejews verrückten Projekten, aber er ist herzlich, gutmütig, bereit, dem Freund sein letztes Hemd zu schenken, und das ist die Hauptsache, das andere gibt sich. Ich bemerkte, daß ihre Partei sich weniger um Rußland erregt als um das eigene Rechthaben; sie bemühen sich für sich selbst, während wir doch wollen, daß Rußland blühen soll, so wie es ist, nicht nach den kleinen französischen Maßstäben. Wenn wir Bonaparte in die Knie zwingen, wie wird's dann bei uns aussehen! Dann leben wir!

Lauterburg, den 9. Januar

Wir haben den Rhein überschritten und ziehen durch Frankreich! Wer hätte zu Beginn des Krieges gedacht, daß wir in Nachahmung der Feinde so weit kommen würden? Du mein Gott, welch ein Glück! Gestern waren wir noch in Rastatt und verabschiedeten uns von unseren Hausfrauen, von Ilse und Reinhild. Gottlob ging alles gütlich aus, und niemand hat Grund zu trauern. Timoscha beugte sich hastig über Reinhilds Händchen, wandte sich ab und ging zum Pferd, ohne sich nochmals umzusehen, den Kopf hoch erhoben, wie es seine Art ist. Für mich, einen Familienvater von fünfundzwanzig, ist es schon zu spät, mich so zu verlieben, aber wer weiß, was zwischen ihnen war.

Gestern unternahmen wir eine kurze stürmische Attacke auf eine Hundertschaft versprengter wahnsinniger Dragoner. Wir schlugen sie verwegen und zerstreuten sie, aber danach fehlte Djakow. Friede seiner Asche. Wie schnell das geht! Wenn wir sämtliche Gefallenen von uns zählen, ergibt sich ein schreckliches Bild; lieber nicht zählen, man mag nicht. Timofej Ignatjew war von Blut überströmt, und wahrscheinlich, um seine Erregung niederzukämpfen, saß er langsam ab und machte sich lange mit dem Steigbügel zu schaffen. Wir standen um ihn herum, aber dann stellte sich heraus, es war fremdes Blut.

Abends erreichten wir Saarburg und fielen in dem uns zugewiesenen kalten und düsteren Zimmer buchstäblich ins Bett. Sogleich träumte ich von Louise. Natürlich war ich ein großer Dummkopf und viel zu überheblich, wenn ich damit rechnete, gleich mein erstes Wort würde Madame Bigarre um den Verstand bringen, und sie wäre mein. Nein, so etwas gibt es nicht. Eine Frau kann einem nicht gleich beim ersten Kompliment offen entgegenkommen. Man muß warten können und schmeichelnd und ohne Hast attackieren. Sie hatte ja Signale ausgesandt, aber ich hatte sie nicht verstanden. Was für Signale? Läßt sich so etwas beschreiben? Eine Zufallsgeste, eine Bewegung des Fingers oder der Augenbrauen, ein Tonfall, ein rascher Blick, scheinbare Kälte, Wärme, die sich zwischen uns ausbreitet, was ist das alles? Keine Farbe, kein Geschmack.

Wenn ich mich jetzt all der Kleinigkeiten entsinne, sehe ich deutlich, daß ich ihr nicht gleichgültig war, und wer weiß, was gewesen wäre, hätte ich mehr Geduld und Sanftmut besessen. Aber was phantasiert man auf solch einem verfluchten Biwak nicht alles zusammen!

„Sie hat sich in einen Moskauer Herrn verliebt", ließ Timoscha mich lässig wissen. „Er gab uns Essen und Unterkunft, und sie hat sich in ihn verliebt." – „Kannst du dir vorstellen", sagte ich, „daß wir sie in Paris treffen? Wäre doch schön, sie ist fast eine Verwandte." – „Und ob", lachte er, „solche Umschläge, wie sie dir verpaßt hat, verbinden doch." Er zog den Kopf ein und vertiefte sich in seine Lektüre beim Schein einer Kerze.

Nancy, den 14. Januar

Um die erste Mittagsstunde zogen wir in die große und schöne Stadt Nancy ein. Man sagt, daß sie Paris nur an der Einwohnerzahl nachsteht, nicht aber was die Lage und die schönen Gebäude angeht.

Heute morgen herrschte herrlicher russischer Frost, doch gegen Mittag kam die Sonne heraus – Frankreich! Wir gingen in der Stadt spazieren und bestaunten ihre Schönheit sowie die vielen Bettler, und die zerlumpten Bengels schrien bei unserm Anblick: „Vive bon roi Alexandre!" Timoscha lachte und sagte zu ihnen: „Ach, ihr Verräter! ‚Vive Napoléon!' müßt ihr rufen."

Gerüchte: Blücher sei gestern von Napoleon angegriffen und sogar aus Brienne vertrieben worden, habe dann aber, verstärkt durch das Korps Sacken, dem Bösewicht tüchtige Schläge versetzt, Brienne wieder genommen, ein paar Geschütze erbeutet und Gefangene gemacht. Wir glauben, daß es morgen ein größeres Gefecht gibt. Gott sei uns gnädig.

Charmont, den 25. Januar

Mein Gott, wie ist dieses Land verwüstet! Es gibt nichts. Die Nachtlager sind grabeskalt. Kein Vergleich mit Deutschland. Hier ist alles finster und scheußlich. Nur mühsam haben wir diesen Flecken erreicht. Vor Kälte will mir nicht in den Kopf, was ich schreiben soll. Hier wird ein Übergang über die Seine geschlagen, und mit Gottes Hilfe sind wir morgen am anderen Ufer. O weh, wieviel Flüsse werden wir überqueren müssen, um in die Heimat zurückzugelangen! Die Franzosen sind nicht zu beneiden, sie verdienen wahrhaftig weder Lob noch Nachahmung.

Da wir die Kälte nicht aushielten, machten wir uns auf die Suche nach Scheffler und fanden bei ihm alle unsere Leute am Kamin. Diese französischen Kamine, der Teufel soll sie schinden, wärmen kein bißchen, alles nur Schein, doch wenn sich alle vor dem Feuer zusammendrängen, wird es wärmer. Wir setzten uns dazu, dann gab es auch Essen und Wodka, so daß sich die Stimmung ein wenig hob und wir ewig hätten so sitzen können, wäre nicht das Gespräch wieder darauf gekommen, wer besser ist und wo es besser ist und wer welche Vorzüge hat und wieder von der russischen Sklaverei! Was für eine Sklaverei, ihr Dummköpfe?

Finster und schweigend kehrten wir in unser Quartier zurück. Wir tranken eine halbe Flasche Wodka aus und legten uns schlafen, solange die Wärme noch anhielt. Vor dem Einschlafen sagte ich zu Ignatjew: „Hör auf einen alten Haudegen, quäle nicht dein Pferd, wozu schleppst du solch einen Büchersack mit dir herum? Ich lese auch gern, aber jetzt ist Krieg." Er winkte ab, aber vielleicht kam es mir nur so vor.

Mairy, den 29. Januar

Die Seine ist so schmal und dreckig, daß ich sie mit keinem unserer Flüsse vergleichen mag. Wir liegen schon den zweiten Tag fest. Wir haben ein miserables Bauernhaus, die Tür direkt zum Hof, ohne Diele, die Hausleute haben gar nichts, wir belagern den Kamin. Die Hausfrau ist strohdumm und der Hausherr ein Grobian, ich habe ihn mit Gewalt gezwungen, den Hut abzunehmen.

Château Pont-sur-Seine, den 31. Januar

Gestern gab es ein heißes Gefecht! Die Avantgarde unter Pahlen schlug sich den ganzen Tag bei Nogent, und es ging schon auf den Abend, als es ihr gelang, die Hälfte des Ortes bis zur Brücke zu nehmen. Das 25. Jägerregiment hatte starke Verluste, und der Kommandeur desselben, Obrist Wetoschkin, ein ruhmreicher, tapferer Offizier, ist gefallen; schade, sehr schade, er hinterläßt eine Familie, eine Frau.

Und nun sind wir in dem Schloß, in dem Lätitia lebte, Napoleons Mutter, aber das Schloß zeigt keinerlei Pracht, es ist leer und verwahrlost und kaum bewohnt. Es wäre besser gewesen, uns in einem einfachen Bauernhaus einzuquartieren, wo wir wenigstens von den Hausleuten etwas bekommen könnten; hier gibt es kein Stück Brot und gar nichts. Im Schloß ist alles zerschlagen und zerbrochen, ein paar Porzellanteller sind da, sehr gewöhnlich. Madame Mutter Bonaparte hat wohl alles mitgenommen.

Bei Nogent bekam Scheffler einen Granatsplitter in die Seite und wurde weggebracht. Ich will nicht murren, ich trauere still und bete zu unserm Gott, er möge mich bewahren für Nastenka und Wassenka und meinen dritten, Georgi, welcher dermaleinst zum Ruhme Rußlands beitragen soll.

Timofej Ignatjew läuft mit einem Kopfverband herum. Er hat schon lange nicht gelächelt wie damals bei Reinhild. Wem sollte er auch zulächeln und warum? Erstaunlich, wie gleiche Umstände alle gleichmachen. Ich habe mich von Kind an auf dem Acker abgeschunden, jedes Stück Brot war knapp, während Timoscha Fettlebe hatte, doch jetzt sind wir alle gleich – dreckig, mürrisch, beten insgeheim ums Überleben, um Heimkehr. Ludwig der Achtzehnte hat eine Proklamation an das französische Volk erlassen, also ist Bonaparte wohl endgültig im Ruhestand!

Heute früh mit einem Gefühl der Freude aufgewacht. Warum? Allmählich fällt mir der wunderschöne Traum wieder ein: Ich erwache in meinem Hause, kein Krieg. Ich spinne die Phantasie weiter: Ich liege im weichen warmen Bett, die Fenster stehen offen, der vorjährige Apfelbaum schaut ins Zimmer. Er trägt Blüten. Also ist wohl Frühling.

Eine Wonne! Die Hand ist zu faul, nach der Schnur zu greifen, aber es muß sein. Prochor bringt heißen Kaffee mit Sahne und knuspriges Weißbrot. Bienen summen. „Wie spät?“ frage ich. Schon acht. Der ganze Tag liegt vor mir. Durchs Fenster höre ich Nastenkas Stimmchen. Gleich stehe ich auf, gehe auf die Veranda und küsse sie auf die Stirn. Die Blumenbeete vor der Freitreppe wachsen zu, ich muß sie jäten lassen, ich muß nach dem Hundezwinger schauen, viel zu tun. Anna erwartet mich zum Tee und errötet, sobald ich mich zeige. Mit ihren zweiundzwanzig sieht sie aus wie eine Achtzehnjährige. „Warum wirst du rot?“ frage ich verschmitzt. – „Ich werd ja gar nicht rot“, flüstert sie, wird dabei noch röter und wirft Blicke zu den Kindern.

Es geht doch nichts über den eigenen Hausstand! Wo ist das alles jetzt? Warum bin ich im Schloß der Lätitia Bonaparte auf einer kalten Bank aufgewacht, und was werden unsere findigen Burschen zum Frühstück auftreiben? Ich weiß es nicht, vielleicht muß ich wieder Hering und Rührei essen. Und was morgen sein wird, das kann niemand wissen.

Wenn wir nur bald in Paris wären. Dann könnte ich getrost sagen, daß mir der Apfelbaum nicht von ungefähr geträumt hat. Barmherziger, gib uns den Frieden!

Timoscha, hier fehlt im Tagebuch ein großes Stück, entschuldige. Du wirst dich erinnern, wir hatten anderes zu tun, als Notizen zu machen. Ich schließe noch ein paar für mich betrübliche Blätter bei, aber das ist Vergangenheit. Ich hoffe, wenn wir uns sehen, werden wir die Erinnerungen auffrischen.

Paris, den 11. Mai

Ich habe lange nicht zum Tagebuch gegriffen. Fühle mich als Pariser. Endlich ernähren wir uns normal, und das Leben ist schön. Paris ist eine fröhliche Stadt, doch dreckig. Dauernd möchte ich Aklitschejew fragen: Was wollt ihr verändern? Was Rußland lehren? Bei uns wäscht sich manch Leibeigener sauberer als hier die freien Bürger. Aber du mein Gott, ich habe das Schreiben nicht wieder aufgenommen, um politische Rechnungen zu begleichen.

Vor drei Tagen passierte eine merkwürdige, um nicht zu sagen, entsetzliche Geschichte. Timoscha sagte mir vor einer Woche, er habe Louise Bigarres Spur gefunden mit Hilfe eines Franzosen. Wo er den ausgegraben hat, weiß ich nicht. Kurz und gut, es spann sich ein Fädchen in der Pariser Hektik, und ich lief eine Woche lang ganz wirr vor Erwartung herum. Ein paar Tage später erschien bei mir Timoschas Bursche mit der Meldung, sein Herr erwarte mich morgen, das heißt, vor drei Tagen, am Ende des Boulevards des Gobelins vor der Kirche um fünf Uhr nachmittags. Ich hin. Zugegeben, mit Zittern und Zagen. Ignatjew war schon da, allein, mit hoch erhobenem Kopf nach seiner Gewohnheit, er sah mich geheimnisvoll blinzelnd an.

Die Situation war höchst erfreulich: Sie hatte Timoschas Nachricht bekommen und ihn sogleich zu einem Treffen eingeladen. Über mich hatte er sich ausgeschwiegen, genauer gesagt, er hatte geschrieben, er werde mit einem Begleiter kommen, den sie von Moskau her kenne, ich hatte also die Rolle der Überraschung zu spielen. Zugegeben, alle möglichen Zweifel beschlichen mich. „Und wenn sie mich nicht erkennt, nicht erinnert?“ fragte ich vorsichtig. „Kannst du dir vorstellen, wie dumm ich dann aussehe?“ Aber Ignatjew war so hingerissen von seiner Inszenierung, daß er meinen Worten keine Bedeutung beimaß.

Wir gingen die schmutzige Rue Mouffetard hinauf, sprangen hinweg über Pfützen und Müllhaufen und mächtige faule Hunde mit gutmütigen blauen Augen mitten auf der Straße. Erstaunlich, dieses Chaos in Nachbarschaft mit den üppigen Schaufenstern! Da habt ihr eure Konstitution.

Wir überquerten einen ebenso dreckigen Hof, stiegen die Vortreppe hinauf und klopften an eine schöne Eichentür. Sie tat sich auf, und ein nettes junges Stubenmädchen mit Häubchen führte uns eine knarrende Treppe hinauf. Vor Erregung hämmerte mein Herz, und die Zunge war wie aus Holz. Jetzt gleich, dachte ich, erscheint Louise und schreit auf und fällt Timoscha um den Hals, und mich erkennt, erinnert sie natürlich nicht, und ich stehe abseits, ärgerlich, daß ich es gewagt habe, ungebeten zu kommen, ich erröte vor Schmach und bin wütend auf die ganze Welt. Ich berührte Timoscha am Arm und fragte: „Hör mal, ob das gut ist, daß ich ohne Einladung komme? Du mein Gott, und wenn sie sich nicht erinnert?“ – „Du bist verrückt“, flüsterte er, „kann man deine Wunde vergessen?“ Die Erwähnung dieser schmählichen Wunde verwirrte mich vollends.

Wir wurden in ein großes schummriges Zimmer geführt und mußten warten. Louise erschien ganz plötzlich, und sie sah genauso aus wie in der Moskauer Zeit, mir schien sogar, daß sie dasselbe Kleid trug, als ob sie eben aus Moskau käme und sich noch nicht umgezogen hätte. Sie war ebenso verwirrt wie wir, doch sie schrie nicht auf, fiel Ignatjew nicht um den Hals, aber sie strahlte und küßte ihn auf beide Wangen, dann sah sie mich an, ihre Augen erloschen; ihr Interesse glitt ab, und sie reichte mir die Hand. Ich errötete noch stärker, weil alles eingetroffen war, Timoscha aber zwinkerte mir zu und sagte zu Louise: „Schauen Sie sich ihn nur genau an, Louise“ und lachte. Sie lächelte mir höflich zu und sagte: „Ich erinnere mich, Sie sind der russische Offizier, der in Moskau verwundet wurde, ich freue mich sehr, Sie lebendig und gesund zu sehen." – „Aber das ist doch Prjachin, Prjachin", sagte Timoscha laut lachend. „Prjachin ist es!" Ihre Augenbrauen flogen hoch. „Ja, Prjachin, gewiß", sagte sie zerstreut und blickte Ignatjew an. An allem war zu sehen, daß sie einen andern erwartet hatte. „Ich habe mich sicherlich sehr verändert seit damals", sagte ich, um ein wackeres Aussehen bemüht, aber das Blut schoß mir in den Kopf von der Blamage.

Ignatjew redete eifrig auf sie ein, wie wir in dem verdammten Garten zusammen gelebt hatten, aber ich hörte fast nichts. Auf einmal lachte sie und sagte: „Mir kam eben der Gedanke, Sie hätten diese gewaltigen Entfernungen zurückgelegt, nur um mich zu sehen." – „Nun ja, nun ja", sagte Timoscha eilig, „weswegen sonst?" – „Sie sind verstimmt?" fragte sie mich. – „Bedaure", sagte ich, „aber ich muß gehen. Dringende Angelegenheiten." Ich knallte die Hacken zusammen, als wäre nichts gewesen. Sie ließ Wein und Käse bringen und erzählte, wie sie durch den russischen Schnee flüchtete und noch so etwas, doch ich verbeugte mich zum Abschied und fand sogar die Kraft, ihr die Hand zu küssen.

Gestern war ich den ganzen Tag nicht ganz bei mir wegen diesem Blödsinn, als wäre ich von Falschspielern ausgeplündert worden. Heute früh beim Aufwachen dachte ich, daß sie gar nicht so hübsch sei, wie es auf den ersten Blick scheinen mochte. Zu mager, das ist es.

So war das, mein liebenswürdiger Freund. Es gibt auch bittere Erinnerungen. Wie habe ich damals gelitten, und heute kann ich mich gar nicht mehr an sie erinnern. Ob sie noch lebt?

Ich würde gern ein Briefchen von Dir bekommen, wie Du über das Ganze denkst. Wir sind ja nur noch zu zweit. Du und ich. Wer weiß, wo die andern stecken. Mir scheint, ihr Fehler bestand darin, daß sie immer nur an sich dachten. Angeblich an Rußland, in Wirklichkeit aber nur an sich. Du mein Gott, wieviel Kibitken und Fuhrwerke sind in die sibirischen Weiten gerollt! In Petersburg herrscht Ruhe und allgemeine Erstarrung.

Ich umarme Dich, mein lieber Timoscha. Mit den besten Grüßen an die Deinen immer Dein

Prjachin.

Sankt Petersburg, den 5. Februar 1827

Mein lieber Freund Timoscha!

Es kann doch nicht sein, daß Du mir zürnst. Du bist ein aufrichtiger und geradliniger Mensch und würdest nicht so tun, als wärst Du mir nicht böse, wenn Du es ja doch bist. Statt Dich jetzt auszuschweigen, hättest Du es mir lieber damals in der Postkutsche sagen sollen, und unsere Wege würden sich getrennt haben. Ich schreibe und schreibe und immer ins Leere. Was soll ich davon halten? Habe ich Dich etwa mit meinem Geschreibsel verärgert? Aber das ist doch unsere kurze ruhmreiche Vergangenheit, alles, wie es war. Du mein Gott, habe ich etwa je geheuchelt? Jetzt, da von allen nur wir beide übriggeblieben sind, müssen wir noch mehr zusammenhalten und kleine Verärgerungen, wenn es welche gibt, als Unsinn betrachten. Vielleicht treffen wir uns mal und sprechen uns aus? Also schreib, dann eile ich sofort zu Dir, und wir reden in Ehren über alles wie Brüder. Ich bin im Ruhestand und habe genug Zeit und brauche keinen zu fragen.

Erlaube mir, Dich wie früher zu umarmen,

Dein Prjachin.

Sankt Petersburg, den 16. Mai 1827

Liebwerter Herr Timofej Michailowitsch!

Ich kann nicht mehr bezweifeln, daß Sie sämtliche Beziehungen zu mir endgültig abgebrochen haben, ungeachtet Ihrer heißen Beteuerungen. In Bedauern darüber bitte ich Sie, mir möglichst bald meine nichtigen Werke zurückzusenden, die ich Ihnen aus aufrichtiger Gewogenheit schickte.

Prjachin.

An Seine Hochwohlgeboren Herrn Obristen Prjachin
in Sankt Petersburg, Sergijewskaja-Straße,
im Hause Pusyrjow.

10. Juni 1827

Liebwerter Herr!

Am 20. Juli vergangenen Jahres hat der Ihnen bekannte Timofej Michailowitsch Ignatjew auf seinem Gut Lipenki, 29 Jahre alt, seinem Leben ein Ende gesetzt.

Was ihn zu dieser unglaublichen und entsetzlichen Besiegelung seines Schicksals getrieben und für wessen Sünden er bezahlt hat, werden wir, die ihn so liebten, niemals, niemals erfahren, so wie es uns niemals gegeben sein wird, zu begreifen, inwiefern diese blutige Wunde in unserem Herzen nach dem Willen der Vorsehung für alle Zeiten mit Ihrem (ich bin sicher, daran völlig unbeteiligten) Namen verbunden sein wird.

B. Wolkowa.

Saloslowo, September 1979 – Februar 1983

Okudshawas literarische Neusicht des Napoleon-Phänomens

„Ach, Du blaues Kügelein,
Du trauriger Planet!
Was nur brockten wir Dir ein?
Warum? Wer hats gesät?
Immer trampeln wir in Blut,
Und es könnt' doch sein …
Daß der Liebesströme Flut
Dich umspült allein!"
Bulat Okudshawa

„Die Revolution
hat den russischen Schriftstellern dazu verholfen,
sich von den alten Formen zu befreien.
Der (alte) Roman zersetzt sich vor unseren Augen.
Es handelt sich um die Ablösung einer Kunstform
durch eine andere …
Wenn man mit der Geschichte begann, so nur deshalb,
weil mit Vergangenem fertig zu werden leichter ist …
Die klassische Struktur des Romans führt heute
leicht zu sklavischem Verehren der Wirklichkeit …
Von einem ‚Krieg und Frieden' zu träumen, wäre heute töricht.
Solch ein Werk könnte heute weder in Rußland
noch im Westen geschrieben werden …"
Ilja Ehrenburg (1930)

„Unter anderem sind bei uns unmerklich echte
und künstlerisch wertvolle
historische Romane entstanden …
Unsere jungen Künstler des Wortes
haben gute Vorbilder erhalten,
an denen sie lernen können,
über jene Vergangenheit zu schreiben,
die nicht so weit zurückliegt …,
ihr jedoch in vielem verwandt ist –
ich meine die unmittelbare Vergangenheit …"
Maxim Gorki (1930)

Die Gestalt Napoleon Bonapartes geistert als historische Persönlichkeit und als literarisches Phänomen nunmehr schon bald zwei Jahrhunderte durch die Geschichte. Nicht zuletzt auch durch die russische Literatur seit Puschkin. Napoleons kometenhafter Aufstieg zum jakobinischen Revolutionsgeneral, zum Ersten Konsul, zum Kaiser von Frankreich und zum Beherrscher Europas wurde und wird in einander ausschließenden Interpretationen als Modellfall für die bürgerliche Emanzipation der Persönlichkeit, als warnendes Beispiel für skrupelloses Machtstreben und hinterhältigen Verrat an den humanistischen Revolutionsidealen von Freiheit, Gleichheit, Brüderlichkeit oder als allgemeinmenschliche, ewige Parabel über Hochmut und Fall wahnwitziger Übermenschen sowie als Mahnmal für das Kommen und Gehen Apokalyptischer Reiter, des Antichrists und des nahenden Jüngsten Gerichts geschildert.

Puschkin handelte das Napoleon-Phänomen in „Pique-Dame" (1834) mit der Geschichte von dem Glücksritter Herman ab, der sein Schicksal, die große Karriere, in der Magie des Kartenspiels suchte. Dieser russische Offizier deutscher Herkunft „mit dem Profil Napoleons und der Seele Mephistopheles'" schreckt bei der Verfolgung seines imaginären Ziels auch vor einem Mord nicht zurück, doch er kommt um den Verstand, als eine Karte nicht sticht und ihm die Vision des rächenden Geistes der Ermordeten den trügerischen und verbrecherischen Charakter seiner Napoleonidee bewußt werden läßt. „Zwei Ideen", resümiert Puschkin, denn die napoleonische Emanzipationsidee ist mephistophelischer Trug und Selbstbetrug, „können nicht gleichzeitig unbeweglich in einer sittlichen Natur existieren." Und er glaubte, daß die aus dem Westen importierte Napoleonidee in Rußland keinen Boden finden werde, eine zufällige und vorübergehende Sinnverwirrung sei wie die des manischen Herman.

Gogol sah dagegen bereits „das Genie Napoleons“ in dem urständigen russischen Gauner Tschitschikow auf ganz andere Art aufleuchten. Und dieser Tschitschikow fährt auf dem Bock in der symbolischen russischen Troika, mit deren visionärem Sturmlauf das erste Buch der „Toten Seelen“ (1835–41) schließt: „Fliegst nicht auch du, Rußland, wie eine schnelle Troika ...?“ fragt Gogol. „Was bedeutet diese erschreckende Bewegung? Was für eine unbekannte Gewalt liegt in diesen von der Welt noch nie gesehenen Rossen? ... Was seid ihr für Rosse! Sitzen Wirbelstürme in euren Mähnen? ... Rußland, wohin fliegst du? Gib Antwort! Es gibt keine Antwort ... Es dröhnt die in Stücke zerrissene Luft und wird Wind; alles auf Erden fliegt vorbei, und alle anderen Völker und Staaten treten zur Seite und weichen aus ...“

Lew Tolstoi suchte in „Krieg und Frieden“ (1863–69) die Napoleonfrage für Rußland auf der Grundlage einer vielschichtigen Darstellung der Epoche Napoleons I. ein für allemal zu klären. In seiner historischen Ortung erweist sich Napoleon als ein apokalyptisches Werkzeug der Geschichte. Und wie der russische Bauer, geführt vom patriarchalischen Adel, diesen „bösen Geist“ 1812 vertrieb, so hoffte er auch damals auf eine Lösung aller nationalgeschichtlichen Widersprüche durch eine Interessenverbindung dieser beiden Klassen. Aber als Tolstoi diese Konzeption entwickelte, wußte er auch schon um deren Fragwürdigkeit. In einem Brief an Herzen hatte er bereits am 26. 3. 1861 bekannt: „Wenn eine Seifenblase der Geschichte für Sie und für mich geplatzt ist, so ist das auch ein Beweis, daß wir schon eine neue aufblasen, die wir selbst noch nicht sehen. Und diese Blase ist für mich die feste und klare Kenntnis meines Rußlands ...“

Im Werk Dostojewskis wurde das Napoleon-Phänomen zu einem Hauptmotiv, zur Grundlage aller seiner Doppelgängergeschichten und -gestalten. Nachdem er 1848 als revolutionärer Demokrat und utopischer Sozialist ähnlich wie sein damaliges Idol George Sand noch auf eine Synthese von Napoleon und Christus gehofft hatte, sah er, desillusioniert von den Ergebnissen seiner eigenen revolutionären Tätigkeit und von denen der französischen Revolution des Jahres 1848, in der Napoleonidee eine teuflische Versuchung, die er als Dilemma und Konsequenz dieses revolutionären Aufbruchs verallgemeinerte. Doch dieses Napoleonbild gründete sich letztlich auf den Epigonen des großen Korsen, auf Napoleon III. Diesen Bonapartismus schätzte Dostojewski ähnlich wie Friedrich Engels ein, der ihn 1851 als die Herrschaft einer „Lumpenbande" charakterisierte. Und das Aufkommen solch eines Bonapartismus im Gefolge der Zersetzung des zaristischen Rußland wurde Dostojewskis Alptraum.

Dostojewskis Aspekt beherrschte für lange Zeit die weitere Auseinandersetzung um das Napoleon-Phänomen in der russischen Literatur. Selbst Gorki warnte in den Revolutionsjahren unter direktem Bezug auf Dostojewskis Quellen besorgt vor „sozialistischen Napoleons". Alexej Tolstoi schilderte im „Leidensweg" den Traum des Revolutionsgenerals Sorokin von einer Wiederholung des „leuchtenden Geschicks Napoleons, der es verstanden hatte, vom Jakobinertum eine Brücke zum Kaiserreich zu schlagen". Und dieser Napoleonkandidat erweist sich bei A. Tolstoi analog zu Dostojewskis Raskolnikow als „eine Laus".

Erst Ilja Ehrenburg wendet sich in „Die Verschwörung der Gleichen" (1928) wieder dem ursprünglichen Napoleon-Phänomen zu. Auf Grund seiner eigenen Revolutionserfahrungen bemüht er sich, zwischen den Revolutionsidealen und dem Bonapartismus zu differenzieren. Napoleons Aufstieg ist in seiner Darstellung des Scheiterns der Verschwörung der Gleichen unter dem utopischen Kommunisten Babeuf keine Konsequenz der Revolution, sondern deren Beendigung, ein Triumph der Restauration.

I

Die anhaltende und wechselvolle literarische Napoleonrezeption gründet sich letztlich auf den Modellcharakter, den die Große Französische Revolution für die Lösung der gesellschaftlichen Widersprüche im vorrevolutionären Rußland hatte. Lenin, der im Juni 1917 selbst als Tagesaufgabe die Frage erörterte, in welcher Weise die Arbeiterklasse die Rolle der Jakobiner in der russischen Revolution zu erfüllen habe, hat diese Zusammenhänge genau beschrieben: „Jenes Jahrhundert, das der ganzen Menschheit Zivilisation und Kultur gebracht hat, verlief unter dem Zeichen der Französischen Revolution. Es hat überall in der Welt … versucht, in Etappen durchzusetzen, zu verwirklichen und zu vollenden, was die großen französischen Revolutionäre geschaffen haben."

Von diesem Aspekt ging auch Okudshawa ursprünglich bei seiner Neusicht des 19. Jahrhunderts aus. In seinem Gedicht „Wie ich im Sessel des Zaren saß" (1962) schildert er sich selbst als Schauspieler in der Rolle Pauls I., jenes Zaren, mit dessen Tode die Epopöe und Tragödie seiner späteren Romanhelden Swetschin und Wolkowa in „Begegnung mit Bonaparte" beginnen sollte. Als Paul I., träumte der junge Okudshawa, hätte er gern noch zu einer Jakobinerrevolution aufgerufen, die Aristokraten an die Laternen gewünscht, denn, so betont er: „Ich sehe durch das ganze Jahrhundert, ich weiß, *was* ich sage!“ Aber obwohl er die Zukunft kennt, folgt er der vorgeschriebenen historischen Rolle. Als Paul I. kann er nicht rebellieren.

Der Okudshawa dieser Verse ist noch dem Swetschin des Jahres 1801 in vielem geistig sehr verwandt. Auch in seinem ersten historischen Roman „Der arme Awrossimow oder Die Abenteuer eines Geheimschreibers“ (1965–69) über den Prozeß gegen den Dekabristenführer Pestel stellt Okudshawa noch diese Revolutionsvision heraus. „Ein Schluck Freiheit“ hatte er sein Dekabristendrama aus dem Jahre 1963 genannt. Unter diesem Titel erschien auch die Buchausgabe des „Armen Awrossimow“ 1971. Doch der nachdenklich gewordene historische Analytiker prägt bereits die künstlerische Weltsicht des Romans. Die Jakobinerideen der Dekabristen werden an ihrem Verhältnis zu dem „kleinen Mann“, den „armen Leuten“ gemessen, die sie erreichen und befreien sollen. Und schon stellt sich im historischen Raum die bange Frage: „Was hätte ein erfolgreicher Dekabristenaufstand zeitigen können, eine revolutionäre Militärdiktatur mit dem Napoleonkandidaten Pestel an der Spitze?“

Der von seinen jugendlichen Jakobinerillusionen geheilte Swetschin resümiert: „Die Sklaven müssen befreit werden, aber dazu ist es nicht erforderlich, die Könige zu guillotinieren ...“ Und nach der Einkerkerung der Dekabristen bedauert er zwar „die unglücklichen Menschen, die sich imstande wähnten, den Lauf der Geschichte zu verändern“. Aber mit ihm fragt zugleich der Autor: „Zerstören ist leicht, aber was dann?“

Der Okudshawa der „Begegnung mit Bonaparte“ (1979–83) durchschaut das ganze Jahrhundert bedeutend tiefer und differenzierter als der lyrische Rebell des Jahres 1962. Und wenn er deshalb auch genauer weiß, *was* er sagt, so ist er doch weit davon entfernt, alte Kanons durch einen neuen zu ersetzen. Der Verfasser dieses Romans ist kein allwissender Romanautor und gibt sich auch nicht den Anschein, es zu sein. Zusammen mit seinen Romangestalten, die aus ihren persönlichen Erfahrungen nur einzelne Aspekte des sehr vielschichtigen Napoleon-Phänomens erfassen, und durch den Bewußtseinsbildungsprozeß dieser Zeitgenossen Napoleon Bonapartes bemüht sich Okudshawa, den springenden Punkt des Zeitalters und des Bonapartismus aufzuspüren. Er findet und bietet keine umfassende und endgültige Auflösung dieses Phänomens. Aber seine Sicht des alten großen, für die neuere Menschheitsgeschichte entscheidenden Themas vermittelt neue Aspekte und Impulse bei der weiteren Suche nach diesem springenden Punkt.

Als Ilja Ehrenburg 1930 davon sprach, daß sich die klassische Romanstruktur des 19. Jahrhunderts zersetzt habe und im 20. Jahrhundert kein realistischer Roman mehr nach dem Strukturmuster von „Krieg und Frieden“ entstehen könne, deckte er den Widerspruch zwischen der neuen Welterfahrung und den traditionellen Romanformen auf: Die „schönen Romane“ des 19. Jahrhunderts mit ihren Harmonieschlüssen erwiesen sich angesichts der geschichtlichen Entwicklung, die anders verlief, als es sich die Schulweisheiten des 19. Jahrhunderts hatten träumen lassen, als illusionär. Sie wurden, wie Bulgakow in dem Bürgerkriegsroman „Die Weiße Garde“ (1923/24) bei seiner Neusicht der Harmonielösungen in „Krieg und Frieden“ und Puschkins „Hauptmannstochter“ feststellte, zu „Schokoladenbüchern“.* Diese überholten Romanformen waren für die künstlerische Bewältigung

* Näheres im Nachwort zu: M. Bulgakow, Die weiße Garde, Berlin 1969 und 1980

des sich anders darbietenden Lebens untauglich geworden. Weiterhin als ein Prokrustesbett angewandt, mußten sie Naturalismus und Schönfärberei zeitigen. Als realistischen Ausweg aus diesem Dilemma stellt Ehrenburg daher in der Romandebatte des Jahres 1930 „die Arbeit am faktischen Material" heraus.

Diesen Weg hat auch Okudshawa beschritten. Er ist in vielem der Neusicht der Vergangenheit vergleichbar, mit der Gorki im „Klim Samgin" – den Okudshawa nicht zufällig als Gorkis „bestes und bleibendstes Werk" einschätzte – das vorrevolutionäre Rußland aus nachrevolutionärer Erfahrung künstlerisch neu erschlossen hat. Für „Begegnung mit Bonaparte" sind daher in vielem auch Pasternaks überraschende Beobachtungen bei der Lektüre des „Samgin" zutreffend, daß eine eigentlich bekannte und auch literarisch bereits gestaltete vergangene Epoche wie ein versunkener Erdteil von verschiedenen Seiten gleichzeitig ausgegraben werden muß, um ihren springenden Punkt zu erfassen, da diese Epoche „in ihrem neuen, jetzigen Zustand, als vergessene und verlorene Genesis der heutigen Welt ... noch ungeklärt in den Köpfen bohrt ..."

Aber während Gorki sich dabei auf seine persönlichen Erinnerungen stützen konnte und vor allem von seinen eigenen Frühwerken auszugehen hatte, mußte Okudshawa eine Unmenge von historischem Material, vergessene oder noch ganz unerschlossene Dokumente und persönliche Aufzeichnungen von Zeitgenossen der napoleonischen Kriege und der Dekabristenzeit aufarbeiten, um sein „Atlantis" auszugraben. Ja, Okudshawa begnügte sich nicht etwa mit einer parodistischen Umwertung von Gestalten, Motiven und Handlungsschemata klassischer literarischer Vorlagen. Die inzwischen sehr modisch gewordene Afterliteratur, die sich auf solche „Parodien“ beschränkt, ist ihm wesensfremd. Der Schriftsteller arbeitete und arbeitet als Geschichtsforscher. Vor allem grub er aus den Archiven Aussagen von „normalen“ Menschen aus, die in den Strudel der geschichtlichen Ereignisse gerieten und ihr Unglück zum eigenen Trost oder zur Belehrung anderer aufzeichneten. Er machte die Stimmen solcher – im Sinne Dostojewskis – „armen Menschen“ aus verschiedenen sozialen Schichten und Nationen künstlerisch lebendig, die auf die eine oder andere Weise ihre „Begegnung mit Bonaparte“ hatten.

Aber eine wesentliche Materialgrundlage des Romans ist natürlich auch Tolstois „Krieg und Frieden“. Grundlagen des Sujets, ideelle Knotenpunkte und viele Motive und Details von Tolstois Epopöe werden in Okudshawas Roman wieder aufgenommen. Verwandt ist das Familiensujet beider Werke: Bei Tolstoi verflechten sich die Familiengeschichten der Bolkonskis und der Rostows, bei Okudshawa die der Opotschinins und der Wolkows. Und die entscheidende Rolle in der Entwicklung dieser Familienbeziehungen spielt in beiden Fällen ein zunächst scheinbar Außenstehender, der die tiefste geistige Begegnung mit der Revolutions- und Napoleonsidee durchlebt und zum wichtigsten Vermittler sowohl der zeitgeschichtlichen ideologischen Auseinandersetzung als auch der ideellen Romankonzeption wird: Swetschin bzw. Pierre Besuchow. Auch zentrale kompositionelle Wendepunkte sind in beiden Romanen analog angesiedelt: Die beiden militanten Patrioten und zugleich leidenschaftlichen Verehrer des Kriegsgottes Napoleon, Andrej Bolkonski und General Opotschinin, erleben in der Schlacht bei Austerlitz ihre Katharsis nach Verwundung und persönlicher Begegnung mit ihrem Idol. Und beider Leben wird durch Napoleon gerettet. Maria

Bolkonskaja und Barbara Wolkowa werden durch aufständische Bauern aus ihren patriarchalischen Illusionen gerissen, als die französischen Truppen, auf deren Kanonen noch „Freiheit, Gleichheit, Brüderlichkeit“ steht, sich Zentralrußland nähern. Extreme Sinneswandlungen – vom Napoleonkult zur Verteufelung des großen Korsen –, die zu dem letztlich in der Geschichtsvorstellung noch napoleonkulthaften Entschluß führen, durch die Ermordung des Imperators Rußland zu retten und die Welt vom Bösen zu erlösen – Besuchows und Opotschinins naive Attentatspläne –, signalisieren in beiden Romanen zugespitzt das zeitgeschichtliche Bewußtwerden der französischen Revolutionsmetamorphose. Der Brand des besetzten Moskau, die Schilderung der dadurch ausgelösten Nöte und Einsichten verallgemeinert dann bei Tolstoi und Okudshawa die Wendung der französischen Revolution und ihres Repräsentanten Napoleon Bonaparte: Aus dem Jakobinergeneral, der die Revolution gegen die feudalen Interventen verteidigt hatte, wurde der imperiale Welteroberer. Auch der nächste geschichtliche Wendepunkt, das Neuaufleben der französischen Revolutionsideen in dem russischen Offizierskorps, das Napoleons Armeen durch Europa verfolgte und endgültig besiegte, wird zu einem weiteren Handlungsknoten in beiden Romanen.

Diese Analogien gab nicht nur das historische Material vor. „Krieg und Frieden“ gehört als Tolstois geistige Begegnung mit Bonaparte zu Okudshawas Romangegenstand.

Der sowjetische Schriftsteller zieht auf der Grundlage einer Neusicht der geschichtlich ersten Begegnung Rußlands mit den Ideen Freiheit, Gleichheit, Brüderlichkeit nach fast zwei Jahrhunderten eine neue Zwischenbilanz der Erfahrungen mit Bestrebungen, diese humanistischen Ideale zu verwirklichen. Tolstoi hatte mit „Krieg und Frieden" Analoges für seine Zeit versucht, für die Zeit nach der Aufhebung der Leibeigenschaft 1861 und den weiteren bürgerlichen Reformversuchen unter Alexander II. Tolstois Roman mußte daher auch „als Material" in „Begegnung mit Bonaparte" eingehen. Und daß es Okudshawa wagen konnte, nach Tolstoi über die gleiche Geschichtsepoche zu schreiben, liegt in seiner besonderen künstlerischen Weltsicht begründet, die er selbst als „historischen Romantismus oder romantischen Historismus" bezeichnet. Er unterscheidet nicht zwischen historischen und Gegenwartsromanen. Für ihn ist „der historische Fakt eine Retorte, in der menschliche Schicksale und sittliche Probleme kochen". Und er verallgemeinert: „Jeder Künstler studiert die Zeit, über die er schreibt. Je weiter sie entfernt ist, desto mehr Dokumente muß er studieren. Das ist alles. Aber die Hauptsache beginnt erst dann, wenn der Prozeß der ‚Belebung' des Materials vor sich geht, und noch später, wenn es dem Autor gelingt, sich in seinen Gestalten zu verkörpern ... In meinen Versen habe ich stets über mein Leben geschrieben, in meinen historischen Romanen setze ich dies fort ..."

„Begegnung mit Bonaparte" ist die Widmung vorangestellt: „Dem lichten (swetloi) Andenken meines Vaters". Okudshawas Vater gehörte zu den führenden Bolschewiki des Kaukasus in der Revolutionszeit. Nach Bulat Okudshawas Erzählungen war der Vater nicht weniger leidenschaftlich erfüllt von den großen humanistischen Revolutionsidealen als im Roman der junge Swetschin (abgeleitet von swetscha – Kerze) während seiner Jakobinerzeit. Zugleich aber war der Vater auch ein Mann der Tat. Er arbeitete sogar in der Tscheka, um die „Rolle der Jakobiner" in der russischen sozialistischen Revolution humaner und erfolgreicher ausüben zu helfen, als es die Vorgänger in der französischen bürgerlichen Revolution vermochten. Später gehörten er und seine Brüder zu den Opfern des Personenkults. Der junge Okudshawa blieb trotzdem den Idealen des Vaters treu. Von der Schulbank ging er als Freiwilliger an die Front, um gegen die faschistischen Welteroberer zu kämpfen. Als sein Vater 1955 rehabilitiert wurde, trat er in die KPdSU ein. Dann begann seine künstlerische Selbstverständigung, zunächst als Dichter, Sänger und Gitarrenspieler, später auch als Romancier.

Auf all diesen Erfahrungen beruht die „Neubelebung" des Materials von „Krieg und Frieden". Und es erweist sich, daß Okudshawa Tolstoi weder parodiert noch „zurückgenommen" hat, sondern bestrebt ist, die große Epopöe des 19. Jahrhunderts künstlerisch im dialektischen Sinne aufzuheben. Das verdeutlicht die Neugestaltung Tolstoischer Motive als integrierte Bestandteile einer neuen Romanwelt mit einer anderen Konzeption, Eigengesetzlichkeit und Formlösung.

II

Der Romantitel setzt bereits den Hauptakzent. Das Napoleon-Phänomen wird von dem Revolutionsgeneral Bonaparte her analysiert, der sich noch als Willensvollstrecker Robespierres auswies und so seinen schwindelerregenden Aufstieg zum Alleinherrscher Frankreichs und Diktator Europas begann. Und die Romangestalten verfolgen und entwickeln schließlich in ihrer Polyphonie als „Stimmen der Geschichte" die innere Konsequenz und Kontinuität in dieser Metamorphose der französischen Revolution.

General Opotschinin erfaßt das Problem von der äußeren Kante, vom traditionellen Napoleon-Phänomen: Der enttäuschte Geniekult zeitigt zunächst in einfacher Umkehr Antikult. Die zweite Hauptstimme, die Chansonsängerin und Gitarristin Louise, ist schon historisch breiter angelegt. Als ursprüngliche Demokratin und französische Patriotin hatte sie die Revolutionsideale spontan aufgenommen und Napoleons militärische Siege bis 1812 aus der Ferne, von Moskau aus, als den Triumph ihrer Ideale nicht ohne Nationalstolz begrüßt. Und der Zusammenbruch ihrer Illusionen beim Brand ihrer Wahlheimatstadt setzt bei ihr ungeahnte neue Energien humanen, internationalistischen Handelns frei. Die klassenbewußte, aber unabhängig denkende Gutsbesitzerin Wolkowa versucht zwar in napoleonischer Strategie den ersehnten Mann, Swetschin, zu erobern. Aber ihr persönlicher Mißerfolg wie der Napoleons bestätigen ihr letztlich nur die „Vernünftigkeit" der alten Leibeigenschaftsordnung. Von ihrer Warte begreift sie, daß die Napoleonidee aus der Begeisterung für Freiheit, Gleichheit und Brüderlichkeit hervorgegangen ist. Diese Ideale, glaubt sie, widersprechen den Natur- und Lebensgesetzen. Ihre Alternative auf das zeitgeschichtliche Scheitern dieser Ideale ist daher: Zurück zur vorrevolutionären „Idylle" und Kampf gegen alle neuen, noch so unschuldigen Anläufe demokratischer Stimmungen und Ideen.

Im Gegensatz zur Wolkowa versteht Swetschin, daß ungeachtet des Scheiterns der französischen Revolution, ihres Auslaufs in den Napoleonischen Kriegen sowie der Niederschlagung des Dekabristenaufstandes die objektiven, substantiellen gesellschaftlichen Probleme, die die revolutionären Bewegungen hervorgerufen haben, weiterbestehen und zu neuen Lösungen drängen. Er erliegt nicht den in nachrevolutionären Reaktionszeiten häufigen kurzsichtigen Selbsttäuschungen über eine angebliche Sinnlosigkeit und Verderblichkeit jeglicher Bestrebungen, die auf grundlegende gesellschaftliche Veränderungen im Sinne von Fortschritt und Humanität gerichtet sind. Seine Frage ist vielmehr, warum verkehrte sich die Revolution in napoleonisches Weltherrschaftsstreben, und was muß man anders machen, um die „Sklaven zu befreien"? Der Weg der revolutionären Gewalt unter den Jakobinern erscheint ihm als der springende Punkt. Er sah dessen unerbittliche Dialektik und sagte schon vor 1812 auf Grund vergleichender historischer Untersuchungen – besonders zur Geschichte des Römischen Reiches – Napoleons Einmarsch in Rußland voraus. Seine Alternative wurde daher der Kurs auf eine langfristig bemessene Evolution, die er als Prinzenerzieher am Zarenhofe zu befördern suchte. In der weiteren russischen Geschichte sollte seine Konzeption wenigstens teilweise aufgehen, denn drei Jahrzehnte später sollte der Sohn Zar Nikolaus' I. die Leibeigenschaft aufheben. Doch wenn er das Scheitern des Dekabristenaufstandes als allgemeinen Beweis für Verderblichkeit revolutionärer Gewalt anführt, verwickelt er sich in bedenkenswerte Widersprüche: Die Dekabristen scheiterten nicht an der revolutionären Gewalt, denn „Eng ist der Kreis dieser Revolutionäre. Furchtbar fern stehen sie dem Volk" (Lenin). Sie hatten keinen revolutionären Machtapparat und zerschellten, wie Swetschin richtig bemerkt, am „kalten Granit" der zaristischen Wirklichkeit. In Frankreich fand dagegen 1789 eine echte Volksrevolution statt. Und sie war daher zunächst recht unblutig. Wenn sie dann zu Terror nach innen und militärischer Gewalt nach außen überging, ergab sich das aus den konkreten internationalen historischen Umständen. Friedrich Engels hat diese genau beschrieben, als er in einem Brief an Lafargue vom 27. 6. 1893 die möglichen Perspektiven einer alleinigen sozialistischen Revolution in Frankreich erörterte und daran erinnerte: „Die ausschließliche französische Führung der bürgerlichen Revolution – obwohl sie unvermeidlich war wegen der Dummheit und Feigheit der anderen Nationen –, wissen Sie, wohin sie geführt hat? – zu Napoleon, zur Eroberung, zur Intervention der Heiligen Allianz ..."

Swetschin befindet sich bei all seinem historischen Scharfsinn so sehr unter dem unmittelbaren Eindruck der entsetzlichen Folgen der alleinigen bürgerlichen Revolution in Frankreich, daß er diese tiefere geschichtliche Dialektik übersieht und jegliche revolutionäre Gewalt verwirft.

Auf diesen springenden Punkt der französischen Revolutionsmetamorphose weist im Roman objektiv, so seltsam das auch auf den ersten Blick erscheinen mag, das symbolträchtige Schicksal des österreichischen Historikers Franz Mender, der von der fixen Idee besessen ist, die französischen Revolutionsarmeen zögen nur deshalb durch ganz Europa bis Moskau, um ihn persönlich der gerechten Strafe zuzuführen, weil er einst als Mitglied der konterrevolutionären Interventionsarmeen „fremde Gärten" zertrampelt hatte. In der Tat, war es die Schuld der Franzosen, daß die vereinigten Interventionstruppen des Kaisers von Österreich, des Königs von Preußen und des russischen Zaren sich anschickten, die Revolution gewaltsam in der Wiege zu erdrosseln? Begann nicht damit der Terror gegen die innere Konterrevolution, die die äußere zur Hilfe gerufen hatte? Und folgte nicht der Verteidigung des revolutionären Heimatlandes als logische Konsequenz, um neue Invasionen zu verhindern, die Offensive gegen die Interventen über die Grenzen Frankreichs hinaus?

III

Die Polyphonie von Okudshawas „Stimmen der Geschichte“ offenbart also ein tragisches, zeitgeschichtlich allgemeines Dilemma von realhistorischen Gegebenheiten und Humanisierungsbestrebungen. Am krassesten verdichtet sich dieses Dilemma im Schicksal des jungen Timoscha Opotschinin, um dessen Bewußtseinsbildung und Wohlfahrt sich letzten Endes auf verschiedene Weise alle drei Memoirenschreiber des Romans sorgen und mühen. Das tat auch Prjachin in seinen Briefen mit Tagebuchaufzeichnungen, die den abschließenden vierten Romanteil bilden. Der General Opotschinin weiß um die Gefährdung der poetisch-sensiblen Natur seines Neffen Timoscha im Spannungsfeld zwischen europäischer Aufklärung und zaristischen Selbstherrschaftsrealitäten. Timoschas Vater war ein vorwarnendes Beispiel. Und die Tragödie dieses aufgeklärten Gutsbesitzers deutet nicht nur auf Timoschas späteres Schicksal, sondern orientiert zugleich auf ein wesentliches Problem in Okudshawas historischer Zwischenbilanz.

Die Geschichte solch eines humanistischen Freigeistes ist bis in Details dokumentarisch belegt und veranschaulicht Okudshawas künstlerische Verarbeitung historischen Materials. Der Historiker Kljutschewski führt im 5. Band seiner „Lektion russischer Geschichte“ ein analoges Testament eines aufgeklärten Gutsbesitzers an, der aus Verzweiflung über die humanitäts- und bildungsfeindliche zaristische Wirklichkeit 1793 Selbstmord verübte und verfügte, seine geliebte Bibliothek nach seinem Tode zu verbrennen, da seine Bücher „in dem hiesigen Land niemandem vonnöten sind“, und zugleich anordnete, leibeigenes Hofgesinde freizulassen und das Gutsgetreide an die Bauern zu verteilen …

Dieser historische Fakt fixiert das Urphänomen aller „überflüssigen Menschen" der folgenden russischen Geschichte und Literatur, die auf die eine oder andere Weise freiwillig-unfreiwillig aus dem Leben schieden, weil sie weder mit ihren humanistischen Idealen noch ohne diese weiterleben konnten. Das wird letztlich auch das Schicksal Timoschas.

General Opotschinin versucht vergeblich, Timoscha davor zu bewahren. Louise rettet zwar den 16jährigen Jungen im brennenden Moskau. Und Barbara Wolkowa hat mit der „Prinzenerziehung" ihres gewünschten Schwiegersohns Timoscha beinahe Erfolg. Aber die Geschichte läßt sich nicht überlisten: Wenn er auch seine anfängliche Dekabristenbegeisterung nach dem Erlebnis des Europafeldzuges 1813/15 überwindet, den Illusionen seiner Freunde praktische Arbeit zur Verbesserung des Lebens der Bauern und zur Europäisierung Rußlands vorzieht, kann er doch – trotz seiner Rehabilitierung im Dekabristenprozeß – nicht weiterleben, nachdem seine Freunde gehängt oder eingekerkert worden sind. Prjachins Briefe erreichen ihn nicht mehr. Aber ihr Aufruf zur elegischen Harmonie im „normalen Leben" hätte ihm auch nicht helfen können, wenn die Briefe vor seinem Freitod angekommen wären.

Der Roman ist also, ausgehend von den subjektiven Aspekten seiner vier Teile, für Timoscha geschrieben. Doch bedeutet die Tragödie dieses „überflüssig" gewordenen jungen Menschen aus dem ersten Drittel des 19. Jahrhunderts, daß sich der Roman auf diese Aspekte beschränkt? Nicht nur Swetschins Evolutionstheorie weist darüber hinaus. Eine weitere wesentliche Ergänzung bietet der internationale Aspekt des Romans, wie die Geschichte Franz Menders bereits angedeutet hat. Der ehemalige Jakobinerfreund Swetschins und spätere Intendant der französischen Armee in Rußland Pastoret verweist auf die wohltätigen Folgen des revolutionären Gleichheitsprinzips in der napoleonischen Armee im Gegensatz zum zaristischen Leibeigenschaftssystem, das beim Militär die gleichen Ergebnisse zeitigt wie allgemein im Lande: ein sklavisch-hinterhältiges Verhältnis der Bauern in Zivil und Uniform zu ihren Herren. Pastoret ist es auch, der Swetschin, Louise und Timoscha im brennenden Moskau vorschlägt: „Man wird eine kleine Kommune einrichten und versuchen müssen, vor dem Hintergrund der Weltkatastrophe den Gedanken an die Überlegenheit der Vernunft über den Instinkt zu stärken." Und in dieser „Kommune der Vernunft" werden von den historisch enttäuschten ehemaligen Jakobinern die Grundfragen der Zeit debattiert: Revolution, Gegenrevolution, Napoleonkult ... Kann denn ein einziger Mensch solch eine Katastrophe herbeiführen? Wer hat den Kult getragen? Kann denn Trug und Selbstbetrug ewig dauern? Muß sich nicht eine Alternative entwickeln? Warum hat sich Napoleon nicht mit seinen Erfolgen in Westeuropa begnügt? War das Blut des Terrorjahres 1793 zur Verteidigung des neuen Gesellschaftssystems gerechtfertigt? Haben die Interventionskriege der konservativen Staaten nicht noch mehr Blut gekostet ...?

In dieser Debatte werden die verschiedenen Aspekte von Okudshawas Neusicht des Napoleon-Phänomens weitgehend formuliert. Und scheinbar nebenbei – vielleicht sogar unbeabsichtigt – stellt sich ein bedenkenswerter Unterschied zu Dostojewskis Revolutionsbild heraus. Der Dichter der „Dämonen" beteuerte 1873 in dem Artikel „Frankreich und die Kultur", daß nach der Hinrichtung des Gleichheitsverschwörers Babeuf „sich das ganze Leben Frankreichs mehr und mehr in eine erlogene Vorspiegelung verwandelte, in irgendein phantastisches Gebilde, und daß es jede Bedeutung eines lebendigen und notwendigen Lebens einbüßte. Alle diese Perioden seiner letzten Entwicklungsgeschichte ... könnte man jetzt eher für Luftspiegelungen halten als für gewesene Wirklichkeit ... Diese ganze vorübergehende Phantasmagorie hat der Seele der Nation ... nichts Wesentliches gegeben."

Auch Okudshawa betont das Irrationale in der Revolution, das nach Marx der Widerspruch zwischen den revolutionären Hoffnungen und den andersgearteten Realitäten unausbleiblich zeitigen mußte. Ja, der sowjetische Schriftsteller entwickelte ein besonderes Gespür beim Auffinden feinster Details der Phraseologie des Bonapartismus und des Napoleonkultes, die diese Widersprüche zu überbrücken suchte. Aber zugleich schildert er auch, welche wesentlichen und zukunftswichtigen menschlichen Impulse und Aktivitäten durch die Einsicht in diese Widersprüche ausgelöst werden können. Mögen diese Alternativregungen zunächst selbst noch voller unaufgelöster neuer Widersprüche sein und zur Zeit erst begrenzt wirksam werden, wie Pastorets „Kommune der Vernunft" und Louises internationale Rettungsaktion „armer Menschen" im brennenden Moskau, so offenbaren sich in ihnen doch die prophetischen Bewegungen der Geschichte, die Musik der Zeitalter. So entwickelt sich objektiv aus der Eigengesetzlichkeit der Romanhandlung, daß „diese ganze vorübergehende Phantasmagorie" des Bonapartismus in zweifacher Hinsicht „lebendiges und notwendiges Leben" zeitigte: Einerseits war sie eine unausweichliche Folge der damaligen Weltsituation, andererseits setzte ihre Zuspitzung bis zum Absurden die notwendige Suche nach geschichtsmächtigen Alternativen frei. Die Formlösung des Romans vermittelt diese objektive Eigengesetzlichkeit der

Handlungen sehr genau. Grundsätzlich ist der Roman in allen seinen vier Teilen ein heutiger Bewußtseinsroman oder genauer – um vergleichsweise Trifonows Genredefinition anzuführen – „Roman des Selbstbewußtwerdens" der Gestalten und des Autors. Aber Louises Bericht über ihre Alternative und die der „Kommune der Vernunft" im brennenden Moskau entfaltet sich zu einem großartigen parabelhaften Geschehnisroman, der dem „traurigen Planeten" offenbart: „Es könnt doch sein … daß der Liebesströme Flut Dich umspült allein …"

Louises Weg durch die brennende Stadt ist nach der Legende vom „Gang der Gottesmutter durch die Qualen der Hölle" stilisiert, die schon Dostojewski in den „Brüdern Karamasow" und A. Tolstoi in der „Höllenfahrt" (der ersten Fassung des „Leidensweges") für ihre Alternativlösungen poetisch beschworen haben. Und Louises Tat erinnert an den Aufruf von Babels Gedalje in der „Reiterarmee": „Wir wollen eine Internationale der guten Menschen, damit alle eine Ration erster Kategorie erhalten."

Okudshawa beschwört Poesie der Vergangenheit zur Antizipation von Künftigem, von zu Schaffendem.

Auch in Okudshawas ersten drei Romanen über Genesis, Dialektik und Perspektive des Nikolaismus, der geschichtlichen Zwischenzeit unter Zar Nikolaus I., entfaltet sich die historisch-dokumentarische Neusicht zu einer Menschheitsparabel nicht zuletzt durch die romantische „Belebung" in der Tradition des Volksmärchens.*

Schon diese „unmerklich entstandenen" Werke

* Näheres in: „Die menschliche Tragödie und historische Komödie der Epoche Nikolaus' I. in Okudshawas Romanwelt". Nachwort zu: B. Okudshawa, Die Reise der Dilettanten, Berlin 1981

sind im Sinne Gorkis literarische Vorbilder für die Gestaltung der unmittelbaren Vergangenheit. „Begegnung mit Bonaparte“ vollendet diesen Zyklus, ist sein „springender Punkt“ und zugleich Okudshawas bisher persönlichster Roman. Charakterisiert er bereits auch den Übergang zu dem autobiographischen Roman, an dem der Schriftsteller jetzt arbeitet?

Berlin, April 1985 Ralf Schröder